国家社会科学基金重大专项
（项目批准号：18VSJ095）

多层次社会保障体系优化研究

林义 等 著

Research on China's
Multi-tiered Social Security System Optimization

社会科学文献出版社
SOCIAL SCIENCES ACADEMIC PRESS (CHINA)

本研究还受到四川省哲学社会科学重点研究基地西南财经大学老龄化与社会保障研究中心项目资助

目 录

导 论 ··· 1
  一　全面建成多层次社会保障体系的重要意义 ······················· 1
  二　全面建成多层次社会保障体系的理论创新、制度框架与
      政策思路 ·· 5
  三　全面建成多层次社会保障体系的基本思路、方法及创新 ··········· 13

第一章　多层次社会保险体系演化及特征分析 ······················· 23
  一　多层次社会保险制度建设历程 ·· 23
  二　多层次社会保险的制度变迁特征 ··· 40
  三　多层次社会保险制度演化的启示 ··· 42

第二章　国家治理现代化与多层次社会保障体系的理论创新 ············ 45
  一　政府与市场的关系：国家治理现代化与多层次社会保障体系的
      逻辑起点 ·· 46
  二　福利多元主义和第三条道路：多层次社会保障体系的
      理论渊源 ·· 49
  三　社会资本理论与国家安全理论：构筑制度信任的坚实基础 ········· 51
  四　风险社会理论和危机管理理论：提升国家治理能力的
      必然要求 ·· 54

五　现代治理理论与打造共建共治共享的社会治理格局：
　　　　构建多层次社会保障体系的现实路径 …………………… 56
　　六　以人民为中心和可持续发展：新时代多层次社会保障
　　　　体系改革的应有之义 ……………………………………… 58
　　七　多层次社会保障体系与经济社会治理的良性互动：
　　　　更好地发挥社会保障治理功能的内在逻辑 ……………… 60

第三章　多层次养老保障制度与老龄金融发展 …………………… 63
　　一　人口老龄化对金融体系的影响 …………………………… 63
　　二　老龄金融发展与多层次养老保障制度的理论分析 ……… 71
　　三　金融机构参与多层次养老保障体系建设的实践探索 …… 75
　　四　老龄金融发展面临的问题和挑战 ………………………… 81
　　五　多层次养老保障制度下促进老龄金融发展的政策建议 … 85

第四章　多层次社会保险基金投融资管理与金融市场发展创新 … 91
　　一　多层次社会保险基金投融资管理的主要问题 …………… 91
　　二　多层次社会保险基金投融资管理与金融市场发展 ……… 96
　　三　多层次社会保险基金投融资管理与金融市场创新 ……… 101
　　四　完善社会保险基金管理与金融发展创新互动的政策建议 … 109

第五章　基本养老保险降费率政策的可持续性评估 ……………… 116
　　一　基本养老保险降费率政策的研究梳理 …………………… 116
　　二　基本养老保险基金平衡的精算模型与参数取值 ………… 118
　　三　模拟结果及分析 …………………………………………… 124
　　四　敏感性分析 ………………………………………………… 132
　　五　完善基本养老保险可持续发展的政策建议 ……………… 135

第六章　多层次养老保险协同发展的机制创新及配套政策研究 137
  一　问题提出及文献回顾 137
  二　多层次养老保险协同发展的制度壁垒 140
  三　拓展多层次养老保险协同发展的制度空间 145
  四　多层次养老保险协同发展的转换衔接及政策配套 151

第七章　商业养老保险与养老服务融合发展的理论分析 158
  一　混合组织治理视域下商业养老保险发展新探索 158
  二　市场制和层级制治理机制下商业养老保险与养老服务的融合困境 162
  三　混合组织治理机制下商业养老保险与养老服务融合发展模式 167
  四　商业养老保险和养老服务融合发展的政策建议 178

第八章　多层次医疗保障制度创新发展研究 182
  一　健全和完善基本医疗保障的运行机制 184
  二　企业补充医疗保险可持续发展障碍与创新路径 189
  三　适应新环境的补充性商业健康保险创新发展路径 199
  四　网络医疗互助平台运行机制的风险隐患及创新发展路径 210

第九章　多层次养老服务体系建设的路径优化研究 219
  一　养老服务的发展现状及面临的挑战 219
  二　多层次养老服务的实践探索与创新经验 233
  三　多层次养老服务体系的路径优化及政策建议 242

第十章　抗疫背景下发挥社会救助制度的兜底功能 249
  一　新时代社会救助制度改革面临的新挑战 249
  二　疫情对低收入困难群众的影响程度不容低估 251
  三　完善疫情防控时期多层次社会救助的政策思路 261

第十一章　国外多层次社会保障制度发展及经验借鉴 ················ 267
一　引言 ·· 267
二　国外多层次社会保障制度的内涵与参数设计 ··················· 268
三　国外多层次社会保障制度改革的新发展及经验借鉴 ··········· 296

第十二章　多层次养老保障制度改革发展案例研究
　　　　　——基于四川的实践探索 ································ 309
一　四川建设多层次养老保障体系的宏观背景 ······················ 309
二　四川建设多层次养老保障体系的形势分析 ······················ 312
三　四川加强多层次养老保障体系建设的思路和对策 ·············· 327

主要参考文献 ··· 332

后　　记 ·· 350

导　论

全面建成多层次社会保障体系是社会保障顶层设计的核心命题之一。我国20世纪90年代初就在社会养老保险领域确立了基本保险、企业补充保险和职工个人储蓄性保险相结合的多层次社会养老保险目标；2009年，国家提出"加快建立和完善以基本医疗保障为主体，其他多种形式补充医疗保险和商业健康保险为补充，覆盖城乡居民的多层次医疗保障体系"。党的十九大报告对"全面建成覆盖全民、城乡统筹、权责清晰、保障适度、可持续的多层次社会保障体系"提出重点任务和明确目标，通过进一步完善基本社会保险制度建设，强调一切以人民为中心，实现普惠性基本保障和全面保障目标，实现应保尽保。同时，积极调动市场资源、社会力量和其他可以利用的资源，促进多层次社会保障的高质量发展，已成为深化我国社会保障改革的一条重要主线和核心内容。

一　全面建成多层次社会保障体系的重要意义

（一）问题的提出

我国社会保障改革发展经历几多波折，在取得重要成效的同时，也面临诸多的现实困境和未来的挑战。社会保障制度安排的复杂性，部门及地区间利益格局的纵横交织，世代内及代际成员利益调整的敏感性，社会公众的高度关注，导致制度的重大调整异常艰难（郑功成，2002）。社会保障制度演化具有极强的路径依赖特征，随着制度进入成熟期，社会保障制度实施重大调整的空间和范围日趋缩小，社会保障制度的重大结构调整较难推进。但如果未进行重要的结构性改革，受多种因素制约，单一层次社会保障制度的可持续性可能会面临较大的风险（郑功成，2011）。因而，以理论创新、制度创新为引领，基于长期可持续发展的战略基点，基于国情的内在制度约束，兼顾制度演化的历史轨迹与未来发展的诸多新挑战，探索全面建成我国多层次社会保障体系的改革发展之路，成为政府高层和学界高度重视的宏观战略问题。现行社会保障制度的基本框架和运行机制是与工业化时代相伴而生的制度形态，信息化时代人们的就业方式、制度形态和保障形式都将出现重大调整（林义，1997）。因此，理论创新基础上的超前制度设计尤为必要。应对经济、社会、文化、技术多因素加以综合考量，立足国情，寻求突破，更好地提炼总结适合中国国情的可持续的多层次社会保障发展之路。

系统总结我国多层次社会保障改革的实践经验，剖析多层次社会保障体系整体发展不足的体制机制障碍，围绕全面建成多层次养老保障体系、医疗保障体系及完善社会救助制度的重点难点问题进行深入研究，创新多层次社会保障管理体系和政策支撑体系，是当前需要特别关注和重点攻关的社会保障理论和政策前沿问题。通过对国内外多层次社会保障研究成果的梳理，我们发现国内外多层次社会保障改革研究呈现出一些值得重视的特点。

一是对多层次社会保障体系演化路径和改革方向的提炼总结主要围绕制度自身的财务机制、给付机制及退休制度、医疗健康政策调整展开，对多层次社会保障体系路径依赖的惯性及其改革实施效果的研究仍有待深化，对多层次社会保障体系建设及其难点突破的研究明显不足，忽略多层次社会保障体系与社会救助制度协同发展的研究，忽略多层次社会保障基金管理方面的深入研究，缺乏养老保险与养老服务的联动研究成果，较少关注多层次联动的微观机制，缺乏对多层次协同发展政策支撑体系的深层次分析。

二是对发达国家社会保障制度结构性调整及改革成效的研究较多，尤其是在第二、第三层次养老、医疗保险计划的扩面上，忽略其他类型国家多层次社会保障改革发展的经验、教训，多数研究总结了人口老龄化加速发展背景下社会保障制度结构调整的新的制度化特征，从战略层面厘清了政府在社会保障领域的责任边界，但较少融入行为学、心理学等多学科的交叉研究，缺乏跨地区的实地调查和比较研究，研究视野和方法有待拓展。

三是多层次社会保障体系成为30多年来发达国家养老保险改革的重要发展趋势，改革领域和范围不断拓宽，对多层次社会保障改革的研究关注发达国家的较多，研究内容从养老、医疗保险各层次关联的改革深入长寿风险管理、劳动力市场完善和金融市场创新等领域，从多层次养老、医疗保险体制机制的完善向经济、金融及技术创新相关领域延伸，这是值得重视的发展新趋势。

社会保障制度发展的既有成果和成功经验，是新一轮改革发展的重要基础，对长期发展进程中曾经出现的一些教训，则需要在系统总结的基础上从理论层面、制度层面、管理层面、社会心理层面进行反思和梳理。同时，需要对各地基层实践创新的好经验、好做法进行总结提炼，上升为制度规范和制度设计。经历多次自下而上、自上而下的制度化进程，提升制度创新和制度运行的绩效。而遵循社会保障制度内在运行规律的要求，对制度的长期可持续发展具有重要意义。

（二）研究价值和意义

多层次社会保障体系建设问题，仍然是一个世界性难题，其战略价值不言而喻。我国多层次社会保障体系的改革历程表明，民生保障的制度效应影响经济社会的多个领域，民生经济也将成为促进经济发展的重要考量，社会保障制度建设既关系到国家治理能力的提升，也关系到经济发展与社会发展的协同推进。多层次社会保障体系建设是非常重要的民生保障事业，对于发展和改善民生具有重大意义，也是极为重要的社会系统工程。因此，以社会保障制度可持续发展为导向，在人口老龄化背景下系统研究全面建成多层次社会保障体系的重难点问题和协同发展的实现路径，具有重要的战略意义。

1. 研究具有重要的理论创新和制度创新价值

在全面建成多层次社会保障体系进程中，迫切需要深入探索我国多层次社会保障体系发展缓慢的深层次原因。我们有很多已认识的原因，但仍然有许多未知领域。需要在理论创新和制度创新的基础上，综合考虑经济、社会、文化、社会心理等多种因素，探讨全面建成我国多层次社会保障体系的路径（林义，1995）。同时，目前缺乏对养老保障、医疗保障和基金管理改革领域重难点问题的分析，缺乏对多层次社会保障改革政策支持体系的科学化、系统性、可操作的实现路径的深入研究，缺乏对多层次协同发展的深层次理论透析，缺乏对相关利益主体行为、改革社会心理和制度配套的深入研究。在新时代，人民日益增长的美好生活需要和不平衡不充分发展之间的矛盾凸显，本书着眼于探索重大现实问题，力求回应新时代对社会保障理论创新和制度创新提出的新挑战。

2. 研究具有重要的探索价值

本书通过理论分析和实证分析，基于我国多层次社会保障改革的历史经验和补充保障体系发展不足的现实，结合新形势下积极老龄化、医养结合的政策背景，特别是近年来养老保障制度、医疗保障制度和社会保障基金管理制度的新调整，探讨社会保障制度综合性改革的制度基础及约束条件，基于老龄金融背景下社会保障改革发展的宏观视角，探索社会保障制度可持续发展思路。从优化多层次社会保障体系的费率结构、制度模式、激励机制、基金平衡机制和智能决策机制等方面入手，总结提炼多层次社会保障协同发展的路径优化思路。

3. 研究具有重要的决策价值

全面建成多层次社会保障体系在当前经济发展速度放缓、国际形势变化多端的现实背景下，具有重要的决策价值。受多种因素限制，基本保障以外的补充保障制度一直发展缓慢，基本保障制度的压力大，企业负担较重，社会保障待遇的充足性和制度的公平性受到社会公众的高度关注（胡秋明，2011）。在基本社会保险负担不降低和保障基金无法实现保值增值的前提下，推进补充保险制度扩面异常艰难（褚福灵，2011）。如何根据多层次社会保障制度协同发展的内在规律，科学制定多层次费率结构调整和多层次基金管理改革的政策时间表，有效发挥财政和税收政策的激励作用（郑秉文，2012），利用好社会保障大数据平台，有针对性地解决多层次社会保障改革的重点难点问题，是新的改革背景下需要深入研究的重大理论和政策问题。因此，以党的十九大精神为指引，在中国进入新时代的背景下，立足社会保障制度的改革实践，研究全面建成多层次社会保障体系的思路，具有重要的决策价值。

二 全面建成多层次社会保障体系的理论创新、制度框架与政策思路

我国多层次社会保障体系改革经过多年的理论探索和实践创新，取得了积极的成效，积累了宝贵的经验，也总结出了需要认真反思和吸取的教训。在新的发展环境下，更需要增强信心，直面新挑战，强化理论创新和机制创新，以创新驱动为引领，通过历史与现实的结合、理论与实践的结合、国际经验与国内实践创新的结合，系统梳理多层次社会保障体系演化的规律及特征，探索多层次社会保障的理论创新和运行机制，分析多层次养老保险、多层次医疗保险、社会救助、养老服务的实施难点与路径优化问题，探索新时代老龄金融的相关问题，研究多层次社会保障基金管理面临的新挑战，通过对国外多层次社会保障改革经验教训的总结，探索我国多层次社会保障体系的建设。

（一）多层次社会保障体系的演化与特征分析

对多层次社会保障体系演化和制度特征的梳理，有助于我们从历史和制度演化的视角揭示我国多层次社会保障发展的重要历史节点及其所反映的制度变迁轨迹（Reynaud，2002），同时也能反映我国政府部门和学界在特定发展环境下的探索实践和政策制定过程，反映多层次社会保障体系的演化受到经济、社会、文化等多因素的制约，受到社会保障政策制定者及实施者认

知程度的制约，在一定程度上也受到国际组织社会保障政策推进情况的影响（郑伟等，2003；封进，2004）。在我国多层次社会保障发展的进程中，世界银行和国际劳工组织的社会保障政策产生了一定的影响（Holzmann et al.，2005）。我国多层次社会保障体系演化的一个重要启示是：对国际经验的有效借鉴有可能使我们少走弯路，但只有全面、深刻地认识我国国情，方有可能使我们更好地避免失误。在改革发展过程中，无论是国内研究机构还是国际研究机构都不同程度地高估了我国多层次社会保障体系改革发展的速度，认为在21世纪的第一个十年我国企业年金发展的规模将会超过10万亿美元。而事实上作为多层次社会保障体系第二层次的企业年金基金在2020年第一季度仅为1.88万亿元人民币。迄今为止，仍未见有令人信服的研究成果解释其内在因果关系和逻辑链条。显然，单纯的经济分析难以取得令人满意的研究成果。采用系统、综合、动态发展的制度分析视角，或许有助于破解我国多层次社会保障体系发展缓慢的深层次原因。研究视角和研究方法的新颖性，是本书的一个重要特色。

（二）国家治理与多层次社会保障体系的理论创新研究

提升国家治理能力与构建多层次社会保障体系是新时代需要密切关注的重大问题。既有的大多数研究成果更重视社会保障体系建设的方面，较少从国家治理与社会保障体系建设关联的角度进行理论探索（林义等，2020）。社会保障已从边缘向中心领域延伸，在国家治理体系中发挥着日益重要的作用。社会保障理论研究和制度建设的内涵需要拓宽，从社会保障向社会风险管理延伸，对此需要对社会保障体系的改革发展进行重新定位。

经济、社会、科技、文化成为现代国家治理体系中的基本环链。社会保障同其具有紧密而不可分割的内在关联。社会保障与经济发展的内在关联和良性互动比以往任何时候都更为重要。稳定和可持续发展的社会保障体系对国家未来的经济健康发展影响巨大。储蓄、投资、金融市场、人力资源、劳动力市场等需要与社会保障体系形成良性互动。社会保障改革成效既能促进经济发展，又有助于为自身的可持续发展奠定重要基础。

社会保障体系对社会稳定、社会治理和社会心理预期发挥了核心的制度保障作用。这是国家治理能力现代化的核心标志之一，尤其是在信息社会，民生保障诉求在广度和深度上加剧了民众与政府关系的张力，成为新时代关系到国家治理、国家安全、社会稳定的关键制度变量，社会保障体系建设的"双刃剑"作用日益凸显。因此，社会保障必须成为国家治理的核心要件并且发挥日益重要的作用（刘斌等，2020），而我国现阶段对这种"双刃剑"作用仍未给予足够重视。

社会保障体系建设对国家治理可能存在一些潜在的逆向影响，值得引起重视。社会保障制度设计的较大偏差，社会保障运行及可持续发展的风险，社会保障政策执行和管理服务的不到位，都可能给国家治理和社会稳定带来不可低估的压力。社会风险在社会转型背景下聚集、扩散，国际政治经济形势日趋复杂化，在国家治理中，几大发展趋势的叠加使社会保障体系建设的地位日渐显现，体系建设和改革的任务也更加繁重。在互联网发达的信息社会，各类群体间信息的交叉传播、社保改革及待遇调整的敏感性和复杂性，不但加大了社会保障政策调整的实施难度，而且对社会稳定的影响也远超以往。互联网时代信息化生存模式正在悄然改变人们对经济社会发展的传统观念，改变人们的生活方式和消费方式，加大了人们对社会保障各项制度政策改革的关注与介入。互联网时代下社会保障舆情成为人们民生保障获得感的重要标尺，也必然影响社会稳定预期和国家治理效果。需要高度关注这一新变化的潜在影响。需要探索新环境下各项社会保障改革策略与民众预期的新方式和新的对话机制，力求使社会保障改革反映和体现大多数民众的意愿，切实避免陷入社会保障舆情"绑架"改革政策的被动局面。社会保障舆情已经成为影响国家治理和社会公众预期的重要方面，需要引起高度关注。

社会保障与家庭保障的结合对于国家长治久安具有重要的战略意义。中国家国同构的社会结构区别于欧美国家，必须从根本上明确固本和强本的发展战略，社会保障改革发展战略必须以强化家庭制度而不是削弱家庭根基为导向，这是构建多层次社会保障体系与实现国家治理现代化必须持续关注的重大理论课题和战略课题。中国优秀传统文化的融合创新和创造性转化在社会保障与国家治理的理论创新中具有根源性的重要地位，社会保障学术共同体应该对此做出应有的回应。

（三）全面推进多层次养老保障制度和老龄金融体系建设

我国人口老龄化快速发展，金融作为实体经济的核心与镜像，必然反映出人口老龄化背景下经济发展的若干重要特征，金融机构传统的业务模式和产品服务也将不可避免地受到重要影响。就资产端而言，传统的融资模式将受到挑战，养老资产的保值增值压力会逐步传导到资产端，核心资产管理方面的投资策略不断趋同。就负债端而言，银行机构的负债来源和结构将会受到较大影响，金融机构负债来源逐步开始对不同人口年龄阶段敏感，通过管理养老健康风险获取负债的前景广阔，相关主体更迫切参与养老基金运营管理。超老龄社会还将对金融产品创新产生重要影响，促使金融机构围绕养老产业和老龄人口开发投融资新模式和相应的风险管理制度，拓展老龄金融合作，加强老龄金融产业、产品的融合创新。

全面建成多层次养老保险制度体系是应对人口老龄化的战略思维，而大力发展老龄金融是在多层次养老保障制度框架下应对老龄化挑战的更加积极的综合战略举措，也是动态解决未来养老金缺口的一个理性选择。近年来，我国各类金融机构已经广泛参与老龄金融领域的多个方面，并取得了宝贵的实践探索经验，但仍面临较大挑战，如顶层政策设计不够清晰，养老金融发展方式粗放，体系结构缺乏统筹规划。未富先老和养老金融教育不足，制约商业补充养老金融服务产品的需求空间，并导致欠发达地区养老产业融资需求得不到有效满足。老龄金融的产品设计和目标客户定位不准确，老龄金融服务供给的质量和效率依然不高。为促进多层次养老保障制度下老龄金融发展，需要加快改革步伐，积极推进老龄金融的制度创新、政策创新、产品创新及服务创新。一是加强多层次养老保障制度的顶层设计，为老龄金融发展提供良好的环境；二是加强国民养老金融教育，培育全民养老财富储蓄意识和金融基础知识；三是推动金融机构零售业务创新转型，提升养老服务金融供给水平；四是拓宽养老产业融资渠道，促进产融结合的养老产业金融发展。

（四）完善多层次社会保险基金管理与金融市场创新发展

直面我国多层次社会保险基金投资管理中存在的主要问题，聚焦社会保险基金和金融市场的相互关系，运用 ARDL-VECM 模型、VAR 模型、改进 CSAD 模型等计量经济学模型分析社会保险基金资产、社会保险投资行为、金融市场结构、金融深化与金融市场稳定之间的相互关系。理论分析及实证结论表明：我国社会保险基金与金融市场之间尚不能完全实现有效互动。有必要探索多层次养老保险投融资管理与金融创新之间的相互促进作用。近年来多层次养老保险不断发展，但养老金融创新方面仍存在产品同质化严重、投资工具创新不足、行业创新动力不足、机构间合作创新程度不高等问题。运用系统动力学模型对多层次养老保险基金发展与金融创新之间的关系进行动力机制分析和仿真模拟，发现养老保险基金是金融创新的重要动力，政策因素仍然是当前金融创新最重要的驱动因素，政策支持力度的改变将对养老金融创新产生直接影响。

（五）国外多层次社会保障制度发展经验

完善多层次社会保障体系一直是各国的改革目标，本书对国外多层次社会保障改革发展经验进行系统梳理，寻找对我国有益的经验。在人口老龄化加速发展的趋势下，为确保养老基金的偿付能力和制度的可持续性，各国进行了不同程度的结构性改革和参数式调整，以尽可能覆盖不同类型的就业群体和无业居民，提高保障水平，丰富养老金筹资渠道和收入来源。NDC 模式的改革尝试、优化费率结构、完善待遇自动调整机制和参保激励机制仍然是可借鉴的重要改革经验。

从多层次社会保障制度的完备性来看，欧洲各国保障项目全面，基本涵盖均一制养老金计划、收入关联型计划、最低收入保障计划、普惠年金计划或基于家计调查的救助计划，在医疗保险、工伤保险、失业保险、生育保险以及家庭福利的提供上相对充足（Ginneken，2009）。多层次社会保障体系协同度相对较高，但同时面临福利刚性的支付压力和制度可持续的难题。欧洲各国在第一层次做延迟退休年龄等参数式调整，在第二、第三层次优化参保激励以鼓励更多的人自愿储蓄，这是近年来改革的着力点（林熙，2014；林熙等，2017），也是值得我国认真思考的重要国际经验。

不同于欧洲，美洲国家历来在多层次社会保障改革中独树一帜，其制度完备程度低于欧洲国家。自1981年智利实行向基金完全积累的制度转轨后，养老金私有化改革在拉美国家兴起，一些国家建立了强制性的个人账户养老金制度，并陆续关停收入关联型计划。值得关注的是，进行养老金私有化改革的拉美国家也相继在个人账户养老金计划内建立了最低收入保障计划，一些国家也逐渐恢复了均一制和收入关联型养老金计划的设计，以此满足当前人们对保障充足性的基本需求（Holzmann et al.，2001）。基本保障项目更加重视社会公平性，补充保障项目较为灵活和注重激励。

亚太地区各国的制度模式和改革差异较大，制度的完备程度和费率水平各有不同。既有在多层次体系下强化强制性个人账户养老金计划的中亚国家，也有基本依靠强积金这一单一支柱的东南亚国家和多层次协同发展的其他发展中国家，基本处在多层次改革的成长期。多数非洲国家的多层次社会保障体系尚在探索中，社会保障制度局限在对少数正规就业者的保障上，制度体系从属于强制性的雇主责任险，个人和政府履行的责任相对较少，因此，总体费率偏低。国外不同类型多层次社会保障改革发展的经验，提供了有益的启示。

（六）全面建成多层次社会保障体系的路径优化研究

全面建成多层次社会保障体系，需要从顶层设计重视制度优化，高度重视社会保障基金的中长期综合平衡，强化对第二、第三层次社会保障项目的政策支持和税收激励，强化多层次社会保障监管和风险管理，营造多层次社会保障健康发展的生态环境，注重多层次社会保障体系各子系统的协同发展，保证社会成员公平享有权责清晰、水平适度的经济保障，从而实现社保障体系的协调及可持续发展。遵循党的十九大报告对建立多层次社会保障体系的指导原则及任务要求，按照兜底线、织密网、建机制的基本原则，以"问题导向－国家急需"为标准，结合对各地实践创新经验的提炼总结，突出研究多层次养老保障体系的协同发展、养老保险与养老服务的协同发展、多层次医疗保障体系及新时代社会救助制度完善思路，探索我国全面建成多层次社会保障体系的路径优化策略。

完善多层次养老保障体系是全面建成多层次社会保障体系的核心和关键环节之一。基于我国城镇职工基本养老保险制度面临的困难和挑战，立足改革趋势，结合定性与定量方法，重点研究多层次养老保险结构优化的制度模式，探索城镇职工基本养老保险制度在当前经济环境下的可持续发展问题。以养老保险基金长期收支平衡为前提，定性与定量分析相结合，评估城镇职工基本养老保险降费率政策及基本养老保险基金财务可持续性等关键问题。研究结论强调，大力发展多层次养老保险制度，需要确保基本养老保险制度的可持续发展，需要加快推进基本养老保险全国统筹步伐，需要综合施策，综合考虑降费率政策、优化基金投资政策、退休政策、外延性融资政策等，突出强调新环境下保障基本养老保险保基本的目标实现。

探索了多层次养老保险制度各层次制度的协同发展和政策配套问题，探讨第二、第三层次补充养老保险扩面的有效路径及政策层面的积极效应。在新发展环境下，突破原有各国多层次养老保险的既有路径，突破多层次养老保险发展的制度壁垒，充分调动个人养老保险需求的潜在动力，合理配置基于全生命周期的金融财富资源，重新评估大力发展个人和家庭养老产品及服务的政策激励维度，实现政府政策支持、机构创新驱动下的产品服务体系重构。本书通过对基本养老保险实际费率和替代率的测算发现：大力发展补充养老保险存在较大空间；通过分解个人账户基金现值及权益，可在多层次养老保险体系中建立不同养老保险制度间的转换衔接通道。允许个人账户基金纵向转续是弱化多层次挤出效应的重要方式，能够加快促进第二、第三层次养老保险制度保障面的拓展。在多层次养老保险的制度创新和路径优化上实现新的突破，既有助于破解我国多层次养老保险长期发展缓慢的难题，又有助于激活中国文化基因和发挥中国潜在制度优势。

　　基于多学科交叉、跨学科融合的方法论视角，运用系统、动态的制度主义分析方法，摒弃"政府-市场"的二分法，引入混合组织治理机制，分析了市场制与层级制下商业养老保险与养老服务的融合困境，以及现阶段商业实践中实现两者融合的重资产模式和轻资产模式所存在的治理难题，并在信息技术加持的背景下，依托社区组织，建构了混合组织治理机制下二者融合发展的可持续运营模式及实现路径。信息技术加持和混合组织治理机制创新共同推进商业养老保险与养老服务融合发展。依托信息技术和社区组织，可以有效提升商业养老保险的消费体验和及时获得感，在运营端和需求端均重塑了商业养老保险的经营内涵。应依托信息技术和社区组织，从运营端深度挖掘社区嵌入型养老服务的市场空间，从需求端拓展养老服务的经营内涵，促进养老服务机构完成层级市场化的转变。构建多元主体间的合作伙伴关系是实现商业养老保险与养老服务融合发展的有效路径（丁建定，2012）。基于理论创新层面探讨了养老保险与养老服务融合发展的新机制和新发展思路，系统分析了我国养老服务面临的问题及新时代的创新发展思路。

　　完善多层次医疗保障体系是全面建成多层次社会保障体系的重要内容。结合近年来补充医疗保险面临的问题，分析探讨了大力发展市场化补充医疗保险的思路，强调机制创新，优化发展环境，提升商业医疗保险机构的创新能力和服务能力，实现社会医疗保险和商业医疗保险的良性互动，强化健康管理，力争"十四五"时期多层次医疗保障有较大较快发展，努力补足补充医疗保险的短板，更好地满足人民对医疗保障及相关服务的需要。基于互联网医保的创新发展，探讨了多层次医疗保障的新发展思路，分析了新发展背景下多层次医疗保障体系的制度优化和可持续发展问题。

　　多层次社会保障改革发展离不开实践层面的探索和创新。本书从多层次养老保险改革面临的现实问题入手，通过案例分析，探讨了多层次社会保障改革在政策层面的实施效果及面临的问题，提出了"十四五"时期多层次养老保险改革的着力点。多层次社会保障的改革发展既要重视顶层设计，也要高度重视管理运行、管理服务及能力建设，这是"十四五"时期我国多层次社会保障改革发展需要重视研究的课题。

全面建成多层次社会保障体系离不开构建新时代社会救助制度并发挥其社会安全网的兜底保障作用这个问题。本书研究了新冠肺炎疫情对低收入困难群体的影响，分析测算了低收入困难群体需要社会救助和帮扶的范围，提出了新时代完善社会救助制度的思路。本书强调需要突破传统的社会救助的内涵，在新的发展环境下发挥社会救助的兜底作用及其在民生保障领域的重要作用，突出创新社会救助的手段与方式，重视构建多元主体参与社会救助制度建设的新发展路径，重视发挥综合社会救助在风险社会治理中的重要作用。在政府积极作为的同时，将传统社会救助文化的创造性转化融入社会救助制度的能力建设中，强化社会救助制度运行能力建设，包括制度构架及组织能力，制度执行能力，资金供给和财政保障能力以及行政能力。注重发现机制、瞄准机制的有效性，提升精准救助能力。强化社会救助制度的兜底能力、协调能力、动态调整能力等。强化社会救助与其他社会保障制度的协同发展，提升社会救助制度的整合能力以及创新技术综合应用能力（Willmore，2001）。

对全面建成多层次社会保障管理体系及政策支撑的研究是系统推进改革的重要保证，也是制度可持续发展的重要因素。应加强多层次社会保障基金管理、社会保障信息平台整合并完善智能决策系统。同时，基于可负担的税费政策，均衡、普惠、可持续的财税激励政策，灵活的投资选择政策和开放的数据共享政策，强化社会保障大数据建设下的智能管理和智能决策支持。

三 全面建成多层次社会保障体系的基本思路、方法及创新

（一）主要研究思路

基于"透视制度演化及特征—解决重难点问题—优化宏观政策环境和

政策支撑体系—提出完善政策建议"的研究逻辑，突出理论创新和制度建设，拓展研究领域，将多层次社会保障改革发展纳入国家治理体系和治理能力现代化的框架展开分析，围绕人口老龄化的现实背景，探索社会保障体系建设尤其是养老保障制度建设与老龄金融发展，拓展现有研究，强调社会保障基金投融资管理与金融市场发展，避免就社会保障讨论社会保障体系建设，而是将其纳入国家老龄金融发展战略、金融市场创新发展的新领域，这既有助于从宏观视角研究多层次社会保障体系建设，而且有助于在新的发展环境下探索新的发展思路。本书关注全面建成多层次养老保障体系、全面建成多层次医疗保障体系的关键政策问题，探析政策实施难点，优化改革发展路径。同时，本书在新的理论分析视角下研究了养老保险与养老服务的发展思路，研究了社会保险制度与社会救助制度的协同发展，提出应兼顾现实与长远发展的需要，突出新时代民生保障的新问题、新诉求和新特点，将社会保险制度建设、社会救助制度建设和养老服务建设相融合，将社会保障的制度建设与应对新冠肺炎疫情的应急性社会政策相结合，使研究思路更加符合国家现实需要，立足中国大地，紧扣时代发展，及时回应国家经济社会发展的重大需求。本书将理论分析、历史制度分析与案例分析相结合，将国内调研与国际经验借鉴相结合，将定性分析与定量分析相结合。

具体研究路径如下。

首先，对全面建成多层次社会保障体系的理论创新和机制创新进行宏观把握，基于国家治理、国家安全与社会保障制度建设的关系，以政府与市场边界的理论探索为切入点，对多层次社会保障体系的制度内涵、制度演进和制度特征进行梳理。在历史制度分析和理论分析的基础上，探索我国多层次社会保障体系建设的发展定位，探索多层次社会保障制度建设的中国方案和中国道路的约束条件，实现多层次社会保障制度的机制创新和发展路径优化。

其次，将全面建成多层次养老、医疗保障体系的实施难点和路径优化、养老保险与养老服务融合发展、社会保险与社会救助协同发展，作为全面建成多层次社会保障体系的重点问题进行专题研究。既研究基本养老保险降费率政策可持续发展问题及政策思路，同时探索多层次养老保险机制创新及配套政策问题，探讨加快推进第二、第三层次养老保险发展的动力机制，探讨商业养老保险与养老服务融合发展的政策思路。其中，关于全面建成多层次养老保障体系，重点研究养老保险多层次结构中补充养老保险发展动力不足、基本养老保险一层独大的问题，通过养老责任的明晰和市场资源配置机制的创新，解决缺位、错位难题。关于全面建成多层次医疗保障体系，重点研究医疗保障多层次结构中城乡医疗保障受益不均、保障不足的问题，通过提升财力保障水平，优化多层次待遇结构。

最后，通过优化多层次社会保障管理体系，以及优化国家财政、金融政策等政策支撑体系，全面深入推进系统性改革。优化多层次社会保障基金预算管理体系旨在提高多层次社会保障体系的资金管理效率；优化多层次社会保障基金管理制度和实施路径有助于探索社会保障制度长期可持续发展的有利条件，通过社会保障基金保值增值和管理效率的提高，建立健全我国多层次社会保障体系可持续发展、协同发展的长效机制；优化社会保障信息管理平台及智能决策系统，有助于进一步提升多层次社会保障改革发展决策的科学性，更好地解决管理系统碎片化及信息不畅、大数据利用和智能决策支撑不足等问题。

（二）研究方法

1. 文献和政策研究方法

广泛收集了国内多层次养老、医疗保障体系的建设和地方实践经验创新，以参考文本中已知的分类架构为依据，以文本中关键词出现的频率排序作为统计计算的基础，解读多层次社会保障体系协同发展的研究变化与趋势。

2. 历史比较制度分析方法

运用历史比较制度分析方法，以跨区域文化视角分析总结地方多层次实践的制度基础、制度条件和制度安排的内在动因，并结合主成分分析将宏观影响因素具体化，总结出具有典型性的差异化多层次模式，提炼可借鉴推广的经验。

3. 跨学科的研究方法

综合运用多学科理论和方法研究多层次社会保障改革。在多学科融合中，主要以经济学领域的政府与市场边界理论和生命周期理论等为切入点，考察多层次社会保障体系协同发展的基本逻辑。构建人口结构分析和预测模型，考察补充养老保险扩面和多层次费率结构优化的可行性。同时，结合社会学领域的社会分层与流动的基本理论，研究社会保障制度受益公平及劳动力跨区域流动下多层次社会保障协同发展的问题，并基于行为经济学、行为金融学的相关理论和方法，对多层次社会保障协同发展的体制障碍开展有针对性的研究。

4. 调查访谈法

访谈了社会保障研究领域的专家学者，地方政府相关政策的制定者、执行者以及社会保障制度的利益相关者，设计具有代表性的样本，开展随机抽样问卷调查，测度目前我国社会保障多层次建设的水平，研究影响多层次社会保障体系全面建成的关键制度因素。通过问卷测试和问卷调查，收集调查项目，制定合理量表，针对研究对象开展调查，最终得出多层次社会保障体系协同发展和可持续发展的评估指标体系及有效数据，以此监测多层次社会保障改革的进展。

5. 实证研究方法

本书通过广泛整合政府和第三方机构的长期追踪数据，研究多层次体系下各地基本保险和补充保险计划覆盖面的变化及影响因素，以判别多层次社会保障协同发展的制度水平和管理效率。同时采用 Logistic 模型，实证研究年龄、收入、受教育情况等因素对多层次社会保障需求的影响。

（三）主要创新及特色

1. 拓展理论研究视角，聚焦多层次社会保障发展的中国方案

立足新时代我国经济社会发展的新特点、新趋势，系统梳理和总结40多年来我国社会保障改革的经验、教训，分析中国社会保障改革发展与社

保障一般发展规律的趋同性与差异性，提炼总结中国经济社会独特发展路径下社会保障制度演化的理论逻辑和演化规律，探索多层次社会保障体系建设的中国方案。从政府与市场关系的理论视角剖析多层次社会保障体系的本质内涵和价值诉求，总结多层次社会保障建设的实践基础；从系统论的角度提炼影响社会保障体系内各子系统协同发展的因素；从行为经济学的角度，分析经济保障个人可负担、制度参与灵活有激励、保障水平充足有弹性的多层次社会保障制度框架及发展思路。

2. 探索社会保障改革发展模式

现行社会保障制度的基本框架和运行机制是与工业化时代相伴而生的制度形态。信息化时代人们的就业方式、制度形态和保障形式都将出现重大调整，基于社会保障理论创新的前瞻性制度设计理念和设计思路尤为必要。唯有综合考量经济、社会、文化、技术多种因素，才能更好地提炼总结适合中国国情的多层次社会保障制度创新之路。需要结合技术革命的新特征，探索新型社会保障制度形态、制度特征和运行方式，不断提升社会保障制度创新和制度运行的绩效，满足民众多样化的社会保障服务需求。

结合国家战略发展要求和我国民生保障领域的现实需求，注重多层次养老保障体系的完善和体制机制创新、多层次医疗保障体系的完善和体制机制创新、多层次社会保障基金管理体系的整合搭建及政策创新，从责任分担、资源配置、动力机制、激励机制、监管机制、保护机制等方面破解现实难题，实现多层次社会保障体系的可持续发展。促进多层次社会保险基金投融资管理与金融市场协同发展需要重点关注以下方面：一是建立基本保险基金统一投融资平台，促进基金管理体制向市场化、专业化、长期化方向转变；二是积极开发与各类基金投资需求相适应的金融产品，促进社会保险基金向金融市场输入；三是激发金融市场社保创新的内生动力，除必要的政策支持外，应更加注重社保金融创新在需求端和供给端的内在发展影响；四是充分重视社会保险基金在长期经济金融发展中获得稳定回报的需求，强化基金的社会责任投资，以实现社会保险基金发展、金融发展与经济社会高质量发展的相互促进。

3. 强调多层次社会保障制度的社会心理和文化效用在改革发展中的重要作用

社会保障改革政策需要更好地适应新时代民众对社会保障管理服务的新诉求。理论界和社保管理部门需要充分重视这一新的发展特征。经济、社会、文化等多种因素对多层次社会保障制度改革及决策机制有重要的制约作用，多层次社会保障制度改革的社会经济效应和社会文化心理效应，不同群体对社会风险的认知状况，以及对未来社会保障的预期，都将影响社会成员对社会保障政策调整的态度，这是加快推进多层次社会保障改革需要关注的重要问题。

4. 国家治理能力提升与社会保障理论创新

国家治理能力的提升与多层次社会保障体系的构建是新时代需要密切关注的重大理论问题。社会保障已从边缘向中心领域延伸，在国家治理体系中发挥日益重要的作用，已成为国家治理能力现代化的核心标志之一，尤其是在信息社会，民生保障诉求成为新时代关系到国家治理、社会稳定与安全的关键制度变量，社会保障体系建设的重要作用日益凸显。因此，社会保障必须成为国家治理的核心要件并且发挥日益重要的作用，对社会保障在国家治理中的"双刃剑"作用需要给予足够重视。社会保障制度设计出现大的偏差，社会保障政策实施和管理服务不到位，都可能给国家治理和社会稳定带来潜在风险。

5. 突出高质量的多层次养老保障制度设计理念

养老保障制度是一个整体、协同、动态的系统，全面建成多层次养老保障体系，需要根据养老保障体系的整体功能进行层次和结构的优化安排，厘清系统内各要素之间的相互作用方式及其传导机制，高度关注养老保障制度与社会经济外部环境之间的互动机制及其影响效应。在"十四五"发展时期，强调以更高质量的养老保障制度建设助力经济高质量发展，着力夯实普惠性、基础性和兜底性养老保障项目，强化基本养老保险制度的可持续机制建设，聚焦优化激励相容机制，提升制度自身的财务可持续性。在城乡统筹、区域协调发展和理顺央地财政关系的基础上，以渐进的方式破解养老保障发展不平衡、不充分的难题。通过统筹城乡的可持续多层次养老保障制度建设，实现多层次养老保险制度建设与经济发展的良性互动，提升人力资本积累规模，推动劳动力、资本和技术等生产要素的重新配置，弥合"创造性破坏"过程中的社会撕裂，实现经济发展与社会融合的协调共生。这既是经济新常态发展背景下探索多层次养老保障制度建设的新课题，也是实现养老保障制度长期可持续发展的重要议题。

6. 探索多层次养老保障制度与经济发展的良性互动机制

突出以系统性、整体性、协同性原则统筹推进多层次养老保障制度的高质量发展，强调构建宏观和微观、短期和长期相协同的多维度理论及政策分析框架，以劳动和资本等生产要素的规模、结构和效率为关键传导变量，厘清养老保险降费对经济增长的影响机制，进一步深化对养老保险与经济发展关系的认识。

以全面建成多层次养老保障体系为首要目标，将完善民生保障事业与发展民生服务产业有效对接，实现二者的良性循环和相得益彰。全面建成多层次养老保障体系，其核心要义在于实现政府、市场和社会机制的有机协调。民生保障事业和民生服务产业具有内在统一性，加快发展民生服务产业，不仅能够培育形成新的经济增长点，增强供给结构的适应性、提升供给质量，而且能够有效提升养老保障制度的可持续性。通过发展多种养老金计划夯实养老财富储备，将有助于提升全社会的资本积累规模，继续维持较高水平的投资增长率，进而有望实现经济长期增速不急剧下降的稳增长目标。加强多层次养老服务体系建设，积极引入社会资本参与养老服务产业，大力发展银发经济，将为"十四五"期间的经济发展注入新的活力。

7. 突出以系统性、整体性、协同性原则统筹推进多层次养老保障制度的高质量发展

切实改革基本养老保险制度，大力发展多层次养老保险，统筹考虑养老保险制度建设、退休政策调整、劳动力市场完善、长期财务平衡、可持续发展及养老保险制度环境优化，综合考虑养老保险制度的近期、中期及长期改革。多层次养老保障不仅能提升养老保障体系的可持续性，也是产业结构、

就业形态调整背景下调整退休制度的重要机制。在扩大第二层次补充养老保障制度覆盖范围之外，还需要大力促进老龄金融创新发展，积极推进第三层次个人延税型养老金计划的快速发展，加快个人延税型养老金的产品设计及服务创新，大力发展养老导向的基金理财产品、商业寿险产品，实现多元化的老龄金融资产配置。

8. 基于理论创新视角探讨混合治理机制下商业养老保险与养老服务融合创新的理论和政策问题

本书分析了商业养老保险与养老服务融合的重资产模式和轻资产模式，提出了依托社区组织的互联网轻资产模式应该是商业养老保险与养老服务融合发展的正确路径，这一分析逻辑对于可持续养老保障制度供给模式创新具有重要的启示意义。另外，依托社区组织的互联网轻资产模式，能进一步简化政府的经济治理职能，进而加强市场和社会的职能。商业保险公司和养老服务机构的融合路径在具体实施中可能会呈现多样化的特点，这是未来需要进一步拓展的新的研究领域。本书提出相关政策建议，以期促进商业养老保险和养老服务更好地融合发展。一是商业保险公司和养老服务机构应加快组织重构，持续推进整合型养老服务体系建设。商业保险公司和养老服务机构可考虑在原先功能模块的基础上，以形成有效的信息传递和激励相容机制为目标，面向消费者进一步整合相关功能模块，简化公司运行流程，降低组织内各部门的协调成本，从而提升产品和服务的供给质量。二是坚持政府主导、多元并举，切实推进社区组织的生成和发展。三是重构企业层面运营端、需求端的组织模式，在需求端通过社区人力资本培育为企业发展提供激励，在运营端通过社区固定资产沉淀对企业服务进行约束，以客户为中心打造生产、生活一体化的商业闭环，这将是促进社区组织生成的可行路径，也是助推现代经济从要素投入型增长向内涵式增长跨越的动力源泉。

9. 在完善多层次养老保险制度建设进程中，需要高度重视长寿风险及其对养老保险基金财务可持续的影响

受多种因素的影响尤其是随着医疗条件和技术的进步，我国人均寿命在未来的若干年中有较大幅度的提升已成为大概率事件，甚至会超过人们的预

期。长寿风险对未来养老保险的长期财政压力不容低估，原有的精算平衡将被打破，基本养老保险的长期支付压力将持续增大。因此，应系统深入地分析长寿风险及其对养老保险基金财务可持续的影响，积极做好理论储备和政策储备，积极探讨实施渐进式延迟退休政策，主动应对长寿风险演化加剧给养老保险制度长期可持续发展带来的严峻挑战。经济、社会、文化等因素对多层次养老保险制度改革及决策机制有重要的制约作用，多层次养老保险制度改革的社会经济效应，不同群体对养老金风险的认知状况，以及对未来养老金的预期，都将影响和制约养老保险政策的调整，这是实施多层次养老保险改革需要关注的重要问题。

10. 进一步改革养老金领取时间，与劳动力市场机制的创新协调推进，与促进老年就业的政策相衔接

培育老年劳动者的就业能力，提高其知识储备与技术能力，对于老年劳动者渐进式退休、灵活就业至关重要。在信息化冲击、产业结构进一步调整升级的背景下，知识、技能、经验可能占有更加重要的地位。在信息化时代，提高老年劳动者就业能力的核心在于提高其综合信息素养，树立终身学习理念。基于全生命周期的研究视角，重新设计社会保障的制度形态，将成为这一领域具有重大意义的研究课题和研究前沿。

11. 完善多层次医疗保障制度，优化发展路径

强化基本医疗保险、大病保险与医疗救助等多层次医疗保障制度的保障功能，通过制度创新、政策创新不断完善各类医疗保障的互补衔接机制。积极促进基本医疗保险与商业健康保险、医疗救助制度的联动发展，在政策制定、待遇支付、管理服务等方面做好衔接，避免和有效控制大病患者因病致贫的风险。利用大数据技术手段进一步加强医疗保障的能力建设，提升医疗保障的服务能力和医疗保障基金风险控制能力，进一步强化健康管理，全方位提升疾病预防、疾病控制和医疗服务水平。

12. 新时代完善社会救助的理论创新和制度创新

整体的社会救助制度设计需要突出系统性、稳定性、公平性和可持续发展，同时注重社会救助制度与失业保险制度的衔接，社会救助制度各项救助

措施的衔接，一般性救助与临时救助的衔接，以及生活救助与心理援助的结合等。突出社会救助制度新观念的引领作用和制度创新的重要作用，增强社会救助制度创新能力，重视以家庭为中心、以社区为中心的救助理念和救助文化。将社会救助制度能力建设纳入国家治理体系和治理现代化的决策框架，扬长避短，切实发挥中国制度体系的优势，构建新型的社会救助制度能力建设框架。通过加强制度能力建设，更好地发挥新时代社会救助的兜底保障作用。实施更加积极的社会救助政策特别需要学术界、理论界深度挖掘中国传统制度资源的积极要素，构建以提升可持续生计能力、社会融入能力为核心的救助制度，探索新时代以工代赈制度的重要作用。

第一章　多层次社会保险体系演化及特征分析

一　多层次社会保险制度建设历程

（一）多层次社会保险制度萌芽阶段（1982～1990年）

1. 多层次社会保险制度萌芽的环境

（1）经济体制改革提供了多层次社会保险制度萌芽的土壤

"文化大革命"结束后，改革成为社会主义建设的基本方针之一。经济体制改革动摇了国家统一负责的单一层次社会保险的制度基础。首先，劳动就业体制改革对社会保险有了社会化的需求。劳动合同制的推行打破了就业终身制，职工难以再依赖单个企业而享有社会保障，必须寻求社会化的社会保险制度安排。除了对基本社会保险进行社会化改革外，商业性社会保险本身也是一种可选择的社会化保险形式。其次，国企改革强化了对建立多层次社会保险制度的需求。20世纪80年代，国有企业破产制度确立。破产制度的建立意味着任何企业乃至非企业组织都面临着市场竞争，并可能因竞争失利而走向破产。这对社会保险制度产生了两个方面的影响：一方面，在市场经济条件下，将不再有长生不死的企业单位组织，由单位支撑的传统社会保险制度不再有稳定的组织基础和经济基础；另一方面，为寻求企业健康可持续发展，实行社会责任分担、降低企业负担成为社会保险制度改革的题中之义。这都为多层次社会保险制度的萌芽创造了一定的制度和经济环境。最后，保险体制改革进一步推动了商业保险的发展。以1986年新疆生产建设兵团农牧业生产保险公司的建立为标志，保险体制改革起步。交通银行保险部、深圳平安保险公司的设立破解了中国人民保险公司独家经营的格局。多家保险公司并立的格局有助于保险市场良性健康发展，对商业养老保险市场的拓展也更为有利。

（2）域外经验为多层次社会保障制度探索提供了重要借鉴

改革开放是20世纪80年代以来我国经济社会发展的一项基本国策。对外开放让中国看到了各国社会保障制度改革的潮流和某些共同的发展取向，对国外经验的学习借鉴减少了社会保险制度建设的"试错"成本。

改革开放以来，中国通过世界银行、国际劳工组织、联合国开发计划署等多边国际机构建立了同外部世界交流的渠道，学习获取相关社会保障的理念。与此同时，还通过"请进来，走出去"的方式就社会保障体系改革进行考察、调研、交流（周弘等，2015）。由此，多层次社会保险制度建设理念在国内扩展开来。姚廷纲（1980）介绍了美国的"老残保险"和私人退休计划。郑培明（1985）指出日本自20世纪60年代起就形成了三层次的年金保险制度。张舒英（1986）对日本三层次年金制度及其对经济发展的影响做了具体介绍。杨题敏（1986）指出，美国职工个人想在退休后享受较高水平的生活，可以在劳动就业期间，参加个人的人身保险。悦光昭（1987）介绍了美国企业设立的私人退休计划，并分析了私人退休计划盛行的原因。王振基（1987）指出在发达资本主义国家普及双层次年金制度是总趋势，在瑞典和丹麦个人年金也发展起来。这些西方发达国家和其他一些发展中国家对传统社会保障制度的改革，以及社会保险制度的多样化走势，为改革借鉴提供了现实参照。华文（1987）通过考察美国社会保险的三个层次，建议改变单一层次退休金制度，实行"基本加补充"的办法。吴国卿等（1988）建议对全民所有制企业实行两个层次的社会保险。吴鸣（1987）认为劳动保险制度改革要形成标准有别的多层次劳动保险制度，以适应多种经济形式发展的需要。施明才（1988）指出只靠国家单一层次的退休社会保险，国家和企业负担将十分沉重，因此建议建立由国家法定基本社会保险、企业补充养老保险、职工个人储蓄性养老保险构成的多层次社会保险制度，三层次社会保险制度的建议也逐步得到一些政府机构的认可。来中国考察的弗里德曼教授、汤姆森先生以及蔡仪先生指出老年保障是包括家庭保障、自我储蓄式保障、互助互济型保障等在内的多层次综合保障，不能要求政府一包到底（四川省总工会劳动工资社会保障部，1988；国家体改委国外经济体制司，1989）。

对西方国家多层次社会保险制度的介绍和学习讨论强化了责任分担意识，使我们对传统退休社会制度的内在缺陷以及社会保险制度建设有了更深刻的认识，对中国多层次社会保险制度发展起了重要推动作用。

2. 以地方政府为主导的多层次社会保险制度萌芽

多层次社会保险制度的构建始于地方的推动。在多层次社会保险制度思想的影响下，基于经济体制改革的需要和自身实际情况，各地纷纷开始探索多层次社会保险制度的构建。

自1979年始，国家出台了多项规章条例促进集体所有制企业和国有企业建立退休制度。但仍有较多集体企业难以满足相关要求而未能建立劳动保险制度，于是一部分集体企业便开展了多方面的探索和试验。1982年9月，四川省南充市出台了《南充市城镇集体所有制企业职工老年养老保险暂行办法》，试行基本退休金加补充退休金的办法，将补充退休金与企业经济效益挂钩，尝试构建两层次社会养老保险体系。同年，上海市政府批准独立核算、自负盈亏的集体企业根据自身经济状况，选定一种缴费标准按月为职工向中国人民保险公司（以下简称人保公司）缴纳保险费，符合条件的职工退休后按月可向保险公司领取养老金（冯慧娟，1986；周修杰，2012）。这实质上是一种不同于劳动保险的具有商业保险性质的企业职工养老年金保险，开了人保公司经办管理集体企业和私营企业养老保险的先河。当年，人保公司养老年金保险一项承保3156人，保险金额为158万元，保险费为11万元。同时，人保公司在上海、四川、陕西、吉林、湖北、广东等省市试办了商业性质的简易人身保险（《中国保险史》编审委员会，

1998）。1986~1990年，更多地方出台政策开始构建两层次的社会保险制度，具体情况如表1-1所示。其中，山西和福建规定补充养老保险由人保公司经办；北京由企业存入银行；广州则由企业直接支付给职工补充养老保险金，类似于企业的一种社会福利。

表1-1 1986~1990年部分地区两层次社会保险制度的构建

年份	地区	基本养老保险		补充养老保险	
		资金筹集	待遇	资金筹集	待遇
1986	山西	当地保险公司按月向城镇集体单位筹集。筹集标准为职工工资总额的15%~18%	待遇水平为退休前12个月平均标准工资的50%；退休时工龄超过10年，则每超1年，待遇每月增加退休前12个月平均标准工资的0.5%	补充养老保险不实行统筹。补充养老保险缴费额根据集体单位的赢利状况分档确定	按其所在单位为其缴纳补充保险费的多少计算。职工每月领取基本社会保险金与补充养老保险金之和，最低为30元
1989	福建	企业每月按全部职工工资总额6%左右的比例缴纳。具体缴费比例按照"以支定筹、略有节余"的原则测算规定，但最高不能超过8%；个别县（市）确实需要超过8%的，应报省体改委和省人民保险公司批准	在城市市区和郊区的企业每人每月60元；在县城、乡镇的企业每人每月50元；职工退休前工龄不满五年的，不发基本养老金	企业按相当于本企业全部职工工资总额3%~7%的数额缴纳，具体缴纳的数额由企业根据经济承受能力确定。职工本人应按不少于本人工资总额2%的数额为自己缴纳。工资总额低的职工，每月不得少于2元	以企业和职工共同缴费年限长短和金额多少为前提，结合利息等因素，按本规定所附的《职工社会金领取标准计算表》按月支付。今后银行存款利率调整时，相应调整社会保险金领取标准
	北京	—	—	实行全员劳动合同制后，按职工个人挂钩工资总额2%提取的数额。这项职工个人补充养老保险金由企业存入银行，在企业内部分解到个人	职工退休、合同期满转往街道或调往未实行全员劳动合同制企业时，企业应将补充养老保险金连同利息一并发给职工本人

续表

年份	地区	基本养老保险		补充养老保险	
		资金筹集	待遇	资金筹集	待遇
1990	广州	单位缴纳,其中企业单位在营业外列支,事业单位在事业费中列支。职工个人缴费标准为本人月工资收入的2%,由单位在职工当月工资中代为扣缴	包含基础退休金和附加退休金:基础退休金为职工本人退休时所确定的全市区街集体单位职工月平均工资的35%;附加退休金依据职工本人退休时的标准工资和交费年限计发,交费年限每满1年加发本人退休时标准工资的1%	不超过国营企业职工退休待遇标准的,由企业在税前提取,营业外列支,事业单位在事业费中列支;超过国营企业职工退休待遇标准的,企事业单位筹集标准应在本单位全年工资总额10%以内,在留利中提取	厂长(经理)依据"贡献大、工龄长、补充多"的原则提出分配方案,经职工代表大会通过后实施

注:本表内容根据各地出台的地方法规整理。

地方基于自身实际状况的不断探索,促使多层次社会保险制度萌芽。在该过程中,地方扮演了"第一行动集团"的角色。与此同时,中央政府则充任"第二行动集团"。中央政府在地方主导社会保险制度改革的过程中给予了支持。1982年1月,国家劳动总局以"如何改革集体企业养老保险制度问题"为议题,在重庆召开了由云、贵、川三省参加的社会保险工作座谈会,并部署各省选择一个市或县进行改革试点工作。在南充市出台改革办法后,劳动人事部及时给予了培育和指导,并在南充召开了全国养老保险工作会议,对南充改革给予了高度评价。中央政府的这种鼓励姿态助推了地方进行多层次社会保险制度构建的探索。

3. 形塑多层次社会保险制度萌芽的方式

中央政府和地方作为形塑多层次社会保险制度变迁的主体,皆体现了形塑制度变迁的三种方式:对各种知识需求进行投资;有组织的经济活动、知识存量与制度框架之间的持续互动;非正式约束渐进性的改变。

无论是中央政府还是地方都派生出了投资于社会保险制度知识的需求。

原有的劳动保险制度致使企业和国家负担沉重，限制了企业发展。随着经济体制改革的深化，原有单位化的劳动保险制度难以适应市场经济需求，改革劳动保险制度迫在眉睫。学习相关社会保险知识和借鉴西方国家的改革经验是一个较为稳妥而快速的方式。政府开始与世界银行、国际劳工组织等多边机构接触，组织政府官员、学者赴美考察，了解国外的社会体制和管理经验，并邀请相关国际机构和专家到国内开展讲座（周弘等，2015）。

随后，关于多层次社会保险制度的知识与制度建设开始互动，各地陆续出现了关于多层次社会保险制度的探索。1989年3月，国家体改委邀请弗里德曼等三位国外社保专家就北京、上海等地的社会制度改革进行调研，并提出了相关建议（国家体改委国外经济体制司，1989）。这种知识存量与实践的互动不仅有力地推动了制度探索，也为今后多层次社会保险制度的构建发展提供了极为重要的借鉴。

在政府推进市场经济改革的过程中，改革后的企业逐渐以追求利润为导向，这与计划经济时期以产量为导向有着本质的区别。利润最大化行为引起了对公平与效率的大讨论，进而确立了效率优先的原则。思想上的解放推动了非正式约束的渐进性改变。原有的单一层次的社会保险制度难以符合企业发展理念，绝对化公平的社会待遇理念逐渐被人们摒弃，相对有差别的福利待遇更有利于效率的提高。这种思想意识的转化为构建有差别待遇的多层次社会保险制度建设做了极大的思想准备，促进了正式的多层次社会保险制度的建立。

（二）多层次社会保险制度初探阶段（1991~1999年）

1. 制度初探阶段的环境

（1）经济效益优先理念的盛行

20世纪80年代关于计划与市场的争论从未停止，尽管这种争论推动了思想的解放，但无休止的争论也束缚了手脚，使得改革在80年代后期盘桓不前。而当时欧美发达国家经过一系列改革开始走出经济停滞期，经济稳定增长，加之东欧剧变，发展国民经济、提高人民生活水平变得尤为迫切。为此，邓小平在1990~1991年发表了一系列讲话，明确了计划和市场都是手段，并于1992年通过南方谈话彻底解决了市场经济姓"社"还是姓"资"的问题，从根本上打破了把计划经济和市场经济看作属于社会基本制度范畴的思想束缚，为社会主义市场经济的确立奠定了坚实的思想基础。这实质上是在坚持基本的社会制度范畴下，将效益确定为改革实践的重要衡量标准，效益优先成为改革的最重要原则。在该理念的指导下，社会保险制度的建设发展也成为保障经济健康稳定发展的配套政策手段。

（2）社会主义市场经济体制确立

自改革开放以来，我国就开启了由社会主义计划经济向社会主义市场经济转变的历程。20世纪80年代，党和政府通过放权让利形成以公有制为主体、多种经济成分为补充的所有制结构；通过国有企业破产制度改革和劳动合同制的建立，激励企业追逐经济效益。在该时期，对于计划经济与市场经济的关系处于摸索的状态。从党的十二大提出"贯彻以计划为主，市场调节为辅"的经济原则到党的十三大提出"发展有计划的商品经济"，市场经济的地位逐步提升。党的十三大后，关于计划与市场的争论又趋于尖锐，为了端正认识，邓小平在1990~1992年发表了一系列讲话，从根本上打破了把计划经济和市场经济看作属于社会基本制度范畴的思想束缚。党的十四大明确提出"建立社会主义市场经济"。党的十五大进一步肯定了社会主义市场经济改革方向。

向社会主义市场经济制度的转向，极大地推动了经济体制改革进程，从而对市场主体结构进行了重塑。首先，国有企业通过转换经营体制、推进劳动体制改革、进行战略性改组、实施债转股和下岗分流等改革措施建立现代企业制度，走向市场。其次，私营企业得到巨大发展。"抓大放小""国退民进"的国有企业改革方案使一大批符合条件的小型国有企业改制成为私营企业。在确立社会主义市场经济的过程中，建立公平的市场竞争机制也推动了非公有制经济的发展，《公司法》、1999年宪法修正案、《农村土地承包法》等相关法律的确立为非公有制经济发展提供了理论和制度保证，国家又通过财政、税收、货币信贷和产业政策，促进乡镇等民营企业的发展

(肖安保，2016)。最后，继续深化的开放政策，使外资企业不断走进来，从而逐步形成了多元化所有制经济的发展。对外开放的市场化改革，同时也使商业保险公司得到巨大发展。从1991年始，全国性、区域性的保险公司纷纷设立，国外保险公司也纷纷进入国内市场。截至2001年底，全国共有不同所有制的保险公司52家，保险中介机构170家。多种形式保险公司的设立是推动商业养老保险市场发展的基础(《保险史话》编委会，2015)。

市场主体结构的重塑导致了大规模的社会阶层分化和流动，从而对社会保险制度建设提出了更高要求。同时，随着市场化经济体制改革的继续，社会保险制度改革的滞后日益成为经济体制继续深化改革的"瓶颈"，因此，基于市场化经济的要求，社会保险制度改革势在必行。在此情况下，中共第十四届中央委员会第三次全体会议通过的《中共中央关于建立社会主义市场经济体制若干问题的决定》将建立多层次社会保障体系、发展商业保险作为社会保险的补充、重点完善企业社会和失业保险制度、鼓励实行个人储蓄积累社会保险等内容纳入社会主义市场经济建设框架内。

(3) 政治行政体制改革的深化

政治行政体制改革为经济体制改革提供重要的保证，同时也在一定程度上促进了社会保险制度的建设和调整。20世纪80年代，干部终身制与人民公社体制的废除为经济社会体制改革开辟了政治通道，简政放权、机构改革、人事制度改革推动了社会保险制度的改革探索。20世纪90年代，中央政府开始推行分税制的财政体制改革，分税制改革统一规范了央地税收分配关系，增强了中央政府的宏观调控能力，有利于继续发挥央地的积极性(周广帅等，2018)。同时，行政机构改革直接影响社会保险制度管理体制改革。1998年国务院机构改革中，在原劳动部基础上组建了劳动和社会保障部，将原分属于劳动部、人事部、民政部、卫生部等部门的部分社会保险工作统一由劳动和社会保障部负责，这其中就包含基本社会保险。

保险业的法制化进程、保险业监管机构的设立与完善，是商业养老保险发展的重要基础，为多层次社会保险制度中的企业补充养老保险和个人储蓄性养老保险的发展奠定了基础。1991年，《保险法》起草工作开始，并于

1995年10月正式施行,保险业法制化进程加速。《保险法》的实施,推动了保险市场的开放,更多的国内外保险公司以此为契机纷纷建立。与此同时,中国人民保险公司也进行改革重组。1998年,为深化金融体制改革,保险市场的监管职责由中国人民银行移至新成立的中国保险监督管理委员会(保监会)。专业化的监管有利于保险市场的良性竞争,同时,保监会采取措施支持国有企业改革和发展,引导商业保险发挥社会保障功能,拓展保险业务。

2. 多层次社会保险制度初探方式

多层次社会保险制度的探索是在"干中学"的过程中不断推进的。在中央政府的引导下,地方不断地进行补充养老保险制度的试点探索,总结经验和教训,并积累理论知识储备。与此同时,国外多层次社会保险制度改革和理论探索为我国多层次社会保险制度建设提供了借鉴。1994年,世界银行提出了应对人口老龄化和社会保险可持续挑战的三层次社会保险制度,该理论体系是基于发展中国家或转型国家的实践提炼而出,在世界范围内引起强烈反响,对我国社会保险制度建设有重要启示。

制度的探索是一个长期的过程,这与中国政府一贯主张的制度改革方式有关,即制度改革在一部分地区先行试点,摸索经验,然后再总结经验教训形成较为完善可行的方案在全国推广。这种试点探索方式是一种有益的"试错"机制,但也制约了制度变革的步伐。在该阶段,补充养老保险制度的构建主要处于地方分散探索时期,还未形成全国统一的制度架构。另外,在效益优先的理念下,发展经济、国企改革等战略决策才是政府的关注重点,作为配套政策的社会保险制度未能得到足够重视,这也是制度建构步伐缓慢的重要原因。

3. 中央政府引导下的地方探索

20世纪80年代,多层次社会保险制度的变革以地方政府为主导。进入90年代,中央政府逐步走上前台,以政策法规的方式引领和推动各地方和各行业进行多层次社会保险制度改革。在此阶段,中央政府总结各地试点经验,出台相关政策规章,指导并推动地方补充保险制度建设。地方政府在中央政府的原则性指导下,继续探索多层次社会保险制度建设。

1991年6月，《国务院关于企业职工养老保险制度改革的决定》颁布实施，明确提出"逐步建立起基本养老保险与企业补充养老保险和职工个人储蓄性养老保险相结合的制度"。这是中央政府第一次明确提出三层次社会保险制度架构。《国务院关于企业职工养老保险制度改革的决定》规定，"企业补充养老保险由企业根据自身经济能力，为本企业职工建立，所需费用从企业自有资金中的奖励、福利基金内提取"，"个人储蓄性养老保险由职工根据个人收入情况自愿参加"，"国家提倡、鼓励企业实行补充养老保险和职工参加个人储蓄性养老保险"，"允许试行将个人储蓄性养老保险与企业补充养老保险挂钩的办法"。1993年7月和10月，劳动部分别发布了《企业职工养老保险基金管理规定》与《劳动部社会保险财务制度（试行）》，对基本养老保险、补充养老保险和个人储蓄性养老保险的基金来源、管理和投资方式做了规定。同年12月，《劳动部关于印发〈劳动部关于建立社会主义市场经济体制时期劳动体制改革总体设想〉的通知》强调社会保险制度改革滞后已经成为制约其他改革的"瓶颈"，完善社会保险和事业保险制度可以减轻企业负担，增强企业竞争能力，提高经济效益；要求加快实施基本养老保险加养老社会保险的多层次制度，并试行个人储蓄性养老保险与企业补充保险挂钩的办法。在中央政府一系列政策法规的指导下，1992~1995年，成都、云南、大连、北京等省市纷纷出台了补充养老保险和个人储蓄性养老保险试点改革方案，电力、邮电等行业也单独出台了试点改革方案，开展多层次社会保险制度建设。

1995年3月，《国务院关于深化企业职工养老保险制度改革的通知》再次鼓励"建立企业补充养老保险和个人储蓄性养老保险"。同年12月，劳动和社会保障部在借鉴国外做法和总结各地试点经验的基础上，发布了《关于建立企业补充养老保险制度的意见》，对补充养老保险的实施条件、决策程序、管理组织、资金来源、待遇计发、经办等内容提出了原则性的建议，并收集整理了大连、上海等的方案以及美国和日本相关制度办法以备参考研究。在《关于建立企业补充养老保险制度的意见》的推动下，抚顺、上海、深圳、呼和浩特等更多的地区出台了补充养老保险方案。

(三)多层次社会保险制度构建和发展阶段(2000年至今)

1. 多层次社会保险制度建设面临的挑战

(1) 观念的转变

观念意识对多层次社会保险制度建设有深刻而持久的影响。21世纪头10年,对效率的追求使经济高速发展,同时也拉大了收入分配差距。这种差距逐渐制约经济发展,危及社会稳定。让社会发展成果更公平地惠及全体人民,促进人的全面发展、促进全体人民共同富裕成为当前社会主义建设的重要价值追求,公平与效率并重的理念得到认可。这种理念的转变同样反映在多层次社会保险制度建设上。在该阶段,社会保险制度开始摆脱配套政策的地位,成为国家基本政策;在构建第二、第三层次社会保险制度框架的同时,基本社会保险制度的地区差异问题更引人注意,提高社会保险可携带性和统筹层次的步伐加快;企业年金制度也向有利于中小企业和职员的方向进行了调整。

从个人层面看,养儿防老的思想逐步受到现实的冲击。一方面,独生子女政策使众多家庭形成了"4-2-1"结构;另一方面,在市场化经济不断完善、劳动力自由流动的情况下,子女与父母分离居住成为常态。在此情况下,子女养老已力所不逮,社会老年风险增加。子女养老面临的现实困境对养儿防老的思维定式产生了瓦解作用,而通过社会化的方式来化解老年风险逐渐为人们所接受。

(2) 人口老龄化的冲击

21世纪伊始,我国便进入了人口老龄化社会,且老龄化程度不断加深。2001年65岁及以上人口为9062万,占总人口的7.1%,老年抚养比为10.15%;而到2018年,65岁及以上人口已达16658万,占总人口的11.94%,老年抚养比为16.8%[1]。17年间,65岁及以上老年人口增加了7596万,增长率高达83.82%。

---

[1] 国家统计局, http://data.stats.gov.cn/easyquery.htm?cn=C01。

从家庭层面看，人口老龄化就是家庭人口结构的老化，"4-2-1"型的家庭结构最具代表性。在这种家庭结构下，单个子女需要赡养多位老人，呈力所不逮之势，"养老靠自己"逐渐为人们所接受。自我储蓄、参与政府实施的社会保险或市场实施的补充保险成为更现实的选择。这种增加的现实需求刺激了多层次社会保险制度的构建。另外，人口老龄化也对社会保险制度本身造成了冲击：人口老龄化会抬升基本社会保险的制度赡养率，加大社会统筹部分的财务压力。因此，急需加快构建多层次社会保险制度，分摊基本社会保险压力，提升社会保险制度的可持续性。

(3) 市场经济不断完善

2000年后，宏观经济景气，国有企业在关键行业基于垄断的前提大力扩张。特别是在资源型领域，其垄断地位和赢利能力空前提高。同时，党的十六大报告对我国私营经济的社会地位进行了肯定，确立了支持私有经济发展的战略决策。2005年，国务院出台了具有系统性的促进非公有制经济发展的《关于鼓励支持和引导个体私营等非公有制经济发展的若干意见》，使我国私营经济发展进入了一个崭新的阶段。中央政府坚定不移的政策支持激发了私营经济的活力，使其得到极大发展。国有企业和私营经济的发展不仅持续扩大了职工群体规模，也促进了职工收入不断增长，从而为构建多层次社会保险制度提供了良好的经济基础。

2001年12月，中国正式加入世贸组织，经济走向全球化，与世界经济更加紧密地融为一体。同时，外国资本纷纷进入中国市场，中外合资企业、国外独资企业得到极大发展，市场经济经营主体更加丰富。同时，全球化加剧了市场竞争：一方面，它与人口老龄化一道加速了企业人力成本的上升；另一方面，它使构建有助于留住人才、发挥人力资本效应的补充养老保险制度成为企业的现实需求。为此，在不断对基本社会保险制度进行调整、修正和完善的同时，需要构建企业补充养老保险制度。

另外，在不断完善保险监管和保险业法制化的进程中，保险机构得到极大发展。外资保险纷纷进入中国，同时，中国一些大型保险公司日趋国际化。2018年，中国有保险集团控股公司12家，人身险保险公司96家，财产险保险公司88家，再保险公司12家，保险资产管理公司24家，外资保险公司中国代表处190家[①]，为多层次社会保险制度的运营、服务以及产品供应提供了支撑。

（4）相关制度建设的推进

制度结构中的各项制度安排相互关联、相互约束，其他制度变革的推进促进了多层次社会保险制度的构建。机关事业单位工资人事制度改革的不断推进，推动了机关事业单位社会保险制度的持续性改革，由此建立了与企业职工基本社会保险一致的统账结合模式，并构筑起第二层次社会保险制度——职业年金。与此同时，税收制度对多层次社会保险制度建设的推动作用巨大。企业年金的发展一直伴随着税优政策的调整与改革，个人商业养老保险制度的构建直接缘起于对税惠的诉求。

多层次社会保险制度的建设不仅受其他制度影响，其制度内部之间也相互约束。作为一个制度体系，其共同目标在于缓解人口老龄化压力，为老年生活提供经济保障。但不同层次社会保险制度的目标取向也有差异：基本社会保险制度保障职工基本生活；企业补充养老保险提供补充养老保障，并发挥人力资本效应；个人商业性养老保险则满足个人和家庭多样性的养老保险需求。而基本社会保险制度替代率过高，不仅加剧了自身财务压力，也挤压了第二、第三层次制度的发展空间。因此，在发展多层次社会保险制度的同时，基本社会保险降费的呼声不断高涨。

2. 中央政府主导下多层次社会保险制度的构建

1995年以来，企业职工基本社会保险制度模式已经基本确立。2000年，劳动和社会保障部成立了社会保险事业管理中心，中央、省、市、县四级社保经办机构整体框架确立。因此，进入21世纪，城镇职工基本养老保险制度建设主要是在原有基本制度框架下进行调整改革，包括完善个人账户制度、提高职工基本社会保险统筹层次、社会保险法制化、规范社保基金投资

---

① 原中国保监会，http://bxjg.circ.gov.cn/tabid/5254/Default.aspx。

管理、国有资产划转社保基金以及改革机关事业单位基本社会保险制度等内容。随着老龄化程度的加深，单一基本社会保险制度的完善不足以应付老龄化社会带来的危机。因此，中央政府对第二、第三层次社会保险制度的构建在该阶段顺次展开。

(1) 企业年金制度框架的构建

自1991年提出建立企业补充养老保险起，经过10多年的探索，各地第二层次补充养老保险有了一定发展。但由于处于地方试点探索阶段，各地企业补充养老保险的运行机制、管理方式等存在极大差异，中央政府对企业补充养老保险的性质、作用、税收政策、管理等也只做了原则性规定，这使各地对企业年金计划的进一步发展存在一定的疑虑，踌躇不前。此时，迫切需要中央政府明确方向，并加以推动。

2000年12月，国务院印发《关于完善城镇社会保障体系的试点方案》，将原补充养老保险更名为企业年金，开启了企业年金发展历程，并规定采取基金完全积累的个人账户管理方式，实行市场化运作和管理。这实际上是中央层面对前一阶段各地试点经验的总结提炼。在该试点方案的推动下，辽宁率先开始试点。2004年1月和2月，《企业年金试行办法》和《企业年金基金管理试行办法》先后出台，并于该年5月正式实施。两个办法将传统的企业补充养老保险规范为完全积累型的信托模式，采用市场化运营方式，从而确立了第二层次社会保险制度框架——企业年金计划。

为推动企业年金的发展，中央政府不断探索税收优惠政策。在2003年《国家税务总局关于执行〈企业会计制度〉需要明确的有关所得税问题的通知》的授权下，各地开始探索企业年金税收优惠政策。到2008年在全国范围内正式实施4%的税收优惠政策时，地方性税收优惠政策已覆盖全国，税收优惠比例从4%到12.5%不等。2009年6月出台的《关于补充养老保险费、补充医疗保险费有关企业所得税政策问题的通知》将税收优惠比例提高至5%。2009年12月，国家税务总局下发《关于企业年金个人所得税征收管理有关问题的通知》，确立了企业年金个人所得税的TEE税制。2013

年12月颁发的《关于企业年金、职业年金个人所得税有关问题的通知》将TEE模式转变为EET模式。此外，中央政府还不断完善企业年金管理体制和市场运作环境。在确立企业年金计划基本框架后，中央政府先后出台了数十部部门规章对企业年金运作的各项事务进行规范，对企业年金基金管理机构进行认定，从而进一步完善了企业年金计划架构，推动了企业年金市场的发育和成长。

在中央政府的强力推动下，企业年金制度框架得到建立和完善。在企业年金发展过程中，中央政府不断根据新情况对制度进行修正。2002年保监会对沈阳保监办《关于企业补充养老保险有关问题的请示》的复函，指出辽宁企业年金试点过程中，政府部门继续参与该类业务使国家继续承担了不必要的负担，有违企业补充养老保险"商业保险"的改革精神和国家承担有限责任的改革宗旨，从而纠正了其改革方向上存在的偏差。2009年，针对当时企业年金基金管理机构服务不到位、管理费收取混乱以及企业年金建立过程中的不规范行为，人社部专门下发了《关于规范企业年金基金管理服务有关问题的通知》，对这些问题进行纠正。2011年2月，新修订的《企业年金基金管理办法》发布，对企业年金基金管理从三个方面进行了调整：一是提高企业年金基金投资灵活度，对投资范围和投资比例进行调整；二是加强对企业年金的投资监管，包括对企业年金的计划管理、信息披露等内容进行细化和调整，对人社部以及各级监管机构的监管职责进行明确；三是完善信托模式，包括对企业年金各管理机构的资格条件进行细化调整，并引入集合计划和保留账户管理。2015年，再次对《企业年金基金管理办法》进行了修订，取消了企业年金基金管理机构的注册资本要求。2015年1月，国务院发布《关于机关事业单位工作人员养老保险制度改革的决定》，再次启动机关事业单位养老保险制度改革，这次改革建立了机关事业单位的第二层次社会保险制度——职业年金。同年，经济进入新常态，供给侧结构性改革开始实施，企业年金参与率出现了断崖式下滑。为了促进企业年金发展，调动企业和职工积极性，《企业年金办法》开始酝酿修订。经过两年酝酿，2017年12月，人力资源和社会保障部、财政部联合下发《企业年金办法》，在原《企业年金试行办法》基础上做了一定调整，主要涉及下调缴费上限（与职业年金趋近），限制缴费分配差距，限制企业缴费部分归属个人的期限，并增加了年金领取方式。这有助于保障职工权益，增强制度的公平性和灵活性。

（2）个人商业养老保险制度框架的构建

在完善企业年金计划的同时，推进第三层次养老保险制度——个人商业养老保险制度工作也被提上日程。2006年，"国十条"要求积极发展个人、团体社会等商业养老保险业务，完善多层次社保体系。2007年，政府开始考虑利用税收优惠政策在天津滨海新区推动商业养老保险发展（郭左践等，2011）。2008年，为应对国际金融危机，加大金融支持力度，国务院办公厅在其颁发的《关于当前金融促进经济发展的若干意见》中提出了要对养老保险投保人的税收优惠政策进行研究。自此，个人税收递延型商业养老保险开启了长达近10年的酝酿。在这10年间，相关部门多次在相关文件中提及要尽快建立个人税收递延型商业养老保险，具体内容如表1-2所示。

个人税收递延型商业养老保险在中央政府引导下由地方政府进行试点探索。2018年4月，财政部、国家税务总局、人力资源和社会保障部、银保监会和证监会联合下发《关于开展个人税收递延型商业养老保险试点的通知》，决定在上海市、福建省和苏州工业园区三地适时开展个人税收递延型商业养老保险试点。同时，银保监会、财政部、人力资源和社会保障部、国家税务总局又联合印发了《个人税收递延型商业养老保险产品开发指引》，以规范保险公司个人税收递延型商业养老保险产品的开发设计行为。同年5月，银保监会印发了《个人税收递延型商业养老保险业务管理暂行办法》，进一步对个人税收递延型商业养老保险业务进行规范；6月，银保监会又印发了《个人税收递延型商业养老保险资金运用管理暂行办法》，进一步对个人税收递延型商业养老保险的资金运营加以规范细化。由此，个人税收递延型商业养老保险的制度架构初步搭建起来，我国三层次社会保险制度初步形成。

表1-2 2008~2017年关于个人税收递延型商业养老保险的政策文件及相关内容

时间	部门	文件	具体内容
2008年12月	国务院办公厅	《关于当前金融促进经济发展的若干意见》	研究对养老保险投保人给予延迟纳税等税后优惠
2009年4月	国务院	《关于推进上海加快发展现代服务业和先进制造业建设国际金融中心和国际航运中心的意见》	首次正式提出在上海适时开展个人税收递延养老保险产品试点
2013年3月	十二届全国人大一次会议	《政府工作报告》	做好个人税收递延型养老保险试点工作
2013年11月	十八届三中全会	《中共中央关于全面深化改革若干重大问题的决定》	制定实施免税、延期征税等优惠政策,加快发展企业年金、职业年金、商业保险,构建多层次社会保障体系
2014年8月	国务院	《关于加快发展现代保险服务业的若干意见》	适时开展个人税收递延型商业养老保险试点
2015年3月	十二届全国人大三次会议	《政府工作报告》	推出个人税收递延型商业养老保险
2015年5月	国家发改委	《关于2015年深化经济体制改革重点工作的意见》	研究启动个人税收递延型商业养老保险试点
2016年3月	国家发改委	《关于2016年深化经济体制改革重点工作的意见》	推进个人税收递延型商业养老保险试点、住房反向抵押养老保险试点,出台加快发展现代商业养老保险的若干意见
2016年12月	国务院	《国务院关于印发国家人口发展规划(2016~2030年)的通知》	大力发展企业年金、职业年金、个人储蓄性养老保险和商业医疗保险,在试点基础上推出个人税收递延型社会保险
2017年2月	国务院	《"十三五"国家老龄事业发展和养老体系建设规划》	推进个人税收递延型商业养老保险试点
2017年4月	国家发改委	《关于2017年深化经济体制改革重点工作的意见》	积极发展企业年金和职业年金,开展个人税收递延型商业养老保险试点
2017年7月	国务院办公厅	《关于加快发展商业养老保险的若干意见》	2017年底前启动个人税收递延型商业养老保险试点

注:该表内容根据相关文件整理而成。

二 多层次社会保险的制度变迁特征

（一）制度变迁主体：以政府为主导

如前所述，政府是推动多层次社会保险制度变革的主体。地方政府和中央政府在不同发展阶段以不同角色、采用不同方式共同推动多层次社会保险制度的变革。

在制度萌芽阶段，地方政府扮演了多层次社会保险制度构建的"第一行动集团"角色。在多层次社会保障思想的影响下，基于经济体制改革的需要和自身实际情况，地方开始试点探索多层次社会保险制度。中央政府则充任"第二行动集团"，在地方主导社会保险制度改革的过程中给予支持。1982年1月，国家劳动总局在重庆召开社会保险工作座谈会，研究集体企业社会保险制度改革问题，并部署各省选择一个市或县进行改革试点工作。在南充市出台改革办法后，劳动人事部及时给予了指导，并对南充改革给予了高度评价，中央政府的这种鼓励姿态助推了地方进行多层次社会保险制度构建的探索。

在制度初探阶段，中央政府逐步走上前台，以政策法规的方式引领和推动各地方和行业进行多层次社会保险制度改革。在该阶段，中央政府正式提出三层次社会保险制度架构，不断总结各地试点经验，出台相关政策规章，指导并推动地方补充养老保险制度建设。地方政府和权益集团在中央政府的引导下，继续试点探索多层次社会保险制度建设，行业性和地区性的补充养老保险与个人储蓄性养老保险试点改革方案纷纷出台。

在制度构建和发展阶段，中央政府开始充任"第一行动集团"角色。因各地区分散探索，基本社会保险制度碎片化严重，企业补充养老保险的地区差异极大。在此阶段，中央政府开始主导多层次社会保险制度改革，加强顶层设计，将原来的企业补充养老保险更名为企业年金，并不断规范投资管理和监管策略。个人税收递延型商业养老保险也是由中央政府出台规章制度，确定试点地区，再进行指导试点。

（二）制度变迁的渐进式进程：先试点后推广

先试点后推广是中国制度变革的一大特色。这种制度变革路径有助于探索多种制度的可能性，降低制度"试错"成本，多层次社会保险制度变革也充分体现了这一特色，无论是基本社会保险制度，还是第二、第三层次补充保险制度，变革大多以地方试点探索为始。20世纪80年代，四川南充、上海等地开了两层次社会保险制度建设的先河。在近10年的地方探索后，中央政府才正式提出建设三层次社会保险制度。尽管出台了统一性的规章，但也只是原则性规定。第二、第三层次社会保险制度也仅是在统一原则指引下进行地方或行业试点，以积累经验。直至21世纪初，中央政府在总结试点经验的基础上确立了企业年金制度架构。个人税收递延型商业养老保险也是先在上海市、福建省和苏州工业园区进行试点。

（三）制度变迁方法：学习与借鉴

在制度构建过程中，学习和借鉴是非常重要的。我国多层次社会保险制度的构建也是一个不断学习、借鉴的过程。苏联是新中国社会保险制度建设学习的第一个对象。以苏联为首的社会主义国家基于列宁的国家保险理论建立了国家统筹负责的单一层次社会保险制度。新中国在由新民主主义向社会主义过渡的过程中，逐渐建立了国家负责的单一层次社会保险制度。

改革开放后，中国在很大程度上借鉴了西方发达国家的经验，包括制度的基本理念、架构和运行机制，逐步探索构建我国多层次社会保险制度。20世纪80年代，一大批学者对日本、美国等国家的多层次社会保险制度进行介绍，并在此基础上尝试从理论上构建我国多层次社会保险制度。20世纪90年代初，林义（1992）等在介绍国外多层次社会保险制度的同时开始进行理论探讨。1994年世界银行提出三层次社会保险制度架构，成为我国多层次社会保险制度建设的重要参考。政府也对国外的做法进行总结，形成相关制度的原则性意见，引导地方进行制度探索。21世纪，世界联系日益紧密，人口老龄化和经济发展速度放缓成为大多数国家的共同问题。我国在多层次社会保险制度规则设计的过程中参照了其他国家的做法，在筹资机制设计、投资运营、税优政策等方面，都进行了批判性的借鉴。

（四）制度变迁速率：渐进式推进

制度构建和改革是一个长期持续的过程。一方面，这与政府一贯主张的制度改革方式有关，即先试点后推广。各层次社会保险制度的改革皆是先在地方试点探索，总结经验、教训，然后再推向全国。这种试点探索方式是一种有益的"试错"机制，但也约束了制度变革的步伐：其一，试点时间越长，制度构建步伐越慢；其二，试点探索容易造成制度的碎片化，不利于制度整合统一，进而延缓了制度的推进和优化。整个20世纪80年代，多层次社会保险制度构建属于个别地方的分散探索。20世纪90年代，企业补充养老保险也是中央政府引导下的地方探索。企业年金计划制度设计的正式形成则是在21世纪，整个试点阶段长达近20年。个人税收递延型商业养老保险更是在呼吁10多年后才出台相关政策，并且也是通过选取试点地区进行探索的方式推进。

另一方面，基于原有制度的影响和制度稳定性要求，政府也倾向于进行渐进式变革。基本社会保险制度覆盖范围广泛，关乎民众的切身利益。因此在制度的转轨过程中，以变革缴费水平、待遇领取水平、基金投资渠道等参量改革方式为主。另外，价值理念的稳定性也对制度变革的渐进性有重要影响。20世纪八九十年代，中国处于经济发展起步和追赶时期，对经济效益的追求排在第一位。在效率优先的理念下，社会保险制度被视为经济发展的配套政策，未能得到足够的重视。从个人层面看，传统的养儿防老理念仍然根深蒂固，保险理念缺失，加之收入水平较低，难以形成有效需求，从而延缓了制度建设。

三 多层次社会保险制度演化的启示

中国多层次社会保险制度70年的变迁历程是一个不断"试错"的探索

过程，既有深刻教训，也有有益经验。这些来自社会经济深刻变革背景下的经验教训是宝贵的财富，对今后中国多层次社会保险制度改革有重要的参照和启示意义。

首先，多层次社会保险制度改革应提升制度的适应性效率。历史表明，外部环境的变化会给多层次社会保险制度带来巨大冲击，从而引致制度变革。在多层次社会保险制度改革和完善过程中，需要对外部环境的变化保持敏感性。从当前看，人口老龄化和高龄化程度加深、经济结构调整、社会阶层变动分化、就业方式转变等形势变化会加剧社会保险制度基金收支平衡压力，弱化参保激励机制和制度公平性，使当期制度安排难以适应灵活就业形态等。因此，需要对这些外部环境变化进行及时识别和反应，强调多层次社会保险制度的适应性效率，提高制度激励试验和创新的能力，促进制度自我强化。

其次，加大对第二、第三层次社会保险制度的关注力度。政府是多层次社会保险制度的推动主体，政府对社会保险制度的认知关乎制度变革方向和具体规则设计。随着经济发展水平的提升、民生和共享理念的普及和基本社会保险制度的完善，在传统家庭社会保障功能日趋弱化的情况下，构建更可持续、更稳定、更能满足不同需要的多层次社会保险制度日益成为人民群众和社会发展的需要。作为制度变革的主体，政府应更加关注社会保险制度的可持续性以及第二、第三层次社会保险制度发展失衡等问题，推动多层次社会保险制度协调健康发展。

再次，优化"试点—推广"的社会保险制度改革方式。先试点后推广是中国多层次社会保险制度探索的有益经验。选择具有代表性的地区进行"试错"这种方式可以将制度探索的成本控制在较低水平，并且有利于总结经验教训。但这种方式也导致了制度碎片化问题，延缓了制度统一构建步伐，进而错失了一些制度变革的良好机遇。因此，在构建并完善多层次社会保险制度的过程中，应优化试点探索方式，强调多层次社会保险制度的顶层设计，适当控制试点地区数量，限制试点时长，尽量避免试点探索造成的制度碎片化和制度建设延缓。

最后,持续学习和借鉴别国经验,增强制度的本土适应性。学习与借鉴国外经验是一种便捷且成本较低的制度变革方式。较之于欧美国家,中国多层次社会保险制度建设处于追赶完善阶段。人口老龄化、经济增速放缓、产业结构调整等问题对社会保险制度的冲击也曾是欧美发达国家面临的问题。学习和借鉴其应对策略,有助于中国在多层次社会保险制度建设上少走弯路,节省时间,抓住稍纵即逝的机遇,避免不必要的损失。但在引进吸收外来制度安排时,应关注本土制度的文化约束,正视我国缺乏保险互助文化、自我保障意识不强、契约意识淡薄等问题,将具体制度规则与传统家庭社会保障形式相结合,以提高制度安排与社会心理、行为模式的契合度,增强制度适应性。

第二章 国家治理现代化与多层次社会保障体系的理论创新

人类个体自身的脆弱性以及人类社会存在的市场失灵等现象，决定了具有社会"稳定器"作用的社会保障制度成为国家治理的必要手段和重要工具，并在发展实践中形成了受多重因素影响、中央政府主导与立法先行、互助共济与责任分担等客观规律（郑功成，2017）。当前，百年未有之大变局带来新挑战，未来一段时期，经济全球化面临新挑战、呈现新特征，低增长、低通胀、低利率态势仍将延续，高负债、老龄化、结构性改革迟缓、收入差距扩大等结构性问题对中长期可持续增长的制约较强，加之政治问题和经济问题相互作用，周期性因素与结构性因素相互关联，同时伴随着新冠肺炎疫情影响，全球经济陷入严重衰退，国际贸易和投资萎缩，大宗商品市场持续动荡，产业链、供应链循环受阻，世界经济复苏面临诸多挑战。老龄化、互联网、新业态等的快速发展，以及不平等现象的加剧，均要求在国家治理体系和治理能力现代化的大背景下，加快调整和完善多层次社会保障体系。

党的十九大报告明确提出"加强社会保障体系建设"，要求"按照兜底线、织密网、建机制的要求，全面建成覆盖全民、城乡统筹、权责清晰、保障适度、可持续的多层次社会保障体系"[①]。党的十九届四中全会将国家治

[①] 新华网：《习近平：决胜全面建成小康社会 夺取新时代中国特色社会主义伟大胜利——在中国共产党第十九次全国代表大会上的报告》，2017年10月27日，http://www.xinhuanet.com/politics/19cpcnc/2017-10/27/c_1121867529.htm。

理体系和治理能力现代化推到了新的历史高度，明确提出"战胜前进道路上的各种风险挑战，必须在坚持和完善中国特色社会主义制度、推进国家治理体系和治理能力现代化上下更大功夫"①。治国必先安民，安民必重社保。多层次社会保障体系是国家利用经济以及行政手段来解决社会问题，进而实现国家长治久安的重大制度安排，必须与时俱进地推动理论创新，完善顶层设计，优化制度结构，再造运行机制，实现多元主体共建共治，在国家治理中发挥更为重要的作用。

在当前我国治理体系中，多层次社会保障体系虽然已经从最初的经济体制改革配套政策转变为社会建设的重要组成部分，已经成为一个兼具生产性和调节性、功能性和价值性的综合性制度安排，但还未被赋予应有的地位，进而无法在经济治理、社会治理和政治治理等方面充分发挥积极作用，这不仅给多层次社会保障体系进一步守正创新、理性完善带来消极影响，而且削弱了国家治理的综合效果，不利于国家治理现代化的实现（鲁全，2017）。因此，必须站在国家战略的高度，准确把握多层次社会保障体系作为国家治理手段的积极和正向作用，客观、理性、积极地审视国家治理现代化框架下多层次社会保障体系的完善问题，通过合理的理论创新，进一步引导多层次社会保障体系的完善，进而提升国家综合治理的水平和有效性。

一 政府与市场的关系：国家治理现代化与多层次社会保障体系的逻辑起点

（一）市场失灵

无论是福利经济学，还是公共管理理论，回顾其早期文献，不难发现讨论的核心话题基本上是政府与市场的关系。以亚当·斯密为代表的经济自由

---

① 新华网：《中共中央关于坚持和完善中国特色社会主义制度　推进国家治理体系和治理能力现代化若干重大问题的决定》，2019年11月5日，http://www.xinhuanet.com/politics/2019-11/05/c_1125195786.htm。

主义主张政府扮演"守夜人"的角色,创造出一个自由、平等、公正的环境,履行好保护国家安全,维护合理的社会和经济秩序以及提供公共产品的职能(亚当·斯密,2010)。以哈耶克为代表的芝加哥学派也强调市场力量,诟病社会保障等公共政策的过多介入。可以看出,市场主导的国家治理理论的核心是依靠"看不见的手"对国家、社会和经济进行自发调节,当然也包括对社会保障领域各种关系和问题的自发调节。显而易见,按古典自由主义理论,衡量政府优劣的标准就是管得越少的政府就越是好政府。

但是,不容忽视的是,以古典自由主义理论为核心内容的市场主导的国家治理存在明显的缺陷和不足,"经济人"假设的主观性和空想性使得追求公共利益的国家治理成为空中楼阁,社会的共同目标往往牺牲在个人的利己思想中。由于古典自由主义理论的局限性,全球最早的世界贸易中心英国在19世纪初就已经开始出现生产严重过剩以及消费不足,特别是1929~1933年的经济危机使西方国家陷入崩溃,市场万能的神话彻底破灭,民生问题、劳资矛盾极大地侵蚀了国家治理的基石。正是在这样的大背景下,英国的《养老金法》(1908年)、《国民保险法》(1991年),美国的《社会保障法》(1935年),法国的《社会福利法》(1945年)等作为国家治理的重要手段之一应运而生(郑功成,2017)。但必须注意的是,该时期社会保障制度介入国家治理,政府只体现了"底线思维",定位于满足民众的基本生活需要,如果从多层次社会保障体系的角度来看,这一阶段的社会保障基本可以定义为单一层次的、低水平的社会保障。

(二)政府失灵

伴随着市场主导型国家治理的缺陷不断显现,在异常严重的经济危机和社会危机面前,国家利益开始超越各个利益集团的狭隘诉求,在凯恩斯主义以及社会民主主义的大力倡导下,福利体制在西方国家普遍建立,福利国家的治理模式成为西方国家主要的治理方式(贾玉娇,2015)。这些指导思想的核心为限制自由放任,主张国家干预经济,与当时统治阶级的主观愿望高度吻合。当然,也有学者突破了对福利国家理论研究的局限,将福利国家制度视为特殊政治经济关系的总和,指出福利国家的成因包括社会政策等历史发展因素,当然也体现了国家制度的传统特征,是西方各国为了妥善应对20世纪30年代以来愈演愈烈的资本主义国家危机进而达成利益妥协或利益联盟的结果,当然,这背后就是政府失灵带来的国家治理方式的调整(安德森,2003)。

从经济方面来看,这一时期已经开始出现多层次社会保障的理论雏形,福利制度不再被视为强加于经济系统上的负担,在社会保障资源的整合与运用上,学者们已经开始对政府、市场、社会(家庭)三者之间的关系进行考察,从而将福利国家区分为不同的类型(谢斯馥,2011)。在这一时期的福利意识形态中,社会保障已经成为经济发展和资本积累的政治稳定器和社会矛盾的缓冲器,通过社会保障的代际分配和互助共济功能,可以唤起经济发展的新动力,有效防止经济衰退。从政治方面来看,社会保障制度越来越得到统治阶级的青睐,不断完善多层次社会保障制度逐渐成为在资本主义国家构建政府合法性基础的重要砝码和手段,也极大地增强了个体与国家之间的关系,避免了大规模社会运动和社会冲突的发生,促进了整体的社会整合。

但以凯恩斯主义为核心内容的国家干预理论并没有从根本上解决西方国家面临的治理问题,特别是凯恩斯主义过分强调政府干预的作用,长期的政府投资和经济刺激政策导致政府赤字不断扩大,进而引发了20世纪70年代西方国家普遍的滞胀。聚焦到社会保障领域,不难发现自20世纪70年代以来,发达国家开始纷纷进入深度老龄化社会,各国均面临不同程度的养老金代际冲突问题。具有福利刚性的养老金制度作为福利国家的重要制度安排,其可持续发展受到诸多因素影响,如人均实际和预期寿命不断增加,老年人医疗护理等费用节节攀升,家庭结构和家庭关系呈现新的变化,家庭趋于小型化等,养老保障体系面临严重的财政支出压力以及财政赤字风险,养老金需求甚至由经济问题演化为社会问题进而上升为政治问题,而养老保险制度路径依赖的惯性以及福利刚性的制度安排使其改革遭遇阻力,实施效果不显著,福利国家的治理方式将被重新思考和论证(林义;2013,2017)。

二 福利多元主义和第三条道路：多层次
社会保障体系的理论渊源

（一）福利多元主义

无论是自由主义理论指导下产生的大萧条，还是凯恩斯主义指导下产生的福利国家危机，都促使理论界和政界思考新的国家治理范式。西方学者从20世纪70年代开始，基于政府和市场的互动关系及其形成的福利范式，提出了具有很大影响力的福利多元主义，该理论倡导福利的提供主体应由国家或政府一元向多元合作转变，强调国家（政府）、企业（市场）、社会组织以及每一个个体的协同分工与密切合作，突出各相关主体共同承担福利责任（陈友华等，2020）。

从多元福利主体的构成来看，福利多元主义主张福利来源的多元化，实际上和我们现在研究的多层次社会保障如出一辙，福利供给既不能完全依赖市场，也不能完全依赖国家，福利是全社会的产物，因此，福利多元主义亦称混合福利经济（mixed economy of welfare）（Johnson，1987；Davis et al.，2006）。福利多元主义最早可追溯到1978年英国的《沃尔芬德志愿组织的未来报告》，该报告的突出特点就是提出把志愿组织纳入社会福利体系，积极将福利多元主义主张运用于英国社会政策的实践（彭华民等，2006）。后来，哈奇（Hatch）、罗斯（Rose）、伊瓦斯（Evers）、约翰逊（Johnson）等学者均对福利多元主义理论进行了阐释和拓展，但总结起来，无非就是公权（国家）、市场、家庭、会员组织和社会网络在福利供给中的责任分工问题，争论的焦点主要是家庭、非营利性组织和社会非正式网络是否应该被纳入福利主体以及如何纳入的问题，实质上讲就是多层次社会保障供给主体的问题。

从多元福利主体的职能关系来看，权利分割和有效参与是其核心主题，即多元福利实现的途径问题，也可以理解为治理方式的问题。权利分割意味着社会保障不再由国家或政府一元提供,而是分解到社会和市场之中。在这一视域下,政府的福利责任当然被其他社会部门所分解或局部替代,政府则将主要精力集中于构建福利供给的框架,创造和维系社会保障制度良性发展的条件,筹集、运行资金(事实上,资金的筹集和运行也应交由政府和市场各负其责),以及协调等方面。党的十九大报告提出的"打造共建共治共享的社会治理格局。加强社会治理制度建设,完善党委领导、政府负责、社会协同、公众参与、法治保障的社会治理体制"[①] 的部署,科学体现了聚焦客观发展现实和吸收福利多元主义理论成果的制度创新。

总而言之,无论是由国家、政府,还是由市场、家庭或社会组织单独提供福利,都存在明显的缺陷和不足,只有多个部门联合起来,才能扬长避短,相互补充,良性发展。实际上,国家提供社会福利是为了避免"市场失灵",但是"政府失灵"的存在使国家包揽福利提供也可能面临一些制度缺陷。由国家和市场提供社会福利的核心目的是纠正"家庭失灵",而家庭和志愿组织参与提供福利则又可以有效纠正"市场失灵"与"政府失灵"。最后,基于福利多元主义,基于国家提供社会福利时不可能排除市场和家庭提供社会福利的现实,嵌入多层次混合福利的混合社会(mixed society)发挥着重要的制度功能(帕尔默,2017)。福利多元主义理论揭示出国家财政对于福利体系构建和完善的重要性,以及市场和家庭对社会福利的传统制度绩效。政府、市场和家庭各行为主体形成相互补充、相辅相成的制度供给体系,应该成为当代国家治理的重要议题。

(二)第三条道路理论

20 世纪 80 年代,英国学者吉登斯突破"左"和"右",强调应关注政府和市场的合作以及利益相关方之间的平衡机制,提出第三条道路理论,促进了治理理论和治理实践在全球范围内的广泛发展。该理论认为市场并不总

---

① 新华网:《习近平:决胜全面建成小康社会 夺取新时代中国特色社会主义伟大胜利——在中国共产党第十九次全国代表大会上的报告》,2017 年 10 月 27 日,http://www.xinhuanet.com/politics/19cpcnc/2017 - 10/27/c_ 1121867529. htm。

是加剧不平等，有时也可以是克服不平等的手段；政府需要促进平等主义，但其即使是在美好的用意下也可能制造不平等（雷晓康等，2019）。市场是基于个人的自由，有助于个人自由的发展，历史形成的成功的市场制度比其他竞争性机制能引致更大的繁荣，比其他类型的经济制度更具活力，但市场制度自身不能应对较大的社会成本，不能培育自身需要的人力资源，不能自我管制（刘中起等，2010）。因此，第三条道路理论主张提高政府效率，引导市场为社会利益而运转，并强调结构多元主义，认为不仅要发挥政府与市场的力量，还要注重第三部门的发展。

第三条道路理论在社会保障理论拓展方面有更直接的阐述。其一，权责统一，"无责任即无权利"。这是社会保障制度主体多元和强调政府与市场合力的一种体现。我国基本养老保险和基本医疗保险缴费多方负担机制既借鉴了传统德国俾斯麦模式和英国贝弗里奇模式，同时吸收了该理论的合理成分。其二，吉登斯认为技能的缺乏是造成贫困的重要原因之一，要适应知识经济驱使和缓解不平等，投资教育，提升人力资本，这隐含了就业导向的社会保障理念。结构多元的主张对多层次社会保障体系具有重要意义，社会保障体系庞大而繁杂，在建构多层次社会保障体系过程中，第三部门的引入将有助于解决政府与市场暂时不能或不愿解决的一些问题。

三 社会资本理论与国家安全理论：构筑制度信任的坚实基础

（一）社会资本理论

20世纪70年代以来，无论是经济学，还是社会学、政治学，抑或是管理学中的组织行为理论等多个学科都开始不约而同地关注社会资本（social capital）。近年来，社会资本已经成为经济增长和政治稳定的一个关键因素，与多层次社会保障体系的构建也日渐密切。结合多层次社会保障问题，有学者明确提出，信任不是社会资本存在的具体形式，而是社会资本的形成与成功的集体行动相互作用产生的结果；也有学者认为，基于社会资本的信任是在参与网络、制度规则反复作用于集体行动的过程中而逐渐产生、强化的，而信任又可以扩大网络的交互半径，加强制度规则的规制功能，在这样一个循环往复的过程中，信任、网络和规则处于同一时空域，形成一种互相促进的关系（林南，2005）。

实际上，社会资本一般是指嵌入社会网络的可以借助其达到某种特定目的或实现某种特定功能的资源，基于这种认识，可以得出社会资本的两个特性。第一，社会资本的嵌入性，也就是说社会资本不是个体本身直接拥有或可以支配的资源，而是内嵌在社会关系网络中，内生于社会文化关系的结构之中。第二，社会资本的回报性，一般是指期望在社会交往中能够得到预期回报的社会关系投资，从学理上来说，社会资本的回报性源自人类交往的"义务和期望"关系，显而易见，理性人都期望通过帮助他人获得回报，这些回报的具体内容包括：信息知识的交流与共享、就业机会的增加、个人收入的增加等（燕继荣，2006；李梦娜，2019）。

社会资本作为正式制度支持以外的重要的制度形式，是政府、家庭及社会组织可以动用和配置的资源，对个人顺利开展有目的的行动以及提高生活质量具有重要影响。多层次社会保障体系的建立，特别是在中国这个传统的人情社会中，基于血缘关系、工作关系、同乡关系以及友谊等建立起来的社会支持对于人们克服二元城乡结构带来的空间隔离、管理体制差别化带来的制度隔离、身份认同"内卷化"带来的自我隔离以及社会交往边缘化带来的社会隔离具有重要作用，能够有效地增加人们对社会政策和正式规则的信任，提升国家治理能力。

（二）国家安全理论

国家安全是国家长治久安的重要基石，有效维护国家安全是全国各族人民的根本利益之所在。实际上，国家治理，既可以从社会结构上推进，也可以从社会功能上推进。从社会结构来说，国家治理与安全治理相互支撑、相互促进、相互强化。安全治理是国家治理体系中的重要组成部分，安全治理能力则依托国家治理能力,也是国家治理能力的重要体现。当然,国家治理的效能也依赖于安全治理的效能,安全治理造就的良好环境则为国家治理的顺利展开提供了良好条件。从社会功能来说,维护国家安全,就是国家的主要职能,安全治理是以确保安全状态为主要目的的治理活动,以安全治理为核心,不同的社会制度、不同的宏观形势下,有明显不同的治理方式(全国干部培训教材编审指导委员会,2019)。实际上,2014年4月15日,习近平在中央国家安全委员会第一次全体会议上就提出了总体国家安全观,其核心要素就是以人民安全为宗旨,以政治安全为根本,以经济安全为基础,以军事、文化、社会安全为保障,以促进国家安全为依托[①]。而多层次社会保障体系和人民安全、经济安全、社会安全、政治安全都密切相关,直接关系到国家治理的效果。

从理论的层面来讲,关于安全的研究主要有两大分支——美国学派和欧洲学派,美国学派重视军事、政治、外交和国家等传统问题研究,欧洲学派更重视安全威胁的国内因素和社会学视角,由于欧洲学派对社会安全问题的重视,因此其又被称为"国际政治社会学",因其对美国学派的背离,又被称为"批判安全研究"。特别是20世纪90年代以来,欧洲学派的研究范式已经极大地改变了美国学派的理论图景,逐渐形成以哥本哈根学派为主、威尔斯学派和巴黎学派相对均衡的状态。欧洲学派主张将安全研究的范围进行拓展,涵盖政治、经济、社会、环境等领域,安全的指涉对象也可以多样化,国家并不是唯一的,还应包括社会和个体的人。欧洲学者认为,全球化使得非传统安全问题(当然包括由多层次社会保障制度不健全引发的社会安全问题)具有全球扩散性和渗透性,安全威胁的源头更加复杂(刘胜湘,2015)。

哥本哈根学派认为,安全既不是客观现象,也不是主观现象,可以将其理解为一种主体间现象(刘胜湘,2015)。《中华人民共和国国家安全法》

[①] 颜晓峰:《总体国家安全观确立了国家安全治理的价值引领》,2014年4月7日,人民网理论频道,http://theory.people.com.cn/n/2014/0417/c40531-24906262.html。

将国家安全定义为"国家政权、主权、统一和领土完整、人民福祉、经济社会可持续发展和国家其他重大利益相对处于没有危险和不受内外威胁的状态,以及保障持续安全状态的能力"。

具体到多层次社会保障体系与国家安全,其核心内容可总结提炼为该体系是否具有可持续发展的能力以及人们是否对该体系有着充分的信心(刘斌等,2020)。显而易见,多层次社会保障体系越完善、越有序、越可持续、越能够应对各种冲击和挑战,国家和社会就越安全,而国家和社会越加大对社会保障体系的资源投入和关注力度,公众就越会增加对该体系的认同。伴随着信息社会的快速发展,公众对社会保障体系的信任越来越不可能是通过外部强加的,而是在国家和公众、企业和员工、个人和团体、个人和个人之间持续的相互磨合、调整中逐渐形成的。总而言之,多层次社会保障体系可持续发展的本质在于该制度体系与国家、市场和社会之间形成了良性、有序的互动,多层次社会保障体系建设的成果,直接决定了人民的幸福感和满意度,可以被看作国家治理的"晴雨表"。习近平特别强调,社会保障是治国安邦的大问题,凸显出社会保障在国家治理体系中的重要作用。在新发展阶段,我们社会面临的挑战和风险明显增多,特别是各种挑战和风险还呈现联动发展的特征,因此,要协调好各种社会利益关系,化解社会矛盾,促进各阶层和谐共处,实现人民安居乐业,促进社会文明进步,在这个过程中,多层次社会保障体系建设必将发挥越来越重要的作用。

四 风险社会理论和危机管理理论:提升国家治理能力的必然要求

(一)风险社会理论

德国社会学家乌尔里希·贝克在对人类的生存发展、社会结构变迁所遇到的风险进行深刻思考后提出风险社会理论,认为"在自然和传统失去它们无限效力并依赖于人的决定的地方,才算是风险"。此外,贝克将风险划分为两个阶段,即工业社会和风险社会。在工业社会,工业生产和保障就业岗位占据主导地位，其他一切都遭到否认，而在风险社会，风险意识已被广泛认同，一切后果均由现代化、经济化和技术化的不断发展和加剧造成，使得试图通过制度让事情变得能够预测的传统方式面临极大挑战（贝克等，2001；贝克，2004）。

我国多层次社会保障体系在融入国家治理体系的过程中，面临的外部政治、经济等宏观环境并不乐观，受新冠肺炎疫情冲击，全球经济严重衰退。我国消费、投资、出口下滑，就业压力明显加大，中小微企业的经营困难进一步凸显，金融领域风险聚集，基层财政收支矛盾更加突出。与西方国家的人口老龄化进程不同的是，我国在人口快速老龄化的同时还伴随着信息化、社会转型、高龄化和城乡不均衡等若干新特征。多因素下的少子化趋势将影响劳动力结构，进而影响社会保障体系甚至国家治理体系的物质基础和财富基础。高龄化又将显著增加失能、半失能老年人的绝对数量和比重，进而使养老的资源需求和成本投入大大增加。大量农村留守老年人的生活照料、健康保障、精神慰藉等问题逐渐凸显，有可能演化为严重的社会治理问题。因此，将多层次社会保障体系有机融入国家治理体系实际上是一个社会风险管理问题。只有不断加深对风险社会的认知，通过对风险管理各种技术、方法的运用，才能充分衡量多层次社会保障体系中的各种风险及其对现行社会保障制度可持续发展的冲击和影响，进而寻找到最适宜我国的多层次社会保障体系的制度创新。

（二）危机管理理论

《危机管理》一书中明确提出危机管理的"4R"理论，该理论认为危机是对危机事前、事中、事后所有方面的管理，并将危机管理的过程划分为四个阶段：缩减、预备、反应、恢复。该理论随后被广泛运用于各个领域，虽然后续有三阶段、四阶段、五阶段的不同划分，但始终没有脱离"4R"理论的内涵（西斯，2001）。

危机管理毫无疑问是公共管理中的重要内容，无论是自然灾害还是社会突发事件，都具有很高的复杂性和应对的紧迫性。因此，如何应对危机，无疑是对政府治理能力的考验。现有的研究表明，在高度复杂性和高度不确定性的条件下，不仅要追求技术领域的专业化和现代化，更需要具有社会治理的宏观视角和综合性理论，因而需要将有关行政管理、社会管理、信息技术等理论综合起来去探讨风险社会中的危机治理问题。

新冠肺炎疫情突袭而至，党和政府迅速出台了一系列临时性的社会保障政策措施，采取了全球范围内最为积极的防疫措施，积极应对疫情挑战，为抗击新冠肺炎疫情做出了不可替代的贡献。然而，这种依靠临时出台的应急性政策措施表明了我国多层次社会保障体系特别是医疗保障体系尚未成熟，制度的韧性、灵活性以及系统性还有待进一步提升，各个主体的协同性还需加强（郑功成，2020）。在全面建成小康社会、全面推进国家现代化进程、实现中华民族伟大复兴的时代背景下，构建高质量的中国特色多层次社会保障体系，已经成为一项紧迫且艰巨的任务，如何在西斯"4R"理论的基础上进一步完善共建共治共享的公共安全体系成为学界下一步思考和讨论的重要问题。

五 现代治理理论与打造共建共治共享的社会治理格局：构建多层次社会保障体系的现实路径

（一）现代治理理论

无论是自由主义理论指导下产生的经济大萧条，还是凯恩斯主义指导下产生的福利国家治理危机，都促使政界和学术界重新思考国家治理范式。20世纪90年代以来，全球化的迅猛发展以及发达国家内部政治体系和经济结构的深刻变革，以及公民社会的成熟和信息技术的发展，为现代治理理论的产生提供了土壤。一般而言，从统治走向治理是人类政治发展的普遍趋势；国家治理的理想状态是善治，善治的本质特征就是实现政府与公民对社会政治事务的协同治理（俞可平，2014）。换言之，现代治理理论意味着治理主体的多元化，可以是传统意义上的国家、政府和其他公共机构，也可以是市场和社会等非政府组织；治理的客体以传统意义上不可治理或难以治理的问题为核心；治理的向度呈现双向特征，既可以通过行政手段实现治理，也可以借助谈判和协商的方式实现治理；治理的机制是灵活且具有弹性的，除正式的机制以外，非正式的协调也能满足各方利益诉求。当然在这个过程中强调结构多元主义，充分发挥政府、市场和第三部门力量的第三条道路理论也发挥了不可替代的作用。在现代治理理论的指导下，针对福利国家难以承受的养老保障支出，众多国家纷纷效仿世界银行提出的"三支柱"或"五支柱"养老保险体系改革方案，主张责任主体多元化、筹资渠道多样化、保障水平合理化，代表了全球范围内多层次养老保障改革的基本方向（成思危，2000；宋晓梧，2001；胡秋明，2004）。

（二）共建共治共享的社会治理格局

美国学者德隆·阿西莫格鲁（2015）认为长期经济增长的关键是包容性的政治制度和经济制度，包容性制度的关键在于在政治上民众有选择权并且领导人是人民的代理人而不是统治者，在经济上任何主体都有平等进入市场且获取相应财富的权利和机会，而汲取性制度恰恰与之相反，政治制度沦为个人利益，经济制度蜕变为垄断控制。无独有偶，党的十九大报告要求"全面建成覆盖全民、城乡统筹、权责清晰、保障适度、可持续的多层次社会保障体系"，提出"打造共建共治共享的社会治理格局"[①]，成为我国实现治理现代化的重要考量。新中国成立以来，特别是改革开放以来，社会主义市场经济发展带来社会利益格局分化和社会主体多元化，各个治理主体中党组织、政府、市场、企业、社会和公众共同发挥作用，逐渐形成共建共治共享的社会治理新格局。从我国70多年社会治理现代化的进展和基本经验来看，作为社会治理重要手段的社会保障体系，应沿着共建共治共享的战略方向，逐步从单一层次、单一支柱向多层次、多支柱转变，从政府一元治理向

[①] 新华网：《习近平：决胜全面建成小康社会 夺取新时代中国特色社会主义伟大胜利——在中国共产党第十九次全国代表大会上的报告》，2017年10月27日，http://www.xinhuanet.com/politics/19cpcnc/2017-10/27/c_1121867529.htm。

多元共建共治共享转变，从依靠行政手段向综合施策和灵活应对转变，从保障人们的基本生活并维护社会稳定向提高社会活力和推动经济高质量发展相统一转变，真正成为国家治理体系和治理能力现代化的重要制度安排。

六 以人民为中心和可持续发展：新时代多层次社会保障体系改革的应有之义

（一）以人民为中心的发展理念

党的十八大以来，以习近平同志为核心的党中央提出以人民为中心的发展思想，反映了坚持人民主体地位的内在要求，彰显了人民至上的价值取向，确立了新发展理念必须始终坚持的基本原则，具有重大的理论意义和现实意义（施成杰等，2017）。与之对应，在坚持、完善和发展中国特色社会主义制度、推进国家治理现代化的过程中，一个重要方面就是要积极培育人民群众的国家治理主体意识（桑玉成，2018）。从政治视角来看，人民是国家的主人，必须始终把群众路线贯彻到国家治理的全过程，必须使多层次社会保障体系改革始终为人民服务；从经济视角来看，人民是推动经济发展的决定性力量，必须始终把以人民为中心体现到经济社会发展全过程；从社会视角来看，让人民过上好日子是共产党人的初心和使命，必须在发展中补齐民生短板，促进全体人民共同富裕。因此，以人民为中心的发展理念促进的是公平和正义，追求的是公民、社会、经济和国家的协同共进，赋予了新时代多层次社会保障体系改革新的内涵，为其在国家治理体系中更好地发挥作用指明了方向。

（二）可持续发展理论

当前，从各国多层次养老保障体系发展的实践来看，制约其可持续发展的核心基本上可明确为长寿风险。在长寿时代，社会经济发展将面临前所未有的严峻挑战和机遇。柯布－道格拉斯认为，经济增长主要受到劳动力、资本和科技进步的影响,其中劳动力就受到长寿风险的制约。一部分学者认为,劳动力供给不足、社会储蓄率降低将导致资本形成率降低,还将导致社会创新力不足,老龄人口比例增加将导致经济增长放缓。此外,在长寿时代,财富鸿沟现象将进一步加剧,低收入群体的境况预计将进一步恶化,随之而来的是,针对老年人的经济保障、健康保障、心理疏导等社会保障需求会持续增加,这将对多层次社会保障体系提出更高的要求,财政也必将面临更大压力(林治芬,2004;党俊武,2015)。但从另外一个角度来讲,我们也必须看到长寿时代的积极意义,人类预期和实际寿命更长,生活水平更高,人力资本持续提升,将成为社会财富增长的来源。最新研究表明,在长寿时代未必会出现所谓的基于经验主义的经济下行,人工智能、5G、区块链等新技术的普及应用将对劳动力减少产生巨大的替代效应。总而言之,长寿时代将给经济和社会带来新的供给和需求,为各个年龄段的人提供创新、就业和经济增长的新机会,也成为多层次社会保障体系可持续发展必须考虑的核心问题(陈东升,2020)。

从另外一个层面讲,多层次社会保障体系的可持续发展是实现社会经济可持续发展的重要条件,其与经济、社会、生态、环境、能力建设存在密不可分的联系,人口、经济、资源、环境与社会的可持续发展需要多层次社会保障体系发挥调节作用,特别是在人口与经济的可持续发展方面,多层次社会保障体系的调节作用是不可替代的。当前,我国多层次社会保障体系的可持续发展已成为社会经济发展战略中的一个重要组成部分,多层次社会保障体系内涵丰富、政策性强,是一项复杂的社会系统工程,可持续发展的基本理论已经成为制约多层次社会保障体系可持续发展实践的重点和难点问题。例如,作为多层次社会保障体系核心的多层次社会养老保险制度的核心目标是熨平个人的终身消费、减贫及对收入和财富进行再分配。为了实现这些目标,需要权衡养老储蓄、减贫、收入再分配、提供保险预防长寿风险等目标之间的相互关系(巴尔等,2013)。与此同时,我们必须看到的是,21世纪是人口老龄化的世纪,是一个长寿的时代,养老保险制度改革的最终目标是实现制度的可持续发展,在推进这样一个复杂的系统工程的过程中,若在顶层设计或具体操作中出现大的失误，将陷入严重的经济和社会危机（中国社会保障学会理论研究组，2017）。

七 多层次社会保障体系与经济社会治理的良性互动：更好地发挥社会保障治理功能的内在逻辑

（一）多层次社会保障体系的经济功能

随着经济的发展和全球范围内生活水平的不断提高，世界范围内社会保障所涵盖的内容毫无例外地从兜底保障民众的基本生活拓展到改善生活质量、提高人力资本甚至助力经济增长，社会保障收支规模越来越大，成为影响宏观经济运行的政策工具，而多层次社会保障体系的发展，例如商业养老、商业医疗的介入，本身又成为经济发展的一部分。从全球社会保障制度发展与经济发展关系的历史来看，无论是理论分析还是从实证检验，都很难得出社会保障制度是导致债务危机主要原因的结论，债务危机的本质是特定国家经济结构失衡以及经济增长模式出现问题，进而影响了福利开支的正常增长。例如，20世纪80年代以来，美国政府债务风险的本质原因是该时期美国社会失业率居于高位、贫富差距不断加大、老龄化程度加深、社会整体活力下降，社会保障支出规模持续增大只是表面现象。

多层次社会保障体系在国家治理的大框架下发挥经济治理功能，可总结为以下几个方面：其一，能为国民提供稳定可靠的心理预期，激励民众减少当期储蓄并进行消费，改善经济结构；其二，可为低收入群体和失业群体提供经济保障，帮助其寻找新的就业机会并在困难时期增强他们的消费能力，提升整个社会的消费水平，继而推动经济增长；其三，这是对健康、教育、职业培训等人力资本方面的投资，对于提升劳动力整体素质和国民收入，甚至是打造国家长期整体竞争力都有积极作用；其四，这是一国或地区第三产业的重要组成部分，特别是第二、第三层次以及社会保障服务业能够直接吸引社会投资，吸纳社会就业，为经济发展贡献力量。此外，多层次社会保障体系可以有效调整生产关系即劳动关系，促进劳动生产效率的提高。

（二）多层次社会保障体系的社会功能

毫无疑问，在国家治理能力和治理体系现代化的大背景下，构建多层次社会保障体系成为政府履行公共服务和社会管理职能的重要手段和内容。事实上，伴随着国家治理体系的不断完善，国家（政府）、市场（企业）、社会（第三方组织）、家庭（个人）在多元福利中的界限正在逐步清晰，大多数国家将政府职能收缩在宏观经济调节、公共安全、市场监管、社会治理、公共服务等有限的领域，党的十九届四中全会提出"必须加强和创新社会治理，完善党委领导、政府负责、民主协商、社会协同、公众参与、法治保障、科技支撑的社会治理体系，建设人人有责、人人尽责、人人享有的社会治理共同体，确保人民安居乐业、社会安定有序，建设更高水平的平安中国"，其核心本质可理解为党委、政府领导下的多元共治。

然而，与其他市场行为不同的是，构建多层次社会保障体系追求的核心是公共利益，始终存在仅仅依靠市场机制难以实现自我调节的领域。大多数国家的基本社会保障制度是在政府强制下实施的法定制度，多层次社会保障体系是在政府主导或引导下的制度体系，而多层次社会保障体系本身的构建成为政府投入人力、物力、财力最多的公共服务。多层次社会保障体系参加国家治理，其社会功能主要体现在以下三方面：一是多层次社会保障体系的互助共济功能将有效化解风险与消减贫困，将为广大国民尤其是贫困者、老年人、残疾人给予稳定安全的预期，助力维护社会稳定，直接为保障国家安全贡献力量；二是多层次社会保障体系具有代内收入再分配以及代际资源再配置的功能，将有效调节财富分配格局，弥合不同利益群体、不同阶层间的社会裂痕，为化解社会矛盾、维系社会团结、实现共享发展和共同富裕、促进社会公平正义提供基础性保障；三是多层次社会保障体系具有人文关怀功能，使得全体国民脱离了对基本温饱的考虑，更加深刻认识到美好生活的重要意义，更加关注精神的享受和人力资本的提升，这将长远推动社会的进步。

总而言之，从理论基础的嬗变历程来看，早期的争论主要集中在国家和市场的关系上，这成为各种理论主张的主要依据和演化生长的逻辑起点。后来，在多层次社会保障体系的改革历程中，国家成为输入和输出的首要环节，偏向市场的社会保障体系是政府政策引导的结果，偏向普惠式的社会保障体系是国家排除了市场与合作机制的结果，而中间道路自然不言而喻。因此，可以看出，国家治理成为我们定义多层次社会保障体系的核心问题，新的宏观时代背景对多层次社会保障体系在国家治理体系中的地位和功能提出了新的要求，也指明了下一步多层次社会保障体系完善和改革的基本方向。

第三章　多层次养老保障制度与老龄金融发展

一　人口老龄化对金融体系的影响

自20世纪90年代以来，我国生育水平降低，同时逐步进入老龄化社会。进入21世纪后，我国的老龄化呈现速度快、规模大和"未富先老"等特征。我国于2000年正式进入老龄化社会①。2021年，我国60岁及以上和65岁及以上老年人口占比分别达到18.7%和13.5%，进入中度老龄化社会。尽管中国在2015年对生育政策进行了放宽调整，但未来人口老龄化的程度依然会加深。人口老龄化的快速发展对长期以来形成的人口与经济、资源、文化和社会等外部系统的平衡都会产生不可忽视的影响和挑战。作为现代经济社会发展核心和"血液"的金融行业，不可避免地会受到人口老龄化的显著冲击，进而影响到我国金融体系传统的业务模式和服务创新的方向。

（一）老龄化对经济增长和产业结构的影响

根据人口学发展规律，老龄化是人口年龄结构转变过程中的必然现象，

---

① 参照联合国标准：一个国家或地区65岁及以上老年人口占比达7%，60岁及以上老年人口占比达10%，该国家或地区则进入老龄化社会。

也是社会经济发展到一定阶段的必然产物。对世界各国来讲，人口老龄化带给经济发展的影响和变化是具有一定普适性的（陈江生等，2017）。我国社会的老龄化，实际上受到长期计划生育政策的"催化"作用，因此可能比世界上其他已经出现老龄化的国家来得更加迅猛和显著。

20世纪50年代，国外学者开始关注人口老龄化与经济发展实践的关系。1954年，美国发展经济学家刘易斯（Lewis）提出了著名的"刘易斯拐点"的概念，即劳动力过剩向短缺的转折点，开启了人口年龄结构变化与经济增长和产业结构关系的系统性研究。改革开放40多年来，特别是前20多年，中国经济发展基本遵循了"刘易斯拐点"到来之前劳动力无限供给的经济发展路径。由于劳动力资源禀赋异常丰富，中国以低廉的劳动密集型产品获得了竞争优势，成为制造业的"世界工厂"，并实现了连续的高速经济增长。2004年，"民工荒"的概念开始在我国沿海开放地带见诸报道，预示着中国"刘易斯拐点"的到来，并提醒人们关注快速发展的老龄化对我国经济及产业结构的影响。

从国内外研究成果以及发达国家和新兴工业化国家的实践经验来看，人口老龄化对长期经济增长和既有经济产业升级同时存在阻碍和倒逼机制。一方面，劳动力数量直接与人口规模和人口年龄结构相关，人力资本也以人口及劳动力为载体，人口老龄化会减少劳动力供给，降低劳动参与率，还可能进一步减少人力资本存量，降低劳动生产率，从而对劳动密集型产业产生较大冲击，影响社会创新，阻碍产业向产业链上端升级。另一方面，人口老龄化对产业结构的发展也可能存在推动作用。在老龄化的倒逼机制下，随着劳动力规模的缩小，企业开始重视资金和技术要素的替代驱动效应，劳动者受教育培训的机会随之增多，从而助推企业劳动生产效率的提高和产业结构的升级换代。与此同时，人口老龄化还可能加速某些金融服务和新兴产业的发展，在商业模式、融资模式等领域产生深刻变革，促进全社会产业经济的正向发展（黄甫喆等，2020）。

以全球第一个经历快速老龄化的国家日本为例，二战之后，日本国内生育率快速下降，进入20世纪70年代，日本人口的生育率已经下降到自然更替水平之下，65岁及以上老年人口占比达到7%，正式进入老龄化社会。2016年，日本65岁及以上老年人口占比已达22%。进入老龄化社会后的几十年中，日本经济发生了迅速反转。20世纪50～80年代，日本经济是发达国家中最具活力的，在电子工业、自动化以及工业设备等诸多领域中保持领先地位；80年代之后，日本创新的引擎很快失去动力，先后在半导体、通信软件、遗传医学等领域被美国和新兴经济体赶超。上述状况的形成，除了日本国内经济发展政策外，主要受到人口老龄化的影响（梁建章，2017）。

与经济增长及其短期冲击因素比较而言，人口老龄化是一个相对长期的过程。我国当前的人口老龄化仍在发展过程中，如果人口老龄化特征在短期内不能与我国经济增长的要求相适应，那么就会对经济发展产生明显的制约。国内的一些研究，已经揭示出老龄化对经济发展和产业结构升级带来的影响。汪伟等（2015）通过对各省的实证分析，论证了老龄化对我国产业结构转型升级的正效应，揭示了人口老龄化对国内产业结构的优化，以及对我国制造业、服务业内部技术结构优化的推动作用。聂高辉等（2015）分析了老龄化影响我国产业结构转型升级的区域差异及动态效应，认为老龄化虽然对产业结构的优化效应显著，但不同区域间存在明显差异。陈杰（2020）对我国人口老龄化最为严重的江苏省所做的实证研究表明，人口老龄化程度的加深会直接对江苏经济增长产生抑制效应，而且还通过与产业结构的匹配影响劳动生产率，进而对产业结构调整和长期经济增长产生间接影响。

（二）老龄化对金融机构资产端的影响

金融作为实体经济的核心与镜像，必然反映出人口老龄化背景下经济发展的若干特征，金融机构传统的业务模式和产品服务也不可避免地会受到影响。同时，人口老龄化对家庭部门持有资产数量和资产结构的影响越来越大，也会引发资产价格的变动和金融体系的演化发展。

一是由于人口老龄化对经济产业发展的影响逐步显现，金融机构与客户之间传统的融资模式将会受到挑战。这一点对于传统的间接融资模式影响尤为突出。对银行资产端的贷款而言，人口老龄化会带来经济产业结构的调整，并逐步影响银行贷款客户的转向和相关授信与风险管理技术的转变。老龄化社会医疗和健康有关的产业会逐步壮大，基于行业专业化的特点，一些新兴行业会产生差异化的金融需求。例如：护理和医疗产业中，医疗保险支付周期较长，医疗设备投资较大且潜在的医疗纠纷较多；健康行业虽然收入增长迅速，但赢利压力大，可合理估值的抵押品缺乏，传统风险管理方法通常较难有效识别和管理新的信用风险，造成客户需求得不到满足，或者虽然得到满足，但客户风险溢价过高，需要逐步在实践中加以解决。

二是出于防范长寿风险的考虑，客户对养老资产的保值增值压力会逐步传导到金融机构资产端。例如，人口老龄化背景下，老年人口对长寿风险的意识与对医疗健康的需求会促进保险产品的畅销，使保险资金规模快速增长，进而使保险公司面临着追寻高收益资产的压力。保险资金的成本相对较高、周期较长，客户对资金安全性的要求也较高。因此，传统以银行存款、债券为主，并辅之以少量上市公司股票的固定收益类投资已经不能满足我国保险公司负债端的收益要求。受此影响，从资产端的配置来看，保险公司必须开启以非标投资和同业投资为代表的另类投资，通过各种债券投资计划、股权投资计划等，逐步实现对包括不动产及相关金融产品、基础设施投资计划、未上市公司股权及股权投资基金等金融产品在内的广泛投资。与此同时，保险公司资产端的变化也会给其带来信用风险管理的挑战，如不能有效识别和管理另类投资底层资产的信用风险和市场风险，还会引发期限错配、成本收益错配等资产负债管理问题，甚至导致偿付能力风险。

三是金融机构越发受到生命周期范围内时空互补的资金平滑约束，体现出在核心资产管理方面的投资策略的趋同性。传统上，银行和保险公司保守的跨期平滑的养老资金投资策略是机构和个人抵御养老风险的主要渠道，这种投资策略将面临证券基金行业的有力模仿和竞争。为满足人们的养老需求，证券基金行业将会有更多的公募基金通过目标日期策略、目标风险策略等方式逐步调整，在可预见的投资周期中追求成熟稳健的资产配置，控制基金下行风险，以追求基金长期稳健增值，同银行和保险机构争夺老年投资者。

四是开展多机构竞合，实现资产配置渠道多元化、提升综合财富管理能力将成为金融机构服务高净值养老人群的主要方式。我国经济经过多年的高速发展，高净值客户创富一代的企业家步入老龄化，这部分高净值客户对财富保障和传承的需求更为强烈，除了传统的大类资产配置要求外，其对保险、慈善、信托和家族财富管理等个性化服务也有较大需求，对实现资产独立性和风险隔离的法律保护要求也较高（智信资产管理研究院，2018）。当前国内主要服务于高净值人群的商业银行私人银行和信托公司单类别、单资产、单策略的资产配置模式已经不能满足高净值老龄人口的财富管理要求，因此需要各金融机构依托各自优势开展财富管理合作，提升资产综合管理能力。例如，通过在养老产品架构中嵌入信托功能，帮助客户完成一些复杂任务，如资产税务制度优化、企业资产隔离、代际传承安排等，规划较长期限的资产配置。

（三）老龄化对金融机构负债端的影响

国外相关研究表明，人口老龄化会造成长期储蓄率的下降。根据莫迪利安尼的生命周期理论，人们一般在工作期间会积极为退休生活做好储备，以在年老退休后继续保持之前的生活水准。随着社会上老年人口比重的上升，储蓄人口相对下降，加之老年人口对之前储蓄的消费，社会总体储蓄率会下降。我国学者的研究也证实了随着人口老龄化的加剧，国民储蓄意愿下滑。田雪原（2006）提出，随着劳动年龄人口下降，尤其是社会总抚养比超过50%，社会储蓄水平也会下降。王刚（2016）认为，从2020年前后开始，我国将由高储蓄率国家转变为低储蓄率国家。

一是随着储蓄率下降，未来银行机构的负债来源和结构将会受到较大影响。一直以来，银行通过居民储蓄获得的被动负债是其主要的资金来源。居民储蓄成本较低、期限结构稳定，是银行通过净息差模式赚取利润的重要途径。在老龄化背景下，商业银行尤其是网点较少的中小银行对储蓄存款的竞争将会加剧，被动负债成本会上升，从而进一步限制银行机构的经营规模并减少净息差收入。为弥补流动性不足，缺少全国性分支机构和网点的中小银行未来会更加依赖同业融资的方式来增加负债端的资金来源。此外，商业银行将积极通过发行银行理财产品参与个人财富管理市场的竞争，弥补储蓄存款的下滑和同业负债的受限（董克用，2017）。相关数据显示，截至2017年，存续的理财产品在全国562家银行业金融机构发行，产品数额达到9.35万只，存续余额达29.54万亿元，其中记入银行资产负债表负债一方的保本理财规模达7.37亿元，同比增长24.1%。当年银行理财产品中，59.27%为个人客户购买，11%为私人银行客户购买，二者合计占比达70.27%[①]。同时，为扩大投资范围、提升交易能力以获取更大利差，银行机构会加强与其他非银行金融机构的合作，通过委托投资即所谓"委外"模式来实现大类资产的配置，成为"大资管"市场上"委外"资金的主要来源方。缺少获客渠道和被动负债来源的非银行金融机构，则有可能通过银行"委外"模式获得批发性资金来源。

二是不同金融机构的负债来源逐步开始对不同人口年龄阶段敏感。根据生命周期理论，在一生的不同阶段，人们对风险的厌恶程度随着年龄增长而上升。在生命早期和中期阶段，人们有能力承受较高风险，而在后期阶段将寻求更低风险。与此相适应，不同年龄阶段持有资产的周期和风险程度也各不相同，中青年家庭适合持有周期较长的权益类资产，而老年家庭则更适合持有周期较短的固定收益类产品（胡继晔，2020）。因此，随着人口老龄化的逐步深化，不同金融机构必须考虑家庭持有金融资产结构转化所带来的影响，确保负债端的资金流入稳定。根据西南财经大学2017年对国内老龄金融的调查，目前我国各年龄阶段（29~60岁）储备的养老资产都没有达到预期水平，各年龄阶段平均仅有17.3%~18.1%的人群表示达到了预期储备。上述调查同时显示，被调查人群养老投资偏好最大的依然是银行存款或理财，其次是商业养老保险，二者合计达到五成以上，股票和基金等权益类资产占比仅为13.2%。由此可见，我国各金融机构未来从老龄金融市场获得

---

① 银行业理财登记托管中心编《中国银行业理财市场报告（2017年）》，2018。

负债来源的潜力巨大，如果能精准适应不同年龄阶段对家庭资产的配置特点和要求，并能提供不同类型资产的转化服务，可最大限度地获取资金来源。

三是保险公司通过管理健康风险获取负债的前景广阔。老龄人口对未来医疗的巨大需求将会大幅增加商业医疗险等保障型险种的需求，成为保险公司重要的负债来源。根据老年人口的消费习惯和日本等老龄化国家的发展经验，老龄人口的生活方式和身体健康水平与其他年龄阶段人口有显著不同，其用于日常生活和娱乐的开支较少，用于医疗服务的开支则增加迅猛。根据OECD统计，日本65岁及以上老人的医药费用是同期30岁以下年轻人口的6.03倍。自日本进入老龄化社会以来，其医疗费用占GDP的比重从1970年的4.4%上升到2014年的11.3%。我国的基本医疗覆盖率和保障程度均不足，会进一步加强对居民健康养老意识的培养，商业健康险等保障型产品将实现快速发展。相关数据显示，2013年以来，我国健康险占人身险保费的比重不断增加，保费增长态势良好，进入高增长阶段。2014年健康险原保费收入为1587.2亿元，对人身险保费贡献率为12%；到2019年，我国健康险原保费收入实现7066亿元，对人身险保费贡献率达到23%。未来，这一比重有望持续提升。

四是为第一支柱和第二支柱养老基金提供运营管理服务将成为各金融机构努力争取的业务增长点。严格来讲，金融机构为我国多支柱养老保障体系的基本养老保险基金、企业年金和职业年金基金提供受托管理或账户管理等金融服务并不属于金融机构的负债管理内容，但由此带来的收益和现金流会增加金融机构的资金来源，客观上同扩大负债来源具有同样的效果。由于我国养老保障体系中基本养老保险"一支独大"，居民养老资产的储备首先体现在基本养老保险基金规模的增大，其次体现在第二支柱养老基金的增长。根据《中国养老金精算报告（2019~2050）》测算，第一支柱的基本养老保险基金累计结余到2027年有望达到6.99亿元的峰值。以企业年金为代表的第二支柱，2018年末累计结余达到1.48万亿元。上述养老保障基金在投资运作中需要各类金融机构提供包括受托管理、投资管理和账户管理等多种金融服务，这是金融机构不能忽略的业务增长领域。

（四）老龄化对金融产品创新的影响

一是养老保障制度改革为金融市场的壮大和金融机构的业务发展提供了制度基础。自1994年世界银行提出"多支柱"养老保障制度框架之后，各国养老制度改革所遵循的注重基金积累、市场化运营、各支柱形式灵活多样等原则极大地促进了资本市场的发展壮大（霍尔茨曼等，2006）。养老基金增长带来了长期资金的注入，降低了资金成本并推动机构投资者发展，促进债券市场的发育，减少了股市的波动，为各类金融机构的发展和业务创新提供了制度基础。影响养老保障制度各"支柱"的风险因素并不完全具有相关性，在某些情况下，其关联性较小甚至是负相关，这就意味着具有不同核心风险管理能力的金融机构可以在"多支柱"中找到自身的定位。

二是促进各金融机构基于行业专业化特点，围绕养老产业和老龄人口开发投融资模式和相应的风险管理制度。老龄化对产业结构的影响和新兴养老产业的崛起，使得金融机构在资产端与负债端的客户及交易对手发生了改变，原有的传统投融资模式以及相配套的风险管理框架和技术不再适用或无法很好地匹配新型业务模式，需要逐步在实践中加以完善（娄飞鹏，2017）。例如：金融机构针对护理和医疗行业的特点，开发设计定制化的融资和保险产品；为小型诊所等医疗机构提供长周期应收账款质押融资或短期融资等新型产品和服务；与新兴产业、知名银行和私募、风险投资机构等建立长期战略合作关系；依靠风险投资合伙人获取客户资源，建立全新专业化授信能力；通过行业专家的引入，主动管理信贷决策。

三是为养老风险提供金融解决方案将推动金融机构的业务合作和产品融合。随着人口老龄化程度的加深，长寿风险和医疗风险越发突出，银行、保险和基金公司等金融机构均有动力基于现有场景和业务优势，为客户提供各自的金融解决方案。国民财富的错配和分布不均，各机构主要客户年龄阶段的差异，较低的老龄金融教育普及程度，使不同人群在整个生命周期内对老龄金融服务的差异性较大，因此需要各金融机构在自身产品创新基础之上开展跨机构合作。这在一定程度上会导致金融机构之间养老产品的融合，这样的融合既体现于众多金融机构养老产品功能的趋同，也体现在不同年龄阶段人群在生命周期范围内，可以通过众多养老产品的转换和互补实现对风险的规避与财富的平滑（中国金融四十人论坛课题组，2015）。在上述过程中，个人养老风险转嫁并集中到了金融机构，这对金融机构自身管理风险能力提出了挑战，从而进一步激励金融机构通过不同机构之间的产品和服务交换来分散各自风险，同时使其更加依赖于金融市场提供的风险对冲工具以及风险管理工具，以实现对养老风险的控制。在此过程中，不但金融机构的风险管理能力会不断提高，金融市场的规模也会不断扩大，从而实现个人、机构和市场的良性循环。

二 老龄金融发展与多层次养老保障制度的理论分析

（一）多层次养老保障制度深刻影响老龄金融理念的嬗变

构建多层次养老保障体系是积极应对老龄化的重要举措，已成为全球养老金制度改革与养老保障体系发展的最大共识。早在1993年，中共十四届三中全会《关于建立社会主义市场经济体制若干问题的决定》就明确提出了建立多层次社会保障体系的政策目标。经过20多年的发展，中国逐步建立国家主导的基本养老保险制度（包括城镇企业、机关事业单位和城乡居民三大基本养老保险制度）、单位主导的职业养老保险制度（包括企业年金和职业年金制度），以及个人主导的自愿参加的商业养老保险制度（包括延税型商业养老保险等）。进入21世纪，世界银行在"三支柱"基础上，又拓展出了以消除贫困为目标的零支柱（非缴费养老金）和非正规保障的第四支柱（包括家庭成员或代际互助等），形成"五支柱"的养老保障政策框架。无论是"三支柱"还是"五支柱"的多支柱养老制度设计，其初衷都是为了更好地实现养老保障的多重目标：消除贫困和熨平收入，促进经济增长并消除资本和劳动力市场的扭曲。

随着国内多层次养老保障制度逐步发展定型和国民财富的积累，不同支柱的养老保障制度安排既在宏观层面影响资本市场发展和金融资源的有效配置，也在微观层面通过金融机构具体参与养老制度运作的方方面面，深刻塑造并改变着金融服务的业态、产品和创新方向。此外，在多层次养老保障制度下，出于对兜底职责的考虑，政府会对基本养老保障提供财政资金支持。而从经济增长、社会效率的角度考虑，政府会对某些支柱的养老保障提供税收优惠的政策支持。这些又涉及国家财政、税收等宏观政策，并在微观层面为金融机构和个人的行为选择提供激励或约束。多层次养老保障制度的复杂系统同金融之间密不可分的关联，逐步催生老龄金融理念并引起广泛的关注。

尽管目前国内对老龄金融的理解和诠释尚存在差别，但是对其基本内涵和概念框架达成了共识。一般来讲，老龄金融泛指金融机构围绕社会成员的各种养老需求所进行的金融活动的方方面面。就当前国内老龄金融实践来讲，至少包括三个方面的内容：一是养老金金融，主要是指养老制度安排和养老基金运营管理活动；二是养老服务金融，主要是指金融机构围绕老年人群的财富管理需求进行的相关金融服务；三是养老产业金融，主要是指金融支持养老相关产业的投融资活动。上述国内老龄金融的三方面内容从本质上讲，是我国多层次养老保障制度逐步定型过程中在金融领域的体现及拓展。随着人口老龄化程度的加深，老龄金融必将延伸到更加广泛的领域，如老龄金融素养、老龄金融教育、老龄金融行为、老龄金融心理等。老龄金融在金融活动领域的空间将逐步延伸和扩大，内涵将更加深刻（董克用，2020）。

（二）大力发展老龄金融是完善多层次养老保障制度的理性选择

多层次养老保险制度改革的初衷在于解决现收现付制下基本养老保险基金的不可持续性。从宏观层面来看，由于我国人口老龄化程度迅速加深，未来基本养老金缺口和养老金不可持续问题将日益严重。一般解决思路主要有：延长退休年龄；增加储蓄；减少退休后收入；增加预筹养老基金的投资渠道，提升投资效率，确保养老保险基金保值增值。延长退休年龄和减少退休收入的措施往往涉及国家养老保险制度改革和利益调整，短期内不易实施。因此，从老龄金融发展视角来看，增加储蓄、增加预筹养老基金的投资渠道和提升投资效率等更具有操作空间。老龄金融的有序发展实际上就是为了增强养老保障制度的可持续性，并为未来的经济发展留足空间。

金融对资源配置的强大功能，从时间上提前或延缓了经济价值的实现，人们现在或将来自身的经济地位、思考问题的方式都将逐渐被金融技术改变，这也为抵御风险、解决问题开辟出可行的方案。从这个视角出发，人口老龄化的风险挑战本质上是重大的金融问题。国外由于较早开始了养老保障制度改革，金融市场也较为发达，利用金融机构和金融工具来解决养老问题积累了较多实践经验。据OECD统计，自2000年以来，OECD国家养老金资产规模快速增长，其中第二支柱的企业年金基金规模自2001年的13万亿美元上升到2005年的17.9万亿美元。到2013年，OECD成员国养老金投资额达到24.8万亿元，占GDP的加权平均值高达83%，其中荷兰为148.7%。养老基金成为资本市场的重要机构投资者，广泛投资于股票、风险投资等权益类资产、国债等债权类资产以及衍生工具和另类投资等领域，并通过资本市场实现保值增值，这在一定程度上降低了国家财政对公共养老金支出的负担，部分解决了养老金制度的长期融资问题。受此影响，许多发展中国家和经济转轨国家在改革养老金制度的同时，也希望通过发展和积累养老基金促进经济发展和金融市场的发育，从而实现经济的平稳增长。在拉美地区，智利政府建立了强制型私人管理养老基金。在东亚地区，新加坡建立了以政府相关部门运营管理为基础的中央公积金制度，中国香港在2000年引入了由雇主委托私营机构经办的强积金计划。东欧国家早在计划经济时期就注重多层次养老保障体系的建设，鼓励基于市场运作的养老基金发展。此外，早在1993年，匈牙利就完善了相关法律，以鼓励自愿型补充养老基金及个人账户养老储蓄发展。1997年以后，俄罗斯对企业年金给予相应税收减免，将其作为养老保障体系的重要支柱，并强制规定雇主应对高危险行业中尤其是有特殊贡献的专业人才建立企业年金计划。养老基金规模的不断扩大和老龄金融的长足发展，对于维护老年经济安全和社会稳定意义重大。

（三）完善多层次养老保障制度需要金融服务创新

老龄金融不同于传统金融业务，为了更好地安排老年生活，老年人的金融需要较为广泛，既有传统的储蓄、保险等业务，还包括老年财富管理、医养护理、家族信托等多方面。特别是第一支柱之外的其他支柱养老保障领域，由于市场化运作的程度更高，个人供款的比例较大，且可选择的机构和养老产品较为灵活，因此，客观上需要不同的金融机构提供多样化和个性化的老龄金融服务，主要包括两个层面：一是在工作期间养老财富积累阶段，需要金融机构针对不同年龄阶段人群的养老资金储备需求开发专业化的老龄金融产品和服务，如养老理财、商业保险、养老投资基金，以及养老财务规划和养老投资顾问等。二是在退休期间提取养老储备财富用于老年消费阶段，需要金融机构为老龄人口提供日常消费、医疗养护以及家庭财富传承等金融产品和服务，如房产反向抵押贷款、医疗保险、老年财产信托等。人们在整个生命周期的收入和消费并不匹配，老龄金融可通过整个生命周期内的资产配置和财富管理来平滑人们的财富水平，并且由于不同金融机构的核心业务能力和风险管理偏好不同，因此可以为老年人口提供更多的保障选择，降低老年人口养老资产储备不足的风险，更好地提升老年生活水平（周小川，2020）。

此外，老龄金融产品的发展和服务水平的提升，是金融机构和老龄人口在长期互动基础上互信共赢的结果。在这个过程中，人们对老龄化国情、社会保障制度、生命周期理论以及金融投资知识的了解会加深，资产配置、投资判断的能力也会提升，从而更有效地避免在养老财富储备过程中的各种不理性行为，规避社会上的各种金融诈骗和其他投资风险。

（四）养老产业发展需要借力老龄金融支持提升资源配置效率

要保障老龄人口的老年生活质量，既需要合理的资金安排，也离不开为老年人群服务的相关中介和产业。随着老年人口绝对数量快速增长，为老年人口提供日常生活商品和健康服务的活动日趋活跃，并由此形成相关的产业链条，主要包括：为老年人提供建筑设计、设施配套和服务跟进的重资产养老地产业；为居家养老、社区养老和机构养老提供专业服务的养老服务业；为老年人吃穿住行、休闲娱乐、医疗保健提供产品和服务的养老日常用品业。上述产业链条分布较广，相互之间并非绝对独立，不同的领域还存在交叉与融合，共同支撑起老年日常生活的空间。

养老产业的发展壮大离不开金融体系在资源配置方面的支持。养老产业的产业特点和融资模式决定了传统金融模式需要进一步深化并适应新型养老产业的特殊要求，形成服务老年产业的专业化老年金融投融资模式。首先，通过老年金融活动，有助于进一步发挥金融体系动员储蓄和配置资源的作用，为老年产业发展提供多元化的融资机制，为跨时间、跨地域和跨产业的经济资源转移提供高效率渠道。在多层次的养老保障制度框架下，各金融机构的风险偏好和核心业务有不同侧重，有利于吸引更多民间资本和市场主体参与市场竞争，把各类资本疏导到养老产业的各个领域，满足养老产业发展中不同经营主体的多样化融资和金融服务需求。其次，老龄金融的发展可以更好地发挥金融体系的价格发现和风险管理等重要功能。养老产业特别是养老地产和医疗基础设施的建设资金需求规模大、期限较长且收益率不高，容易发生期限错配的风险。同时，养老产业兼具社会效益和经济效益，带有一定的福利性质，因此各级政府也会通过政策性金融工具予以支持，如果没有必要的风险约束机制，融资风险的外部性就很突出，而借助老龄金融体系的价格发现和风险管理功能，可以缓释期限错配风险，在资产定价过程中发挥项目筛选和信息披露的功能，减少养老产业投资中可能出现的产业发展财政化倾向，促进养老产业中真正有前景的项目持续健康发展。

三　金融机构参与多层次养老保障体系建设的实践探索

2013年9月，国务院《关于加快发展养老服务业的若干意见》发布，明确要求"金融机构要加快金融产品和服务方式创新，拓宽信贷抵押担保物范围，积极支持养老服务业的信贷需求。积极利用财政贴息、小额贷款等方式，加大对养老服务业的有效信贷投入"。按照国务院文件精神要求，2016年3月中国人民银行、民政部及银证保监管部门发布《关于金融支持养老服务业加快发展的指导意见》，鼓励银行、信托、证券、保险机构增强战略意识，大力推动金融产品、服务和组织机构创新，有效满足迅速增长的居民养老金融服务需求，促进养老服务业发展，实现支持养老服务业和自身转型发展的良性互动。此外，民政部、银保监会、证监会等各政府相关职能部门还相继出台了针对具体行业的专业性政策规定。在政府政策的积极指引和推动下，目前我国各类金融机构已经广泛参与老龄金融领域的各个方面，并取得了一些宝贵的实践经验。

（一）银行机构

截至2018年底，我国银行业金融机构总资产规模达到268.24万亿元，占全国金融业总资产的比重达到91.22%。在我国以银行贷款为主要融资工具的间接融资体系下，商业银行依托雄厚的资产实力、星罗棋布的机构网点和庞大的客户群体，具有其他金融机构无法企及的天然优势，成为老龄金融业务活动中当仁不让的主体。

1. 参与养老基金运营管理，提升客户业务办理的便捷性和体验度

快速增长的基本养老基金、全国社会保障基金和企业年金基金规模，需要更多的合格金融机构作为运营管理人承担相应的金融服务。商业银行目前主要依托自身良好的账户管理和资金结算能力提供资金托管和账户管理服务。例如，目前我国中、农、工、建、交五大行全部为全国社会保障基金托管银行，工银瑞信等银行系基金管理公司也入选了全国社会保障基金的委托投资人名单。截至2018年8月，全国企业年金基金管理人名单中，10家托管机构全部为银行机构，18家账户管理机构中，商业银行占了8席。同时，商业银行还针对老年客户在心理和生理上的特殊性，推出以金融IC卡为载体的"养老综合卡"，为老年人领取养老金、寻求紧急救助、财富管理、挂号就医、交通出行、日常缴费等提供便捷服务。例如，工商银行推出泰康特

需医疗金银行联名卡,建设银行与中国老龄产业协会合作推出建行养老卡,中信银行推出附加健康、理财和休闲服务等功能的"幸福年华卡"等。上述卡片的发行,为老年人群的日常生活和理财活动提供了便捷的支付结算服务。

2. 为老年财富积累和管理提供养老储蓄和养老理财产品

由于保本保息、收益稳定,几乎不存在信用风险,长期以来,中国居民的养老财富积累主要以银行储蓄为载体。随着利率市场化程度的逐步提升,收益率略超过同期储蓄的银行理财产品也受到广大投资者的欢迎。根据中国家庭金融调查与研究中心的《中国养老金融调查报告(2017)》,我国居民在养老财富积累管理中,对银行存款或银行理财的偏好水平与信任程度最高,其比例达到30.2%。

由于银行市场利率定价自律机制的限制,各家银行养老储蓄产品的设计大同小异。典型的养老储蓄产品,如兴业银行推出的"安愉储蓄",基本设计为:设置一定的起存金额门槛限制,存款期限一般为3年或5年并根据期限分档设置利率,按月获得利息收入,到期一次付本,或者一次性存入本金,支持不限次数地提前支取,依据实际存期和支取金额,参照对应期限定期存款利率计付利息。

受监管部门理财新规影响,银行保本理财逆势增长,体现了居民养老财富积累的旺盛需求。同庞大的银行理财规模相比,针对老年人口的银行养老理财产品并不多。目前,全国仅有10余家银行发行过养老理财产品。从上述银行养老理财产品的特征来看,既有投资期限198天的短期产品,也有15~20年的长期产品;在投资门槛方面,一般为5万~10万元,少部分高端产品达到50万元;在产品收益方面,与同期发行的理财产品收益大致相当,且大部分为非保本收益型产品,仅有少数产品保证收益。

3. 为养老产业发展提供贷款融资

按照"分层划类、差别施策"的原则,中国农业银行首先出台《养老服务行业信贷政策(2018年制定)》,以加强对养老服务领域信贷业务发展的分类指导和规范管理。这是商业银行首次针对养老服务行业出台专项信贷政策，标志着养老服务行业法人客户的精细化管理水平跃上新台阶。华夏银行以子公司成立养老产业引导基金，以股权投资和劣后债投资的模式为养老产业提供融资。建设银行以子公司建信养老发展"存房+养老"产品模式，将个人房产充实住房租赁市场，围绕"房"的流通带来的资金流，为老年人提供灵活多样、放心可靠的养老服务。

（二）保险机构

商业保险公司和养老险公司是我国多层次养老保障制度的重要参与者，长期致力于为社会提供养老、健康、意外保险，在第二支柱企业年金基金运营管理和第三支柱个人补充养老领域发挥着重要作用。

1. 为企业年金基金提供运营管理服务

目前我国保险机构在第二支柱企业年金基金运营管理中已经成为主力。截至2018年8月，全国企业年金基金管理人名单中有14家受托管理机构和18家账户管理机构，其中保险机构均占据一半席位；在23家投资管理机构中，保险机构占据9席。人社部社会保险基金监管局数据显示，截至2018年末，投资管理企业年金资产在千亿元以上的机构有3家，均为保险机构，依次为泰康资产（2188亿元）、平安养老（2065亿元）、国寿养老（1603亿元），所占份额分别为15.38%、14.51%、11.27%，3家合计份额超过41%。

2. 提供商业养老保险产品

当前，保险公司提供的商业养老保险产品主要是个人储蓄性养老保险，即个人以获得养老金为目的的长期人身险，包括传统的两全保险、年金和终身寿险等。为突出投资功能，保险公司在基本险种基础上还推出了万能寿险、投连险和分红险等适合不同群体的商业养老保险产品。2018年4月，《关于开展个人税收递延型商业养老保险试点的通知》发布，上海市、福建省和苏州工业园区实施个人税收递延型商业养老保险试点被明确。商业保险公司成为目前第三支柱中唯一提供延税型养老产品的金融机构。

3. 提供养老保障产品

自2004年我国《企业年金试行条例》及相关配套政策法规出台以来，顺应企业年金市场发展的需要，经原保监会批准，我国先后成立了平安养老、太平养老、长江养老、国寿养老、泰康养老5家主要专业养老保险公司。2009年12月，《关于试行养老保障委托管理业务有关事项的通知》下发，对养老保险公司作为受托人，接受政府部门、企事业单位等团体客户的委托，为其提供有关养老保障方案设计、账户管理、待遇支付等服务做出了规定。2013年，保监会正式将"养老保障委托管理业务"更名为"养老保障管理业务"，并将目标客户群体由团体扩大至个人。当前，市场上提供养老保障产品的机构多为经营企业年金的保险机构，截至2018年底，全国养老保障产品规模达到6483亿元，比上年增长42%。其中面向个人的养老保障产品规模占总规模的94.6%，显示出强劲的发展势头。从个人养老保障产品特色来看，产品以固定收益资产为主要投资方向，申购起点较低，一般封闭式产品门槛为1万元，开发式产品门槛为1000元；申购方式灵活，特别是开放式产品具有"T+0"的特点，能够满足公众普惠金融的投资需求，为老年财富积累提供了可行的选择。

4. 围绕整个生命周期提供"大健康"服务

人口老龄化的到来，促使人们更加关注老年身体健康以及与大健康有关的医疗体验和身体疗养。随着我国大健康产业配套环境和政策法规体系的逐步完善，商业保险公司、健康险公司推出的健康保险产品日益丰富，既有传统的不同长短期限的健康险业务，也有各类疾病、医疗、失能收入损失及护理保险。同时，基于集团经营模式，许多公司还设计了大健康运行平台，通过整合银行、保险、基金、证券等金融资源，跨界进入食品、住房、医药、二手车消费等领域；以控股、收购各类专科诊所、药店、医院及体检机构等方式，凭借互联网科技手段打造完备的医疗健康产业链。2014年6月，保监会发布《关于开展老年人住房反向抵押养老保险试点的指导意见》，幸福人寿、人保寿险等保险公司陆续开展了老年人住房反向抵押养老保险的试点，为满足老年人口多元化、个性化的养老需求提供了更多的选择。

（三）证券基金机构

目前国内证券、基金公司参与老年金融活动的主要方式是为基本养老基金、企业年金基金等提供投资管理服务。

2018年3月，证监会发布《养老目标证券投资基金指引（试行）》。当年8月，国内首批14只养老目标基金获批发行，其中8只为养老目标日期型产品，6只为目标风险型产品。首批养老目标基金多为定期开放式基金，封闭期从1年、3年到5年都有。面向个人的养老公募产品正式推出，标志着又一专门养老投资基金产品类别的形成，拓宽了居民养老财富积累的途径。

（四）信托机构

由于信托机制具有信托财产独立、可实现委托人特定目的且投资范围广泛等特征，信托机构在老龄金融活动中具有独特的法律优势和专业优势，受到高净值养老人群的关注。目前，除了少数承担企业年金基金受托人和账户管理人的信托公司之外，信托机构主要通过养老财产信托、养老消费信托和家族信托等产品提供老年金融服务。养老财产信托和家族信托的门槛较高，主要按照委托人意愿通过资产管理实现财产保值增值，按照信托合同规定的受益人、信托利益支付用途实现养老、财富代际传承等目的。例如，外贸信托和兴业银行推出的"安愉人生"养老财产信托，主要针对资产在600万元以上的高端客户实现养老保障和财富传承。

2018年，安信信托在行业内部率先推出养老消费信托产品"安颐养老"，为老年人提供持续的收益，以满足其可能面临的因生活品质提高而产生的养老金需求。同时，经安信信托筛选的一系列养老服务也能被认购产品的投资者享受，如高端养老机构的优先入住权，居家养老服务、社区养老机构相关服务的优惠购买权等。此外，为支持养老产业的发展，信托公司还为部分养老基础设施的建设提供融资支持。

四 老龄金融发展面临的问题和挑战

尽管老龄金融的发展理念逐步深入人心，金融机构的老龄金融实践也取得了长足进展，但我国老龄金融发展依然面临着一些问题和挑战。

（一）从宏观发展环境来看，顶层政策设计不清晰，老龄金融发展方式粗放，体系结构缺乏统筹规划

首先，养老保障制度改革是一个多维复杂的系统。近年来，中国的社会保障部门和相关金融监管部门为推进多支柱的养老保障制度分别推出了多项政策措施，但主要属于单领域内的零星制度创新，未能取得预期的整体实施效果。主要原因在于，对多层次养老保障体系中不同支柱的功能定位和发展次序缺乏明确安排，对不同支柱的发展既没有长远规划，也缺乏详细的操作指引与落实细则。由此造成不同层次的养老保障制度一直处于各自为政、分割推进、边界模糊的状态。第一支柱基本养老金"一支独大"，却又面临越来越严重的未来给付缺口；第二支柱企业年金发展缓慢、职业年金起步较晚；第三支柱商业养老金的发展任由金融机构各说各话，目标客户定位模糊不清。此外，国家在鼓励金融机构积极发展商业性老龄金融产品的同时，也缺乏税收激励等配套措施。目前，仅有税优健康保险和税延养老保险产品，不同金融机构在老龄金融领域缺乏平等公开的平台。

其次，在引入市场竞争机制的第二和第三支柱养老保障领域，缺乏专门的老龄金融活动监管法律法规，相关规定散见于不同政策管理和金融监管部门。特别是在市场化程度较高的第三支柱个人补充养老领域，银行、证券、保险和信托机构对老龄金融领域的业务范围、准入门槛、服务标准、业务流程等内容缺少专门界定和规范（武晓蒙等，2020）。随着近年来互联网金融的兴起，部分互联网头部公司也在从事老龄金融相关业务，许多互联网公司还和金融机构开展合作，帮助金融机构在老龄金融产品销售、增加获客、流量分流等方面提升效率。上述情况进一步加剧了商业养老产品销售管理的乱

象，一些不具有金融牌照的互联网公司、民间投融资理财公司打着养老投资理财的幌子开展非法集资和金融诈骗活动，严重侵害了老年金融消费者的权益。

（二）从老龄金融需求来看，未富先老和老龄金融教育不足，制约了商业补充老龄金融服务产品的需求空间，并导致欠发达地区的养老产业融资需求得不到有效满足

首先，中国是在未富先老的状态下进入老龄化社会，这是区别于发达国家老龄化的重要特征。2017年，我国居民人均可支配收入为25973.8元，但是城乡居民的收入差距较大，城镇居民收入约为农村居民的2.71倍。2017年，我国基尼系数为0.401，已经连续多年高于0.4的国家警戒线水平，相当大比例的人口收入水平十分有限（李培林，2019）。受此影响，低收入人群通过金融机构的补充商业养老产品来积累养老财富的能力十分有限，这一方面导致低收入人群的商业补充养老保险需求不足，另一方面加大了这部分人员对第一支柱基本养老保险的依赖，不利于调整我国多支柱养老保障体系中第一支柱"一支独大"的失衡结构。此外，低收入人群的广泛存在和老年经济收入的缩减，还有可能导致老年人口对日常消费品的需求不足，继而影响老年产业发展的空间。

其次，在"一支独大"的多层次养老保障结构中，对基本养老保障的过度依赖会增加基本养老保险基金投资运营的压力，导致金融机构受托管理中出现投资过于保守、考核过于短期的倾向。相关数据显示，截至2018年底，第一支柱基本养老保险基金累计结存5.81万亿元[①]，但委托给社保基金理事会投资管理的规模连零头都不到，其余绝大部分投向了国债和银行存款。同时，对社保基金投资管理一年一考核的制度，也干扰了担任投资管理人的金融机构优化资产配置的操作，为了年底考核达标，其不得不舍弃长期收益卖掉优质资产。我国企业年金基金受托管理也存在同样的问题。由于委

---

① 人社部编《2018年度人力资源和社会保障事业发展统计公报》，2019。

托人更多地重视当季或当年业绩，担任受托管理人的金融机构的投资行为短期化，忽视对符合养老金属性的长期优质资产的配置。长期来看，不但各种养老基金的平稳运营会受到严峻挑战，养老金融领域有序竞争的长期发展理念也会遭到破坏（宣华，2020）。

再次，老龄金融教育不足，影响老年金融财富积累的质量。我国居民的老龄金融教育不足，对多渠道增加养老财富的意识不强，大部分居民的养老财富储备手段单一保守，主要靠基本养老金和银行储蓄，不注重其他金融工具，缺乏对现代金融工具的信任和使用，部分低收入人群甚至还秉承"养儿养老""国家养老"的观念。此外，我国居民在投资过程中还未确立良好的投资理念，普遍存在急功近利的投机心理，追求所谓"低风险、高收益"的产品，而忽视市场波动风险。上述情况的存在，在一定程度上会削弱广大居民的老龄金融投资意愿，也不利于既有养老财富的保值增值（郑功成，2020）。

最后，欠发达地区对政策性融资工具较为依赖，难以获得市场性融资工具。2013年，国务院《关于加快发展养老服务业的若干意见》出台，鼓励引导社会资本和金融机构积极参与健康养老产业发展。近年来，我国养老服务业快速发展，初步建立起以居家为基础、社区为依托、机构为支撑的养老服务体系，老年消费市场具备一定规模，老龄事业发展也取得明显成效。但总体上看，我国经济欠发达地区养老服务和产品供给不足，养老产业融资渠道受限、融资需求得不到有效满足的问题仍十分突出。由于养老产业特别是康养项目、医疗基础设施的赢利前景不明确，加之欠发达地区对养老产业的补贴不足，一些社会急需、带有兜底功能和普惠性的养老产业项目只能依靠政府养老产业专项债和国开行的政策性养老项目贷款，难以吸引到商业银行贷款、产业投资基金以及政府与社会资本合作的PPP等市场化金融资源，这将制约欠发达地区尚未达到成熟期的养老服务企业的发展。

（三）从老龄金融供给来看，产品设计和目标客户定位不准确，老龄金融服务供给的质量和效率依然不高

首先，养老服务金融产品同质化严重，不能有效达到养老财富积累的效

果。目前，国内银行、证券和保险机构推出的主流养老服务金融产品，本质上都属于大众化理财产品。各产品无论是在资金门槛、产品周期还是产品收益方面都没有本质的区别。以银行养老理财产品为例，各家银行产品周期一般都在5年左右，产品开放赎回的机会以及收益水平也几乎相当，且养老理财产品的风险等级为 R1～R2，甚至达到 R3[①]，投资对象和投资比例与相同风险等级的银行理财产品没有什么根本不同，甚至连托管费、销售手续费、固定管理费等相关费用的收取比例也是一样的。居民购买上述金融产品，达不到强制性储蓄和长期保值增值的效果。

其次，养老服务金融产品既未针对客户的年龄结构进行细分，也不能充分体现不同金融机构在不同大类资产配置中的专业水平。目前商业金融机构的中长期养老服务金融产品本身就供给匮乏，除了商业养老保险产品的品种相对较多外，住房反向抵押贷款、养老目标基金的规模几乎可以忽略不计。同时，由于商业金融机构在推出养老服务金融产品时并不区分客户的年龄结构，不同年龄阶段的人面对的是同一产品。而年龄结构的些微差距会造成客户风险偏好的较大差异，客户对养老资产的配置要求也会因年龄差异而不同。此外，金融机构在投资管理中的专业特点不同，不同年龄结构的客户在积累养老财富的过程中，也会根据生命周期的不同阶段，把养老财富在不同金融产品之间进行转换，当前养老服务金融产品的供给显然无法满足客户的上述需求。

最后，金融机构对养老产业的各种市场性融资主要扎堆于发达地区，且热衷于服务中高收入群体，造成区域间养老产业发展不均衡，并导致商业性融资渠道下可投资储备项目不足的问题。以商业银行贷款为例，由于银行资金风险偏好低，稳定性要求高，因此主要投向地方性国企主导的养老项目，但限于养老产业发展的阶段性，后继项目资源十分匮乏。而产业投资基金也

---

① 根据银行理财的风险评级标准，R1 为谨慎型，产品保障本金且预期收益受风险因素的影响很小，或产品不保障本金，但受风险因素的影响很小，且具有较高流动性。R2 为稳健型，产品不保障本金，但受风险因素的影响很小，或产品保障本金，但产品收益具有较大不确定性。R3 为平衡型，产品不保障本金且在一定程度上受风险因素影响。

面临同样的困境,加之投资基金的赢利性要求,名义上的养老产业投资基金不能集中投资于当前最需要的机构养老项目,转而投资于医疗、医药等领域,从而导致与专业医疗、医药等投资基金争抢目标资源的业务冲突。

五 多层次养老保障制度下促进老龄金融发展的政策建议

(一)加强多层次养老保障制度的顶层设计,为老龄金融发展提供良好的发展环境

经过几十年的社会保障制度变革,中国已经初步构建了多渠道筹资、惠及全体国民的多层次养老保险制度的框架。未来,需要从顶层设计上进一步完善多层次养老保障的制度内容,出台不同层次养老保障制度相互衔接、协同发展的具体政策措施,加快制度落地实施。

在制度设计框架方面,明确第一支柱基本养老保险、第二支柱企业年金和职业年金、第三支柱商业性补充养老保险的保障功能,准确定位三个层次养老保险的主导机构和保障水平。其中,基本养老保险由政府主导,具有公共养老金性质,实行现收现付制,保基本水平;企业年金和职业年金由单位主导,采取基金预筹积累的个人账户制,为老年人提供适度普惠性质的补充养老金;商业性补充养老保险由市场主导,个人账户预筹积累,以满足老年人口对更高水准老年生活的需求。

在制度落实和功能发挥方面,着眼于多层次养老保障体系的整体功能发挥,有序推进不同层次养老保险制度的发展完善。当务之急是尽快完成基本养老保险制度的全国统筹,逐步降低第一支柱的缴费水平和替代率水平,为其他支柱的发展留足空间和资源。

在养老服务金融方面,进一步细化养老服务金融政策,为各种金融机构服务不同层次养老保险制度明确发展目标和路径,细化统一的配套产品开发指引。

在养老产业金融方面，扩大政策性金融供给，确保托底型养老项目的均衡发展，减少区域间养老产业的发展不平衡。及时出台支持养老产业发展的土地政策，积极通过政府与社会资本合作的PPP项目模式、税收优惠等措施，有效引导民间资本和社会资源进入养老产业，实现养老产业的资源优化配置。

在老龄金融监管方面，以强化相应的监管措施为手段，推动老龄金融的健康发展。考虑到老龄金融涉及的金融机构和领域众多，具有典型的混业经营特征，而各领域的主监管部门不同，在当前我国分业经营、适度混业监管的格局下，需加强老龄金融产品和服务的监管设计，逐步明确监管框架、监管职责，在老龄金融的产品门槛、服务流程和风险监控等方面形成明确的行业标准。探索建立老龄金融领域的白名单制度，金融机构经过监管部门备案的老龄金融产品均应通过监管部门网站向公众公开。加强各行业老龄金融消费者权益保护，加大对欺诈老年金融消费者行为的惩处力度。

（二）加强老龄金融教育，培养全民的养老财富储蓄意识

凝聚社会各界对老龄金融发展的共识，才能更好地采取共同行动达成社会目标。在体制机制方面，着力打造由政府、金融机构、大专院校、社会组织等多方参与的老龄金融教育体系，提高公众的老龄金融素养和全生命周期财富管理意识，培育良好可持续的投资理念。在大学课程设计和成年人职业教育方面，应前瞻性地开设与养老金密切相关的投资理财、保险精算、年金管理等理论和实践课程，为老龄金融的发展储备人才。在教育内容方面，除了基本的金融知识外，应特别重视引导大家理性规划养老，科学投资管理。同时，全社会还应不遗余力地开展打击非法集资和金融诈骗的宣传活动，教育广大群众尤其是老年公众摒弃"低风险、高收益"的赚快钱思想，提高自身的防范识别能力，避免陷入非法集资活动和金融诈骗陷阱。此外，应面向大众宣传诚信理念，整体提升全社会的诚信意识，为发展老龄金融创造良好的社会环境和舆论环境。

（三）推动金融机构零售业务创新转型，提升养老服务金融供给水平

未来，各金融机构参与老龄金融市场竞争，必须细化客户的人口年龄结构和家庭财务状况，针对需求差异从供给端探索多元化的产品；回归养老资产长期投资和稳健增值的业务属性，提升风险控制能力，力争在长周期的养老资产配置中为客户赢得安全稳定的收益。

1. 围绕老龄人群的低风险偏好，提供更具个性化的产品设计

老龄人口的金融投资知识不足，对养老金投资的安全稳健性更为看重，偏好具有确定或保底收益的产品，且对产品的流动性有一定需求。为此，金融机构需要更加科学化、专业化地进行资产配置来匹配老龄人口可承受的风险，这就对金融机构的投研能力和人才储备提出了更高的要求。金融机构应摒弃扎堆开发同质化产品的习惯性做法，根据自身特色配置养老资产，在控制好风险的前提下分享优质资产的收益。同时，还要注重传统金融业务和金融科技的加速融合，利用科技手段，依托大数据分析、量化金融模型和智能化算法，结合客户的风险承受能力、家庭财务状况、预期老龄生活水准、身体健康状况等多种因素，为老龄人口提供定制化的投资建议，弥补其金融素养不足的短板。虽然近年来金融科技爆发式增长，但大部分产品依旧处于初期阶段，更多的是实现了线下服务向线上服务的转移，而在科技与资产配置的融合、投资者的投资体验、个性化智能服务等方面还不成熟。未来需要更多的金融机构和科技企业参与养老服务金融的科技化转型，形成自己的优势特征。

2. 针对中年人的养老财富积累与投资需求，围绕客户的整个生命周期提升养老服务金融综合管理能力

中年人群的风险偏好高于老龄人口，主要追求长期养老财富积累过程中的稳健增值，是未来金融机构优质的长期负债来源，也为目前金融机构调整短债长投所形成的长期资产错配提供了机会。

从短期看，各金融机构要进一步打造自身的拳头型产品以占领市场。目

前银行、证券和保险机构主要靠长期银行理财、养老目标基金和商业养老年金保险开展竞争，但各家产品都存在一定的问题。国家资管新规出台后，长期银行理财净值化产品数量不足、权益类资产配置经验欠缺。养老目标基金定期、定额、定投的比例很小，大量是趸缴资金，不利于培育长期投资客户，且在短期内被客户认可的难度较大。商业养老年金保险产品尽管有部分享受个人延税的优惠政策，但免税力度小、手续复杂且保证年利率较低，产品收益率不如银行理财和养老目标基金[①]。上述产品需要在实践中进一步调整完善，以更好地适应居民的养老需求。

从长期看，各金融机构需要加大业务竞合力度，布局混业经营，提升全谱系发展的养老财富管理能力。养老服务金融涉及各个领域和不同业态下的金融产品，为金融机构混业经营搭建了一个业务平台。当前资产管理行业的投资标的类型丰富、名目繁多、结构复杂，不同的金融机构在不同投资领域、不同投资细类、不同市场阶段、不同策略执行方面各有专攻，一般的金融机构很难做到大而全。随着资产管理领域产品负债端与资产收益端收益率水平的非同步变化，传统简单的配置型投资管理已经难以覆盖产品发行的成本。因此，需要各金融机构在公平竞争的基础上，加强业务合作，通过技术和资源的交流，帮助原来倚重传统配置型投资管理的机构逐步提升全谱系大类资产配置能力，提升各金融机构养老服务金融供给效率。同时，各家金融机构还要依托各自的行业专长，开展混业经营并获取业务牌照，通过集团内部的协同，为客户提供一站式养老财富管理服务。同时，拓宽获客渠道，强化投研能力和产品开发，使客户共享服务；在资产获取、产品设计定价、投

---

① 以某保险公司2020年在售的一款保险期限为15年的产品测算，保险公司采用4.025%的预定利率，保险人在15年内放弃流动性不动用个人账户的资金，在保证3.5%的年化收益率情况下，该款产品内部收益率仅为3.62%。考虑到4.025%的预定利率和3.5%的保证收益率均属于较高水平，大部分保险公司的年金产品均达不到上述内部收益率水平。如果保险人在保险期限内选择领取年金，在4.025%的高预定利率产品中，一些20年期限的年金保险内部收益率仅为3.14%左右。2019年8月，中国银保监会发布《关于完善人身险业责任准备金评估利率形成机制及调整责任准备金评估利率有关事项的通知》，要求调降长期年金险的预定率，随着4.025%的高预定利率产品逐步退出，未来年金险的内部收益率还会进一步下降。

资顾问、增值服务、融资需求、综合金融服务等方面实现价值链互补，以提升整体效率。

3.围绕"大健康"战略，提升老年人口健康风险保障水平

目前，针对老年人口医疗健康风险的商业金融产品主要是商业保险公司提供的健康保险。由于老年健康保险保障杠杆较低，一些领域缺乏定价数据，经营管理难度较大，健康险、医疗险和重疾险等涉及健康医疗的险种，保障力度仍显不足。为此，商业健康保险公司需要以更加专业的视角和先进的理念，在数据管理、技术应用、风控管理上加大投入、深耕细作，提升管理水平。有实力的保险公司，应积极尝试依托集团化经营优势，围绕"大健康"战略，形成保险支付端和医养服务端的有效对接，兼顾规模与效益，建立保险与医疗健康产业的资本纽带关系，通过内外部协同，完善养老养生与医疗健康的产业布局，形成健康保险生态圈。此外，保险机构还应借助国际市场的成熟经验和管理技术，完善健康保险专业化经营管理体系，提供更多类型的健康保险及健康管理产品和服务。

（四）拓宽养老产业融资渠道，促进产融结合的养老产业金融发展

一是为全链条的养老产业提供投融资服务。从概念上看，养老产业已沿着养老服务向健康养老全产业链条拓展，而不局限于养老社区和养老服务机构等相关领域，主要包括老年消费品行业、老年旅居行业以及轻医疗服务行业等。金融机构应及时跟踪养老产业链条的发展状况，把握投资机会，设计特色交易结构，为上述产业链上的优质企业提供融资支持。

二是商业银行应对财务可持续的养老产业项目加大信贷支持。进一步完善养老服务产业信贷管理体制，建立适合养老产业特点的授信审批、信用评级、客户准入和利率定价制度；加快创新养老产业贷款方式，保证风险可控的同时向个人或养老产业投资企业发放贷款。

三是证券基金机构对于经营较为稳定、处于成熟期的养老服务企业要加强培育、筛选和储备，积极助其上市融资；积极支持符合条件的已上市养老

服务企业的再融资、产业并购和重组活动；综合利用银行间债券市场和交易所债券市场，协同银行等金融机构支持处于成熟期的优质养老服务企业通过各种债务融资工具筹措资金。

四是保险机构应进一步发挥保险资金周期长、现金流稳定的长期投资优势，积极通过股权、债券投资计划以及基金、资产支持计划等多种形式，为养老服务企业及养老产业项目提供中长期资金支持。

第四章　多层次社会保险基金投融资管理与金融市场发展创新

一　多层次社会保险基金投融资管理的主要问题

多层次社会保险制度优化与金融市场发展都是我国经济高质量发展的重要支撑。多层次社会保险制度与金融市场的直接联系是社会保险基金投融资管理与金融市场之间的互动发展。一方面，社会保险基金投入金融市场，能够促进金融市场结构调整、金融深化和金融创新；另一方面，我国金融市场的稳定发展为社会保险基金投资管理提供了有利环境。投融资管理体制是制约我国社会保险基金管理绩效的瓶颈，随着我国多层次社会保险制度的完善和基金规模的日益扩大，这一问题将变得越来越突出。

（一）基本保险基金来源严重依赖财政投入

坚持精算平衡，建成可持续的多层次社会保障体系是社会保障制度建设的重要任务。但从各类基本社会保险基金的资金来源分析，财政补贴仍是基金来源的重要组成部分。近5年来，全部社会保险基金年财政补贴约占总收入的22%，若去除财政补贴，我国社会保险基金将出现收不抵支的情况。从表4-1可以看到，2019年财政对社会保障的补贴接近2万亿元，占当年全国财政支出的8%，如去除财政补贴，基本社会保险基金缺口已经超过1万亿元。

表4-1 2015~2019年全部基本社会保险基金财政补贴金额及比重

年份	财政补贴金额（亿元）	财政补贴占总收入的比重(%)	去除补贴后的收支比(%)	去除补贴后的收支差额(亿元)
2015	10244.17	22.10	92.31	-3007.74
2016	11088.60	22.13	89.49	-4580.98
2017	12351.76	21.14	94.72	-2567.18
2018	17654.83	22.35	91.05	-6032.94
2019	19103.12	22.97	85.69	-10691.77

资料来源：历年全国社会保险基金决算情况表，笔者整理计算。

具体到每个基金，城乡居民基本养老保险和基本医疗保险基金的财政依赖度最高，财政补贴占基金总收入的70%以上，其次是机关事业单位基本养老保险和企业职工基本养老保险基金（见表4-2）。在绝对金额上，城乡居民基本医疗保险和企业职工基本养老保险基金已超过5000亿元，机关事业单位基本养老保险和城乡居民基本养老保险基金分别接近5000亿元和3000亿元。

表4-2 各项基金财政补贴占总收入的比重

单位：%

基金类型	2015年	2016年	2017年	2018年	2019年	5年平均
城乡居民基本医疗保险基金	77.94	75.67	71.93	67.45	66.78	71.95
城乡居民基本养老保险基金	70.99	70.77	69.45	71.72	69.42	70.47
机关事业单位基本养老保险基金	—	—	—	29.91	32.73	31.32
企业职工基本养老保险基金	14.66	15.05	14.77	14.27	14.64	14.68
工伤保险基金	1.89	1.75	1.36	1.68	1.80	1.70
生育保险基金	1.89	1.75	1.36	1.68	1.80	1.70
城镇职工基本医疗保险基金	0.84	0.74	0.85	0.59	0.59	0.72
失业保险基金	0.01	0.01	0.02	0.84	0.01	0.18

资料来源：历年全国社会保险基金决算情况表，笔者整理计算。

（二）市场化投资体制仍未全面建立

各项基本社会保险基金的目标不同，对保值增值的要求也不同。基本养老保险结余基金中含有个人账户基金，需要进行长期投资以保证收益。其他社会保险基金在制度上实行现收现付制，在理论上对流动性要求较高，仅要求略有结余，但实际上除失业保险调整费率后在2019年累计结余略微下降外，几乎每项基金在每年均有余额产生，年备付比均超过100%。2019年全部基本社会保险基金备付比达到111.25%（见图4-1），年末余额达到8411.35亿元，城镇职工和城乡居民基本养老保险之外的社会保险累计结余也已达到36779.04亿元。

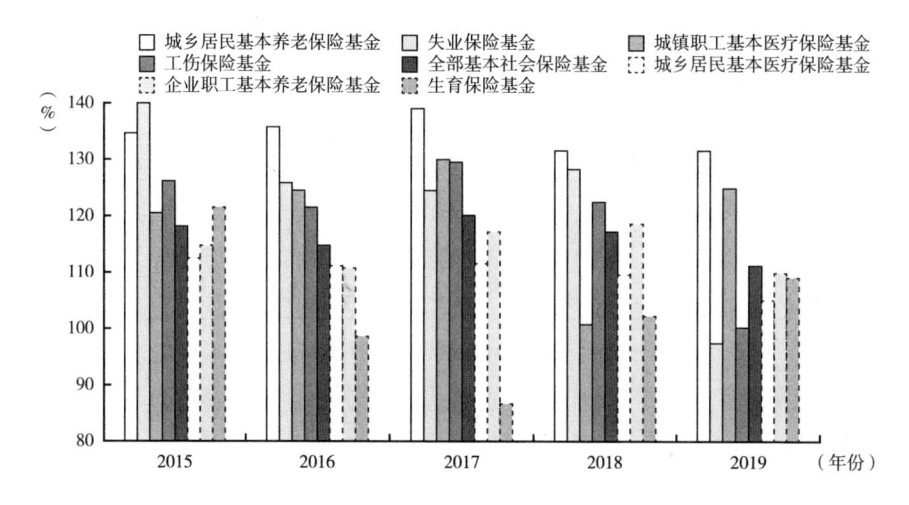

图4-1 2015~2019年各项基本社会保险基金备付比

注：备付比=基金全部收入/全部支出。
资料来源：历年全国社会保险基金决算情况表，笔者整理计算。

然而，目前除接近1万亿元的基本养老保险基金是通过委托投资方式进行市场化运营之外，其他基金主要以银行存款的形式存在，运营收益主要为利息收入。《社会保险法》规定，社会保险基金在保证安全的前提下，按照国务院规定投资运营实现保值增值。目前基本医疗保险结存基金仍执行1998年的《国务院关于建立城镇职工基本医疗保险制度的决定》。基本医疗保险基金的银行计息办法：当年筹集的部分，按活期存款利率计息；上年结转的基金本息，按3个月期整存整取银行存款利率计息；存入社会保障财政专户的沉淀资金，比照3年期零存整取储蓄存款利率计息，并不低于该档次利率水平。2019年，全部基本社会保险基金中除企业职工基本养老保险基金和失业保险基金的实际收益率略高于当年通货膨胀率之外,其他基金的实际收益率均为负数(见表4-3)。较低的投资收益率实际上是将投资的实际损失转嫁给了各级财政,最终受损的仍是纳税人和全体国民。这一长期而突出的问题得不到有效解决,一部分原因是市场化投资存在风险,而更重要的是管理体制尚未理顺,中央与地方权力关系的平衡点未找到。

表4-3 2018~2019年各项基本社会保险投资收益

基金类型	2018年 利息收入(亿元)	2018年 委托投资收益(亿元)	2018年 名义收益率(%)	2018年 实际收益率(%)	2019年 利息收入(亿元)	2019年 委托投资收益(亿元)	2019年 名义收益率(%)	2019年 实际收益率(%)
企业职工基本养老保险基金	916.7	698.9	3.4	1.3	1149.5	507.7	3.2	0.3
城乡居民基本养老保险基金	142.9	2.8	2.0	-0.1	189.1	31.8	2.7	-0.2
城镇职工基本医疗保险基金	381.6		2.1	0.0	517.1		2.3	-0.6
城乡居民基本医疗保险基金	79.3		1.7	-0.4	88.2		1.7	-1.2
工伤保险基金	37.5		2.1		40.4		2.3	-0.6
失业保险基金	133.9		2.3	0.2	173.3		3.8	0.9
机关事业单位基本养老保险基金	48.4		1.9	-0.2	51.8		1.7	-1.2

注:名义收益率=当面投资收益之和/当面累计余额,实际收益率=名义收益率-当面CPI指数。
资料来源:历年全国社会保险基金决算情况表,笔者整理计算。

在补充保险中,企业年金、职业年金、商业养老保险实行市场化运营。企业年金以《企业年金基金管理办法》作为投资依据,数量监管规则较为严格。2012~2019年全国企业年金平均实际投资运作金额为积累金额的97%,平均投资收益率为5.98%,高于通货膨胀率,但低于货币工资增长率和GDP增长率,如果再减去各类管理费用,收益率将更低[1]。

---

[1] 《银保监会国新办新闻发布会答问实录》,中国银保监会网站,http://www.cbirc.gov.cn/cn/view/pages/ItemDetail.html?docId=849946&itemId=915&generaltype=0。

商业养老保险处于持续增长态势，保费收入、保险密度和保险深度整体处于上升态势（见图4-2）。但商业养老保险基金投资管理活动仍遵照《保险资金运用管理办法》规定，并未根据养老保险长期性等特征单独对其投资活动进行规定。《个人税收递延型商业养老保险资金运用管理暂行办法》也仅做出粗略规定：保险公司应当合并计算税延养老保险普通账户与其他保险产品普通账户的投资比例，并遵守保险资金运用的比例监管规定，同时单独计算的税延养老保险普通账户的投资比例应当不高于大类资产监管比例上限和集中度风险监管比例上限（刘衡，2019）。

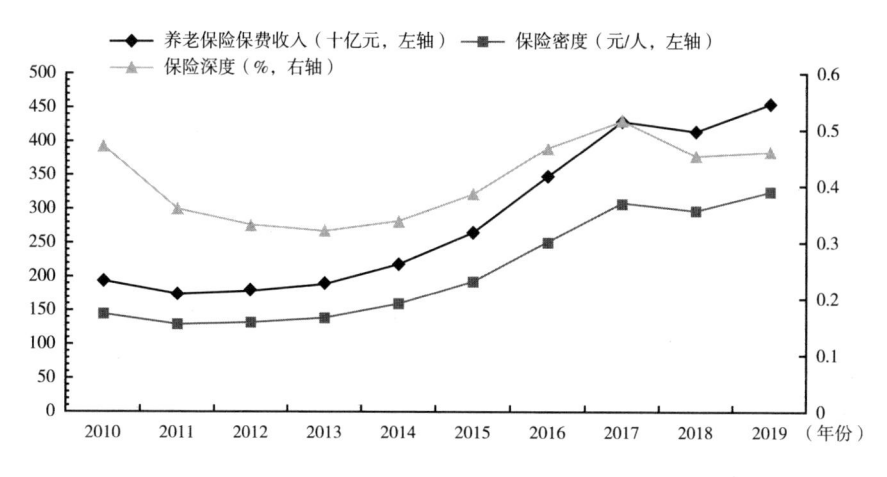

图4-2 2010~2019年商业养老保险业务增长情况

注：根据行业历年业务数据规律，年金保险和生存保险等传统养老保险资产约占寿险保费收入的20%，据此计算。

（三）现代基金管理技术运用不足

社会保险基金的有效管理需要治理理念、体制机制和技术方法的整体协同。在实践中，社会保险基金管理受到流动性要求、投资期限、监管规则、税收等因素的影响，管理策略随着金融市场工具的增加和技术的不断发展而发展。全国社会保险基金和企业年金基金在不断运营过程中，投资组合管理、绩效评估、风险管理等各个方面日趋成熟。然而，基本社会保险基金受治理理念和管理体制的影响，管理技术相对落后。具体到投资技术上的缺陷，体现在以下几个方面。一是缺乏明确的风险偏好说明。没有根据基金的不同层次、不同支付期限以及不同风险容忍度进行具体的风险识别。在具体操作过程中将绝大部分基本社会保险基金归于最保守的低收益率投资产品。二是缺乏对投资基准的制定，对各基金投资行为缺乏指导，战略资产配置、战术资产配置等问题更无从谈起。三是缺乏明确的激励与评估手段。长期绩效与短期绩效如何平衡？有效的投资激励手段如何设计？对这些问题都还没有做出相应的回答。上述问题的根本在于缺乏一个专业的投资机构以市场的方式或参照市场规则的方式进行基金运营管理（邱晓东，2021）。

二　多层次社会保险基金投融资管理与金融市场发展

前期大量研究从定性和定量多个角度对社会保险基金特别是养老基金与金融市场或资本市场的关系进行了探讨，绝大多数研究认为基金与金融市场存在良性互动机制。目前，我国金融市场和社会保险基金的基本关系主要表现在以下几方面。

（一）金融市场为社会保险基金提供投资选择和风险管理工具

近年来，国际上"养老金金融化"趋势明显，金融市场和金融参与者在提供养老金方面发挥越来越大的作用。我国各类社会保险基金几乎都以金融资产的形式存在，基金的保值增值严重依赖于金融市场。金融市场中众多的投资工具是社会保险基金进行多元化配置的基本条件。目前开展市场化投资的基本养老保险基金、企业年金基金、职业年金基金的可投资范围涉及存款、票据、债券、投资基金、股票、期货等大类资产，医疗保险、失业保险、工伤保险等基金则主要存入银行财政专户（安集思，2017）。

（二）社会保险增加金融市场资金供给

在较为成熟的市场，如荷兰、澳大利亚、瑞士、美国、英国和加拿大等，国家养老金规模与GDP的比值均超过100%，我国远未达到上述比重（中国证券投资基金业协会，2018）。从图4-3可以看到，社会保险基金占GDP和金融总资产的比重整体上升，但仍然较低。2019年末，各类社会保险基金规模超过16万亿元，占GDP的比重约为16%，占金融总资产的2.44%左右。基金规模持续扩大为金融市场输送了大量资金，特别是随着基本养老保险结余基金市场化投资步伐的加快，这将较大力度地促进我国证券市场扩容。但基金占金融总资产的比重仍较小，还不足以在我国资本市场中发挥主导作用。

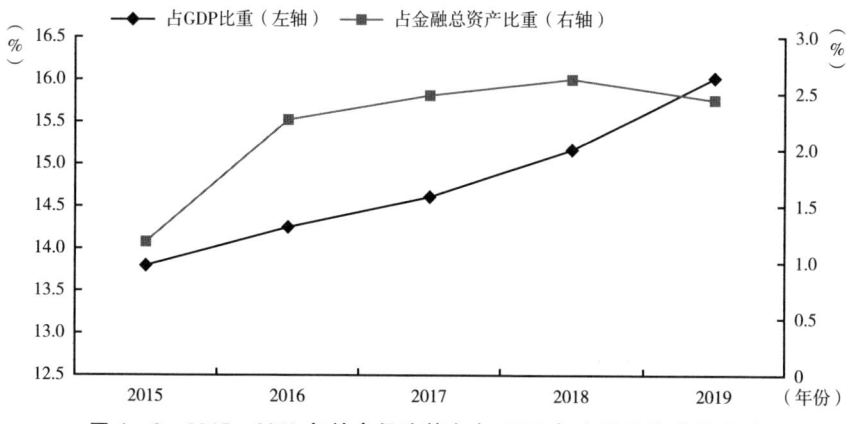

图4-3 2015~2019年社会保险基金占GDP与金融总资产的比重

注：所计算的社会保险基金包括基本社会保险累计余额、企业年金积累额、全国社会保障基金权益总额以及个人养老金积累额，其中个人养老金积累额为估算值，等于保险资金运用额×10%。金融总资产包括M2、股票市场市值、债券余额、基金成交额和期货成交额。

资料来源：历年全国统计年鉴、人力资源与社会保障发展公报、企业年金业务数据摘要、中国人民银行统计数据。

（三）长期性社会保险基金有助于金融市场稳定

全国社会保障基金和企业年金基金作为资本市场重要机构投资者的地

位逐渐显现，将逐步改善资本市场投资者结构。图4-4记录了2004~2019年上证指数和社会保险基金持股市值的变动情况，从中可以看出社会保险基金持股市值与上证指数的波动明显分为两个时期：2004~2013年，上证指数的波动与社会保险基金持股市值的波动之间关联性不大，社会保险基金在2009~2013年的各季度间持股市值变动较为剧烈，上证指数则较为平稳，基本维持在2000~3000点，社会保险基金在这一时期出现了频繁的交易；2014~2019年，可以清晰地看到社会保险基金持股市值与上证指数的变动情况基本一致，展现了社会保险基金作为机构投资者关注长期价值的一面。

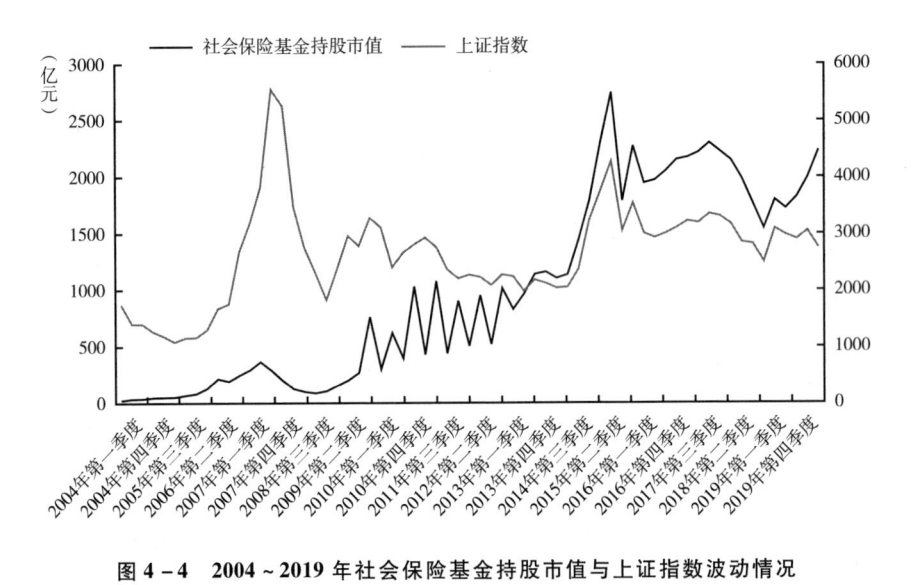

图4-4　2004~2019年社会保险基金持股市值与上证指数波动情况

注：社会保险基金包括全国社会保障基金及委托投资组合、基本养老保险基金委托投资和企业年金基金。

资料来源：国泰安CSMAR数据库。

2014年第三季度至2019年第四季度，社会保险基金持股市值与上证指数的变动趋势基本一致，社会保险基金每季度增减比例与大盘指数基本一致，社会保险基金长期持有策略逐渐显现。从2015年开始，每季度新增持股占总持股比例从43.07%逐渐下降至最低21.55%（见表4-4）。

表4-4 2014年第三季度至2019年第四季度社会保险基金持股增减持变化

单位：只，%

时间	当季度持股总只数	不变	增持	减持	新增	新增持股占总持股比例
2014年第三季度	895	183	113	151	448	50.06
2014年第四季度	954	178	135	175	466	48.85
2015年第一季度	1089	247	161	212	469	43.07
2015年第二季度	1178	203	173	232	570	48.39
2015年第三季度	1011	316	198	154	343	33.93
2015年第四季度	1126	272	131	205	518	46.00
2016年第一季度	1145	297	244	169	435	37.99
2016年第二季度	1123	328	206	227	362	32.24
2016年第三季度	1154	360	196	207	391	33.88
2016年第四季度	1228	389	236	176	427	34.77
2017年第一季度	1163	442	190	166	365	31.38
2017年第二季度	1093	342	242	168	341	31.20
2017年第三季度	1030	360	182	158	330	32.04
2017年第四季度	944	330	169	176	269	28.50
2018年第一季度	873	326	162	144	241	27.61
2018年第二季度	872	274	174	153	271	31.08
2018年第三季度	853	306	186	148	213	24.97
2018年第四季度	928	412	214	102	200	21.55
2019年第一季度	919	198	155	243	323	35.15
2019年第二季度	900	208	178	201	313	34.78
2019年第三季度	863	237	199	172	255	29.55
2019年第四季度	883	204	194	156	329	37.26

资料来源：国泰安CSMAR数据库。

（四）社会保险基金参与公司治理有助于改善金融市场的微观基础

成熟市场的经验表明，公司治理效率与公司股票市场表现高度正相关。社会保险基金等机构投资者对上市公司进行投资，一方面要求所投资的公司治理结构较为合理，另一方面也会通过一系列手段主动参与到所投资企业的公司治理过程中，以确保资产的安全性和收益性。社会保险基金参与公司治理以"用手投票"和"用脚投票"为主。"用手投票"主要是通过股东大会选举公司董事会或监事会，再由董事会对经理人进行监督或由监事会对董事会及经理人进行监督。当经营者的行为偏离了既定目标时，基金或其代理人便可通过提案或行使投票权等方式对经营者进行监督甚至罢免经理人。例如，山东省社会保险基金自 2015 年起向持股公司外派以企业管理、资本运营、法律、财务等领域知名专家为主的股权董事。参与制定外部董事监事选聘、任免程序，与其他股东依法合规任免董事 14 名。发挥专业支持团队作用，参加 19 次股东大会并表决 71 项议案，对有关议案风险提示 11 次。"用脚投票"则是通过在证券市场出售所持有的股票表达意愿，以直接影响公司股价的方式来表达对公司治理或经营的意见。作为机构投资者的社会保险基金在使用"用脚投票"方式时往往不是简单的一走了之，因为如果短期大规模减持某只股票，对上市公司和基金本身都可能造成负面影响，社会保险基金"用脚投票"的威胁意义更大。

（五）社会保险基金投融资需求促进金融服务业发展

金融市场是目前我国社会保险基金运营的主要场所，各层次基金中除全国社会保障基金部分参与实体投资外，其余绝大多数进入金融市场进行保值增值，银行、保险、证券、信托等机构都参与了基金的运营管理。另外，一个管理制度健全、交易中介机构完善的金融市场也能够通过受托机构、投资管理机构的专业分工降低社会保险基金的管理成本，提高基金收益。现阶段，银行系统主要承担了基本社会保险基金的储蓄和发放功能，并为企业年金基金提供账户管理、受托、托管等服务，同时商业银行开发的养老理财产品也成为个人养老储蓄和职业年金投资的重要选择。证券市场是目前全国社会保障基金、基本养老保险基金、企业年金、职业年金投资的重要场所，部分证券公司和基金公司主要为上述基金提供投资管理服务。保险公司是个人商业养老保险、补充医疗保险、长期护理保险等险种的主要提供机构，同时部分养老保险公司也是基本养老保险的投资管理人和企业年金的受托人、账户管理人。信托机构主要为社会保险基金提供可投资的信托产品，同时近年来部分信托机构也针对老龄化需求开发了部分养老信托产品,丰富了个人养老金融的选择渠道①。

表4-5 各类多层次社会保险基金与金融机构的关系

	基金类型	银行	证券基金	保险	信托
第一支柱	基本社会保险基金	银行账户、支付结算	基本养老保险投资管理	基本养老保险投资管理	投资途径
第二支柱	企业年金基金	账户管理人、受托人、托管人	投资管理	受托人、账户管理人、投资途径	投资途径
	职业年金基金	账户管理人、受托人、托管人	投资管理	受托人、账户管理人、投资途径	投资途径
第三支柱	个人商业养老保险、个人养老储蓄等	养老理财业务、投资途径	投资途径	养老保险相关业务	投资途径
储备基金	全国社会保障基金	投资管理	投资管理	—	投资途径

资料来源:笔者整理。

三 多层次社会保险基金投融资管理与金融市场创新

(一)社会保险基金投融资推动金融创新的现状

金融创新的动机通常可以分为三类:一是创新主体为了顺应市场需求而进行的创新;二是金融部门为了降低成本,采用新的交易技术和管理模式进行的创新;三是金融部门为了规避政府管制而进行的创新(娄飞鹏,2019)。社会保险基金与金融创新的相互关系主要为第一类,即金融部门对满足基金保值增值需求而进行的创新。在金融创新子系统中,商业银行、投资银行、证券公司、保险公司、风险投资机构、私募基金等创新主体利用资本、技术、信息、人力等创新资源,形成新的金融制度、金融机构、金融产

---

① 韩宋辉:《银保监会积极推进商业养老保险发展》,中国证券网,http://news.cnstock.com/news,bwkx-202002-4488040.htm。

品等创新成果（徐鹤龙，2020）。

1. 制度创新

在我国社会保险基金投融资管理的金融创新过程中，制度创新是金融机构创新和产品创新最重要的推动力。多层次社会保障体系的确立与基金进入资本市场投资是社会保险金融创新的前提。2013年以来，国务院及相关部门陆续出台了一系列涉及基本社会保险、企业年金、职业年金、个人养老金融的创新性制度文件，为社会保险金融创新提供了依据和基础。总体上看，我国养老金融制度目标导向倾向于审慎，政府在社会保险基金与金融市场的融合发展过程中承担更多的是规制和引导责任，以防止"道德风险"和"逆选择"的产生。

我国多层次社会保险基金与金融市场的融合仍处于发展初期，制度创新主要体现出以环境创造为主、供需两端支持为辅的特征。环境创造的政策创新突出表现为策略性措施和激励性措施。首先，探索了部分新领域、新渠道。例如，发展住房反向抵押养老保险、开展个人税收递延型商业养老保险试点、开展信托贷款投资业务、开展养老目标基金业务等。其次，尽可能地通过引导、鼓励、允许、支持等相对灵活的方式，调动各方力量参与多层次社会保险的完善和发展。2014年国务院《关于加快发展现代保险服务业的若干意见》中提出要把商业保险建成社会保障体系的重要支柱，创新养老产品和服务；2015年财政部《地方政府一般债券发行管理暂行办法》提出鼓励社会保险基金、住房公积金、企业年金、职业年金等在符合法律法规等相关规定的前提下，投资一般债券；2016年中国人民银行等多部门颁发的《关于金融支持养老服务业加快发展的指导意见》中提出鼓励各类金融机构开发差异化金融产品，大力发展养老型基金产品。供需两端支持的政策创新则主要通过公共采购、财政补贴等方式加以推动。例如，积极运用财政贴息、贷款风险补偿、担保增信等方式加大对金融支持养老服务业发展的激励和扶持。

2. 机构创新

随着我国多层次社会保险制度的推进，特别是随着基本养老保险的入市、企业年金的落地、全国社会保障基金的形成以及商业养老保险的不断成熟，顺应基金投资管理理念的新金融机构不断出现。2000年，为应对人口老龄化高峰时期的社会保障支出而设立的全国社会保障基金成立。2004 年《企业年金试行办法》《企业年金基金管理试行办法》颁布后，养老保险业务类公司纷纷成立，主要表现为新的养老保险金融机构出现和传统金融机构设立新机构。

2004 年以来，全国共成立 8 家专业养老保险公司和 1 家养老资产管理公司，主要经营团体养老保险及年金业务、个人养老保险及年金业务、养老保险资产管理产品业务，以及受托管理委托人委托的以养老保障为目的的人民币、外币资金等业务。当前国内养老保险公司主要有三种业务模式：第一种是养老资产管理；第二种是将传统保险业务和年金业务等资源进行一定的整合，提供养老保障、员工福利解决方案；第三种为新公司，受限于年金业务资质，主要开展保险业务和养老保障管理业务。

机构创新的第二个方面是众多传统金融机构通过设立新部门以满足养老基金投融资需求。作为社会保险基金管理的重要参与者，商业银行在第一、第二、第三支柱中都扮演着重要角色。在第一支柱中，商业银行是国家与公众的划款中间人，主要提供资金托管、结算和存款等服务。在第二支柱中，商业银行主要提供企业年金和员工福利计划的受托、账管、托管和投资管理等服务。在第三支柱中，商业银行主要提供个人养老理财等金融服务。目前，多家大中型银行已单独设立养老金部门，例如：工农中建四大国有银行均在总行层面设立了养老金一级部门或养老金中心；招商银行在公司板块下设养老金金融部；光大银行在公司板块下设养老金融中心；兴业银行在其零售银行部下设养老金融中心。多家银行均为养老金部门配置了集营销、服务和营运于一体的养老金团队。此外，建设银行还率先成立了银行系养老金公司——建信养老金管理有限责任公司。基金公司是社会保险基金的主要投资管理人。自 2002 年开始承担全国社会保障基金、企业年金基金投资管理业务以来，针对基金长期性和安全性的要求，各基金公司纷纷成立专门的下设机构。绝大部分较早涉足社会保险基金领域的基金公司都设立了专门的养老金业务部或养老金管理部，对社会保险基金业务进行专门管理。

3. 金融产品创新

随着老龄化程度的加深，第三支柱养老金得到一定发展，各类金融机构在养老金融产品方面取得了一定突破,商业养老保险产品、养老理财产品等不断出现。

(1) 养老保险产品

经过30多年的发展,我国个人商业养老保险产品已经较为丰富。银保监会网站显示,目前有79家保险公司开设年金类养老产品500余个,其中团体养老保险产品120余个。2019年1~12月,退休后分期领取养老金的养老年金保险保费收入为543亿元,积累保险责任准备金5285亿元,但保费收入仅占寿险原保费收入的2.35%。各类商业养老保险产品虽然形式多样,包括分红型、万能型、传统型、投连型等,但本质上还是个人商业养老年金产品,同质化严重,各产品侧重于投资属性,但收益率不高。2018年5月在上海、福建等地开展税延商业养老保险试点以来,共有67款产品上市,实现保费收入12.4亿元,累计参保人数4.7万人。从2007年起,各大保险公司开始探索"保险产品+养老社区+专业服务"的养老保障计划,截至2017年6月末,共有中国人寿、泰康人寿、太平人寿等8家机构投资29个养老社区项目,分布于北京、天津、河北、上海、江苏、海南等18个省市,占地面积超过1200万平方米,计划投资金额678.2亿元,床位数超过4万个。2014年,住房反向抵押养老产品在北京、上海等4个城市开始试点,但效果甚微。目前全国仅有幸福人寿和中保人寿两家保险机构推出了此款产品[1]。到2019年9月末,反向抵押保险期末有效保单为129件,共有129户家庭191位老人参保[2]。

(2) 养老理财产品

养老理财产品不但可以壮大和完善我国第三支柱养老金,还可以为资本市场输送长期资金。近两年,养老理财产品发展迅速。2019年,全国共发行养老理财产品152款,2020年1~7月16家银行发行了122款产品,其中上海银行、宁波银行、中国银行、建设银行的发行数量较多。

---

[1] 幸福人寿产品为"幸福房来宝老年人住房反向抵押养老保险(A款)",中保人寿产品为"人保寿险安居乐老年人住房反向抵押养老保险"。

[2]《保险业着力弥补监管短板 支持实体经济发展有关情况新闻发布会》,中国保险业监管委员会网站,http://bxjg.circ.gov.cn/web/site0/tab7926/info4083096.htm。

第四章 多层次社会保险基金投融资管理与金融市场发展创新

如图4-5所示,在产品类型方面,固定收益类产品占94%,混合类产品仅占6%。在产品风险等级方面,养老理财产品整体风险等级较低,低风险产品占41%。在产品发行期限上,期限普遍较长,其中期限3~5年的产品占比较高,为24%,且均为净值型产品。虽然1年及以下期限的产品占了44%,但其中98%的产品为预期收益型产品。

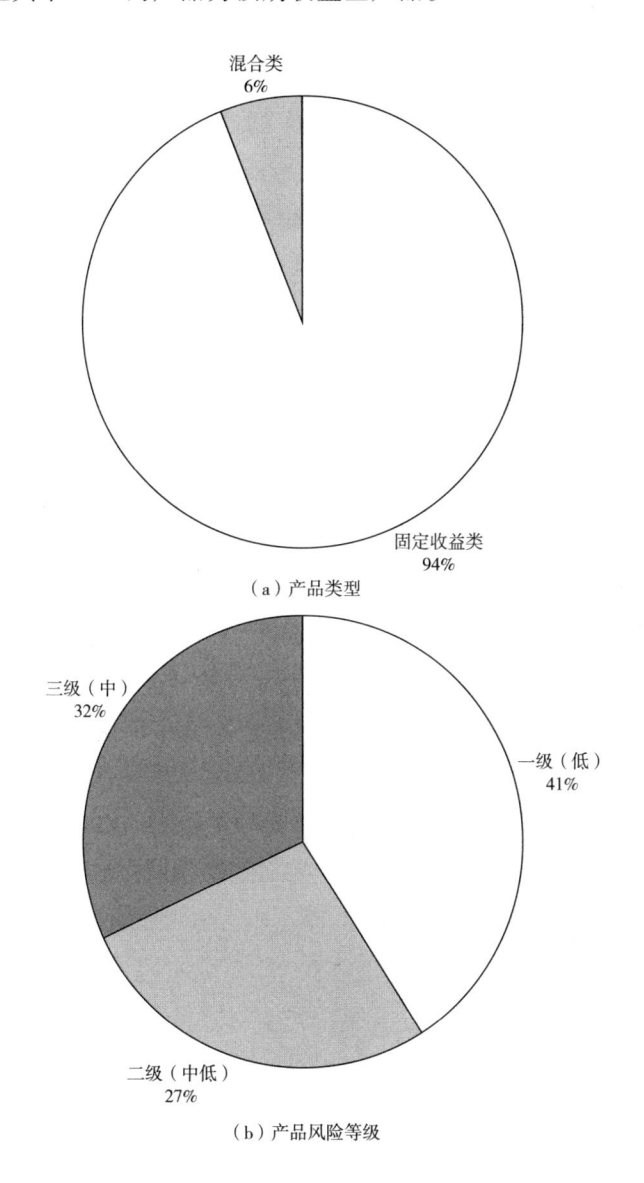

(a) 产品类型

混合类 6%
固定收益类 94%

(b) 产品风险等级

三级(中) 32%
一级(低) 41%
二级(中低) 27%

（c）产品发行期限

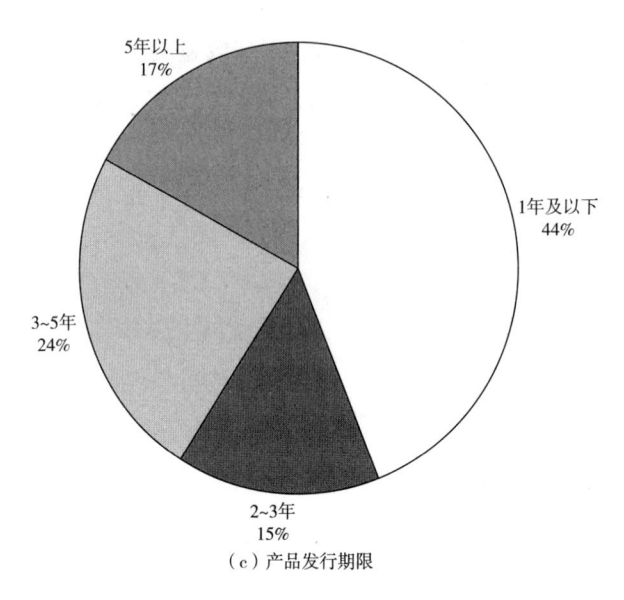

图 4-5　养老理财产品类型、风险等级和发行期限

资料来源：普益标准。

（3）养老信托产品

养老信托具有统筹管理受托人资产、满足个性化养老需求的重要功能。对于信托公司而言，资管新规出台后，获取长期资金变得困难，养老信托能够成为未来信托公司长期资金的重要来源。养老信托多为财产权信托，信托公司能够充分利用信托制度的优势，根据不同客户的需求灵活设计产品类型（娄飞鹏，2019）。目前，养老信托在我国信托业中仍属新兴领域，尚未形成规模，仅有部分信托公司创新推出少量的养老信托产品，主要包括特定养老安排的集合资金信托、消费权益类集合资金信托、"现金回报+消费权益"养老集合资金信托、家族信托等。

（4）养老目标基金

2018年3月，《养老目标证券投资基金指引（试行）》公布。2018年4月，首批养老目标基金FOF申请材料被受理。2018年8月6日，首批14只来自14家基金公司的基金获准发行。截至2019年8月5日，55只已成立运行的养老目标基金总规模达到201.29亿元。当前我国发行及运作的养老目标基金具有以下三方面特点：一是在发展初期主要采用基金中基金（FOF）的形式运作，通过大类资产配置及基金经理两个层面的投资选择分散风险，力求稳健投资；二是采用相对成熟的资产配置策略，控制基金下行风险，追求基金长期稳健增值，投资策略主要为目标日期策略和目标风险策略；三是投资封闭期或投资者最短持有期限较长，锁定期一般为1年、3年或5年，避免短期频繁申购赎回对基金投资策略及业绩产生负面影响（孟令国等，2020）。养老投资是一项长期的投资，选择长期业绩表现优秀且稳定性强的基金管理人将成为选择该类产品的关键，但国内的公募FOF基金发展历程较短，基金管理人的综合管理能力有待进一步接受市场考验。未来，养老目标基金要想取得长足发展，还需不断提升客户的投资意识、养老意识和市场接受度。

（二）金融创新应对社会保险基金投融资管理要求中存在的问题

虽然我国多层次养老保险实践已持续数十年，但养老金融领域的创新才刚刚开始，尚未形成新的金融业态。近年来养老金融领域呈现参与机构逐渐增加、产品创新逐步多元化、需求满足逐渐个性化等特征，但市场供给与需求之间的差距仍然巨大。

1. 产品同质化严重，长期保障创新不足

当前，商业银行等金融机构对养老金融的重视程度有待进一步提升，养老服务产品设计存在同质化现象，且针对性不强，和普通金融产品相比差异不大，并不能被称为真正意义上的养老金融产品。商业养老保险产品以消费型和储蓄型为主，部分具有保障功能的产品价格偏高，不易被客户接受，断保率较高。银行理财产品周期短，大多数产品的封闭期不超过3年，中长期产品匮乏。这主要与保险、银行等金融机构过度追求短期规模，忽视养老产品保障长期退休收入的本质功能有关。

2. 投资工具创新不足

投资于资本市场的各类养老基金应作为养老金融创新的核心。基本养老保险基金、企业年金基金等进入资本市场投资已有20年，但我国符合养老基金安全性、收益性、流动性特征的金融投资工具仍未出现。基金在资本市场中所选择的投资工具有限，也成为社会保险基金不能大规模投资于资本市场的原因。出于安全考虑，目前各基金可投资的渠道主要被限制在传统金融工具上，对长期化、分散化投资策略造成了不利影响。养老保险基金可投资的金融工具如表4-6所示。

表4-6 养老保险基金可投资的金融工具

金融工具	基本养老保险基金	企业年金基金	商业保险基金
银行存款	√	√	√
中央银行票据	√	√	√
同业存单	√	—	—
国债	√	√	√
政策性、开发性银行债券	√	—	√
信用等级在投资级以上的金融债、企业债、地方政府债券、可转换债	√	√	√
短期融资券	√	√	√
中期票据	√	√	—
资产支持证券	√	—	√
债券回购	√	—	√
养老金产品	√	—	—
证券投资基金	√	√	√
股票	√	√	√
股权	√	—	√
股指期货	√	—	√
国债期货	√	—	—
万能保险产品	—	√	—
投资连结保险产品	—	√	—
债券基金	—	√	—
权证直接投资	×	×	—
创业投资基金等私募基金	—	—	√
提供担保或者发放贷款	—	—	×

注："√"为制度明确规定的可投资项目；"×"为明确规定的不可投资项目；"—"为制度未规定的投资项目。

资料来源：《基本养老保险基金投资管理办法》《企业年金基金管理办法》《保险资金运用管理办法》。

3. 行业创新动力不足

目前，养老金试点过程中反映出税收优惠力度有限、参与产品范围不足、投保退税流程复杂等诸多问题。金融机构在养老金融发展上，服务于政府政策需求的较多，主动发展养老金融的积极性不高。对银行业而言，其在发展养老金融方面具有资金规模大、网点渠道多、客户覆盖面广、品牌信誉高等多种优势，而且对养老金融业务也介入得较早，但与非银行金融机构尤其是与保险业、基金业相比，其养老金融的发展相对滞后，提供养老理财产品的银行仅有10余家。信托业在养老基金业务方面早期参与较多，近几年也在逐步退出，没有充分发挥其优势发展好养老金融。

4. 机构间合作创新程度不高

目前金融创新主要出现于某一金融机构内部，机构间的合作程度不高。金融产品的研发、销售、风险控制等需要多部门参与，对银行、保险、信托、证券等金融领域的机构来说合作要求更高（Davis et al.，2006）。一方面，我国目前仍处于分业监管格局，阻碍了金融部门的合作，对创新性金融产品的推出与管理造成了不利影响；另一方面，金融机构的产品研发人员不足、技术相对落后，在社会保险金融领域尚未出现领军企业。

四 完善社会保险基金管理与金融发展创新互动的政策建议

（一）建立基本保险统一投资平台

当前我国基本社会保险基金混乱的投资管理体制严重影响了基金运用效率，造成了巨大的福利损失，较低的投资收益也是现有"行政分割、人群分割、基金分割"等多重管理体制下的结果。部分基本养老保险基金委托全国社会保障基金理事会实行市场化投资也并非长久之策。目前社会保险省级投资体制无疑会强化早已形成的地方利益，这与实现全国统筹背道而驰。

统筹层次低下是导致养老保险制度运行质量差的根源，是导致基金财政风险的主要原因（张盈华，2019）。管理体制改革是解决当前社会保险基金管理各类问题、实现与金融市场互动发展的核心突破点。由中央建立集中基金管理投资机构，统一负责全国社会保险基金的投资运营是符合国家和民族长期利益的投资体制和投资模式。

第一，建立统一投资平台有助于明晰基金的产权归属与管理职责，改变现有投资领域分省决策带来的高成本和低效率问题，实现投资决策的统一规划、统一管理。第二，建立统一投资平台能够有效提升监管质量与效率，改变现有基金不敢进入市场、不会进入市场的局面。第三，建立统一投资平台有助于形成专业的投资研究机构，根据不同基金的安全性、流动性等要求，确定在不同的经济金融环境中的长短期投资策略，提高投资管理技术能力。第四，建立统一投资平台能够有效提升基金与资本市场互动发展的效果。作为重要的金融中介和机构投资者，十万亿元以上的社会保险基金充分融入资本市场是形成国内大循环的重要推动力，可以充分利用基金的投资功能打通生产、分配、流通、消费等环节。新建的独立投资机构可以借鉴和参考加拿大、日本等国已有的缴费型基金独立管理模式，无论是事业单位还是国有企业，首先应保证其具有独立的法人地位，保证其良好的治理结构。防止基金被个人或部门利益所俘获。其次，应具有专业的投资管理能力，包括对宏观经济和金融市场发展趋势的预测能力、对资产配置的动态调整能力、对基金投资总体风险水平的控制能力。最后，应具备完善的信息披露制度、明晰的问责机制和有效的外部监督机制，以增强基金管理的透明性（王仁祥等，2004）。

（二）开发与基金投资需求相适应的金融产品

没有符合基金投资需求的金融工具是我国社会保险基金未能实现与金融市场充分互动的另一个重要原因（郑秉文，2014）。基本社会保险基金安全要求高，通货膨胀是其面临的最主要风险。从目前效果看，超大规模的银行存款收益率几乎无法超过 CPI 指数，更无法满足我国养老保险待遇每年约

5%涨幅的要求。其一,开发通胀保值债券是保证基本社会保险基金安全性和购买力的理想选择。通胀保值债券的存在消除了基金在支付上的固有缺陷,保证了支出的指数化调整。在各国的社会保险资产配置中,通胀保值债券也是重要的资产之一。其二,有效拓宽长期性基金的投资渠道。企业年金基金、职业年金基金、全国社会保障基金及商业养老保险基金等基金的现有投资渠道主要被限制在银行存款、债券以及二级市场股票上,以传统投资工具为主。全国社会保障基金、企业年金基金探索市场化投资已有20年,前期探索阶段以审慎为主,为保证基金安全性,限制投资渠道非常有必要,但随着投资能力的提升,选择和开发新的金融工具,分散投资风险、提高投资收益已成为当前的现实需要(郑秉文,2015)。针对社会保险基金投资需求,我国金融市场具有巨大的工具创新潜力,社会保险基金可投资的金融工具如表4-7所示。

表4-7 部分社会保险基金可利用或开发的金融投资工具

工具类型	工具名称	产品特性
货币市场工具	长期贷款	利率与期限灵活
	可转让定期存单	利率可浮动,流动性低于银行存款
	商业票据	期限短、利率高、可转让、未到期可贴现,依赖于发行公司的信誉度
债券市场工具	指数化债券(钉住销售价格指数、商品价格指数、GDP平减指数等)	有效规避无法预期的通货膨胀和长期利率上涨
	社会保险基金特种国债	专属债券,实现资产负债匹配
信托市场工具	投资信托	小型基金以低成本实现分散投资
	REITs	长期回报,特殊风险自控机制,流动性好于房地产直接投资
股票股权工具	交易所交易基金(ETF)	指数化投资战略,费率低
	私募股权	长期性投资,高回报率
	趋势型基金(战术交易基金、市场时机基金、大宗股票战略投资基金)	高风险投资策略
金融衍生工具	远期合约(远期利率协议、远期外汇合约、远期股票合约等)	消除未来资产交易的不确定性
	商品期货	做空机制、套期保值

(三）激发金融市场社会保险创新的内生动力

从前面的动力机制分析中可以看到，政策支持是当前金融机构进行养老创新的重要动力。然而，仅靠政策手段推动商业养老业务发展是远远不够的。当前商业银行、保险公司、基金公司等金融机构的商业养老金融业务多是将税收优惠放在首位，热衷于开发中短期产品以达到巨额融资的目的，而不是将长期性作为养老金融业务的主要方向。这与发达国家在发展第三层次社会保险中首先通过市场主体在环境要求下通过自身创新开拓相应的业务，之后获得政策支持以获得更好发展的情况存在显著差异。一方面，我国老龄化形势严峻，商业养老金融供给严重不足，需要适当的政策引导与支持；另一方面，也需要充分激发金融机构在市场要求下进行社会保险创新的内在动力，以实现长远发展。内在创新动力的激发可以从供给与需求两方面入手。

在需求方面，增加基金在金融市场的投入量。在第一层次，在投资管理机制改革的基础上对不同资产负债要求的基金进行战略资产配置，通过委托投资等方式增加基金在资本市场中的投资，市场资产管理机构则根据基金的不同需求开发相应的金融产品和投资工具，促进金融创新。在第二层次，以区域或行业为单位，大力发展集合年金计划，在单一信托模式之外增加筹资和给付更灵活的保险合同，以增加补充养老保险基金的市场规模。同时鼓励基金公司与其他金融机构创办企业年金，提升其市场参与度。第三层次市场需求的增加主要来自社会公众对养老金融的参与。应充分重视对个人养老投资的金融教育。目前，我国居民的养老观念仍停留在国家养老、子女养老和储蓄养老的层面，个人养老投资教育的首要任务是帮助居民建立为养老而投资的意识，接触和了解以投资的方式来保障养老的全新理念。树立养老投资者长期投资的理念，只有个人投资者建立了长期投资而非投机的观念，才能加强金融机构在长期养老产品开发与创新方面的动力。在供给方面，一是增加市场主体，鼓励市场竞争。作为最具灵活性和最具效率的制度，个人养老保险应鼓励各类金融机构广泛参与，通过竞争优化提升国民养老保障能力。现有数家专业养老保险公司显然不能满足我国数亿老年人口的潜在市场需求，可以适当探索并降低商业银行设立养老保险公司的门槛。二是注重养老金融专业人才的培养，专业化人才是进一步挖掘养老需求，开发个性化、多元化、生命周期式养老产品的基础条件（姚庆海等，2017）。

（四）强化社会责任投资

社会保险基金践行社会责任投资不仅是基金内在属性的要求，也是为我国经济社会高质量发展贡献力量的时代要求。社会保险基金因其特殊的身份在股票市场具有一定的引导力，社会保险基金的选股策略受到市场参与者的模仿和跟随。这种现象一方面能够产生"羊群效应"，影响金融市场的稳定性，另一方面也可以对其加以合理利用以影响市场选择。引导资本市场做出符合社会经济发展方向的投资行为，也是社会保险基金的重要责任（郑功成，2019）。作为资本市场最重要的机构投资者之一，全球范围内越来越多的社会保险基金已经修改了传统的投资策略，将环境、社会、公司治理和道德标准纳入投资决策中，不仅追求风险回报，还逐步践行社会责任投资。首先，社会责任投资是基金实现长期回报的内在要求。一方面，基金需要获得长期的高额投资回报以实现保值增值。另一方面，基金的高额回报不能以不牺牲未来的社会经济效益为前提。为获得短期的高额回报而牺牲后代的福利，这与基金的目标是背道而驰的。其次，社会责任投资是对基金风险管理策略的有效补充。投资组合越大，与社会和环境问题相关的金融风险就越大。传统投资组合理论通过评估预期风险和收益将期望和过去表现一并考虑，然而，这些期望取决于决策者选取的时间范围，对未来而言这种期望不可能准确反映个人或整个社会的投资回报。以气候变化为例，具有较短时间范围的投资者可能发现从资产收益中获得最佳收益会损害社会实现气候目标的能力，从长远来看危及稳定的全球经济，从而降低潜在回报。最后，社会责任投资是基金参与公司治理的重要手段。为避免交易成本上升而影响基金整体绩效，一方面，基金通过一定标准对一些具有不良记录的公司或信用等级较低的资产进行排除，以避免上述情况的发生；另一方面，基金也会采取一定的行动去纠正这些问题，即对所投资公司实施积极、直接的治理。通过参与公司治理的方式来确保自身的投资收益和保值增值，这种"用手投票"的方式往往是通过股东投票权或股东大提案的方式进行的。通过一系列的手段将社会责任理念融入被投资公司的经营中，既能降低"用脚投票"的交易成本和风险，又能很好地提升企业的社会责任感，从而实现整个基金的可持续性。目前，我国各类社会保险基金中，仅有全国社会保障基金提出了责任投资的理念，但还没有明确的社会责任投资方面的指引和具体操作政策。在全国社会保障基金的重仓股名单中，也不乏矿业、煤炭、酒业等行业企业。

现阶段，社会保险基金践行社会责任投资的策略可以从以下几个方面开展。

第一，制定筛选准则。全国社会保障基金采用直接投资与委托投资相结合的方式，近年来委托投资比例逐渐增大，2017年委托投资比例为58%。为更好地约束内外部投资人的行为，可以建立一个消极排除准则，发挥制度安排对投资行为的规范性作用。首先，基于主权养老基金的道义和社会价值，针对外部经理人的选股行为建立行业筛选标准，排除对不可接受行业的投资。其次，建立不可投资企业的排除标准，设定基于企业发展阶段、人权、环境、供应链等情况的评价指标，排除行业内不可接受的企业，如存在违反食品卫生安全、高污染、侵犯劳动者权益等问题的企业。最后，通过积极的企业社会责任评估，建立排除企业名单并进行公布，既产生了积极的社会影响，又通过示范效应督促其他企业关注自身的社会责任问题。此外，建立积极的企业筛选制度。关注一些社会绩效表现较好的行业和企业的发展状况，将与我国经济社会高质量发展密切相关的行业和企业纳入重点投资目标，通过设立建议指南引导外部基金投资管理人将投资重点放在上述领域。

第二，实施ESG融合策略。长期主义认为，当环境、社会与治理因素被认为是驱动长期价值创造的重要因素时，自然而然地，它们就会融合到投资策略决策和实施的过程中。国外绝大多数主权养老基金都将ESG融合策略作为基金社会责任投资的重点领域。ESG融合要求基金将ESG纳入整个投资运营过程中进行考量，不仅包括战略资产配置方面，也包括风险管理、战术配置等方面。首先，建立 ESG 融合识别机制。通过全面分析当前世界各国的发展政策，找准宏观层面的责任投资机会。在宏观分析的基础上，分析社会的价值理念、偏好以及监管政策的改变，挖掘具有潜力的优质社会责任行业，同时利用评估工具评估 ESG 因素对单个企业行为改变的影响。其次，在基于投资类别的 ESG 框架下，将 ESG 因素融入投资决策中，包括发布社会责任投资指南，建立企业 ESG 监测系统，定期评估所投资企业的 ESG 绩效，督促企业建立社会责任投资披露机制等。最后，根据外部发展环境的变化，定期调整 ESG 框架并对其进行重新整合。

第三，积极参与企业治理。作为长期机构投资者，基金在进行投资决策时往往通过"用手投票"的方式来减少投资波动并实现投资的可持续性。首先，实行代理投票策略。我国当前股票市场以散户为主，市场波动性较大，投票权行使意识薄弱。社会保险基金可以利用自身的影响力，公布投票或代理投票的实施准则，通过直接投票或外部投资管理人代理投票等方式在股东大会上针对企业社会责任问题进行投票。其次，积极与公司董事会对话。例如，全国社会保障基金各组合已出现在数百家上市公司的十大流通股股东中，作为股东，基金参与管理层对话具有较大影响力。基金可以通过信件、会议等形式直接与公司董事会沟通和接触，表达其治理要求，督促公司履行更多的社会责任。

第五章　基本养老保险降费率政策的可持续性评估

一　基本养老保险降费率政策的研究梳理

中国社会保险尤其是养老保险缴费率偏高是一个毋庸置疑的事实。《2017中国企业经营者问卷跟踪调查报告》公布的数据显示，49.7%的企业家认为社会保险缴费负担重是企业经营发展中遇到的最主要困难之一。为减轻企业负担，近几年我国先后多次阶段性降低社会保险缴费率，但以工伤保险和失业保险为主，对于费率最高的养老保险仅下降1个百分点。对此，国务院办公厅发布《降低社会保险费率综合方案》，规定自2019年5月1日起城镇职工基本养老保险企业缴费率降至16%，并要求养老保险待遇不降并维持基金长期收支平衡。

降低养老保险缴费率在减轻企业负担的同时会减少养老保险基金收入，会对养老保险制度的财务可持续性产生冲击。尽管目前城镇职工基本养老保险基金累计结余有5万多亿元，短期内可以支撑降费率政策的实施，但在基金支出增长率明显快于基金收入增长率的情况下，降低缴费率无疑将加速基金累计结余消耗进程，长期内降费率政策的可持续性面临巨大挑战。近年来，为改善城镇职工基本养老保险基金财务状况，我国进行了一系列改革，比如扩大制度覆盖面、实施全面二孩政策、加强基金市场化投资运营、划转部分国有资本等，也在积极酝酿实施延迟退休年龄政策和社会保险费征收体制改革。那么，以基金长期收支平衡为前提，城镇职工基本养老保险降费率政策能持续多久？该项政策是抵御经济下行的应急举措还是适应经济新常态的长期战略？伴随养老保险制度的深化改革，缴费率是否存在进一步下降空间？回答这些问题，不仅有助于我们深刻理解养老保险降费率的政策内涵，而且能够为增强降费率政策的可持续性提供量化依据和政策指导，具有积极现实意义。以下如无特别说明，文中的养老保险缴费率特指养老保险企业缴费率。

20世纪90年代，可持续发展理念被引入养老保险制度改革实践之中，各国纷纷将21世纪养老保险制度改革的最终目标定位于实现制度可持续发展。Holzmann等（2005）强调制度可持续性特指财务可持续性，即养老保险基金在当前和未来应当具有的财务稳定性。Sin（2005）、Blake等（2006）、Billig等（2013）、王晓军等（2013）、刘学良（2014）、郑秉文（2019）等学者评估了多个国家的养老保险基金财务状况，一致认为人口老龄化背景下养老保险基金将面临巨大的收支缺口，并提出了若干制度优化措施。养老保险费是养老保险基金收入的主要来源，降低缴费率不可避免地会减少基金收入，制约制度的财务可持续发展。孙永勇等（2014）模拟发现大幅降低养老保险缴费率将急剧恶化基金财务状况，而提高制度覆盖率和征缴率可使缴费率适度下降。景鹏等（2017）发现在组合优化制度参数和适当给予财政补贴的情况下，缴费率可降至14.64%～16.14%。曾益等（2018）发现全面二孩政策在短期内可降低缴费率，但中长期内欲维持基金收支平衡则需要提高缴费率，而进一步实施延迟退休政策后，2050年之前缴费率可每两年降低0.3～0.43个百分点。郭瑜等（2019）认为短期内缴费率下降空间十分有限，推行社会保险费征收体制改革和增加财政补贴可为缴费率在中长期内下降创造空间。曾益等（2020）研究发现税务部门全责征收社会保险费可使养老保险缴费率在2020～2030年降低0.57～1.5个百分点，引入国有资本划转政策后缴费率可降低3.81～4.46个百分点。

上述文献对养老保险缴费率进行了深入讨论，为本研究提供了可借鉴的思路和方法，但还有一些可改进之处。第一，多数文献仅针对某项养老保险制度优化措施进行分析，鲜有文献系统评估多项制度优化措施对基金财务状况和养老保险降费率政策持续时间的影响，也缺乏在多种措施综合调整背景下考察缴费率是否能进一步下降的文献。第二，多数文献构建的精算模型没有细分参保人群，设定的参数取值忽略了政策规定与制度实际运行之间的差异，这可能导致预测结果存在偏差。基于此，本章构建了分群体精算模型并合理计算参数取值，预测多种情形下城镇职工基本养老保险基金的财务状况，根据基金累计结余和精算平衡费率，考察养老保险降费率政策持续时间以及判断缴费率是否存在进一步下降空间。

二 基本养老保险基金平衡的精算模型与参数取值

（一）养老保险基金收支模型

《关于建立统一的企业职工基本养老保险制度的决定》和《关于完善企业职工基本养老保险制度的决定》对不同类型参保职工的养老金计发标准差异较大。根据职工参加工作和退休的年份以及上述两个文件的实施时点，本章将参保职工分为老人、老中人、新中人和新人。其中，老人是指1998年之前退休的职工，老中人是指1998年之前参加工作、2006年之前退休的职工，新中人是指1998年之前参加工作、2006年及之后退休的职工，新人是指1998年及之后参加工作的职工。另外，考虑到目前不同性别和身份职工的法定退休年龄不同，拟实施的延迟退休年龄政策很可能根据职工性别和身份分类实施，因此本章也区分了这些群体。细分参保人群是为了准确测度城镇职工基本养老保险基金收入和支出规模，为增强基金可持续性找到精算依据。各类参保职工的养老金计发标准如表5-1所示。

表 5-1　参保职工分类及其养老金计发标准

职工类别	2019 年的年龄区间	基础养老金	过渡性养老金	个人账户养老金
老人	男职工[82,100] 女干部[77,100] 女职工[72,100]	退休前一年职工月平均工资的一定比例	无	无
老中人	男职工[74,81] 女干部[69,76] 女职工[64,71]	退休前一年职工月平均工资的 20%	退休前一年职工月平均工资的 1%~1.4%	个人账户储存额/计发月数
新中人	男职工[42,73] 女干部[42,68] 女职工[42,63]	计发基数为退休前一年职工平均工资和本人指数化月平均缴费工资的平均值,缴费每满一年计发 1%	退休前一年职工月平均工资的 1%~1.4%	个人账户储存额/计发月数
新人	男职工[22,41] 女干部[22,41] 女职工[22,41]	计发基数为退休前一年职工平均工资和本人指数化月平均缴费工资的平均值,缴费每满一年计发 1%	无	个人账户储存额/计发月数

注：假设职工参加工作的起始年龄为 22 岁,生存极限年龄为 100 岁。

养老保险基金收入等于参保缴费职工人数、法定缴费基数、征缴率与缴费率的乘积。基金收入 I_t 表示为：

$$I_t = \sum_{i=1}^{4} \sum_{j=1}^{3} \sum_{x=a^j}^{b^j-1} N_{t,x}^{i,j} \times [w_{t_0-1} \times \prod_{s=t_0}^{t}(1+k_s)] \times \rho_t \times (\theta + \sigma) \quad (1)$$

式（1）中,$i=1\sim4$ 依次为老人、老中人、新中人和新人,$j=1\sim3$ 依次为男职工、女干部和女职工,a^j 和 b^j 分别为第 j 类参保职工的起始缴费年龄和法定退休年龄,$N_{t,x}^{i,j}$ 为 t 年 x 岁的第 i,j 类参保职工人数,w_t 为 t 年法定缴费基数,k_s 为 t 年及之前年份未退休参保职工的法定缴费基数年度增长率,ρ_t 为 t 年征缴率,θ 和 σ 分别为企业缴费率和个人缴费率,t_0 为精算分析起始年份。本章给出的是基金收入一般表达式,不同年份参保缴费职工类型会不同。比如现行退休年龄政策下,2019 年所有老人和老中人以及部分新中人都退休不需要缴费,而部分新中人和全部新人仍在工作需要缴费；2037 年及之后,缴费群体都是新人。

养老保险基金支出包括基础养老金、过渡性养老金和个人账户养老金。其中,基础养老金支出等于所有参保退休职工人数与基础养老金计发基数、计发比例和调整系数的乘积。基础养老金支出 $O_{t,A}$ 表示为：

$$O_{t,A} = \sum_{i=1}^{4}\sum_{j=1}^{3}\sum_{x=b^j}^{c^j} N_{t,x}^{i,j} \times A_{t,x}^{i,j} \times m_{t,x}^{i,j} \times \prod_{s=t-x+b^j}^{t}(1+g_s) \qquad (2)$$

式（2）中，c^j 为第 j 类参保职工的最大存活年龄，$A_{t,x}^{i,j}$ 和 $m_{t,x}^{i,j}$ 分别为 t 年 x 岁的第 i、j 类参保职工的基础养老金计发基数和计发比例，g_s 为 t 年及之前年份已退休参保职工的基础养老金年度增长率。根据我国养老金调整实际情况，假设基础养老金、过渡性养老金和个人账户养老金的增长率相同。

过渡性养老金支出等于老中人和新中人退休人数之和与过渡性养老金计发基数、计发比例、视同缴费年限和调整系数的乘积。过渡性养老金支出 $O_{t,B}$ 表示为：

$$O_{t,B} = \sum_{i=2}^{3}\sum_{j=1}^{3}\sum_{x=b^j}^{c^j} N_{t,x}^{i,j} \times B_{t,x}^{i,j} \times n_{t,x}^{i,j} \times x_{t,x}^{i,j} \times \prod_{s=t-x+b^j}^{t}(1+g_s) \qquad (3)$$

式（3）中，$B_{t,x}^{i,j}$ 和 $n_{t,x}^{i,j}$ 分别为 t 年 x 岁的第 i、j 类参保职工的过渡性养老金计发基数和计发比例，$x_{t,x}^{i,j}$ 为参保职工个人账户建立前的视同缴费年限，$x_{t,x}^{i,j} = 1998 - (t - x + a^j)$。

个人账户养老金支出等于老中人、新中人和新人的退休人数乘以相应的个人账户储存额除以计发月数后再乘以养老金调整系数。个人账户养老金支出 $O_{t,C}$ 表示为：

$$O_{t,C} = \sum_{i=2}^{4}\sum_{j=1}^{3}\sum_{x=b^j}^{c^j} N_{t,x}^{i,j} \times \left[\sum_{s=a^j}^{b^j-1} w_s \times \sigma_t \times (1+i_s)^{b^j-s-1}/v_t^{i,j}\right] \times 12 \times \prod_{s=t-x+b^j}^{t}(1+g_s) \qquad (4)$$

式（4）中，i_t 为 t 年个人账户记账利率，$v_t^{i,j}$ 为 t 年第 i、j 类参保职工的个人账户养老金计发月数。

养老保险基金当期结余是当年基金收入与支出之差，基金累计结余是上一年基金累计结余本金及投资收益之和加上当期结余。基金当期结余 E_t 和累计结余 F_t 表示为：

$$E_t = I_t - (O_{t,A} + O_{t,B} + O_{t,C}) \qquad (5)$$

第五章　基本养老保险降费率政策的可持续性评估

$$F_t = F_{t-1} \times (1 + r_t) + E_t \qquad (6)$$

其中，r_t 为 t 年基金投资收益率，累计结余为正时 r_t 是实际投资收益率，累计结余为负时 $r_t = 0$。通过考察基金累计结余的正负来判别养老保险降费率政策的可持续性，若 $F_{t-1} > 0$ 且 $F_t < 0$，表明养老保险降费率政策可以持续到 $(t-1)$ 年，政策持续时间为 $(t-2018)$ 年。

(二) 养老保险精算平衡费率模型

虽然城镇职工基本养老保险制度实行"统账结合"模式，但由于个人账户"空账"规模持续攀升，形式上的"统账结合"模式变成了事实上的现收现付制度。在制度实际运行中，个人账户仅用于记录缴费情况和明确未来权益，与统筹账户混合管理。在现收现付制下，政府通过预测基金年度支出规模来确定基金年度收入规模，再根据缴费人数和缴费基数确定年度缴费率。但缴费率不宜频繁调整，因为这样会使政府产生"菜单成本"，也会增加养老保险制度的不确定性。因此，城镇职工基本养老保险基金应尽可能在一段时期内保持纵向收支平衡，即一段时期内的基金收入累积值等于基金支出累积值，具体表达式为：

$$\sum_{t=t_0}^{t_T} [I_t \times \prod_{s=t}^{t_T} (1+r_s)] + F_{t_0-1} \times \prod_{t=t_0}^{t_T}(1+r_t) = \sum_{t=t_0}^{t_T}[O_t \times \prod_{s=t}^{t_T}(1+r_s)] \qquad (7)$$

其中，t_T 为精算分析终止年份。将式（1）至式（4）代入式（7），可以求出测算期内维持基金收支平衡所需的精算平衡费率，进而判别缴费率是否存在下降空间及其下降幅度。测算期内的精算平衡费率 $\hat{\theta}$ 为：

$$\hat{\theta} = \frac{\sum_{t=t_0}^{t_T}[O_t \times \prod_{s=t}^{t_T}(1+r_s)] - F_{t_0-1} \times \prod_{t=t_0}^{t_T}(1+r_t)}{\sum_{t=t_0}^{t_T} \{ \sum_{i=1}^{4} \sum_{j=1}^{3} \sum_{x=a^j}^{b^j-1} N_{t,x}^{i,j} \times [w_{t_0-1} \times \prod_{s=t_0}^{t}(1+k_s)] \times \rho_t \times (\theta+\sigma) \}} - \sigma \qquad (8)$$

若 $\hat{\theta} \geq \theta$，则缴费率不存在下降空间；若 $\hat{\theta} < \theta$，则缴费率存在下降空间，此时缴费率下降幅度为 $\theta - \hat{\theta}$。

121

（三）参数取值

1. 人口参数

借鉴景鹏等（2017）的思路，本章预测城镇职工基本养老保险参保人数分为三步：第一，以第六次全国人口普查和2015年1%人口抽样调查为基础人口资料，将全国人口按年龄、性别和城乡分成不同队列，通过估计总和生育率和出生性别比预测城乡人口出生情况，通过估计预期寿命和死亡模式预测城乡人口死亡情况，通过估计农村人口向城镇迁移规模预测人口迁移情况，从而得到未来各年分年龄和性别的城镇人数；第二，根据2015年1%人口抽样调查就业率数据，并假设女干部占女性职工的比重为20%，计算未来各年分年龄、性别和身份的城镇就业人数；第三，假设参保缴费职工年龄结构与城镇就业人口一致、参保退休职工年龄结构与城镇老年人口一致，推算未来各年分年龄、性别和身份的参保人数。

关于总和生育率，第六次全国人口普查公布为1.18，其中城镇和农村分别为0.98和1.44。考虑到人口普查时存在瞒报漏报现象，已有文献采用多种方法对总和生育率进行了校正，普遍认为在1.4~1.5（崔红艳等，2013；陈卫等，2014）。本章取总和生育率为1.45，则城镇和农村的总和生育率校正值为1.205和1.771。已实施的全面二孩政策对总和生育率影响较大，中国妇联和北京师范大学开展的调查显示，一孩家庭中有生育二孩意愿的占20.5%。结合"4-2-1"家庭微观仿真模型，计算得到未来城镇总和生育率为0.795×1.205+0.205×2=1.368，农村总和生育率为0.795×1.771+0.205×2=1.818。假设出生性别比每年下降0.3直至107，各年人口预期寿命来自《世界人口展望2019》，死亡模式采用远东生命表。农村人口向城镇迁移规模在2020年之前每年1000万人，之后每10年下降200万人，直至每年迁移规模为100万人。

图5-1描述了2019~2070年参保职工人数演变趋势。老人、老中人和新中人数量逐年减少，老人和老中人分别于2048年和2056年降至0，新人数量逐年增加，它们各自的变化使得参保职工总数呈现先上升后下降的倒U形结构，拐点是2052年。

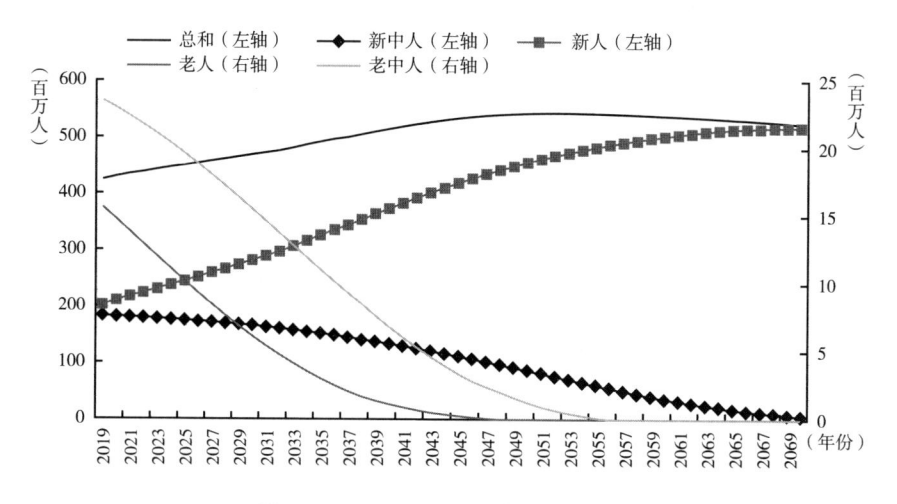

图 5-1　2019~2070 年参保职工人数

2. 缴费率、法定缴费基数和征缴率

目前城镇职工基本养老保险企业缴费率和个人缴费率分别为 16% 和 8%，法定缴费基数为上年度职工平均工资。缴费基数不实一直是制约养老保险制度可持续发展的突出问题，《中国社会保险发展年度报告 2016》显示，近年来实际缴费基数占法定缴费基数的比重在 65% 左右，据此假设征缴率为 65%。根据《中国统计年鉴》，法定缴费基数增长率约等于经济增长率。考虑到经济新常态下经济增速趋于放缓，参考景鹏等（2017）、曾益等（2018）的设定，假设 2020 年及以前法定缴费基数增长率为 6.5%，此后每 5 年下降 0.5 个百分点，达到 2% 后保持不变。

3. 参保年龄和退休年龄

基于目前的就业特征和人口普查及抽样调查结果，假设职工参加工作的起始年龄为 22 岁，最大存活年龄为 100 岁。根据现行退休年龄政策，男职工、女干部、女职工的法定退休年龄分别为 60 岁、55 岁和 50 岁。

4. 养老金计发比例

根据养老保险制度规定，老人和老中人的基础养老金计发比例分别为 70% 和 20%，新中人和新人的基础养老金计发比例与其缴费年限挂钩，缴费每满 1 年计发 1%，则现行退休年龄政策下的计发比例为男职工 38%、女干部33%、女职工28%。相应地,男职工、女干部和女职工的个人账户计发月数分别为139、170和195个月。老中人和新中人的过渡性养老金计发比例为1%~1.4%,本章取1.2%。

5. 养老金增长率

《社会保险法》要求根据工资增长率和通货膨胀率等指标调整养老金。据此,假设养老金增长率 $g = \pi + \alpha\lambda$,其中 π 表示通货膨胀率,λ 表示工资增长率(经济增长率),α 表示经济分享系数。基于中国养老金调整实践并结合工资增长率设定,取通货膨胀率为2%,经济分享系数为0.5。

6. 基金投资收益率和个人账户记账利率

2016年之前,城镇职工基本养老保险基金结余额几乎全部用于购买国债和存入银行专户,年均收益率不足2%。自2017年起,养老保险基金步入市场化投资运营阶段,但目前投资规模还较小,约为基金累计结余的1/4,于是本章谨慎假设基金年均投资收益率为3%。《统一和规范职工养老保险个人账户记账利率办法》提出,个人账户记账利率应主要考虑工资增长和基金平衡状况等因素确定,且不得低于银行一年定期存款利率。近几年我国养老保险个人账户记账利率一直较高,2016~2019年分别为8.31%、7.12%、8.29%和7.61%,明显高于实际投资收益率,表明偏高的记账利率难以持续。为此,本章假设个人账户记账利率为5%。

三 模拟结果及分析

基于精算模型和参数取值,本部分测算多种制度情形下城镇职工基本养老保险基金财务状况,并根据基金累计结余和精算平衡费率,判断养老保险降费率政策持续时间以及缴费率是否存在进一步下降空间。

(一)基准情形:无其他政策干预

首先在无其他政策干预的基准情形下,分析缴费率为16%时城镇职工基本养老保险基金收支结余规模,将其作为后续制度优化分析的参照。

第五章 基本养老保险降费率政策的可持续性评估

表 5-2 基准情形下的基金财务状况

单位：亿元

年份	基金收入	基金支出 总计	基础养老金	过渡性养老金	个人账户养老金	当期结余	累计结余
2019	37232.19	43670.64	25598.03	15516.52	2556.10	-6438.46	45989.57
2020	39726.56	47733.77	28049.58	16711.90	2972.30	-8007.21	39362.05
2021	42148.21	51614.74	30423.15	17790.99	3400.60	-9466.53	31076.38
2022	44355.91	56373.45	33360.35	19040.13	3972.97	-12017.54	19991.13
2023	46626.64	62128.17	36952.49	20453.98	4721.70	-15501.53	5089.34
2024	49125.52	67711.99	40487.38	21733.44	5491.17	-18586.47	-13344.45
2025	51696.52	73539.27	44195.23	22984.48	6359.57	-21842.75	-35187.21
2030	66047.54	107075.34	66529.91	28213.58	12331.86	-41027.80	-198452.06
2035	84396.63	148218.26	95511.68	30869.32	21837.26	-63821.62	-473612.03
2040	105667.77	198266.41	132131.48	30136.94	35997.98	-92598.64	-876110.48
2045	130484.46	255740.03	174181.47	26698.52	54860.04	-125255.56	-1430222.91
2050	153406.06	325951.23	223973.67	21176.12	80801.44	-172545.17	-2190864.62
2055	176598.24	390621.49	270614.87	14533.27	105473.35	-214023.25	-3172252.03
2060	199386.66	449877.02	312682.89	8507.79	128686.35	-250490.37	-4348345.34
2065	216950.63	516024.69	355654.75	3896.22	156473.71	-299074.05	-5745555.17
2070	232848.22	597970.15	403472.62	1108.26	193389.28	-365121.93	-7434764.46

根据表 5-2，基准情形下城镇职工基本养老保险基金收入和支出规模逐年增加。基金收入从 2019 年的 37232.19 亿元增加到 2070 年的 232848.22 亿元，年均增长率为 3.67%；基金支出从 2019 年的 43670.64 亿元增加到 2070 年的 597970.15 亿元，年均增长率为 5.29%。从基金支出构成看，基础养老金和个人账户养老金呈逐年上升趋势，过渡性养老金呈先升后降的倒 U 形变化趋势，后者主要由老中人和新中人的退休数量变动造成。随着基金收入和支出的变化，自 2019 年起基金出现当期收不抵支现象，此后当期赤字规模持续扩大，2070 年达到 365121.93 亿元。截至 2018 年底，城镇职工基本养老保险基金累计结余 50901 亿元，结合基金投资收益率和当期结余可以得到未来各年累计结余额。如表 5-2 所示，基金累计结余在 2024 年消耗殆尽，2070 年累计赤字规模高达 7434764.46 亿元。可见，在无其他政策干预的基准情形下，养老保险降费率政策仅能持续 5 年，2024 年及之后基金将出现严重支付危机，这意味着现行制度环境下降费率政策是应急举措而非长期战略。

基于表 5-2 的预测结果，采用式（8）计算得出 2019~2070 年基金收支平衡下的精算平衡费率为 38.84%，远高于 16%，表明养老保险缴费率不存在下降空间。那么，如何在基金收支平衡前提下保证降费率政策成为长期战略呢？全面二孩政策已经实施但作用效果不明显，还需要通过推行社会保险费征收体制改革、实施延迟退休政策、引入外源性融资等措施来增强基金可持续性。基于此，下文将重点分析上述三个措施对养老保险基金财务状况的改善效应，探讨其对降费率政策持续时间的影响。

（二）优化情形1：推行社会保险费征收体制改革

社会保险费征收模式包括"税务部门全征"、"税务部门代征"和"社保部门全征"三种。"税务部门全征"模式是指税务部门核定缴费基数并征收社会保险费，"税务部门代征"模式是指社保部门核定缴费基数，税务部门征收社会保险费，"社保部门全征"是指社保部门核定缴费基数并征收社会保险费。截至2018年底，全国37个征收地区中，实行以上三种征收模式的数量依次为5、17和15个（王延中，2018）。社会保险费征收体制改革是指将缴费基数核定职能和社会保险费征收职能全都移交给税务部门，即所有地区都实行"税务部门全征"模式。

缴费基数不实是社会保险费征收管理中的突出问题。《中国企业社保白皮书2018》显示，完全按法定缴费基数缴纳社会保险费的企业仅占27%，按最低标准基数缴纳社会保险费的企业也只占31.7%。刘军强（2011）、王延中等（2018）研究证实了税务部门征收社会保险费有助于夯实缴费基数和提高征缴率。曾益等（2020）基于省级面板数据实证发现，税务部门全责征收城镇职工基本养老保险费可使征缴率提高20.3~25.2个百分点。Gillion（2000）指出东欧和中欧国家社会保险费征缴率为70%~80%，而这些国家大多实行"税务部门全征"模式。据此，假设社会保险费征收体制改革后养老保险征缴率可提高至75%和85%两个档次，将其作为优化情形1。

表5-3 优化情形1下的基金财务状况

情形	征缴率（%）	累计赤字年份	2070年累计赤字规模（亿元）	降费率政策持续时间（年）	精算平衡费率（%）
基准情形	65	2024~2070	7434764.46	5	38.84
优化情形1	75	2026~2070	7377932.35	7	35.09
	85	2029~2070	7316598.81	10	32.23

从表5-3可以看出，随着征缴率的提高，基金出现累计赤字的年份向后推迟，养老保险降费率政策持续时间略有延长。征缴率为75%时，累计赤字于2026年出现，降费率政策能维持7年；征缴率为85%时，累计赤字于2029年出现，降费率政策可维持10年。与基准情形相比，推行社会保险费征收体制改革后，降费率政策持续时间仅能延长2~5年，作用效果十分有限。以2019~2070年基金收支平衡为目标，征缴率为75%和85%时的精算平衡费率分别为35.09%和32.23%，仍远高于16%，表明优化情形1下

养老保险缴费率不存在下降空间。从机制上分析，提高征缴率使得实际缴费基数和养老金计发基数都提高，基金收入和支出规模随之增加，其对基金财务运行状况的影响不确定。表5－3的结果显示，征缴率由65%提高到85%后，基金累计赤字规模仅降低了1.59%。由此可见，仅依靠社会保险费征收体制改革，无法实质性延长降费率政策的持续时间和化解规模庞大的累计赤字。

（三）优化情形2：实施延迟退休政策

现行职工法定退休年龄是20世纪50年代规定的，与经济社会发展需要越来越不适应。我国于2013年首次提出研究制定渐进式延迟退休政策，此后政府工作报告中多次强调即将实施延迟退休政策，但具体方案一直未公布。借鉴发达国家经验，本章设计了两种延迟退休方案，将其作为优化情形2。延迟退休方案1：分别于2022年、2032年、2042年延长女职工、女干部、男职工退休年龄，按每2年延长1岁的节奏，到2051年三者的退休年龄都达到65岁。延迟退休方案2：从2022年开始同步延长女职工、女干部、男职工退休年龄，按每2年延长1岁的节奏，三者的退休年龄分别于2051年、2041年和2031年达到65岁。需要说明的是，我们选取2022年作为延迟退休起始年份，是因为人社部曾表示延迟退休政策将于2022年实施。

表5－4 优化情形2下的基金财务状况

情形	退休年龄	累计赤字年份	2070年累计赤字规模(亿元)	降费率政策持续时间(年)	精算平衡费率(%)
基准情形	现行退休年龄	2024~2070	7434764.46	5	38.84
优化情形2	延迟退休方案1	2024~2070	3977912.75	5	26.12
	延迟退休方案2	2025~2070	3804074.13	6	24.56

观察表5－4发现，实施延迟退休政策后基金出现累计赤字的年份几乎没有改变，养老保险降费率政策持续时间最多只延长1年。这主要是因为本

章设计的延迟退休方案是从2022年开始，起初缴费人数增长速度不足以追赶人口老龄化增长速度，当期赤字缩小幅度有限导致基金出现累计赤字的年份变化不大。然而随着时间的推移，延迟退休政策效果逐渐显现，基金收支差距不断缩小，使得2070年累计赤字规模和精算平衡费率大幅下降。延迟退休使得缴费人数上升、待遇领取人数下降、缴费年限延长和待遇领取时间缩短，能够改善基金财务状况。但是，延迟退休并非只单向减少基金支出，比如在"长缴多得"的规定下，缴费年限延长意味着养老金替代率上升，会导致基金支出增加。结果显示，与基准情形相比，两种延迟退休方案下2070年基金累计赤字规模分别降低了46.50%和48.83%，测算期内的精算平衡费率分别下降了12.72个和14.28个百分点。因此，实施延迟退休政策能够显著改善基金财务状况，但其对提升降费率政策持续时间的作用微乎其微，并且缴费率不具备进一步下降的可能性。这提醒我们，仅实施延迟退休政策不能有效增强降费率政策的可持续性，还需要配合实施其他制度优化政策。

（四）优化情形3：引入外源性融资

《社会保险法》规定养老保险基金出现支付不足时政府财政予以补贴。这种隐性的"兜底"责任将财政与养老保险制度紧紧捆绑，既容易导致制度丧失自我财务平衡动力，又加剧了财政风险。对此，郑功成（2015）主张将财政补贴按基金支出的一定比例固定下来。根据《人力资源和社会保障事业发展统计公报》数据计算得到，2010~2017年财政补贴城镇职工基本养老保险基金规模占基金支出的比重为16.3%~21.0%，平均值为18.2%。由此，本章假设未来每年财政补贴占基金支出的比重为18.2%。

国有资本划转也是养老保险制度的重要筹资来源。《划转部分国有资本充实社保基金实施方案》要求将国有企业股权的10%划入承接主体，通过股权分红和运作收益弥补城镇职工基本养老保险基金缺口。根据《中国财政年鉴》，我们用国有企业所有者权益衡量国有资本，计算得到2017年和

2018年划入养老保险基金的国有资本股权分红分别为2515亿元和2935亿元，占当年城镇职工基本养老保险基金支出的6.61%和6.57%。由此，假设未来每年国有资本划转占基金支出的比重为6.6%。

表5-5 优化情形3下的基金财务状况

情形	外源性融资占比(%)	累计赤字年份	2070年累计赤字规模(亿元)	降费率政策持续时间(年)	精算平衡费率(%)
基准情形	0	2024~2070	7434764.46	5	38.84
优化情形3	24.8	2032~2070	3879342.53	13	27.11

如果城镇职工基本养老保险基金获得财政补贴和国有资本划转，当外源性融资占基金支出的比重达到24.8%（18.2%+6.6%）时，基金财务状况将如何变化，养老保险降费率政策可持续多久？从表5-5可以看出，在引入外源性融资的优化情形3下，基金首次出现累计赤字时间是2032年，降费率政策持续13年，2070年累计赤字规模为3879342.53亿元，测算期内的精算平衡费率为27.11%。与基准情形相比，降费率政策持续时间延长了8年，累计赤字规模降低了47.82%，精算平衡费率下降了11.73个百分点。引入外源性融资有助于改善基金财务状况和延长降费率政策持续时间，但不能为缴费率的进一步下降提供空间。

（五）优化情形4：组合优化

上述3种优化情形的分析表明，推行社会保险费征收体制改革、实施延迟退休年龄政策、引入外源性融资三项措施都能在一定程度上改善城镇职工基本养老保险基金财务状况，但基金首次出现累计赤字的年份没有明显改变。这意味着单独实施其中一项措施无法有效增强养老保险降费率政策的可持续性，更不能促进缴费率进一步下降。由于上述三项措施都是我国养老保险制度改革的重要举措，本章将其进行两两组合或一同纳入精算分析框架，从而形成优化情形4，预测结果如表5-6所示。

第五章 基本养老保险降费率政策的可持续性评估

表 5-6 优化情形 4 下的基金财务状况

外源性融资占比(%)	延迟退休	征缴率(%)	累计赤字年份	2070年累计赤字规模(亿元)	降费率政策持续时间(年)	精算平衡费率(%)
0	方案1	75	2027~2070	3501073.97	8	23.25
		85	2032~2070	3015963.28	13	21.05
	方案2	75	2039~2070	3287772.01	20	21.81
		85	2056~2070	2592603.62	37	19.70
24.8	无	75	2039~2070	3546959.96	20	24.31
	无	85	2046~2070	3174004.00	27	22.17
	方案1	65	2060~2070	855602.35	41	17.56
	方案2	65	2068~2070	242843.73	49	16.39
24.8	方案1	75	无	-418795.14	≥52	15.42
		85	无	-1811181.40	≥52	13.77
	方案2	75	无	-1226703.24	≥52	14.34
		85	无	-2701482.64	≥52	12.76

根据表 5-6,推行社会保险费征收体制改革、实施延迟退休年龄政策、引入外源性融资三项措施中的任意两项组合后,城镇职工基本养老保险基金财务状况有较大程度改善,养老保险降费率政策持续时间为 8~49 年,比基准情形延长了 3~44 年。比较 8 种两两组合的模拟结果发现,实施延迟退休方案 2 且引入外源性融资的政策效果最好,实施延迟退休方案 1 且征缴率提高至 75% 的政策效果最差。但是,8 种两两组合在 2070 年仍有一定规模的累计赤字,测算期内的精算平衡费率也都大于 16%,表明实施两项制度改革措施只能延长降费率政策持续时间,而无法完全解决制度偿付能力不足问题,不能为缴费率进一步下降创造空间。

如果同时实施三项措施,无论征缴率提高到哪个档次、采用哪种延迟退休方案,城镇职工基本养老保险基金在 2070 年及以前均不会出现累计赤字,测算期内的精算平衡费率为 12.76%~15.42%。也就是说,同时推行社会保险费征收体制改革、实施延迟退休政策和引入外源性融资后,养老保险降费率政策至少可以持续 52 年。若以 2019~2070 年基金收支平衡为目标,缴费率可进一步下降 0.58~3.24 个百分点,从而更好地减轻企业负担。因此,树立以提高财务可持续性为核心的养老保险制度改革理念，实施一揽子制度改革措施，是确保养老保险降费率政策成为长期战略的先决条件。

四 敏感性分析

本部分对基金投资收益率和养老金增长率进行敏感性分析，一则检验研究结论的稳健性，二则为优化城镇职工基本养老保险制度提供改革方向。养老保险降费率政策持续时间的敏感性分析结果如表5-7所示。

表5-7 养老保险降费率政策持续时间的敏感性分析结果

模拟情形		基金投资收益率敏感性分析		养老金增长率敏感性分析	
		累计赤字年份	降费率政策持续时间(年)	累计赤字年份	降费率政策持续时间(年)
基准情形		2024~2070	5	2025~2070	6
优化情形1	征缴率75%	2026~2070	7	2028~2070	9
	征缴率85%	2030~2070	11	2033~2070	14
优化情形2	延迟退休方案1	2024~2070	5	2025~2070	6
	延迟退休方案2	2025~2070	6	2039~2070	20
优化情形3	外源性融资占占24.8%	2033~2070	14	2039~2070	20
优化情形4	75%+方案1	2028~2070	9	2031~2070	12
	85%+方案1	2033~2070	14	2062~2070	43
	75%+方案2	2040~2070	21	2060~2070	41
	85%+方案2	2058~2070	39	2067~2070	48
	75%+24.8%	2040~2070	21	2049~2070	30
	85%+24.8%	2047~2070	28	2057~2070	38
	方案1+24.8%	2061~2070	42	—	≥52
	方案2+24.8%	—	≥52	—	≥52
	75%+方案1+24.8%		≥52		≥52
	85%+方案1+24.8%		≥52		≥52
	75%+方案2+24.8%		≥52		≥52
	85%+方案2+24.8%		≥52		≥52

注："75%+方案1+24.8%"表示征缴率为75%、延迟退休方案1和外源性融资占基金支出的比重为24.8%的优化情形。

第一，基金投资收益率变化对降费率政策持续时间的影响。保持其他参数取值不变，如果基金投资收益率比基准假设提高1个百分点，即从3%提高至4%，结论不发生显著改变。具体而言：①在无其他政策干预的基准情形下，降费率政策只持续5年；②如果只推行社会保险费征收体制改革，当征缴率从65%提高至75%～85%，降费率政策可持续7～11年；③如果只实施延迟退休政策，两种延迟退休方案下的降费率政策仅持续5～6年；④如果只引入外源性融资，降费率政策能持续14年；⑤三项措施中的任意两项进行组合后，降费率政策可持续9～52年；⑥同时实施三项措施后，基金在2070年及以前不会出现累计赤字，降费率政策至少持续52年。以上结果表明，提高基金投资收益率有助于延长降费率政策持续时间，但作用效果有限。这是因为基金投资收益率只影响基金累计结余，对基金收入和支出不产生影响，导致其对降费率政策持续时间的影响较小。

第二，养老金增长率变化对降费率政策持续时间的影响。保持其他参数取值不变，如果养老金增长率公式中的经济分享系数比基准假设低0.25，即从0.5减至0.25，结论仍不会发生显著改变。并且，各种情形下的降费率政策持续时间均有一定延长，表明降低养老金增长率能够延长降费率政策持续时间。这是因为降低养老金增长率减少了基金支出且不影响基金收入，能够增加当期结余或减少当期赤字，使得基金出现累计赤字的年份向后推迟，从而延长降费率政策持续时间。

本部分也对养老保险缴费率进一步下降的空间进行了敏感性分析，结果如表5-8所示。如果基金投资收益率比基准假设提高1个百分点，推行社会保险费征收体制改革、实施延迟退休政策并引入外源性融资，缴费率可在16%的基础上再降低1.02～3.88个百分点。如果养老金增长率公式中的经济分享系数比基准假设低0.25，同时实施以上三项措施，缴费率可再降低3.24～5.41个百分点。

敏感性分析表明本章结论是稳健的。提高基金投资收益率和降低养老金增长率有助于延长养老保险降费率政策的持续时间，同时实施社会保险费征收体制改革、延迟退休政策和引入外源性融资三项措施后可以促进缴费率进一步下降。

表 5-8 养老保险缴费率下降空间的敏感性分析结果

模拟情形		基金投资收益率敏感性分析		养老金增长率敏感性分析	
		精算平衡费率（%）	费率下降空间（百分点）	精算平衡费率（%）	费率下降空间（百分点）
基准情形		37.53	—	33.57	—
优化情形1	征缴率75%	33.78	—	30.32	—
	征缴率85%	30.90	—	27.83	—
优化情形2	延迟退休方案1	25.63	—	22.22	—
	延迟退休方案2	23.77	—	21.08	—
优化情形3	外源性融资占24.8%	26.10	—	23.16	—
优化情形4	75%+方案1	22.71	—	19.71	—
	85%+方案1	20.47	—	17.80	—
	75%+方案2	21.00	—	18.66	—
	85%+方案2	18.88	—	16.82	—
	75%+24.8%	23.29	—	20.72	—
	85%+24.8%	21.14	—	18.86	—
	方案1+24.8%	17.17	—	14.63	1.37
	方案2+24.8%	15.77	0.23	13.77	2.23
	75%+方案1+24.8%	14.98	1.02	12.76	3.24
	85%+方案1+24.8%	13.70	2.30	11.97	4.03
	75%+方案2+24.8%	13.32	2.68	11.33	4.67
	85%+方案2+24.8%	12.12	3.88	10.59	5.41

注：如果精算平衡费率大于或等于16%，则缴费率不存在下降空间；如果精算平衡费率小于16%，则缴费率下降空间为16%减去精算平衡费率。

五　完善基本养老保险可持续发展的政策建议

本章以基金长期收支平衡为约束条件，构建精算模型预测多种情形下养老保险降费率政策的持续时间，考察养老保险缴费率是否存在进一步下降空间及其极限下降幅度。第一，在无其他政策干预的基准情形下，城镇职工基本养老保险基金从2024年开始出现累计赤字，降费率政策仅持续5年。维持2019~2070年基金收支平衡的精算平衡费率为38.84%，远高于16%，意味着缴费率不存在下降空间。第二，在单一政策优化情形下，推行社会保险费征收体制改革、实施延迟退休政策或引入外源性融资，均能在一定程度上改善基金财务状况，降费率政策能持续5~13年，但缴费率不存在下降空间。第三，在组合政策优化情形下，三项措施中的任意两项组合后，降费率政策可持续8~49年，比基准情形延长了3~44年，但缴费率仍然不存在下降空间；如果同时实施三项措施，降费率政策至少可持续52年，缴费率可进一步下降0.58~3.24个百分点。第四，提高基金投资收益率和降低养老金增长率有助于延长降费率政策持续时间，配合其他措施将能为缴费率进一步下降创造更大空间。

上述结论表明现行制度环境下单一的养老保险降费率政策难以持续，而实施一揽子制度优化措施后，不仅能使城镇职工基本养老保险基金在较长时间内具备可持续运行能力，而且可以为养老保险缴费率进一步下降创造空间。基于此，为增强养老保险降费率政策的可持续性，确保其成为一项长期战略，我们提出如下政策建议。第一，稳步推进社会保险费征收体制改革。破除政府部门的利益壁垒，充分发挥税务部门的资源优势和信息优势，加大养老保险费征缴力度。例如，将信息管理系统应用于养老保险费征缴过程之中，实时跟踪监督企业缴费情况，对少缴、漏缴企业进行严厉处罚。第二，尽快实施延迟退休政策。延迟退休宜采取小步渐进方式，根据不同性别、不同职业劳动者的预期寿命延长程度适当提高其退休年龄，同时在政策实施前预留一定的缓冲期。第三，拓宽养老保险制度筹资渠道。一方面，明确财政在养老保险制度中的具体责任，按基金支出的一定比例确定补贴规模并始终保持稳定状态；另一方面，稳步推动国有资本划转养老保险基金进程，体现国有资本全民共享的发展宗旨。第四，提升养老保险基金市场化投资运营能力，适当放宽投资品种和投资比例限定；建立科学合理的养老金动态调整机制，在弥补通胀基础上适当分享经济发展成果。

第六章 多层次养老保险协同发展的机制创新及配套政策研究*

一 问题提出及文献回顾

养老保险多层次改革是全面建成多层次社会保障体系的重要内容，不仅关系到养老保险基金充足、可持续和助力经济发展等制度目标的实现，更关系到积极老龄化战略的有效推进和政府公共治理能力的提升。20世纪90年代初我国确立三层次养老保险体系，养老保险改革取得令人瞩目的成就，尤其是近年来政府在基本养老保险扩面中做出卓越贡献，被国际社会保障协会授予"社会保障杰出成就奖"。然而，与之形成鲜明对比的是我国多层次养老保险体系中企业年金较小的覆盖面和激活补充养老保险市场的艰难。数据显示，2017年底我国建立年金的企业为8.04万个，仅占全国企业法人单位数的0.55%，积累基金1.29万亿元，占GDP的比重仅为1.56%[①]；同时，商业养老保险当年保费收入为0.43万亿元，保险密度和深度分别为308.71元/人和0.52%[②]。

---

* 本章内容为成欢、林义阶段性成果：《多层次养老保险协同发展的联动机制及配套政策研究》，《经济理论与经济管理》2019年第9期。
① 数据来源于《2017年度全国企业年金基金业务数据摘要》《2017年国民经济和社会发展统计公报》，建立年金企业占比基于国家统计局数据库"2016年全国企业法人单位数（1461.84万个）"计算。
② 根据行业历年业务数据规律，设定约占寿险资产80%的分红型养老保险为理财产品，约20%的年金保险和生存保险为传统养老保险资产。2017年寿险保费收入21455.57亿元，据此计算。

可见，补充养老保险的推进状况并不乐观，多层次养老保险协同发展任重道远。2017年12月，人社部、财政部联合印发《企业年金办法》，助力多层次养老保险制度体系建设；2018年5月，个人延税型养老保险局地试点落地。

养老保险改革的多层次目标已是学界共识。国外学者对多层次养老保险的系统性研究始于20世纪70年代世界性经济危机后各国对养老保险结构性改革的重视。世界银行总结不同实践形态后提出的"三支柱"模式[①]和完善后的"五支柱"体系[②]是历来学界引用较多的养老保险多层次内涵。面对养老保险制度的模式争议和人口老龄化的严峻挑战，名义账户制（Nonfinancial Defined Contribution，NDC）为养老保险多层次体系的搭建和制度的可持续发展提供了重要的技术支撑和模式选择（威廉姆森等，2004；Holzmann et al.，2006）。国内学者20世纪90年代开始对多层次体系进行专门介绍和借鉴研究（侯文若，1992；林义，1992）。近年来，随着社会保障顶层设计思路的明确，我国多层次体系的现状评估、战略定位、制度创新和改革优化相关研究日渐深入（董克用等，2011；林义，2017；郑功成，2019）。学者们普遍认为我国养老保险多层次目标虽明确但实践效果欠佳，法定保险独大而补充保险发展严重滞后，亟须发挥企业年金和商业养老保险在多层次体系中的重要作用（郑秉文，2018，2019）。

围绕促进多层次养老保险协同发展这一难题，国外学者的研究主要集中于以下两大方面。

一是针对发展中国家尤其是制度转轨国家多层次改革的研究。学者们普遍认为，以缴费型计划为主的多层次体系对于发展中国家养老保险扩面存在很大局限，通过对中低收入国家长期的追踪研究发现，完善非缴费型养老金计划或保证最低收入的养老金计划，是中低收入国家多层次协同发展的重要前提和关键（James，1999；Willmore，2000；Holzmann et al.，2009）。就制

[①] 包含收入关联型养老金计划、雇主举办的养老金计划及个人自愿储蓄型计划。
[②] 在"三支柱"基础上增加了非缴费型养老金计划（零支柱）和精神慰藉等非经济保障计划（四支柱）。

度转轨国家而言，学者们发现对基金制计划的推崇并未实现改革预期，养老保险覆盖率反而呈负增长，也未能提供充足保障，多层次改革的重心应重归对现收现付养老金计划的优化（Queisser et al.，2000；Asher，2002；Takayama，2017）。

二是针对发达国家多层次改革的研究。通过实证研究和理论推演，学者们普遍认为延税型计划增加了人们的养老储蓄，税优政策是提升养老金计划参与率的重要工具。同时，也有学者认为单一的税优政策激励有限，采用现金直接补贴的匹配缴费方式（Matching Defined Contribution，MDC）效果更明显（Poterba et al.，1995；Corneo et al.，2009）。多数学者证实了现金直补的匹配缴费方式与个人参保选择具有较强的正相关性（Holzmann et al.，2009；Börsch-Supan et al.，2012）。一些国家养老金计划参与下的"自动准入机制"也促进了多层次体系的协同发展。

除了借鉴国际研究的最新进展，国内学者还结合我国实际，就多层次建设的短板问题进行了深入研究。企业年金发展缓慢及税优政策滞后是国内学者长时期集中研究的重点内容（邓大松等，2003；蒲晓红，2005；Sørensen et al.，2016）。

尽管国家先后于2009年和2013年对企业年金免税额做出统一规定，但市场增长仍然疲软，2015年和2016年建立年金的企业数量增速甚至低达2.99%和1.12%[①]。在此背景下，有学者意识到激励企业建立年金计划的措施应多元化，发达国家盛行的自动加入机制、个人投资选择权和生命周期基金等设计的引入也是促进年金市场发展必不可少的条件（王增文，2012；郑秉文，2014）。同时，补充养老保险设计本土化的考虑再次被重提，针对我国企业小微化、职业自由化的趋势，有研究认为可跨过企业层面，由国家直接给予个人现金补贴，这将提升补充养老保险的参保率（林义，2017）。

---

① 根据《全国企业年金基金业务数据摘要（2012~2017）》和《全国社会保险情况（2007~2017）》相关资料整理计算。

除此之外，也有学者着眼于基本养老保险降费率、个人账户养老基金投资收益率提升、非正规就业群体参保激励等多方面探讨如何解决多层次协同发展难题。封进（2013）测度了基本养老保险名义费率的下降对缴费率提升及企业年金扩面的正效应；杨俊（2017）优化了老龄化背景下"统账模式"的费率平衡机制；赵耀辉等（2001）较早证实了个人账户的独立性、投资方向、范围、收益率对多层次联动的积极影响；穆怀中等（2016）建立了灵活人员参保激励机制并基于有限责任构建了养老保险财政支出的适度水平模型。

既有研究对解决多层次协同发展的短板问题提供了重要的理论指引和实践价值。然而，在解决养老保险多层次联动的难题时，现有研究多从补充养老保险单一层次的机制设计和制度优化着手，通过完善个人延税型养老保险和企业年金等产品要素来扩大市场参与范围，缺乏对多层次联动的关注，对各层次养老保险互动的制度壁垒研究不足。现有文献考虑的多是基本养老保险对第二、第三层次补充养老保险发展空间的挤占，较少将基本养老保险的真实费率和替代率作为研究前提。鉴于此，笔者以当前多层次养老保险联动的制度壁垒和不同养老保险制度间的挤出效应为基础，尝试打通不同层次养老保险转换衔接的制度通道，论证多层次联动的可行性及其配套措施，探索新形势下养老保险多层次改革的新思路。

二　多层次养老保险协同发展的制度壁垒

除了经济发展、经济结构调整、社会转型等重要约束条件之外，制度文化无疑是制约和影响各国养老保险模式选择、制度变迁与制度调整的关键内嵌性约束条件。不同于欧美发达国家，制度文化因素在深层次制约了我国多层次养老保险的健康发展（林义，2012）。长期以来，中国人家庭观念的影响深远，家庭金融资产配置重视家庭储蓄和房屋购置，近年来投资性资产配置也占有较大比重，而对保险资产尤其是养老保险资产的配置相当不足。制度文化的深层约束也不同程度地限制了人们对第二、第三层次养老保险的购买需求。抛开文化因素的深层次影响，从国际经验看，发达国家补充养老保险市场的繁荣除了完善的制度设计，不同养老储蓄计划间的基金滚存安排和转换衔接通道也高度适应了经济活动人口不同生命周期收入水平的波动和就业环境变化，如美国401K计划[①]与个人退休储蓄账户（Individual Retirement Account，IRA）之间的转换衔接。这一灵活的制度设计在一定程度上降低了各养老保险间的挤出效应，对提高制度参与率有积极影响。与发达国家灵活的多层次联动设计不同，我国三层次养老保险体系并未充分考虑各层次间的转换衔接，反而在长期发展中形成了竞争、排他的制度格局，挤出效应明显。

（一）基本养老保险与补充养老保险间的制度壁垒

在基本养老保险"统账结合"模式下，个人账户设计及基金积累特征使其具备与补充养老保险转换衔接的制度基础。然而，梳理基本养老保险个人账户基金安排及缴费中止等相关规定发现，其转换衔接仅适用于第一层次碎片化的养老保险制度间，是横向的衔接，并无多层次体系下个人账户资金纵向转续的政策规定。

一方面，第一层次个人账户基金与第二、第三层次间缺乏转续通道。现有政策对基本养老保险个人账户基金的处理方式单一，个人选择权受限，不利于个人账户资金盘活。例如，规定"到达退休年龄但缴费年限累计不满15年的人员，不发给基础养老金；个人账户储存额一次性支付给本人，终止基本养老保险关系"[②]，这导致大多数非正规就业者一旦缴费不足，将面临基本保障缺失的风险，个人账户基金也将闲置缩水。这也是2005~2008年珠三角地区农民工持续大规模退保现象的重要原因之一。

另一方面，第二、第三层次养老保险门槛过高不利于争取第一层次覆盖人群补充参保。《企业年金办法》要求"自愿建立企业年金必须以企业及其

---

① 401K计划指美国1978年《国内税收法》第401条K项的规定。该条款适用于私人公司，为雇主和雇员的养老金存款提供税收方面的优惠。
② 《国务院关于完善企业职工基本养老保险制度的决定》（国发〔2005〕38号）。

职工依法参加基本养老保险为基础"。这一规定未充分考虑我国劳动力市场的就业结构、职业属性及劳动者的预算约束，限制了企业年金扩面可争取的人群基础。2017年末数据显示，我国城镇职工基本养老保险覆盖人口为40199万，企业年金职工数仅为2331万，不足第一层次覆盖面的6%[①]。在广覆盖的基本养老保险参保人群中，依据企业年金建立的严苛条件，未来潜在的年金覆盖人群仅限于企业职工，而灵活就业人员等其他类别的经济活动人口则被排除在外，不利于社会公平，更无法适应新形势下多元化的就业形态。

（二）补充养老保险内部的制度壁垒

我国补充养老保险内部出现明显的分界以《国务院关于印发完善城镇社会保障体系试点方案的通知》（国发〔2000〕42号）中企业年金的首次更名为标志，随着制度模式、运营管理模式和税优政策的逐步分化，补充养老保险制度格局有了较大调整。其后，制度扩面的具体实践转移到对企业年金的重点扶持，商业养老保险因无法享受与企业年金类似的政策优待，市场萎缩明显，如表6-1所示。

在制度模式上，企业（职业）年金和商业团体（个人）养老保险间并无对接通道和转续安排。自2004年改革以来，原商业保险公司经营的企业补充养老保险一分为二，一是以基金积累、信托模式运营的企业年金，二是以保险合同模式运营的团体养老保险。企业年金计划和团体养老保险分属多层次养老保险体系中的第二和第三层次，二者独立运行，制约了企业年金供给模式的多样化。

在激励机制上，补充养老保险内部有偏的税优安排凸显了多层次联动的制度障碍。作为企业养老安排的同质化产品，商业养老保险较企业（职业）年金存在明显劣势。2006年"国十条"颁布以来一直处于政策议程的个人延税型养老保险仅曾在滨海新区和上海自贸区局地试点，即便是2018年5

[①] 《2017年国民经济和社会发展统计公报》《2017年度全国企业年金基金业务数据摘要》。

第六章 多层次养老保险协同发展的机制创新及配套政策研究

表6-1 补充养老保险内部的政策投入分化

	企业年金优势政策的排他性			商业养老保险发展的政策局限		
	文号	文件	内容	文号	文件	内容
制度模式	2004年劳社部令第20号	企业年金试行办法	确立单一信托模式；确立税优思路	保监发〔2004〕152号	关于加快发展养老保险的若干指导意见	明确团体养老安排；企业养老保险公司为主体的补充养老保险业务空间一分为四
	2004年劳社部、银监会、证监会、保监会令第23号	企业年金基金管理试行办法	确立单一基金积累模式	保监发〔2005〕62号	关于规范团体保险经营行为有关问题的通知	以保险合同形式为不少于5人的团体成员提供保障（2015年更新为不少于3人）
	财税〔2009〕27号	关于补充养老保险费、补充医疗保险费有关企业所得税政策问题的通知	首次在全国范围确定企业缴纳补充养老保险在职工工资总额5%内免税	国发〔2006〕23号	关于保险业改革发展的若干意见	结合税制改革，完善促进养老保险业发展的税收政策
				保监发〔2008〕28号	关于在天津滨海新区试点补充养老保险的通知	险种：个人和团体补充养老险；形式：个人账户；税优：企业8%、个人30%
税优设计	财税〔2013〕103号	关于企业年金、职业年金个人所得税有关问题的通知	计入个人账户的单位缴费部分免税；个人缴费4%免税	国发〔2009〕19号	关于推进上海加快发展现代服务业和先进制造业建设国际金融中心和国际航运中心的意见	适时在上海开展个人税收递延型养老保险产品试点
				国发〔2014〕29号	加快发展现代保险服务业的若干意见	加快研究完善保险服务发展的税收政策，适时开展个人税收递延型商业养老保险试点
	2018年人社部令第36号	企业年金办法	降低门槛；调整缴费上限；待遇领取政策方式等	财税〔2018〕22号	关于开展个人税收递延型商业养老保险试点的通知	上海市、福建省（含厦门市）和苏州工业园区实施个人税收递延型商业养老保险试点

资料来源：根据相关政策文件整理绘制。

月国家层面新的试点办法落地,产品全面开售仍待时日。同时,商业团体养老保险的税优安排也无明确的政策提议;市场细分上,享有税收优惠的集合年金计划也对商业团体保险服务小微企业和私营业主的市场份额形成冲击。

随着商业保险公司参与补充养老保险角色的转变和商业养老保险产品的分层,团体寿险的经营业绩剧烈波动,这也集中体现了我国补充养老保险内部的明显分化,如图6-1所示。

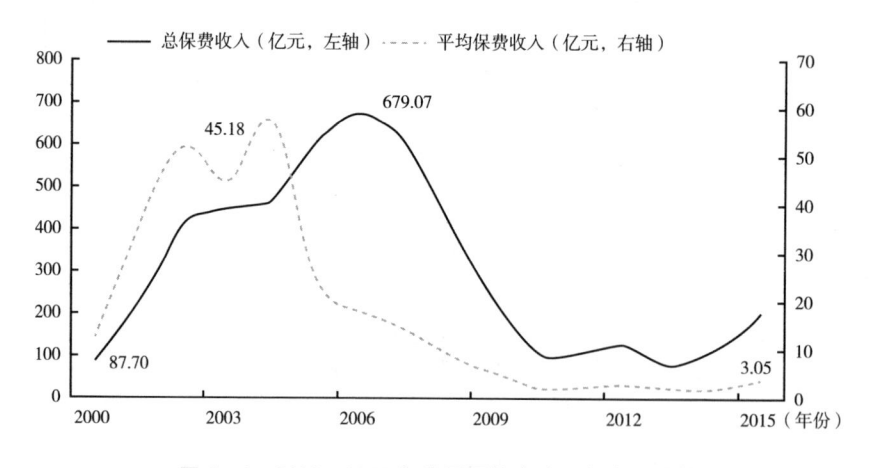

图6-1 2000~2015年我国团体寿险业务发展趋势

资料来源:依据《中国保险年鉴(2001~2016)》及中国保监会网站相关资料整理。

2004年以前,企业年金作为企业补充养老保险一直由保险公司运营或部分委托其他机构管理,该业务是保险公司团体寿险的主要部分,占比达60%~70%。年金运营的信托模式确立后,保险公司管理的原企业补充养老保险基金和企业兴办的其他团体养老保险计划均转为企业年金,受此影响,商业保险公司的团体寿险业务大幅下滑。我国团体寿险业务在2004年前后出现拐点,由平均值反映的下降趋势更为明显,与政策走向吻合。此后,尽管经营团体寿险业务的保险公司逐渐增加,但保费收入增幅放缓,2008年甚至出现了2000年以来的首次负增长。企业年金对团体养老险的挤出效应严重,团险市场长期低迷,前景堪忧。由于市场规模和利润有限,多数寿险公司的团体保险部也合并至专门经营年金的养老保险公司。

三 拓展多层次养老保险协同发展的制度空间

养老保险的多层次设计旨在通过多种经济保障方式的有机结合解决日趋复杂的老年保障问题，其本质是合理界定政府与市场的责任及其边界。然而，较之世界银行"五支柱"[①]的养老保障体系，我国三层次的养老保险制度设计呈现层次错位，制度挤出效应明显。如图6-2所示，在制度模式和账户设计上，第一层次基本养老保险兼容了强制性基金计划的特征，对第二层次企业（职业）年金的发展空间有所挤占。同时，因单一信托模式和税优政策的排他性制度设计，企业年金自制度运行之初便从第二层次中挤出了当时呈现良好发展势头的商业人寿保险的团险业务。第三层次补充养老保险以个人自愿储蓄计划为主，重在推进个人延税型养老保险的落地。十多年的发展历程表明，作为大量中小企业企业年金重要制度载体的商业寿险的团体保险事实上游走在三层次养老保险体系以外的空间，定位模糊，政策支持明显不足而导致业务严重萎缩。

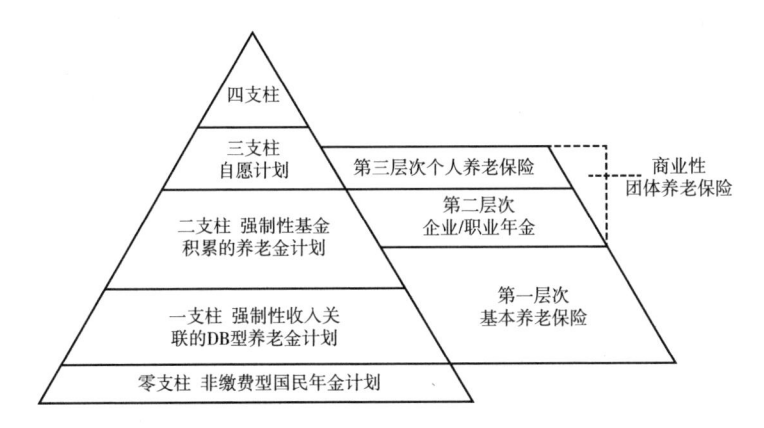

图6-2 养老保险"五支柱"理论体系与我国三层次养老保险架构

资料来源：根据《关于企业职工养老保险制度改革的决定》等相关内容绘制。

---

① 由世界银行于2005年总结并向成员国推广，养老保险"五支柱"模式在学界引用较多。

为此，量化多层次协同发展的制度空间成为推进养老保险多层次改革的重要内容。基于行为经济学理论，笔者以一定预算约束下参保主体对多个养老保险缴费存在的挤出效应为假设，以多层次体系的结构优化为目标，通过对基本养老保险真实费率和替代率的测度，量化补充养老保险扩面的费率空间和替代率空间。

（一）多层次养老保险协同发展的费率空间

长期以来，我国城镇企业职工基本养老保险维持在28%的高费率水平（单位20%，个人8%）。尽管2017年单位缴费阶段性下调1个百分点，但基本保险过重的缴费负担仍是制约补充养老保险扩面、影响多层次协同发展的重要因素之一。目前从基金稽核看，社会保险缴费基数不实，低缴、瞒报现象普遍，名义费率和实际费率差距较大。鉴于此，笔者针对全国31个省（区、市）的情况，以当期城镇企业职工基本养老保险基金征缴收入[①]和缴费职工数为依据，计算人均基金收入贡献值，并将其作为实际缴费基数的量化指标，与当期城镇单位在岗职工平均工资（名义缴费基数）相比，以此估计基本养老保险实际费率的水平及其与名义费率的差距。

为方便计算，做出如下界定：

W：城镇企业职工基本养老保险基金征缴收入；

N：缴费职工数；

S_1：城镇单位在岗职工平均工资；

S_2：实际平均缴费工资；

P_1：名义费率（28%）；

P_2：实际费率；

[①] 采用该指标主要考虑城镇职工基本养老保险基金收入由征缴收入、财政补助、利息及其他收入构成，包括企业职工和灵活就业人员缴费，若笼统采用基金总收入作为计算依据可能高估企业职工实际人均缴费水平，如2015年上海企业职工基金征缴收入占总收入的比重可达95%，而黑龙江仅为62%。

t：实际缴费基数与名义缴费基数之比。

（1）根据 $W = N \times S_2 \times P_1$ 分解基金征缴收入，估计当期基金收入水平下的实际缴费基数；

（2）假设正常状态下在岗职工以其平均工资的100%缴费，则实际缴费基数与名义缴费基数之比可表示为 $t = S_2 / S_1$；

（3）由于缴费基数不实，正常缴费状态下的名义费率真实值缩小，仅有 $P_2 = t\, P_1$ 的水平。

汇总全国及各地区相应的计算结果，实际缴费与名义缴费的对比情况如表6-2所示。

计算结果显示，我国基本养老保险的实际费率远低于名义费率，多层次养老保险协同发展的费率空间相对充足。

我国城镇企业职工基本养老保险的实际缴费水平远低于在岗职工平均工资，实际缴费与名义缴费差距较大。从全国来看，2011年实际缴费基数与名义缴费基数之比为0.59，2015年降至0.54，接近养老保险政策规定的最低缴费下限[①]。若以在岗职工平均工资的100%为基数，2011年养老保险实际缴费率比名义缴费率约低12个百分点，仅为16%，2015年实际缴费率降至15%。

分地区看，全国20个省（区、市）的实际缴费基数与名义缴费基数之比为0.6~0.8，0.6以下的省市8个，0.8及以上的省区仅3个。劳动力流入广东、江苏、浙江、北京、上海等地，基金征缴收入水平较高，实际费率趋低，缴费基数不实情况明显。广东省2015年实际缴费基数与名义缴费基数之比为0.40，实际缴费率仅为11%，低于名义缴费率17个百分点。而西藏、内蒙古、甘肃等地劳动力流出少，国有性质企业占企业总数的比重大，但企业经济效益有限，实际缴费基数与名义缴费基数之比均超80%但不足100%，折算费率甘肃最高，为25%。

[①] 相关办法规定个人按实际工资缴纳社保（文中假设为当地平均工资100%），最高不超过平均工资的300%，最低不低于60%。

表6-2 城镇企业职工基本养老保险实缴费与名义缴费情况

年份/地区	城镇企业职工基本养老保险基金征缴收入（亿元）	缴费人数[a]（万人）	城镇单位在岗职工平均工资（元）	实际平均缴费（元）	实际缴费基数与名义缴费基数之比	实际缴费率（%）	年份/地区	城镇企业职工基本养老保险基金征缴收入（亿元）	缴费人数（万人）	城镇单位在岗职工平均工资（元）	实际平均缴费（元）	实际缴费与名义缴费基数之比	实际缴费率（%）
2011	13911	19970	42452	24879	0.59	16	广西	334	329	54983	36271	0.66	18
2013	18548	22565	52388	29357	0.56	16	河北	602	615	52409	34947	0.67	19
2015	23361	24587	63241	33934	0.54	15	安徽	554	504	56974	39284	0.69	19
广东	2176	2901	66296	26787	0.40	11	河南	644	726	45920	31670	0.69	19
福建	372	551	58719	24142	0.41	12	重庆	500	408	62091	43775	0.71	20
江苏	1820	1864	67200	34868	0.52	15	四川	1150	961	60520	42735	0.71	20
浙江	1649	1619	67707	36374	0.54	15	湖南	524	490	53889	38181	0.71	20
北京	1479	857	113073	61626	0.55	15	吉林	371	352	52927	37594	0.71	20
海南	84	91	58406	32892	0.56	16	新疆	289	232	60914	44413	0.73	20
江西	417	499	52137	29854	0.57	16	云南	284	252	55025	40313	0.73	21
上海	1651	916	109279	64368	0.59	16	辽宁	972	883	53458	39296	0.74	21
湖北	737	783	55237	33594	0.61	17	山西	434	379	52960	40875	0.77	22
宁夏	110	99	62482	39693	0.64	18	青海	75	56	61868	47927	0.77	22
贵州	241	215	62591	40070	0.64	18	黑龙江	578	513	51241	40219	0.78	22
天津	424	290	81486	52191	0.66	18	西藏	22	9	110980	89206	0.80	23
陕西	414	396	56896	37302	0.66	18	内蒙古	392	299	57870	46769	0.81	23
山东	1492	1394	58197	38215	0.66	18	甘肃	227	164	54454	49403	0.91	25

注：（1）分地区城镇职工在岗平均工资数据来源于《中国劳动统计年鉴》，该年鉴更新至2016年，各省（区、市）外，全国数据还包括新疆生产建设兵团，中国农业发展银行等独立统筹单元，不是地区数据的简单平均；（2）数据指示2015年；（3）指标a仅指企业缴费人数；因全国分类数据缺失，该指标2011年、2013年、2015年全国数据包括企业及灵活缴费占比低，故计算误差小。

资料来源：根据《中国劳动统计年鉴（2016）》和《中国养老金发展报告（2016）》相关数据统计整理。

（二）多层次养老保险协同发展的替代率调整空间

目前我国职工退休金来源以第一层次为主，基本养老金占比较大而综合替代率不足，养老金多层次结构尚未形成，保障水平有限。为多维度量化补充养老保险扩面的替代率空间，笔者分别考察了2015年全国城镇企业退休人员及31个省（区、市）当年初始退休人员的平均养老金水平以及替代率。

1.全国退休人员养老金平均水平及替代率

我国从2005年起已连续十几年对企业退休人员待遇做出政策性调整，但养老保险基金投资渠道受限，养老金待遇自动调整机制迟迟未建立，企业平均退休收入水平趋低。如表6-3所示，2015年全国企业退休人员月均养老金为2240元，职工月均缴费基数为3319元，在低缴、漏缴的制度环境下，制度内替代率仍可达0.675。然而，若以保障当前经济生活为目标，使个人退休后的养老金水平较工作时的工资收入不至于太低，则需要引入一般替代率作为量化标准。比较来看，2015年养老金一般替代率为0.412，历年来与制度内替代率的差距稳定在0.23~0.26。

表6-3 2009~2015年全国城镇企业退休人员平均养老金水平及替代率

年份	企业退休人员月人均养老金 绝对值（元）[a]	企业退休人员月人均养老金 增速（%）	企业养老保险月人均缴费基数（元）[b]	制度内替代率[c]	城镇单位在岗职工月平均工资 绝对值（元）	城镇单位在岗职工月平均工资 增速（%）	一般替代率[d]
2009	1225	—	1860	0.659	2844	—	0.431
2010	1362	11.18	2016	0.676	3197	12.39	0.426
2011	1511	10.94	2281	0.662	3624	13.36	0.417
2012	1686	11.58	2550	0.661	4030	11.21	0.418
2013	1856	10.08	2814	0.660	4388	8.89	0.423
2014	2050	10.45	3037	0.675	4775	8.81	0.429
2015	2240	9.27	3319	0.675	5441	13.96	0.412

注：（1）指标a、b、c历年数据为人力资源和社会保障部公布数据，制度内替代率=人均基本养老金/人均缴费基数，主要衡量养老保险制度内的收入替代水平及基金平衡情况；（2）指标d历年数据为作者计算，一般替代率=人均基本养老金/人均工资水平，主要衡量退休人员退休前后的收入替代及经济保障水平；（3）未具体区分"制度内替代率"和"一般替代率"时正文中出现的"替代率"，其意义均指示后者。

资料来源：《中国社会保险发展年度报告（2015）》和《中国统计年鉴（2016）》。

2. 各地当年初始退休人员养老金水平及替代率

对各地的考察，主要以 2015 年城镇企业初始退休人员的职业特征和生命历程为基础，假设该人群 20 岁参加工作（1980 年），55 岁退休①，根据相关办法，退休金（W）由基础养老金（W_1）、个人账户养老金（W_2）和过渡性养老金（W_3）组成，记作 $W = W_1 + W_2 + W_3$。S_Y 为在岗职工月平均工资，S_z 为本人指数化月平均缴费工资，α 为职工平均缴费工资指数，假设以缴费工资下限参保，则 α 固定在 0.6 的水平，N 为缴费年限（含视同缴费年限 n），则有：

$$W_1 = 1/2(S_{Y-1} + S_z)N \times 0.01 \quad S_z = \alpha S_{Y-1}$$

$$W_2 = \sum_{1980}^{2014} 0.08 S_y / 170 (参照 55 岁退休的计发月数)$$

$$W_3 = 0.012 \times \alpha n\, S_{Y-1}$$

汇总各地相关数据的计算结果，2015 年初始退休人员养老金及替代率如表 6-4 所示。

计算结果显示，我国城镇职工养老金替代率结构单一，总体替代率水平较低，多层次养老保险协同发展尚存在较大的替代率空间。

（1）不考虑养老金待遇的政策性调整，在低缴、漏缴及提前退休普遍的社会状态下，以职工实际缴费基数占社会平均工资的 60% 为参照，2015 年全国初始退休人员月均养老金替代率接近 0.4。

（2）具体而言，2015 年初始退休人员养老金绝对水平东部地区最高，其次为西部、中部和东北地区。北京市 2015 年初始退休人员月均养老金可达 3344 元，其次为天津、西藏、上海、浙江、江苏，均高于 2000 元。而当年全国城镇企业全部退休人员月均养老金为 2240 元。从相对水平看，全国各省（区、市）2015 年初始退休人员月均养老金替代率为 0.38~0.4，最高为西藏，达 0.395，其次是上海、广东、浙江，均在 0.392 及以上。

---

① 退休年龄设定 55 岁是考虑到这一阶段离退休人员的平均退休时间和存在的提前退休现象。

表6-4 最低缴费水平下2015年各地城镇企业初始退休
人员平均养老金及替代率

单位：元

省（区、市）	城镇单位在岗职工月平均工资	月平均养老金[a]	替代率	省（区、市）	城镇单位在岗职工月平均工资	月平均养老金[a]	替代率
北　京	8617	3344	0.388	黑龙江	3670	1403	0.382
天　津	6064	2362	0.390	吉　林	3876	1507	0.389
广　东	4986	1957	0.392	辽　宁	4093	1599	0.391
上　海	5451	2146	0.394	新　疆	4534	1758	0.388
江　苏	5149	2003	0.389	云　南	3983	1553	0.390
福　建	4520	1758	0.389	四　川	3808	1482	0.389
山　东	4319	1679	0.389	广　西	3904	1521	0.390
浙　江	5131	2009	0.392	重　庆	4738	1834	0.387
海　南	4216	1632	0.387	西　藏	5672	2243	0.395
河　北	3760	1467	0.390	贵　州	4557	1759	0.386
湖　南	4044	1566	0.387	青　海	4817	1878	0.390
河　南	3515	1373	0.391	宁　夏	4734	1842	0.389
江　西	3942	1527	0.387	甘　肃	4039	1570	0.389
湖　北	3601	1400	0.389	陕　西	4343	1686	0.388
安　徽	4241	1647	0.388	内蒙古	4538	1759	0.388
山　西	4165	1620	0.389	—	—	—	—

注：（1）受限于数据可获得性，部分省市"城镇单位在岗职工月平均工资"的跨期数据用"城镇单位就业人员月平均工资"代替；（2）因记账利率较低，体现为总退休金水平上的差距较小，计算时未考虑；（3）计算时未考虑与缴费年限相关的增发养老金。

资料来源：根据全国31个省（区、市）历年统计年鉴、《中国统计年鉴（2016）》、《中国劳动统计年鉴（2016）》相关数据计算整理。

四　多层次养老保险协同发展的转换衔接及政策配套

目前我国基本养老保险实际缴费率远低于名义缴费率，真实替代率严重不足。由于强制缴费，基本养老保险低缴、瞒报现象严重，劳动者对制度参与存在抵触情绪、对政府制定的保险制度信任不足，短期内通过传统思路扩大补充养老保险覆盖面、调整养老保险多层次结构任务艰巨。考虑到《基本养老保险基金投资管理办法》实施的政策利好，笔者以基本养老保险个人账户基金现值及其权益为纽带，尝试在基本养老保险已覆盖的人群基础上，打通第一层次与第二、第三层次各养老保险计划间的转换衔接通道，促进多层次养老保险协同发展。

（一）基本养老保险与补充养老保险间的转换衔接

第一层次基本养老保险与第二、第三层次补充保险间的转换衔接，主要是指因各种原因基本养老保险缴费过低或不足，其积累权益无法达到申领退休养老金的标准或替代率过低，则可依据一定原则转移或提取基本养老保险权益现值，寻找合适的个人（团体）养老保险或集合年金计划与之对接，优化多层次老年经济保障安排。

考虑到农民工群体的流动性特征及其在非正规就业中的代表性，笔者以该群体为例，在多层次养老保险制度间设定两种转续通道，并将其与现行政策进行对比分析。假设在频繁流动和短周期的就业状态下，农民工职业生涯养老保险缴费累计年限最长可达15年，大多数农民工累计缴费年限分布在15年内的任意期间，如表6-5所示，以现行政策和新设定的转续通道为基础，量化不同缴费年限下农民工基本养老保险权益及其转续。

方案一：多层次养老保险制度间的不可转续规定，即当期方案。根据现行政策，农民工参加城镇职工养老保险，累计缴费满15年，达到退休年龄即可领取养老金；若未满足领取条件，则可转移至城乡居民养老保险，个人账户基金全额转移；或将归集的个人账户积累额退给本人，解除养老保险关系。据此，参照"权益1"的计算结果，2008年参保的农民工至2022年累计有效的基本养老保险权益可在退休时领取每月1263元基础养老金及相应的个人账户养老金。若农民工在累计15年的缴费期任何一个时点停止缴费，到达退休年龄时一次性退给个人的账户累计现值参照"权益2"。

方案二：在多层次养老保险制度间建立部分转续通道，即根据基础养老金和个人账户养老金适度分离的原则，依据单位缴费对社会统筹基金的贡献，

表6-5 不同缴费年限下农民工不同规模累计下的基本养老保险权益

单位：元，%

年限	年份	城镇在岗职工月平均工资	增速	农民工月平均工资	增速	权益3 20%规模累计的年个人账户权益	权益2 8%规模累计的年个人账户	职工本人当年平均缴费工资指数	权益1 本人指数化月平均缴费工资	月基础养老金
—	2007	2078	—	1060	—	—	—	—	—	—
1	2008	2436	17.23	1340	26.42	3345	1338	0.64	1375	17
2	2009	2728	12.00	1417	5.75	7015	2806	0.58	1612	40
3	2010	3096	13.47	1690	19.27	11514	4606	0.62	1805	68
4	2011	3538	14.28	2049	21.24	17089	6836	0.66	2048	103
5	2012	3966	12.11	2290	11.76	23488	9395	0.65	2341	147
6	2013	4366	10.08	2609	13.93	30940	12376	0.66	2624	198
7	2014	4780	9.49	2864	9.77	39326	15730	0.66	2889	254
8	2015	5270	10.25	3072	7.26	48567	19427	0.64	3163	318
9	2016	5749	9.10	3275	6.61	59425	23770	0.68	3487	394
10	2017	6439	12.00	3805	13.82	71300	28520	0.66	3804	478
11	2018	7212	12.00	4331	13.82	84961	33985	0.67	4261	589
12	2019	8078	12.00	4929	13.82	100664	40265	0.68	4772	719
13	2020	9047	12.00	5611	13.82	118694	47478	0.69	5345	872
14	2021	10133	12.00	6386	13.82	139381	55753	0.71	5986	1052
15	2022	11348	12.00	7269	13.82	163099	65240	0.72	6705	1263

注：城镇在岗职工月平均工资2017年及以前的数据，农民工月平均工资2018年以后的数据为预测数。个人账户权益按4%的复利累计。职工本人当年平均缴费工资指数＝职工本人当年缴费工资/当年全省城镇在岗职工工资，以之前年均增速为参照。本人指数化月平均缴费工资＝上年度城镇在岗职工月平均工资×职工本人当年平均缴费工资指数；月基础养老金＝（当地上年度城镇在岗职工月平均工资+本人指数化月平均缴费工资）/2×缴费年限×1%。

资料来源：根据《2011~2017年全国农民工监测调查报告》和《中国统计年鉴（2017）》相关数据计算整理。

保留农民工在第一层次对基础养老金的申领权，同时允许其在缴费不足或替代率不足的情况下，灵活提取按8%规模积累的个人账户基金，用以购买个人养老保险，也可基于地缘、业缘等关系，集结成群，购买团体养老保险或加入集合年金。不同缴费年限对应的个人账户现值参照"权益2"，保留在第一层次的基础养老金权益参照"权益1"。

方案三：在多层次养老保险制度间建立完全转续通道，即参照基本养老保险横向转移衔接办法，将单位缴费的12%计入个人账户，允许农民工在缴费不足或替代率不足的情况下结束第一层次养老保险关系，灵活提取按20%规模积累的个人账户基金现值购买个人养老保险、集结成群购买团体养老保险或加入集合年金。不同缴费年限对应的个人账户权益参照"权益3"。

方案1维持现行政策，能够在基本养老保险的横向转续中体现个人账户的便携性，适应劳动力的跨区域流动，但未充分考虑我国非正规就业的庞大规模、该群体基本养老保险积累不足的现实情况，以及向城乡居民养老保险转移后，仍面临养老金替代率过低和长期依赖财政的困境。如表6-6所示，假设年满40岁的农民工，基本养老保险累计缴费已达10年，参照方案1，待其达到退休年龄时，因基本养老保险累计缴费不满15年，其可选择转移至城乡居民养老保险，60岁退休则每月可获得205元的个人账户养老金和国家补贴的70元基础养老金。

方案2保留了方案1中农民工在城镇基本养老保险中的基础养老金权益，同时又能在多层次体系下盘活个人账户资金，满足特殊情况下强制参保而又处于收入劣势的农民工灵活选择多样化养老金产品的需求。参照表6-6，方案1中同等条件的农民工，退休时可在方案2中获得每月478元的基础养老金；同时，通过在第三层次寻找合适的养老保险产品转移28520元个人账户基金，可一次性趸缴保费27340元，购买当前市场上存在的保额为20000元、年金1000元，兼具满期保险金和身故保险金的个人分红型养老保险。方案2在维持第一层次覆盖率的同时实现了第三层次的扩面，提高了养老保障的充足性。

第六章 多层次养老保险协同发展的机制创新及配套政策研究

表6-6 不同方案下基本养老保险的累计权益及其与商业性个人养老险的转续衔接

单位：元

投保年龄	第三层次个人养老保险							第一层次基本养老保险				
	年金领取年龄	保费	保额	保障期间	保障项目			缴费累计年限	个人账户记账规模	个人账户权益	待遇类别		
					年金	满期保险金	身故保险金				月个人账户养老金	月基础养老金	月基本养老金
30岁	55岁	24100	20000	至80岁	1000	40000	40000	5	20%	23488	—	—	—
	60岁	21540											
	55岁	12050	10000	至80岁	500	20000	20000		8%	9395	55	70 (147[a])	125
	60岁	10770									68		138
40岁	55岁	76600	50000	至80岁	2500	100000	100000	10	20%	71300	—	—	—
	60岁	68350											
	55岁	30640	20000	至80岁	1000	40000	40000		8%	28520	168	70 (478)	238
	60岁	27340									205		275
50岁	55岁	175230	90000	至80岁	4500	180000	180000	15	20%	163099	—	—	—
	60岁	155700											
	55岁	58410	30000	至80岁	1500	60000	60000		8%	65240	384	1263[b]	1647
	60岁	51900									469		1732

注：第三层次个人养老保险依据"2017年国寿鸿寿养老年金险（分红型）"合同条款，相关参数自动测算。保障项目中，"年金"指被保险人生存至年金领取年龄，则每年以保额的5%给付生存年金；"满期保险金"指被保险人生存至80岁，"身故保险金"指被保险人身故，若每年以保额以4%的复利累计，以此计算的个人账户权益及领取合同终止。个人账户权益转移衔接办法，按照基本养老保险转移衔接办法，养老金参照城乡居民养老保险办法计算，以2016年更新至2016年的全国最低缴费年限低于15年，若参照城镇职工基本养老保险办法计算的基础养老金，月基础养老金采用待遇领取时考虑满足缴费年限的缴费工资，前者未考虑退休待遇领取时考虑满了缴费年限15年。a和b是参照城镇职工监测调查报告的基础养老金，低标准70元/人·月。

资料来源：根据《2011~2017年全国农民工监测调查报告》和《中国统计年鉴（2017）》相关数据计算整理。

155

方案3较方案2而言，可转移的个人账户权益基金规模更大，在第三层次个人养老保险的产品选择上范围更广，但要以结束第一层次基本养老保险关系为前提。参照表6-6，与前两个方案同等条件的农民工，可转续的个人账户基金现值达71300元，可一次性趸缴68350元，购买保额为50000元、年金2500元，且同样兼具满期保险金和身故保险金功能的个人养老保险。方案3优化了多层次养老保险体系的覆盖率结构，提升了参保群体的综合保障水平。

（二）补充养老保险内部的转换衔接

补充养老保险内部的转换衔接，即搭建企业（职业）年金、团体养老保险和个人养老保险间的通道。目前，这一思路在推进补充养老保险发展的政策中已显现。2017年12月发布的《企业年金办法》更新了企业年金待遇的多种领取方式，其中之一即为购买商业养老保险产品，在一定程度上体现了第二层次与第三层次的联动。同时，该办法还提出企业在经营亏损、重组并购等情况下适用中止缴费条款。事实上，如果中止缴费后，企业规模、结构、性质和员工数量等因素发生了大的调整变化，影响原企业年金关系的存续，则可考虑增加企业年金"转续条款"，允许原年金计划覆盖的企业及其职工能够在特殊环境下，灵活变更个人账户权益在多层次体系内的养老金计划归属，选择符合企业后续经营情况及个人就业实际的团体（个人）养老保险，优化多层次养老保险体系的覆盖率结构。

机关事业单位人事制度改革后，职业年金同样面临中止存续问题，同样需要设置职业年金"转续条款"。由于年金计划中断，即使个人账户的基金权益未来可接续，但在企业年金覆盖面不足够大的中短期，对于账户持有人而言，其仍面临"多支少收"的风险状态，权益长期受限，亟须增加其灵活性。

此外，随着企业年金类别的不断丰富，第三层次的个人养老保险和团体养老保险，在条件合适的情况下，也可转向集合年金。例如，随着个体经济规模的扩大和实力的逐渐增强，可在原团体养老保险累计现值的基础上加入小微企业集合年金计划；仅拥有个人养老保险的创新创业人员，也可基于个人养老保险的累计现值购买商业团体保险或加入行业（职业）年金计划。

（三）多层次养老保险协同发展的配套改革

在基本养老保险缴费不足、替代率低的情况下，尝试在多层次养老保险框架内转移个人账户基金、转换养老保险产品形态，是当前缓解补充养老保险扩面压力的一个新思路。然而，真正意义上的多层次协同发展和补充养老保险扩面，仍然需要相关配套改革的支撑。

一是建立弹性费率机制，改善普遍低缴、瞒报的参保现状。中长期内根据基础养老金全国统筹的实施情况和基本养老保险基金的投资收益水平，以统筹多层次体系内的个人账户为基础，适当分解第一层次制度的保障压力。

二是提升激励机制的有效性和可及性。除加大年金计划的延税幅度、全面落实延税型团体保险和个人养老保险外，也可考虑引入现金直接补贴方式，将匹配缴费或参保救助基金直接计入个人账户，国家可据此在财政转移支付上整合各类保险保障计划，提高资金利用效率。

三是完善个人养老储蓄账户制度。在短期内，可在多层次转续衔接基础上增加个人账户兼容性；在长期内，可根据改革系统推进的实际情况，考虑"统账模式"下个人账户与其他层次的个人权益账户合并，建立囊括个人缴费、企业和政府匹配缴费的养老储蓄账户，用以积累强制或自愿缴纳的基金，以及财政补贴和来自其他渠道的资金。

四是创新补充养老保险产品并完善运行规则。降低年金计划准入门槛，鼓励建立基于地缘、业缘的小型计划；拓宽年金计划运营模式，在信托管理基础上恢复基于保险合同模式的产品方案，满足多样化的市场需求。未来，随着国民金融素质的提高，可考虑借鉴发达国家基于生命周期的"合格默认投资工具"，设置投资工具的自动加入条款，放开个人投资选择权，加大养老保险基金投资收益的税收优惠力度，以提高个人账户内结构化基金的运营效率，提升多层次养老保险金总替代率水平。

第七章　商业养老保险与养老服务融合发展的理论分析

一　混合组织治理视域下商业养老保险发展新探索

人口老龄化是21世纪中国社会经济转型和发展过程中必须直面的重大挑战。从既往的经验研究来看，现代性与人口老龄化往往相伴而生。依循既有的现代化道路，人口老龄化在未来很长一段时期内将是不可逆转的进程。截至2019年末，中国大陆60岁及以上人口为2.54亿人，占总人口的比重增至18.1%，其中65岁及以上人口为1.76亿人，占总人口的比重为12.6%。[①] 根据联合国人口司数据预测，到2050年，中国大陆65岁及以上老年人口将达到3.66亿人，占总人口比重将达到26.1%，进入超老龄化社会。[②] 2019年11月21日，中共中央、国务院印发《国家积极应对人口老龄化中长期规划》（以下简称《规划》）。《规划》强调，积极应对人口老龄化，是贯彻以人民为中心的发展思想的内在要求，是实现经济高质量发展的必要保障，是维护国家安全与社会和谐稳定的重要举措。

要走出一条中国特色应对人口老龄化道路，持续巩固积极应对人口老龄化的制度基础是根基，夯实应对人口老龄化的社会财富储备是物质保证，打

---

① 《中华人民共和国2019年国民经济和社会发展统计公报》。
② United Nations, Department of Economic and Social Affairs, Population Division, *World Population Ageing 2019* (ST/ESA/SER. A/444, New York, 2020).

造高质量的养老服务和产品供给体系是关键着力点。党的十九大报告再次强调，全面建成多层次养老保障体系是积极应对人口老龄化的基础性制度安排。全面建成多层次养老保障体系，一则需要持续推进统筹城乡、可持续基本养老保险制度的优化和定型；二则需要着力补齐商业养老保险发展和多元化养老服务体系建设相对滞后的"短板"。自1991年以来，大力发展商业养老保险市场曾多次被列入政府相关部门的政策文件中，但市场实际表现总是落入"叫好不叫座"的尴尬局面。促进商业养老保险与养老服务的融合发展，打通商业养老保险负债端和资产端的"任督二脉"，以更高质量的养老服务供给实现养老保险负债业务的终极价值，以养老保险负债业务汇集而成的保险资金助力养老服务供给能力提升，这在理论和实践层面均被视为破解商业养老保险市场困境、助推高质量养老服务体系建设的"一石二鸟"的良策。尽管政府层面不遗余力地出台了一系列指导方针，鼓励民间资本参与养老服务业建设，也引发了保险机构投资养老社区的热潮，众多保险公司纷纷试水养老服务领域，但实际效果却有些不尽如人意。从市场实际表现来看，税收递延型商业养老保险仍旧遭遇市场"供需双冷"的尴尬，保险公司投资养老社区建设也因受益门槛过高、普惠性严重不足而面临诸多诟病。破解商业养老保险与养老服务融合发展的现实困境，需要立足全面建成多层次养老保障体系的长期发展战略目标，以持续推进养老保障供给侧结构性改革为主线，在商业养老保险与养老服务融合发展中拓展各自的内涵和社会经济价值，积极寻求两者融合发展的有效组织形式和治理机制。

人类社会的发展史是一部"社会组织化"的历史。在某种意义上，社会进化的过程也就是组织进化的过程。在今天这样一个组织化的社会中，我们越来越倚重组织去开展社会生活和各种社会活动（张康之，2020）。奈特（2013）也认为，"历史，特别是现代史，其实就是一部组织发展史，一部组织形式变迁史。"自20世纪80年代始，主要根源于技术进步特别是信息技术的迅猛发展，人类社会逐步走入高度复杂性和高度不确定性状态，几乎所有的社会构成要素都流动起来了。社会结构动态演化的进程加快、社会运作方式急剧转变，已经对层级制组织和市场制组织的治理绩效构成挑战。突破"政府-市场"二分法的思维惯性,秉持以合作应对风险社会的治理理念,基于关系网络、信任创新组织形式和治理机制,正在成为公共管理学界和公共政策实践中的重要发展方向。本章基于多学科交叉、跨学科融合的方法论视角,运用系统、动态的制度主义分析方法,摒弃"政府-市场"的二分法,引入混合组织治理机制,分析了市场制与层级制下商业养老保险与养老服务的融合困境,以及现阶段商业实践中实现两者融合的重资产模式和轻资产模式存在的治理难题,并在信息技术加持的背景下,依托社区组织,建构了混合组织治理机制下两者融合发展的可持续运营模式及其实现路径。

(一)混合组织与混合组织治理机制

混合组织又称自组织,或者合作型组织,其概念属于新制度经济学范畴。混合组织这一概念最早由威廉姆森(2016)提出,其交易成本理论认为:交易频率、资产专用性、环境及行为的不确定性会影响治理机制的选择。当交易频率高并且交易对象的资产专用性高,环境及行为不确定性也高时,交易的不确定性大,此时交易成本太大,不适合市场制治理,而应采用层级制治理,将交易内化到组织内部,这样能够降低交易的风险和成本。反之,采用市场方式获取资源则更为经济高效。在此基础上,威廉姆森进一步提出还有一种治理机制位于市场制与层级制之间,他称之为混合组织(或网络)。少部分学者认为,混合组织是介于市场制与层级制中间的过渡形态(Imai, et al., 1984; Hemmert, 1999),它是一种居于中间的选择,因而是不稳定的,容易滑向两端。格兰诺维特的镶嵌理论(Grandovetter, 1985)则认为,威廉姆森的分析忽略了一个重要因素,即人与人之间的信任,员工之间的不信任即内部斗争实际上构成了管理成本的很大比重,信任的存在可以大大降低组织内的管理成本,从而改变对治理机制的选择。他进一步认为经济活动应嵌入社会关系网络的信任结构之中。鲍威尔(Powell, 1990)更进一步将混合组织看作一种包含了信任的、独立的第三方治理机制,而并不是市场制与层级制的中间形态。与市场制和层级制相比,混合组织具有独特的治理机制、内部运行逻辑和规则。市场的主要治理机制是信息传播、价格机制以及合约，层级制的主要治理机制是科层结构、命令系统以及公司规章，而混合组织的主要治理机制就是信任关系与协商。本章将混合组织治理机制定义为：混合了市场制和层级制的权利功能后，在此基础上形成相互依赖、互补的关系网络，继而成为一种开放、互惠、独立的治理机制安排。混合组织治理机制既包含了正式治理机制（市场制和层级制）的合理成分，又包含了由此衍生而来的非正式治理机制的关系网络。

（二）混合组织、市场制和层级制：一个统一的分析框架

不管什么样的治理机制安排，其核心都是解决权利、资源配置的问题。从权利配置的角度来看，基于委托代理理论的财产权和决定权分立的解释框架，混合组织治理、市场制、层级制背后具有一致的内在逻辑，从而可以形成一个统一的分析框架。其中财产权表示权利所有者成为剩余索取者及控制组织交易权转移的能力（如委托给他人）。换言之，剩余索取者就是掌控可用资源分配及在何种条件下资源所有权可转移的人。相较而言，决定权是指代理人在财产所有者的委托之下具有做出决定的能力，如赋予代理人在财产所有权者制定规则下重组任务的权力。图7-1旨在呈现这一延伸的分析框架（Claude，2018）。X轴是财产权由低到高掌控在权力所有者手中的集约化程度，Y轴是决定权离散（或"委托于他人"）由低至高的程度。图7-1中的上下两条曲线共同勾勒了所有可能的组织结构。上方曲线是"可能性边界"，若超出此边界，则会由于组织不确定性过高导致该组织结构无法成立；如果低于下方曲线，交易会变得很难追踪或很难采用纯形态（纯市场、纯层级），因而也难以实现。大多数交易其实都在这两条曲线勾勒的中间区域内发生，因此中间区域也被称为"可接受区域"。其中市场制就是财产权集约在自身手中程度较低并且决定权高度依赖他人的交易组织安排，而层级制则为财产权高度集约在组织内部而决定权对外在依赖很小的交易组织安排。混合组织也与市场制、层级制一样在可接受的中间区域内发生，它是一般意义上的纯市场关系（协调的中心主要是价格机制）或纯企业（协调的

中心主要是科层结构）没有定义的组织形式，是法律上自主实体间基于关系与信任而自愿结合在一起的交易组织。这些实体将财产权分离并共享部分决定权或将决定权分离并共享部分财产权，从而形成彼此之间较为紧密的关系网络而具有更高的可信任度和调整灵活性。

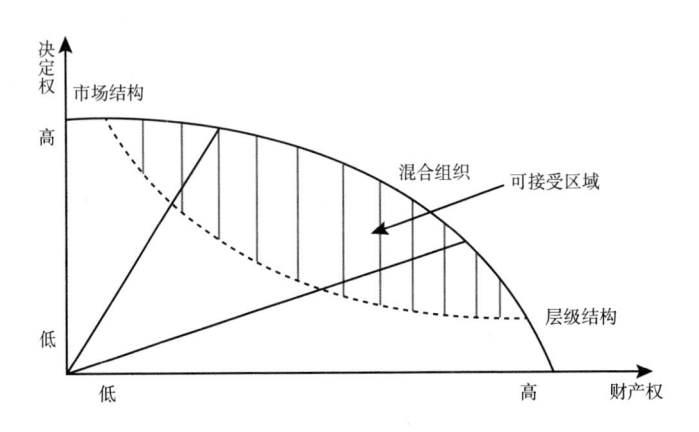

图 7-1 混合组织治理、市场制和层级制的分析框架

二 市场制和层级制治理机制下商业养老保险与养老服务的融合困境

（一）商业养老保险的市场化特征与养老服务的层级化特征

商业养老保险与养老服务虽然均可归为关系民生保障的具有互助共济性质的产品，但两者在交易频率、资产专用性、交易环境及行为的不确定性方面均存在较大的不同。

1. 交易频率不同。商业保险公司与客户之间的交易频率较低，而养老服务机构与客户之间的交易频率较高。商业养老保险作为事前预防性的风险集中和分散机制，在客户缴纳保费后，只有在出险或达到合同约定的保险金领取条件后才会与客户发生具体业务交易，所有业务操作流程也都是围绕事前展业和缴纳保费、事后出险和给付保险金这两个时间节点来安排的，保险合同存续期间内保险公司只需要维持好与客户之间的契约关系即可。而养老服务则不然,养老服务作为事后的风险治理机制,在老年人出现身体机能下降、受疾病困扰、生活不能自理、需要别人照护之时由养老服务机构提供照护服务以使老年生活无虞。因此养老服务机构向客户提供的是连续服务,客户在契约存续期间内需要不时地向养老服务机构请求服务,养老服务机构与客户之间的交易频率较高。

2. 资产专用性不同。商业养老保险的资产专用性较低,养老服务的资产专用性较高。就商业养老保险而言,保险公司与客户之间的低交易频率,以及经营无形风险的特点决定了经营资产中不可转移、不可分割的专用固定资产占比较小,属于典型的"轻资产"运营,相对来说资产专用性较低。养老服务则不然,养老服务机构与客户之间具有高交易频率,其提供的服务形态更趋向于有形的实体属性,养老服务经营资产的专用性较高。

3. 交易环境及行为的不确定性有差异。商业养老保险面临的交易环境及行为的不确定性较低,养老服务面临的交易环境及行为的不确定性则较高。商业保险公司与客户之间低交易频率、低资产专用性的特点决定了其与客户之间交易环境及行为的不确定性也较低,具体来说,保险契约对商业保险公司与客户之间权利义务的约定较为明晰,并且与客户之间的交易结算最终都能以金钱衡量,买卖双方产权较为明晰。而养老服务机构向客户提供的是连续有形的服务,在与客户交易中权利义务归属并不能完全体现为可衡量的金钱,相对来说服务供给的质量难以形成可准确测量的评价标准,且与客户之间的交易频率较高,资产专用性亦较高,其经营过程中面临的环境和行为不确定性也更高,提供服务的产权更难明晰。

根据交易成本理论,商业养老保险的低交易频率、低资产专用性以及较低的交易环境和行为不确定性的特性决定了商业养老保险更适合以市场化的方式来组织,而养老服务高交易频率、高资产专用性以及较高的交易环境及行为不确定性的特性决定了其更适合以层级化方式来组织,并且两者之间经营性质的本质区别并不受供给主体所有制形式(私有/公有)的影响(威廉姆森，2016）。商业养老保险的市场特化征与养老服务的层级化特征使得两者融合面临较大阻碍。

（二）商业养老保险与养老服务的融合困境

1. 纯粹市场制和层级制治理机制下商业养老保险、养老服务的效率损失

商业养老保险与养老服务均具有准公共产品的属性[①]，无论是纯粹依赖私人部门的市场制运作还是纯粹依赖政府部门的层级制运作，皆存在一定程度的效率损失（Buchanan，1965）。

（1）消费者效用满足程度呈现两头大、中间小的困境。在市场制治理框架下，商业保险公司和养老服务机构提供产品（服务）以营利为目的，公司的经营行为服从于股东利益最大化，并不是以消费者效用最大化为最终目标，从而公司的经营可能会产生短期行为。而层级制治理框架下的基本养老保险和公办养老服务供给，由于产权制度不明晰、激励机制弱化、运行体制僵化等弊病，运营效率低下、服务质量难以满足消费者的多元化需求。在多层次养老保障体系的功能定位中，国家基本养老保险与公办养老服务的定位是提供基本保障，而商业养老保险与养老服务的定位是提供补充性保障，这种定位进一步固化了政府和市场在养老保险与养老服务供给侧的功能实现，造成政府与市场功能的分割，导致养老保险和养老服务供给呈现市场高端化和政府低端化并存的局面，而符合社会大众需求的中端产品和服务则普遍缺乏，形成两头大中间小的"哑铃"形产品市场结构特征。

（2）纯粹市场制或层级制下的养老服务供给面临较高的交易成本。养老服务作为服务性质的准公共产品，相对于纯粹的私人产品和公共产品而言，具有交易行为不确定程度高、环境高度不确定、信息高度不对称、多区隔产品、感受型产品、合作型产品、共同利益导向的交易特征，因此在实际

[①] 根据布坎南的俱乐部理论，商业养老保险与养老服务均属于俱乐部产品，表现为两者在消费上具有非竞争性，即某些人的消费并不影响其他人对该项产品服务的消费，但可以通过设置会员资格来做到有效排他。其公共性在产品属性连续集上均处于0%~100%，因此两者均可归为准公共产品。

交易中更需要建立在人与人之间的信任基础上，这也使得市场制组织形式和层级制组织形式产生的交易成本均较高（罗家德，2010）。因为在市场组织形式中，猜疑和独立行动会破坏相互依赖的信任机制，交易双方发生冲突时具有较高的讨价还价成本；而在层级制组织形式中，由于信任不足需要用制度规定所有的交易细节，这使得制度的管理成本较高。因此，无论是从效用满足程度还是从交易成本的角度来看，商业养老保险与养老服务均存在一定程度的市场失灵和政府失灵，而并非既有研究所认为的那样，市场制运营商业养老保险只存在公益属性缺失，而层级制运营养老服务只存在效率属性缺失。

2. 市场化的商业养老保险和层级化的养老服务难以实现有效融合

为了实现可持续发展，商业养老保险与养老服务有汲取对方长处弥补自身短处进行融合发展的趋势，但是商业养老保险市场化的组织特征与养老服务层级化的组织特征使得两者的融合出现困难，在缺乏过渡机制安排下，更容易导致寻租和管理混乱等问题。

（1）横向市场制与纵向层级制的非正常关联，放大了商业养老保险与养老服务融合的社会成本。市场制治理机制下的商业养老保险，不同主体之间的关联呈松散的横向特征，而层级制治理机制下的养老服务，不同主体之间的关联呈现紧密的弱产权保护的纵向特征。在商业养老保险与养老服务融合形成的半市场化和准公共领域（见图7-2中的"钮结点"），不同主体之间的关联既有横向特点，又有纵向特点，从而形成"倒T"形治理结构。这种"倒T"形治理结构使得商业养老保险与养老服务难以融合，同时容易产生寻租成本。具体来说，养老服务的较高资产专用性的特点，使得养老服务机构与商业保险公司在交易中，价值流向呈现从市场制商业保险公司向层级制养老服务机构层层集中的特点，商业保险公司在实际合作中具有较低的话语权，有时甚至为了寻求自身利益最大化，需要主动讨好纵向层级制中拥有专业资本的养老服务机构，从而容易产生寻租问题，形成纵向层级组织与横向市场组织的非正常关联；而从契约的角度来看，基于社会关系网络强联系的"关系契约"和基于计划行政指令的"权力契约"的结合，具有私人成本很低而社会成本很高的机会主义收益结构,最终弱化了作为正式治理机制的"法律契约"的效用,不利于市场化进程的实现。而这也是我国商业养老保险和养老服务融合过程中乱象频出的根本原因(李新春,2000;许叶萍等,2007)。

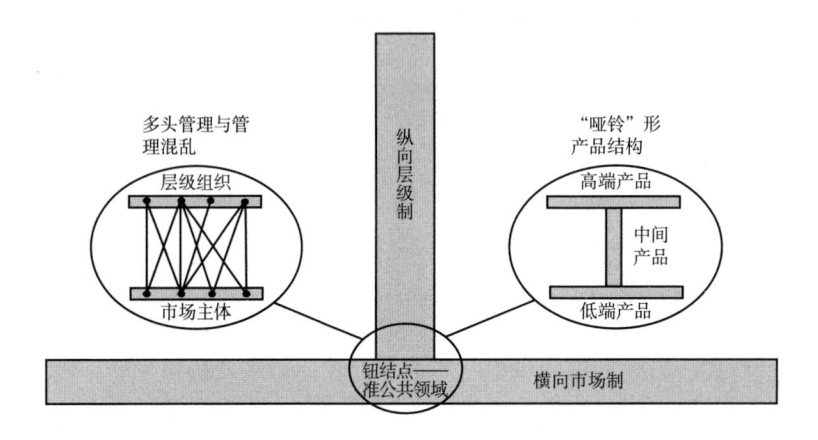

图7-2 "倒T"形治理结构与产品市场结构特征

(2)"倒T"形治理结构造成作为"钮结点"的准公共领域呈现多头管理与管理混乱的局面。商业养老保险与养老服务融合中的管理混乱不仅体现在彼此关系中,还体现在供给主体与更高层级政府的关系之中。以养老服务为例,目前在我国地市级养老服务体系建设过程中,政府公办养老机构以具有隶属关系的民政部门和编制登记的养老机构为中心,其网络辐射到市级财政部门、卫健委部门、人社部门等;社会养老机构以民办非企业单位登记的养老机构以及福利协会等社会组织为中心,其网络辐射到各级民政部门、市老龄办和街道办事处;民办养老机构主要以工商登记的养老机构为中心,其网络辐射到区级的民政局、人社局以及卫生计生局(伍芷蕾,2018)。对于企业来说,"多重契约"的存在意味着企业在签订正式合约的同时,还需要借助长期关系投资的关系合约和指令型计划者的保护才能免受机会主义侵害,这使得企业的交易成本增加,市场政策的不确定性亦严重影响了市场主体进入的信心。

三 混合组织治理机制下商业养老保险与养老服务融合发展模式

现阶段我国商业养老保险与养老服务的融合主要有重资产模式和轻资产模式。在轻资产模式中,保险公司与养老服务机构从外部市场进行融合;重资产模式则相反,强调自我供给养老服务,保险公司自己出资打造养老社区,与前端养老保险负债业务融合,打造养老保障产业生态圈。轻资产模式投入资金少,简单灵活,可以快速复制,易受投资者青睐,但不易形成规模经济,对养老产业链的整合力度小;而重资产模式投入资金大,盈利模式复杂,不易复制,回报率低,但易形成规模经济、提高服务效率,能够推动养老保障全产业链发展,并与养老保险业务及其他业务板块产生战略协同。因此,重资产模式更为资金实力雄厚的大保险公司所青睐,轻资产模式更为中小保险公司所青睐(见表7-1)。但在实际运营中,商业养老保险与养老服务经营属性的差异,使得两者在融合过程中产生治理困境,遭遇供需双冷的尴尬。

表7-1 中国部分保险公司运营养老社区的轻资产模式与重资产模式

保险公司	经营养老服务的战略部署	模式类型
泰康保险	养老社区投资、开发、运营一体化,推动保险业务与养老、医疗的有机结合	重资产模式
中国人寿	遵循"大养老"思路,重资产推进"三点一线、四季常青"战略布局,"跳出养老做养老"	重资产模式
中国太平	"轻重并举",加快推进全国养老社区布局	重资产模式+轻资产模式
太平洋保险	着重打造轻资产模式,辅以大型养老社区投资和服务	轻资产模式
中国平安	以自有资金投资建设,以"租赁+销售"模式运作,打造全龄化、全配套、一站式养生养老综合服务社区	重资产模式
合众人寿	轻重资产相结合,海内外相结合	轻资产模式

资料来源:各保险公司官方网站。

（一）混合组织资源占用和混合组织资源供给下的重资产模式和轻资产模式

1．"混合组织资源占用"和"混合组织资源供给"

为了分析的需要，将图7-1进一步展开成图7-3，图7-1中的"混合组织"进一步分离为"混合组织资源占用"和"混合组织资源供给"两种不同的情形。其中混合组织资源占用是指法律上自主实体之间自发有序地进行组织资源占用的行为，而混合组织资源供给是指法律上自主实体之间自发地组织起来进行组织资源供给的行为。与市场制、层级制不同，混合组织资源占用与混合组织资源供给由于连接机制的错位，使得制度安排与制度环境并不完全一致，从而产生了不完全合约（指合约中存在无法由第三方证实的内容）和外部性的特点。在信息不充分和不对称、行为人有限理性或交易费用过高的情况下，混合组织资源占用因为具有集约财产权、离散决定权的特征而存在组织资源过度使用问题（类似于"公地悲剧"[①]），而混合组织资源供给则由于具有离散财产权、集约决定权的特征而存在组织资源供给不足的问题（类似于"囚徒困境"）（Nash，1951）。因此，两者均不能成为稳定的组织结构。为消除组织资源过度使用的现象，需着重在混合组织资源占用过程中解决制度供给、可信承诺与相互监督问题；而为了消除组织资源供给不足现象，则相应地需要在混合组织资源供给过程中解决相互信任、可信排斥与制度分配问题。其中，相互监督、相互信任是社会公众合作的基础；可信承诺、可信排斥是社会公众合作的保障，能够有效排斥潜在违规受益的行为；而制度供给、制度分配则需要在秉持权利义务对等的情况下具有满足灵活多样需求的效率特性（奥斯特罗姆，2012）。图7-3还隐含了这样一个组织间的演化逻辑，即组织层面的关键制约问题可以通过吸收借鉴其他组织形式得以解决，从而形成组织间不同的转化路径。如市场制组织与层

[①] 公地悲剧是指组织成员基于私人利益最大化目标不加节制地使用集体有限的公共资源，最终会导致整体福利的降低。

级制组织结合的形式不同,可以形成混合组织资源占用和混合组织资源供给两种不同的组织结构;同理,混合组织也可以向两端分离形成市场制组织或层级制组织。

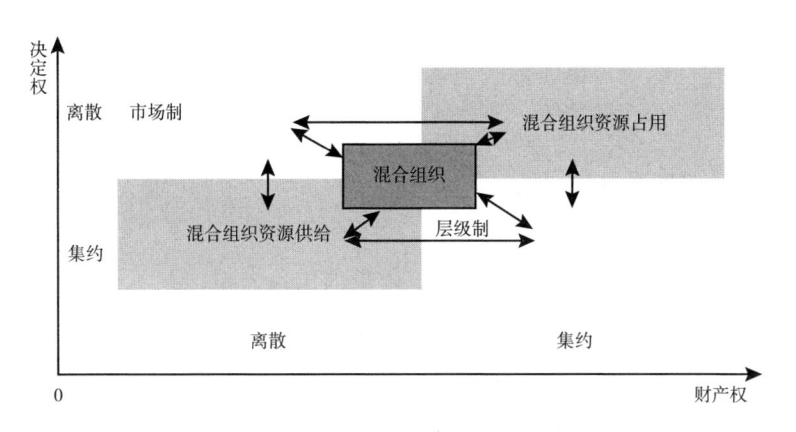

图 7-3 市场制、层级制、混合组织三者之间的演化逻辑

2. 重资产模式和轻资产模式的治理难题

商业养老保险与养老服务融合的重资产模式和轻资产模式,同样面临着类似于混合组织资源占用和混合组织资源供给的问题,这也是两者在商业实践中难以进行有效推行的根本原因。

(1) 重资产模式面临混合组织资源占用的治理难题。在重资产模式中,商业保险公司自我投资经营养老社区,经营业务范围从事前的养老风险预防延伸到事后的养老服务供给,为客户提供全生命周期的养老服务。商业保险公司将自身内化到纵向层级制的养老服务机构中,并与之进行功能整合,两者在与客户的交易中表现为共享部分财产权,而内部决定权独立,以此来扩展自身业务的经营范围。因此,两者融合中采用了类似于混合组织资源占用的治理机制,融合路径先沿着财产权不变的路径推进,这也使得重资产模式前期投入成本较高。本质上商业保险公司投资运营养老社区的重资产模式是以吸收参保人个人资产进行集约化的养老地产投资的方式获利的,这无形中将消费者的个人资产与保险公司资本积累进行了捆绑。商业养老保险和养老服务经营高度一体化,虽然具备设施齐全、服务项目丰富等优势,同时也能够增加保险公司的规模收益，降低经营成本，但是此举进一步强化了商业保险公司的市场垄断地位，降低了客户选择的多元性，其较高的会员门槛费亦使得很多消费者望而却步，并不能有效解决中等及以下收入者的养老保障需求，且存在诱导客户过度消费的倾向，其实际的市场需求规模并不理想。

（2）线下轻资产模式面临混合组织资源供给的治理难题。在线下轻资产模式中，商业保险公司与养老服务机构并没有从内部整合在一起，而是通过外部市场横向平等合作进行功能整合，两者服务共同的客户，共享部分决定权，各自财产权保持独立。因此，两者在融合中采用了类似于混合组织资源供给的治理机制，组织间的演化逻辑偏向于沿着财产权不变的路径推进。商业保险公司采取轻资产模式运营养老社区，使得商业保险公司在与养老服务机构的合作中拥有较低的话语权；同时，养老服务机构与商业保险公司共享决定权，亦使得养老服务机构的业务经营高度依赖保险公司，面临较大的不确定性。轻资产模式虽然竞争性得以加强，但是委托代理问题使得双方的合作成本进一步增加。基于自身利益最大化考量，合作博弈中商业保险公司和养老服务机构均存在供给不足的倾向，从而容易使客户利益受损，因而客户对于这种模式的信任度较低。

（3）以客户为中心，重塑商业养老保险与养老服务融合的价值流时空转换。事实上，在重资产模式和轻资产模式中，商业保险公司和养老服务机构均是交易的中心，养老服务机构层级制的治理特性与商业保险公司市场化的经营行为，使得两者在融合过程中价值流向呈现从商业保险公司流向养老服务机构层层集中的特点。同样，由于组织资源的有限性，商业保险公司与养老服务机构在空间上具有高度集中的特点，因此在与广大客户群体的交易中，商业保险公司和养老服务机构为客户提供的服务呈现"用居民分散的个人时间换取商业保险公司和养老服务机构集约空间"的时空特点，价值流向也呈现从分散的社会居民流向商业保险机构和养老服务机构的特点。相对而言，客户处于弱势地位，其利益容易受到侵害，商业保险公司和养老服务机构都难以为客户提供全生命周期连续有效的服务。要想实现商业养老保险与养老服务融合的可持续发展，客观上需要转向以客户为中心，"用商业保险公司和养老服务机构分散空间换取居民集约时间"的价值流向转变就是必需的。从合约理论来看，重资产模式与轻资产模式均是不完全合约，其中重资产模式对客户利益的侵害源于外部不经济，因为难以解决制度供给、可信承诺和相互监督的问题，也就难以实现对合作者内部组织资源占用行为的有效监督；而轻资产模式对客户服务供给的不足源于外部经济，因为难以解决相互信任、可信排斥与制度分配问题，也就难以实现对合作者内部组织资源供给行为的有效激励（搭便车）。既然重资产模式和轻资产模式两种融合方式的外部性对消费者利益产生了侵害，那么统筹考虑混合组织资源占用与混合组织资源供给相互融合的完全契约是否可以解决重资产和轻资产模式各自面临的问题呢？

（二）信息技术加持和混合组织治理机制创新共同推进商业养老保险与养老服务融合发展

1. 信息社会下商业养老保险与养老服务融合发展的治理机制创新

（1）走向混合组织治理能够最大限度地适应高度复杂性和高度不确定性的风险社会治理需要。重资产模式和轻资产模式对消费者利益侵害的外部性产生于契约的不完全性，其根源在于将市场制和层级制治理机制简单结合，而忽视了作为治理机制服务的对象——人的存在，从而也忽视了治理机制的目标——人的福祉。事实上，在工业时代分工—协作的生产模式下，人的角色定位更多地被限定为企业中的劳动者和消费者。社会公众由于其认识的局限性、短期利益行动导向、组织技能的缺乏等而不具备解决复杂社会现实问题的条件，企业组织则由于分工—协作实现了更高社会层面的专业化，因而在动员、分配、使用资源方面拥有不可替代的垄断性。但是企业的秘密在于它的"层级体系不仅是协调的理性手段，更是控制的工具和通过占有剩余价值积累资本的途径"（斯科特和戴维斯，2011），企业内部的层级组织与外部的市场化经营相互依托、互相促进，绘制了扩大化工业生产的时空格局，也导致了自利主义制度逻辑和工具理性，并导致人的权利进一步丧失（为了连接人与自然完整的时空观，需要牺牲人与人之间完整的时空观）。

但是随着社会发展进入信息时代,人类所面临的风险将越来越由低复杂性、低不确定性为主的自然风险过渡到高度复杂性和高不确定性为主的社会风险,工业时代的组织形式因为专业隔阂而造成整体运行机制僵化、分工和协作的灵活性丧失,由此也越来越需要从官僚体制、市场制下以环境适应性特征为主的封闭型组织过渡到社会体制下以任务为导向的开放性合作型组织。相比而言,社会公众更为了解与自身利益紧密相关的事务处理流程和组织中其他人员的行动信息,也更有动力监督其他人员的行动,这比传统企业"从上至下"一刀切的管理模式具有更强的适应性和灵活性。因此,信息社会中的商业模式,社会公众越来越从被服务对象转变为治理主体,社会组织在社会经济事务中的重要性也将越来越高。这在治理机制上反映为由市场制、层级制的二分治理机制转变为联合的混合组织治理机制。

(2) 技术进步和制度变迁共同推进商业模式创新,依托社区组织的互联网轻资产模式将是商业养老保险与养老服务融合发展的理性选择。从组织层面来看,无论是什么样的组织形式,其本质都是应对外在风险的不确定性。奈特认为:"是否有可能降低不确定性,取决于两类基本条件:一是一组事件(以事件集合的形式呈现)的不确定性小于个别事件;二是源于不同的人对不确定性的认知差异。而处理不确定性也有两种方法:一是通过分组来降低不确定性;二是通过选择合适的人选来承担不确定性,即合并和专业化。"奈特所提出的方法对低度复杂性和低不确定性社会中的微观主体能够起作用,但是不能应对高度复杂性和高不确定性的宏观社会环境,因为无论是改变风险的集聚方式还是改变风险的分散方式,都无法消除风险。既然无法消除风险,倒不如以合作来应对风险。合作有两个层面:一是信息系统层面的合作,这里所谓的信息系统本质上并不同于隶属于组织的管理信息系统,而更多的是被视为赖以监督和控制组织内部活动的治理体系,其不仅提供信息服务,还参与到资源调度和行动整合过程中来;另一层面是制度层面的合作,即将不确定风险分散给组织中其他成员。因此,商业模式的创新主要由技术进步和制度变迁来推动,并主要解决信息传递和激励相容问题。其中技术进步主要解决事前人们的最大化权利诉求(财产权、决定权),制度变迁主要解决事后交易成本最小化问题（市场制、层级制、混合组织）。从制度演化的发展趋势看，互联网技术在最广泛的时空中将人们联系在一起，而互联网"去中心虚拟化"和"一点集合、多点分散"的特征亦完美地契合了社会体制下开放性合作型组织的特点。商业养老保险与养老服务基于合作型组织（混合组织）的融合，也就是基于混合组织资源占用与混合组织资源供给的融合，将会实现集约财产权、离散决定权与集约决定权、离散财产权的互换。而商业养老保险和养老服务机构将具有离散决定权和离散财产权从而形成竞争，民众将会具有集约财产权与集约决定权从而形成价值沉淀。由此，过程与结果真正实现统一，从而使价值链条流向实现由原先的以商业保险公司和养老服务机构为中心向以民众（客户）为中心的时空转换，并解决混合组织资源占用和混合组织资源供给的治理难题。因此相比于重资产模式和轻资产模式，以客户为中心，依托混合组织（主要体现为社区组织或社群组织）的互联网轻资产模式，才是商业养老保险与养老服务融合发展的可持续模式。依托社区组织的互联网轻资产模式，将有效连接工业社会中人与人之间断裂的时空联系，恢复家庭保障原有之功能，并有望持续推进社区居家养老服务网络建设。（阿尔维森和维尔莫特，2012；奈特，2013；张康之，2020）

2. 基于信息技术和制度融合的商业养老保险与养老服务运营模式创新

（1）依托信息技术和社区组织，可以有效提升商业养老保险的消费体验感和及时获得感，在运营端和需求端均重塑了商业养老保险的经营内涵。依托混合组织（主要体现为社区组织或社群组织）的互联网轻资产模式，社区组织和互联网平台将是商业保险公司、养老服务机构与民众交互的重要载体。商业保险公司将自身服务对象扩展至社区内全体居民，有利于拓展保险公司风险保障范围，延长保险保障期限，乃至扩展到为客户提供全生命周期的风险保障。既往研究一般认为国民的商业养老保险需求不足是因为国民经济收入不高和保险公司所提供的产品缺乏吸引力，然而这一解释尚未触及导致国民商业养老保险需求不足的深层次原因。事实上，消费者购买商业养老保险更多的是把保险公司视作一个专业风险管理者，将老年风险转嫁给专业的保险公司，保险公司基于大数法则实现集合内部的风险集中与分散，由此可以解除投保人的后顾之忧。现实情况却是，一方面，保险公司经营的险种日益细分化和碎片化，任意一家保险公司所经营的险种少则几十个多则上百个，同一类保险责任仅仅因为保额不同、保障范围不同、除外责任不同等就能衍生出数个险种。这在增强保险公司自身风险经营的专业化、便利性的同时，无疑亦增加了客户的选择难度，损伤了保险消费的体验感和及时获得感。另一方面，消费者对自己的消费预算约束总是短视的，相比于未来难以把握的消费效用获得，当下及时可得的消费效用更为消费者所青睐（班纳吉等，2013）。因此，保险作为管理未来风险的无形产品，缺乏实时可及的保障关怀和消费体验感是导致国民对商业养老保险需求较低的一个重要原因。

信息技术和社区组织恰好可以解决这一难题。在运营端，网络信息技术的发展赋予保险经营的风险集聚、损失预测和信用扩张等功能以新的内涵，大数据、区块链、物联网等新兴信息技术正在改变商业保险公司的核保规则和精算模型，针对目标客户群体的"一揽子风险保障计划"已然成为可能；在需求端，保险公司将风险保障对象由个人扩展到整个社区，以社区为单位集中承保和理赔，不仅降低了道德风险和逆选择，而且大幅减少了保险公司的承保理赔工作量，简化了工作流程，保险公司得以将主要精力由承保理赔向风险咨询、风险预防、风险控制等专业服务领域拓展。进而言之，依托社区组织，充分发挥邻里之间的互助共济功能，最大限度地向社区成员提供情感关怀、精神慰藉，将有助于构建社区命运共同体，增强社区参保人员的及时获得感，从而促进商业保险公司完成市场层级化的转变。

（2）依托信息技术和社区组织，从运营端深度挖掘社区嵌入型养老服务的市场空间，从需求端拓展养老服务的经营内涵，促进养老服务机构完成层级市场化的转变。既往研究一般认为政府公办养老服务机构运行体制僵化、服务效率较低以及市场商业养老服务机构赢利动机共同导致养老服务供给呈现"哑铃"形产品结构，养老服务低端化和高端化并存，而符合大众

第七章 商业养老保险与养老服务融合发展的理论分析

需求的中端养老服务供给相对缺乏。这一解释同样没有触及养老服务发展滞后的深层次原因。从公众的立场看，公众购买养老服务更多的是期望得到多元化、个性化、定制化服务；而养老服务的层级化、集约化经营使得服务递送更趋向于提供标准化服务，标准化养老服务的质量事实上又难于准确评估和有效监督，这同样降低了公众购买养老服务的获得感和体验感。信息技术和社区组织恰好可以破解这一难题。在运营端，社区组织与养老服务机构结合，依托社区组织的高度"嵌入性"优势，大力开展社区嵌入型养老服务，可以更好地发挥养老服务机构有限的人力、物质资源的功效。养老服务机构将业务经营下沉到社区，有利于增进社区养老服务基础设施的建设，提高养老服务设施利用率，提升养老服务的可及性，亦使得社区养老、居家养老成为可能。同时，通过社区组织的连接、叠加、转换功能，连接了社区成员的多样化需求，叠加了社区成员之间互帮互助的爱心，并将社区组织内部无法提供的专业化服务转换成市场有效需求，有效拓展养老服务的外延，将单一的生活照料型养老服务拓展为集日常生活照料、健康保障、精神慰藉、老年娱乐、老年消费等于一体的覆盖全体居民、全生命周期、全方位的综合养老服务体系。在需求端，养老服务机构可以运用现代信息技术拓展自身服务的经营内涵，促进养老服务机构完成层级市场化的转变。如养老服务机构可以运用大数据来匹配客户养老的物信关系，利用客户画像提供精准服务；亦可以运用人工智能技术，利用可穿戴设备实时监测老年人的身体健康状况，对出现危急病情的老年人进行健康预警、提供远程医疗服务；通过线上 App 平台实现一键下单、选择服务人员、在线支付、服务评价、意见反馈等功能，从而突破有限资源的养老服务机构在较为宽广的时空中开展服务的限制，为社区成员提供全方位、多元化、全流程服务。

简而言之，依托信息技术和社区组织，商业养老保险与养老服务在运营端、需求端均有望实现更为充分的功能融合，两者相互支撑、相互监督，形成产品和服务供给的闭环，真正实现以客户价值为中心，进行产业链整合与客户价值创造（见图7-4）。依托信息技术和社区组织，商业养老保险与养老服务实现功能融合，有助于破解商业实践中存在的诸如进入门槛高、合作信任机制缺乏、服务质量难以保障、管理无效率等问题,能够有效促进养老产业迈向效率型、服务型、公益型的可持续发展的互惠新时代。

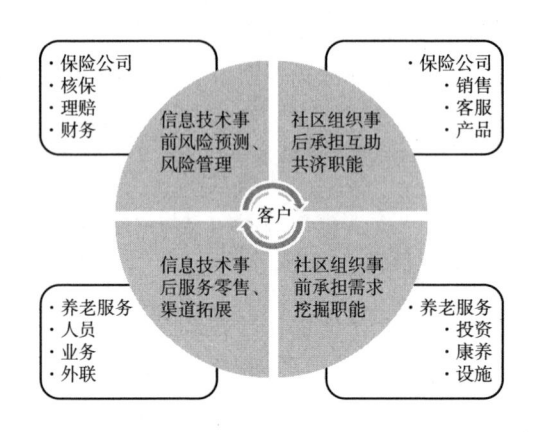

图7-4　信息技术加持下商业养老保险与养老服务融合的可持续闭环模式

3. 构建多元主体间的合作伙伴关系是实现商业养老保险与养老服务融合发展的有效路径

(1) 保险公司基于合作-共享理念,共建共治社区嵌入式养老服务网络。社区居家养老服务在我国多层次养老服务体系中居于基础性地位。服务设施和服务网络建设滞后,是制约社区居家养老服务发展深度和广度的主要"短板"。以特定社区的保单持有人(商业养老保险的保单持有人,亦可扩展至更广意义上的人寿保险保单持有人)为主要服务对象,保险公司充分利用负债业务积累的巨额保险资金,投资建设社区居家养老服务设施和服务网络。鉴于社区成员往往分属于不同保险公司的保单持有人,为了实现最大化规模经济效应,基于合作-共享的经营理念,保险公司在协商一致的基础上,可以依据保单持有人的占比或者保单现金价值的占比分摊出资额,"组团"建设社区居家养老服务设施和服务网络。对于面向全体社区成员的居家养老服务设施建设项目,政府可以在土地供应、社区闲置房屋租赁、税费优惠和建设经费补贴上给予倾斜性政策扶持。养老服务机构建设与运营是社区居家养老服务网络建设的主要内容,保险公司直接投资建设社区养老服务机构,并依托保单持有人基于关系和信任形成的社区组织运营管理社区养老服务机构。社区居家养老服务的生产和递送由保险公司投资建设的社区养老服务机构提供,亦可引入市场竞争机制,向独立的第三方市场主体购买专业化服务,在切实降低养老服务供给成本和维护养老服务供给质量两者之间寻求平衡。为了切实扩大规模经济效应,在社区养老服务机构之外,保险公司可以组建专业化的技术支援平台,依托互联网技术,将服务网络辐射至多个社区,从而实现养老服务资源的有效整合,极大提升了服务资源的使用效率。

社会效益和经济效益的平衡,是持续推进商业养老保险与养老服务融合发展的重要保证。保险公司投资建设社区居家养老服务设施和服务网络,在践行企业社会责任、培育社区成员的保险意识、深耕公司品牌宣传的同时,亦通过社区居家养老服务的生产和递送,以会员制或按服务项目收费的方式实现合理的经济效益目标,较好地实现了保险产品和服务的价值创造,以价值创造培育客户,以增值服务凝聚客户,从而实现了保险资产-负债业务的相互促进、有机协调。

(2)基于关系-信任形成的社区组织参与社区养老服务机构运营,有助于挖掘社区互助养老模式的资源优势,有利于降低社区居家养老服务的生产和递送成本。现代城市社区更像是一个陌生人的社会,而不是具有传统意义上共同体特征的"熟人社会"。当现代城市社区的血缘、业缘、学缘等社会链接纽带日渐消解后,社区组织的生成需要寻求新的"链接元素",需要根植于新的载体之上。保单持有人的相同的保险契约支撑和共同的价值诉求,是社区组织得以生成和发展的基础。保险公司依托保单持有人基于关系-信任形成的社区组织管理社区养老服务机构,并遵循权力共享、信息沟通、责任分担、合作意愿以及基于伙伴关系的绩效评估等原则,从而构建激励相容的协作、伙伴关系,实现社区居家养老服务网络建设的资源整合目标。就实践发展而言,保险公司依托社区组织参与社区养老服务机构运营,有必要充分利用区块链技术,深入挖掘社区互助养老模式的资源优势。安全、高效的区块链技术可以通过身份和"声誉管理"系统构筑多方信任,优化用户体验,增强安全感和信用度,其在理念和技术上与互助养老有着天然的契合度。区块链技术应用于社区互助养老的现实场景,有助于构建一个低成本的可信环境,有利于培育和发展"在地"人力资源,从而实现养老服务资源的有效链接。

四 商业养老保险和养老服务融合发展的政策建议

科斯在提出产权理论后,曾经预言混合组织将是未来社会企业的普遍组织形式,本章的研究印证了科斯当初的预判。随着社会经济的发展,人们的需求在不断发生改变,商业模式的内涵和外延也在不断发生改变,从战略、运营、盈利分析,到构成要素分析,到价值链条分析,再到利益相关者分析,商业模式在交易成本最小化和盈利最大化之间一直在寻找一个均衡。而这个均衡就是在给定环境条件下,通过信息传递和激励相容的机制设计达到的最优解(田国强和陈旭东,2018)。一个重要启示是,商业模式发展的终极形式可能正是以客户为中心的可持续的闭环模式,因为在以客户为中心的可持续的闭环模式中,交易成本是最小的,而商业机构的盈利是最大的,社会公众也能获得可持续的福利。既往商业模式理论研究的多元化、难于统一也恰好反映了技术进步与制度变迁对商业模式内涵形塑的丰富性。本章运用市场制、层级制和混合组织治理理论,分析了商业养老保险与养老服务融合的重资产模式和轻资产模式,提出了依托社区组织的互联网轻资产模式才是商业养老保险与养老服务融合发展的正确路径。本章的分析逻辑对于可持续养老保障制度供给模式创新也有重要的启示意义。另外,依托社区组织的互联网轻资产模式,政府的经济治理职能进一步简化,市场和社会的职能进一步加强,因而本章对我国进一步深化市场制改革也具有方法论上的借鉴意义。值得注意的是,上述商业养老保险与养老服务融合的可持续闭环模式仅仅是在理论分析上的一种设想,具体到商业实践中,商业保险公司和养老服务机构的融合路径可能会呈现多样化的特点,这也是未来需要进一步拓展的研究领域。基于前文的分析和研究结论,提出如下政策建议,以期有效促进商业养老保险和养老服务更好地融合发展。

（一）商业保险公司和养老服务机构应加快组织重构，持续推进整合型养老服务体系建设

信息时代，人们的生产、生活方式发生深刻变革，碎片化、灵活化、多元化的生产生活方式正在突破传统企业生产组织的边界，企业的商业模式设计不能只考虑内部构成要素以及与外部生产者的互动关系，而是要在更广泛的时空内，将作为生产对象和服务对象的消费者考虑进来，围绕消费者的多样化需求，打造商业模式的闭环。为此，商业保险公司和养老服务机构在其内部组织结构上，可考虑在原先功能模块的基础上，以形成有效的信息传递和激励相容机制为目标，面向消费者进一步整合相关功能模块，简化公司运行流程，降低组织内各部门协调成本，从而提升产品和服务的供给质量。具体来说，商业保险公司和养老服务机构应围绕需求端和运营端进行组织重构。在信息技术支持下，商业保险公司的核保、理赔、精算、财务等中后台运营部门可进一步整合为运营端，履行风险识别、风险预测、自动核算等职能；而产品开发、营销渠道管理、客户服务等前台部门可进一步整合为需求端，围绕社区居民的多样化需求，履行风险咨询、产品销售和服务、风险预防等职能，保险公司服务人员的绩效考核与风险预防、风险控制绩效相挂钩，推动保险经营服务下沉到基层，实现商业养老保险的长线经营。同理，在信息技术支持下，养老服务机构可将护理部、业务部、外联部等部门进一步整合为需求端，围绕客户画像精准服务，履行业务拓展、联合外部合作者、居家护理等职能；相应地，投资运营、康养、设施维护等部门可进一步整合为运营端，依托社区组织，开展康养基地建设、医疗护理设备购买，并做出相应的投资决策。这样的组织结构划分有利于建立整合型养老服务体系。比如在资金链上，前端商业养老保险负债业务形成的保险资金积累，可用于后端养老服务机构的长期固定设施投资建设；而在服务链上，后端养老服务机构的护理人员可同时承担前端商业养老保险的风险预防职能；在客户群体方面，商业保险公司和养老服务机构可全流程服务于同一社区的客户群体；在技术链上，商业保险公司前端的风险预测信息可作为养老服务机构后

端产品服务定价的依据,而养老服务机构基于客户画像的信息也可作为前端商业保险公司核保和风险定价的依据,从而实现了信息共享。

(二)坚持政府主导、多元并举,切实推进社区组织的生成和发展

政府的支持在推进商业养老保险与养老服务融合发展中必不可少。依托社区组织的互联网轻资产模式,商业保险公司和养老服务机构对互联网信息技术的利用并不存在问题,而真正构成障碍的是社区组织的生成。没有社区组织的支撑,商业养老保险和养老服务的融合发展目标势必难以达成。改革开放以来,中国社会结构急剧转型,"单位制"[①] 总体上已经受到很大程度的削弱,"单位人"向"社会人"转变,但承载"社会人"的社区组织却发育滞后。社区组织发育滞后,将不可避免地导致中国社会结构的"韧性"不足。持续推进国家治理现代化,"重建社区"显得尤其紧迫(郑杭生和洪大用,1996)。

"重建社区",其着力点在于培育和发展社区组织。认同和信任是社区组织得以形成的两个重要因素。认同和信任可以基于血缘、地缘、学缘而形成,也可以基于共同的意识形态和价值追求而形成。本质上,认同和信任孕育于社区成员的关系网络之中。在社会结构急剧变化的今天,只有尊重、继承中国"乡土社会"的结构性要素,并依循现代性的挑战而不断调适社区组织的结构性要素和组织方式,"重建社区"方可成为可能。具体来说,发展社区组织要遵循一些基本的原则:既要坚持政府主导,又要明晰政府的权力边界,改善政府权力的施行方式;既要充分发挥市场机制的资源配置优势,又要更加重视社会机制的有效协调功能;既要以实现社区成员的共享为目标,又要强调社区成员所肩负的共建共治义务。

根源于社会结构的急剧转型,传统的社区组织在功能和运营层面均很不

[①] 改革开放前的"单位制","单位"是社会组织的一种特殊形式,实际上是国家组织的外延产物,其功能和活动方式、范围都是国家分配的结果。

稳定，如何引入市场机制，引导市场主体参与社区组织的运营，是制约未来社区组织发展的关键问题。传统工业时代以财产积累为目标、生产－生活相割裂的分工生产方式，被认为是社区成员情感联系断裂、社区组织无法生成的根本原因。信息化生产的服务经济时代，通过企业层面运营端、需求端的组织模式重构，在需求端通过社区人力资本培育为企业发展提供激励，在运营端通过社区固定资产沉淀对企业服务进行约束，以客户为中心打造生产－生活一体化的闭环商业模式，将是促进社区组织生成的可行路径，也是助推现代经济从要素投入型增长向人力资本积累内涵式增长跨越的动力源泉。相应地，政府也要从财权向上集中、事权向下分散的管理体制转变为面向基层群众的事权向上集中、财权向下分散的决定权、执行权、监督权三权分立的功能性分权体制，以便更好地服务于社区组织生成和人力资本积累，实现政府、社会、市场三种机制的有机协调。

第八章　多层次医疗保障制度
　　　　创新发展研究

《中共中央　国务院关于深化医疗保障制度改革的意见》、《"健康中国"2030规划纲要》及《中华人民共和国国民经济和社会发展第十四个五年规划和2035年远景目标纲要》等重要文件多次强调建立健全全民医疗保障体系的重要意义，并明确提出我国医疗保障制度未来发展的主导方向，是多层次医疗保障体系的整体建设。

我国从1998年建立城镇职工基本医疗保险，2003年开始试行新农合，2007年开始试行城镇居民基本医疗保险，后两项保险制度均以解决参保者大病医疗费用为主要任务，2005年开始实施医疗救助制度，2012年为减轻居民保险大病负担开始推行城乡居民大病保险制度。2016年开始整合城镇居民医保和新农合两项制度，建立统一的城乡居民基本医疗保险。经过20多年的努力，我国已基本搭建起基本医疗保险、补充医疗保险（以多种形式的大病医疗保险和商业健康保险为主）、医疗救助制度三部分构成的多层次医疗保障制度框架，即"全民医保"体系（孙祁祥等，2007；任苒等，2009）。其中，基本医疗保险在制度层面实现了参保人员的全覆盖，国民健康水平不断提高。截至2019年末，参加全国基本医疗保险的有135407万人，参保率为95%以上。其中，城镇职工基本医疗保险参保人数为32925万人，城乡居民基本医疗保险参保人数为102483万人。2019年，全国基本医保基金总收入24421亿元，比2018年增长10.2%；全国基本医保基金总支出20854亿元，比2018年增长12.2%，占当年GDP的比重约为2.1%；全国基本医保基金累计结存27697亿元。2019年全国医疗救助基金支出502.2亿元，资助参加基本医疗保险的有8751万人，实施门诊和住院救助7050万人次。2019年城乡居民大病保险实现全国县市级全覆盖，参保居民医疗费用实际报销比例上升为15%~20%。商业健康保险的快速发展满足了部分高收入群体更高层次的医疗风险规避需求，2019年健康险业务原保险保费7066亿元，比2018年增长29.7%；2019年健康险赔付支出2351亿元，仅占当年全国基本医疗保险支出的11.27%，补充性商业健康险的发展空间巨大。①

总体来看，我国多层次医疗保障制度体系建设已经初具规模，但仍然面临一些问题：基本医保制度"一层独大"，政府财政压力大；补充保险发展滞后，尤其是商业健康保险保障缺口大；医疗救助基金来源有限，救助精准性有待提高；管理多头，多层次制度间缺乏有效衔接；医疗费用上涨过快，医保基金收支平衡的压力不断增大，"三医联动"改革急需提升推进进度（邓微，2014；仇雨临，2017）。根据2020年2月25日中共中央、国务院发布的《中共中央 国务院关于深化医疗保障制度改革的意见》（以下简称《意见》），明确了我国多层次医疗保障体系的发展目标：在2030年全面建成以基本医疗保险为主体，以医疗救助为托底，补充医疗保险、商业健康保险、慈善捐赠、医疗互助共同发展的医疗保障制度体系。本章结合我国多层次医疗保障体系发展现状及实地调查资料，重点对基本医疗保障的四大运行机制的完善、企业补充医疗保险的实施难点、新环境下商业健康保险的创新发展路径、网络医疗互助制度发展存在的问题与改革方向等多层次体系建设中的热点难点问题进行研究，并有针对性地提出各层次医疗保障制度建设的创新路径和系列政策建议，推动我国多层次医疗保障体系的均衡发展和逐步走向定型成熟。

---

① 国家医疗保障局：《2019年全国医疗保障事业发展统计公报》。

一 健全和完善基本医疗保障的运行机制[①]

（一）巩固优化基本医疗保障筹资机制

政府相关部门应着眼于我国医保基金中长期平衡和可持续发展，建立健全与我国基本国情相适应、与各方承受能力相匹配、与基本健康需求相协调的筹资运行机制，加强基金运行管理和风险预警。

1. 强化基本医保参保工作

完善基本医疗保险参保制度和政策体系，建立健全全国统一的参保登记服务平台，推动职工和城乡居民分类保障，待遇与缴费挂钩，基金分别建账、分账核算，推进法定医疗保障制度更加成熟定型，稳定居民医保缴费预期。完善外出务工和流动人员参保政策，进一步优化灵活就业人员等新业态从业人员缴费政策和流程，将新经济组织、新业态从业人员、新个体户等纳入法定医疗保障制度范围。

2. 提升基本医疗保障参保质量

按照应保尽保、依法参保的要求，推动各类人群全面参保。完善参保缴费方式，提高参保缴费服务便利性。各地应建立同公安、民政、卫健、残联、税务等部门的信息共享机制，及时掌握新生儿、新就业人员、新常住人口等信息；各省市应尽快接入国家医保系统，建立健全户籍人口参保数据库，明确已参保、未参保、不参保人员和死亡人员，实现参保信息动态查询和管理。深化征缴体制改革，全面推动自主申报缴费，做好流动就业人员参保和跨统筹地区基本医疗保障关系转移接续工作，加强城乡居民参保缴费服务，压实乡镇、街道参保征缴责任，实施网格化管理，切实保障参保覆盖率。

[①] 该部分内容根据课题组成员丁少群等参与的四川省及泸州市等地"医疗保障十四五规划"调研课题成果进行归纳整理，同时还参考了国家《"十四五"全民医疗保障规划》的相关内容。

3.完善责任均衡的多元筹资机制

建立与经济社会发展水平和居民人均可支配收入相适应的稳定可持续的筹资机制，优化个人缴费和政府补贴结构，均衡个人、用人单位和政府三方筹资责任。探索建立基准费率制度，规范缴费基数政策，根据医保基金运行状况和群众负担水平变化监测情况动态调整费率。根据各统筹地区的实际情况，适当稳定个人缴费预期，避免一刀切和个人缴费增长过快，设法减轻经济欠发达地区家庭缴费压力。尽快研究应对老龄化医疗负担的多渠道筹资政策。

4.逐步提升统筹层次和统筹质量

按照制度政策统一、基金统收统支、管理服务一体的标准，全面提升基本医疗保险市级（或省级）统筹质量。对于仍然停留在地市级统筹的省（区），建议按照省级统一预算，省市两级调剂，省市县三级责任共担和分级经办的思路，先实现基本医疗保险调剂式省级统筹，再逐步过渡到统收统支的全面省级统筹（顾海和孙军，2016）。支持有条件的省、地市（州）探索推进医疗保障部门垂直管理，实现统筹地区医保系统人员编制、机构、经费等统一管理使用，进一步提升地区间基本医保的公平性和管理效率。

（二）健全完善基本医疗保障待遇机制

政府相关部门要进一步巩固提升医疗保障待遇，尽力而为、量力而行，实事求是确定保障范围和标准，增强基础性、兜底性保障，巩固医疗保障脱贫攻坚成果，完善重大疫情、灾害医疗救治费用保障机制。

1.巩固提升基本医疗保险待遇

统筹门诊和住院待遇政策衔接，优化城乡居民基本医疗保险门诊费用统筹报销制度，根据基金承受能力不断提高保障水平。改革职工基本医疗保险个人账户，建立健全职工基本医疗保险门诊共济保障机制，拓宽个人账户资金使用范围，允许家庭成员看病共济，探索用于家属参加城乡居民基本医保等个人缴费。建立基本医疗保险待遇清单管理制度，明确待遇边界、政策调整权限、决策制定程序，推动医疗保障制度法定化、决策科学化、管理规范化，既避免过度保障，又防止保障不足。根据经济社会发展水平和基金承受能力稳步提高大病保险保障水平，合理确定大病保险起付标准。建立健全与经济发展、筹资能力相衔接的基本医疗保险待遇动态调整机制。

2. 健全和完善医疗救助制度

建立救助对象及时精准识别机制，全面落实资助参保政策，实施分层分类救助，合理控制救助对象政策范围内自付费用比例。坚持保障公平适度，既不拔高、也不降低，合理引导预期，密切关注特困供养人员、事实无人抚养儿童、重症精神病患者等困难人群的医疗救助需求。建立健全防范因病致贫返贫长效机制，结合区域特点，积极引导慈善社会力量参与医疗救助，探索建立各省统一的医疗救助经办流程和救助办法（白晨和顾昕，2015）。促进"十四五"医疗救助政策与"十三五"医疗救助支持健康扶贫政策的平稳过渡和有效衔接，筑牢民生托底保障防线。加强医疗救助基金管理，促进医疗救助统筹层次与基本医疗保险统筹层次相协调，提高救助资金使用效率，最大限度惠及贫困群众。

3. 巩固医疗保障脱贫攻坚成果，与乡村振兴有效衔接

坚持基本标准，统筹发挥基本医疗保障、大病保险、医疗救助三重保障制度综合梯次减负功能。构建长效医保扶贫机制，研究制定针对脱贫不稳定户、边缘易致贫户、突发严重困难户的支持措施，防止脱贫不稳定户、边缘易致贫户、突发严重困难户因病致贫、因病返贫（丁少群和苏瑞珍，2019）。分阶段、分对象、分类别调整脱贫攻坚期超常规保障措施，将不属于低保对象、特困人员和返贫致贫人口的脱贫人口逐步转为按规定享受基本医疗保险待遇，取消不可持续的过度保障，将脱贫攻坚期地方自行开展的其他补充保障及相关投入统一并入医疗救助资金，确保政策有效衔接，待遇平稳过渡。加大医疗救助资金投入，倾斜支持乡村振兴重点帮扶县，助力乡村振兴战略实施。

4. 完善重大疫情、灾害医疗救治费用保障机制

建立健全重大疫情、灾害医保基金提前预拨、结算机制，确保在紧急情况下医疗机构先救治、后收费，确保患者不因费用问题影响就医。建立特殊

群体、特定疾病医药费豁免制度，有针对性免除医疗保障目录、支付限额、用药量等限制性条款，减轻困难群众就医就诊后顾之忧。统筹医保基金和公共卫生服务资金使用，提高对基层医疗机构的支付比例，实现公共卫生服务和医疗服务的有效衔接。

（三）持续改进医疗保障支付机制

按照"保基本"原则，完善医保目录动态调整机制，深入推进医保支付方式改革，建立管用高效的多元复合医保支付制度。

1. 完善医保目录动态调整机制

立足基金承受能力，适应群众基本医疗需求和临床技术进步，动态调整优化医保目录，将临床价值高，经济性评价优良的药品、诊疗项目、医用耗材纳入医保支付范围。各地应严格按照药品目录管理职责和权限，全面执行国家医保药品目录，消化自行增补品种。修订完善国家《基本医疗保险用药管理暂行办法》，建立适合各省市区的民族药、中药饮片、医院制剂医保支付管理办法，统一各省基本医疗保险药品数据库。强化医保药品分类管理，完善药品单行支付政策，健全医院和药店"双通道"供药机制。针对不同地市医保诊疗项目差异大的状况，建议以省为单位逐步修订统一基本医疗保险诊疗项目目录和管理办法，及时将符合条件的"互联网＋"诊疗项目纳入医保支付范围，支持共享医疗服务发展，提升基层医疗服务能力，降低患者就医费用负担。制定医用耗材管理办法，规范医用耗材的医保准入和医保支付管理。研究制定罕见病用药保障政策。

2. 完善多元复合医保支付方式

完善医保基金总额预算管理办法，推进区域性医保基金总额控制，逐步实现以按病种付费为主的多元复合式医保支付方式。推广按疾病诊断相关分组（DRG）付费、区域点数法总额预算和按病种分值（DIP）付费改革；推进医疗康复、安宁疗护、慢性精神疾病等长期住院及医养结合住院、家庭病床等按床日付费；逐步建立完善家庭医生医保签约服务包，实行按人头付费；探索符合中医药服务特点的支付方式，鼓励提供和使用适宜的中医药服务。落实紧密型县域医共体医保管理改革任务，强化考核管理和激励机制，对符合条件的医共体实行"一个总额付费、结余留用、超支不补"的医保管理。推进门诊医保支付方式改革，规范门诊特殊慢性病、门诊统筹等门诊医疗服务的医保支付方式，完善与门诊共济保障相适应的付费机制。

（四）加快健全基金监管体制机制

加快推进基金监管制度体系改革，聚焦构建全领域、全流程的基金安全防控体系，基本建成医保基金监管制度体系和执法体系，形成以法治为保障，信用管理为基础，多形式检查、智能监管为依托，党委领导、政府监管、社会监督、行业自律、个人守信相结合的全方位监管格局。

1. 完善监督检查制度

加强基金监督检查能力建设，建立健全基金监管执法体系，明确监管机构，加强人员力量，强化技术手段，推动建立医疗保障基金监管执法队伍。坚持依法监管，完善日常巡查、专项检查、飞行检查、重点检查、专家审查等多种形式相结合的检查制度。推行"双随机、一公开"监管机制。建立和完善政府购买服务制度，建立和完善引入信息技术服务机构、会计师事务所、商业保险机构等第三方力量参与监管的制度和机制，提升监管的专业性、精准性、效益性。

2. 健全智能监控制度

建立以大数据为基础、与省级智能监控系统有效衔接的全市统一智能监控平台，实现对医疗行为和医疗费用全方位、全流程、全环节智能监控。不断完善药品、诊疗项目和医疗服务设施等基础信息标准库和临床指南等医学知识库，完善智能监控规则。对接定点医药机构数据系统，通过技术手段实现对就医过程的事前、事中监管和对药品、医用耗材进销存数据的实时监管；推广视频监控、生物特征识别等技术应用，对重点人群、关键场所、关键环节实施真实性监控；将异地就医、购药直接结算纳入智能监控范围。

3. 推进监管方式创新

将家庭医生融入医保基金网格化监管服务管理，拓展延伸医保基卫服务管理平台覆盖面与功能应用。建立医药机构及其相关工作人员、参保人员及参保单位信用记录、信用评价制度和积分管理制度。创新定点医药机构综合绩效评价机制,将信用评价结果、综合绩效考评结果与预算管理、检查稽核、定点协议管理等相关联。探索推动医疗保障领域信用管理纳入社会公共信用管理体系,依法依规实施守信联合激励和失信联合惩戒措施。

二 企业补充医疗保险可持续发展障碍与创新路径

(一)我国企业补充医疗保险的现行发展模式及主要特征

在计划经济时期,我国企业以劳保医疗的方式过度承担了员工的健康生命保障。20世纪90年代我国实行了企业制度的市场化改革,发展多种所有制并存的企业经济,国有企业开始剥离原先承担的养老、医疗等社会责任,逐步成为独立的市场经营主体。与此相适应,我国建立了专业化管理的统一的城镇职工基本医疗保险制度。但为了既减轻一些企业的负担,同时又尽可能不减少员工的个人福利,1995年1月《中华人民共和国劳动法》第75条提出"国家鼓励雇主根据单位的实际情况为工人建立补充保险"。此后的24年里,国家又多次出台文件鼓励企业、员工、保险公司、工会等各方积极参与补充医疗保险的建设。经过多年发展,我国已形成了以政府为主导的多元发展模式的企业补充医疗保险制度。按照经办主体的不同可划分为三大类经办模式(段迎君和李林,2013;丁少群等,2013)。

1. 社保部门经办的企业补充医疗保险

这是目前最普遍的一种模式,是指社保部门既负责城镇职工基本医疗保险的经办,又制定具体政策规定补充医疗保险的参保资格、保费缴纳、起付线、封顶线、保障水平、医院管理、药品管理、赔付支出等全流程操作方案,并实际承办该业务。参保人向社保部门缴纳保费,参保人在协议医院、药店产生大额医疗费用时,能获得在基本医疗保险报销基础上的二次报销。对于参保企业而言,保险方案趋同,不能满足不同企业员工对健康保障的差异化需求，参保企业处于被动参保状态。随着社保部门经办压力的增加，部分地区采取与商业保险公司合作经办的方式，具体又包括基金管理型、保险合同型和混合型三种合作方式。在三种合作方式下，随着商业保险公司承担风险的增加，社保机构和商业保险公司之间联系的紧密程度也随之增强。商业保险公司的参与，使补充医疗保险方案的设计灵活度有了提升、适应性增强、服务水平提高，但是对于参保企业而言依旧处于被动状态。从企业建立补充医疗保险的初衷来看，保险方案的地域趋同性使其无法起到相应的员工福利的激励作用，强制性实施增加了部分企业的缴费负担。从商业保险公司端看，虽然其在一定程度上缓解了政府经办人员不足的困境，但是保险公司介入受限于政府的管制，更像是政府的出纳，没有实质承担起管理式医疗中的医疗费用管控者的角色。

2. 工会、行业协会经办的互助型企业补充医疗保险

在我国，一些社会组织如工会、行业协会在企业补充医疗保险的建立上，也起到了一定作用，形成了以工会、行业协会经办的互助型补充医疗保险，如四川省总工会下属的四川省职工保障互助会举办的"职工住院医疗互助保险"，以企业（或机关事业单位）为单位自愿选择是否参保。全国总工会组织设立了"中国职工保险（保障）互助会"，各省总工会成立了相应的分支机构，各自独立开展业务。其目的是积极增进员工的福利水平，推出互助医疗保险，为员工提供医疗费用的补充保障。这种模式具有保费低、保障力度大、手续简便、赔付及时、计划诚信度高、不以营利为目的等特点，同时也体现了"互助互爱"的思想。这种方式在工会积极推动下在部分省市发展势头良好。例如其北京办事处截至2016年，已累计为职工进行互助金的给付报销80万人次，累计报销金额达15亿元。但是，这种互助模式缺乏可靠的保险精算，管理的专业性不强，对退休职工的保障受局限。该模式在大部分省市的参保率都不高，随着我国老龄化趋势的不断加剧，该模式若不能有效扩大覆盖面，将面临市场萎缩和不可持续的潜在风险。

3. 企业自主建立的企业补充医疗保险

除了以上两种形式外，一些有经济实力的大企业还为员工自建了企业补

充医疗保险。如中国石油、大港油田和煤炭[①]等一些大型国企，建立了一种内部自行支付的医疗保险模式。这种模式在医改过渡期尤其具有价值与意义，一是保障了劳保在转向城镇职工基本医疗保险的过程中，保障工人大病来临时能获得第二把保护伞，促进制度平稳过渡；二是在当时工伤保险不完善的情况下，通过这种方式为高危等特殊行业职工提供了有效的补充保障。但是基于大数法则，这种行业/企业自建的保险模式具有资金池规模小、分散风险能力弱等不足。因此，该模式在后来的发展过程中，出现了两种演变趋势：一是向社保部门承办模式转变，整合并入社保部门，由社保部门统一经办管理。如2015年8月，北京《关于印发部分行业企业医疗保险纳入全市统筹管理实施方案的通知》开始整合这部分企业补充医疗保险，将其纳入全市统筹；另一种则是由企业自行决定交给商业保险公司，实行市场化的运营管理。如广州粤电集团以年度计提方式按照职工工资总额的5%提取企业补充医疗保险基金，并且和泰康保险公司建立委托代管合作模式，存入泰康指定的账户，每年给泰康1‰的管理费，当员工购药、门诊或者住院时，凭发票按比例报销。此外，存入账户的资金泰康还会按照3.5%计息。企业对于补充保险的方案设计等具有绝对的控制权，从而能够很好地基于自身发展需要调整保险方案，根据企业人力资源管理需要决定报销人群、报销比例、就诊医院等。这一方面引发了企业的节税效应，同时由专业的第三方运营，虽然也交付一定的管理费，但是省去了自己营运管理的人、财、物的投入，而且还有固定的保证收益，因此，无论对于哪一方，都是一种互利共赢的合作模式。

此外，一些企业（如中国工商银行、中国建设银行以及一些外资企业）也会自主向商业保险公司购买团体健康保险产品，选择满足自身职工需要的产品方案组合。这种模式使企业在保险方案选择上有更大自主权，能给员工提供综合性的医疗保障。员工除了能获得补充的医疗费用报销待遇，还能获

[①] 《煤炭行业医疗保险制度改革指导意见》煤炭工业部1996年11月8日发布煤财字（险）字〔1996〕第549号。

得就医咨询、健康管理等综合性保障服务。一些大型金融企业会采取此种模式。

(二) 我国企业补充医疗保险可持续发展面临的主要障碍

目前我国企业补充医疗保险体系已形成多元主体的参与格局,但也存在着市场化程度低、企业缺乏主动性、各方主体参与积极度不高等问题。

1. 企业补充"基本化"现象严重,抑制商保参与积极性

当前社保部门除了在医疗保险的基本层次(即基本医疗保险层面)大包大揽外,补充层面上也是呈现介入过多的状态,对于参保企业而言,大都不清楚所缴医疗保险费用中包括了基本医保和补充医保两部分,补充医疗保险基本化现象严重。实际中企业补充基本化的多元主体格局,致使参保碎片化进一步加深,而各主体间有序竞争、相互促进的补缺关系并不存在(郑荣鸣和华俊,2013)。

我国人社部门自行经办了企业补充医疗保险制度,截至2018年底,全国参加补充医疗保险的职工为30150万人,几乎所有参加基本医疗保险的职工都参加了政府举办的补充医疗保险。政府承办的企业补充医疗保险成为强制参与性的保险制度,缺乏竞争性,企业补充医疗保险的责任落在了政府身上,呈现补充医疗保险基本化的现状,也在一定程度上压缩了其他主体的企业补充医疗保险参与空间(王信等,2020)。

商业保险公司等主体在健康保险市场上难以获得发展的空间,保险公司丧失发展动力,团体健康保险(包括了企事业单位的补充医疗保险)市场份额不升反降,转向个险市场的开发与发展(申曙光,2013)。截至2017年末,我国寿险公司经营的个人健康保险保费收入已达到3213.794亿元,是团体健康保险保费收入765.7883亿元的4倍有余。从近5年保费增速来看,个人健康保险保费收入平均增速达到55.64%,而团体健康险的保费收入平均增速为22.52%,团体健康险的保费收入增速远低于个人健康保险,2017年团险增速跌至19.24%。这进一步加剧了我国第二层次的企业补充医疗保险在多层次医保体系中的空心化现象。

2. "三医未联动"背景下带来高昂的无效交易费用

社保主导型的企业补充医疗保险发展格局，还造成政府、保险公司、卫生服务机构等之间的协同发展关系不紧密，商业保险公司处于弱势地位（许飞琼，2010；于新亮等，2016）。这种割裂的利益关系，加上卫生服务市场和健康保险市场固有的专业性，导致政府强制型保险市场、卫生服务市场的垄断加剧，形成严重的不完全竞争市场，从而带来各方之间的交易成本、契约监管成本以及机会成本等外部交易费用增加。

医疗服务市场是一个庞大的生态圈，相互之间关系错综复杂，参与方包括企业/员工、医院、医生、药企、商业保险公司和政府。从供需的角度来看，企业/员工和商业保险公司处于医疗服务市场的需求端，其中，企业/员工是医疗服务的核心需求方，商业保险公司是辅助需求方；医院、医生、药企处于医疗服务市场的供给端，提供医疗服务的医院和医生是医疗服务的核心供给方，提供药品的药企属于辅助供给方；同时还存在商业保险公司和政府、商业保险公司和企业的委托代理等契约关系。同时，这个系统的本质关系是核心需求方企业/员工和核心供给方医院、医生之间的关系。但是我国医疗生态圈的政府强制力量使得垄断现象严重，各方主体间的合作性较差。不同于其他的保险，与健康相关的保险所涉及的保险市场、卫生服务市场等，最大的特点是信息不对称。卫生服务市场的专业性和我国卫生服务市场的垄断性更是阻碍了信息的流动。需求方与医生之间的信息不对称及我国的医院和医生利益关联，可能带来医生的诱导需求等道德风险；需求方的有限理性可能勾结医院医生，骗取医保赔款获利（贾洪波和阳义南，2013）。作为支付方的商业保险主体的缺位，而政府的监管能力有限，难以有效保证对卫生服务需求者、供给者的监管，这些因素共同推高我国医疗生态圈交易成本，使卫生费用和保险费率高昂，进而可能造成医疗卫生系统内的浪费严重。

3.企业参保缺乏选择自由，激励效应不足

我国以社保部门经办为主的企业补充医疗保险，企业对是否参保不具有选择的权利，此外社保部门统一提供的保险方案具有趋同性。这使得企业补充医疗保险的多元化补充功能和企业补充医疗保险对企业的吸引人才、留住人才的人力资本管理功能几近丧失。虽然企业补充医疗保险的建立在理论上能够提升员工健康水平，但是从吸引激励员工角度来说，其作用不大，对企业的激励效应不足。

在参保资格上，有的地方遵循自愿参保的原则，政府给予政策支持；但是，更多地区采取的是强制参保的方式，甚至对不参保的企业会予以一定处罚，如内蒙古乌海。这种强制性也体现在补充医疗保险的缴费机制上。从各地实际情况看，针对企业补充医疗保险的缴费，许多地方采取的方式是在基本医疗保险缴纳时一起上缴，同时单位将员工负担部分也一并上缴。通常地，单位按照全部职工缴费工资基数之和0.5%~1.5%缴纳，职工个人象征性按每月3元~5元的标准缴纳。部分地区采取完全由个人负担的方式，缴费方式为从个人账户直接扣除或者从其养老保险基金中扣除，缴费额度为50元/年~300元/年。还有地方是直接从统筹基金中划拨一部分作为大额补充医疗保险基金，单位和个人都不再单独缴费，如上海的地方医疗附加津贴就采取了这种方式。故总体来看，企业参保的自由度实质上是并不具备的。

保险方案在设计上丧失个性化、缺乏激励效应，是该种模式最突出的特征。在保障范围及水平上，这种模式下的企业补充医疗保险，与基本医疗保险完全对接。而随着生活水平的提升和疾病谱的变化，员工对健康管理的需求巨大，现行企业补充医疗保险模式难以满足。而且在现行模式下，同一地区不同的企业保险方案相同且企业都参加，通过补充医疗保险吸引人才的功效难以实现。

此外，我国的商业健康保险市场留给企业的可选择性也非常不足。这体现在两个方面：一是团险市场呈现高度的行业集中现象，2017年团体健康保险的CR4达到69.56%，这就使得参保企业在进行保险选择时，议价能力薄弱，保险公司的可选择性较低；二是我国保险公司能拥有的团体健康险产品有限，提供给企业的选择空间不足。《2018年中国（大中城市）商业健康保险发展指数报告》显示，截至2017年底，受调研公司投放市场的商业健康保险产品总数为2432个，个体医疗险产品占54.7%，短期产品占70.7%，而与基本医疗保险衔接、功能互补的团体健康险产品不到30个。特别地，市场上精准定位于不同企业群体的产品缺乏，对于拓展保险责任的产品，如积极的健康检查、健康维护、健康促进等产品极其匮乏。即使少数保险公司产品包含了健康管理等项目，实践中企业员工的体验感也并不佳。

4. 不同企业参保差异大，员工福利设计缺乏对补充保险的准确认知

企业在进行员工福利策略设计时，也存在着与员工实际需求不匹配的现象，在健康险的需求满足上表现得尤为明显。根据中国保险行业协会等机构发布的《2016年中国（大中城市）职工福利保障指数调研报告》，2016年中国职工福利保障指数总体水平为70.4，整体处于"基础水平"区间的中间位置。在保障充实性方面，企业对国家规定的职工福利保障要求贯彻得较好，基本养老保险和医疗保险基本实现全覆盖，福利指数高达95。而企业年金、补充医疗保险等非强制性员工福利，在不同地区间、行业间、企业间存在较大差异，国企、有工会的企业、上市公司和互联网企业的职工福利保障水平较高，而中西部地区及民营企业的员工福利水平普遍偏低，特别是中小民营企业自愿建立补充医疗保险的覆盖率不到30%。在保障公平性方面，企业提供福利保障项目时往往"重激励""轻保障"，公平性指数偏低，自愿性商业保险福利指数增长缓慢。在员工福利费用支出中，企业每年为员工购买商业补充保险的费用占员工工资总额的12.1%（税前），而其他的非保险类福利占7.9%（税前）。而在直接反映员工对于雇主健康投入的满意度上，绝大部分员工（58.3%）对于雇主提供的商业保险都表示不满意。问及员工最希望得到的福利时，大部分职工表示愿意增加缴费以获得商业健康保险和长期护理保障；11.4%的职工已购买税收优惠健康保险，56.5%的职工有意愿购买。但是问及雇主在未来1～3年对员工福利的投入时，大部分雇主表示会在社会保险（73%）和住房公积金（70.6%）上增加投入，增加商业补充保险和非保险类福利的分别只占58.1%和48.4%。这表明员工福利项目的结构存在一定的供求脱节及不合理性。

5. 企业和个人参加补充医疗保险的政策激励不足

总体来看，我国针对个人和企业参加企业补充医疗保险的税收优惠模式比较单一。我国虽然提出了对于企业参加补充医疗保险在工资总额的5%以内的保险费用部分税前扣除的税基优惠方式，但是享受条件较严格，必须是企业为全体员工购买才能获得相应的福利减免。这使得企业针对不同类别的员工实施差异化的补充医疗保险激励机制受到限制，比如对于只想为其高管或优秀员工购买保险的企业缺乏激励效应，或者企业为员工家属购买补充医疗保险缺乏税收激励机制。

企业员工在参加企业补充医疗保险方面，缺乏相应的税收政策，只能用税后工资缴纳补充医疗保险费。且企业补充医疗保险税优政策与第三层次的个人税优健康险税优政策，还在一定程度上引发高收入群体与中低收入群体之间、企业与员工之间的"囚徒效应"。一些具有税收优惠标识码的个人税优型健康险，由企业或个人购买，个人能享受最高限额每月200元的个人所得税税收优惠，而其他的企业补充医疗保险，企业缴纳部分则必须与当月个人的工资收入合并缴纳个人所得税，对于个人而言，企业补充医疗保险在缴纳阶段并没有获得税收优惠。

低收入群体与高收入群体对税优险和企业补充医疗保险的偏好差异，造成税优效应不足。首先个人税优型健康险的200元税收优惠在不同群体之间实际减税额度不同，工资收入越高的群体相比工资收入低的群体可能获得的税收减免额度越高，一些低收入群体反而完全不能享受税收优惠，而恰恰这群人更需要防范因病致贫的健康保险产品，由此造成"损不足补有余"的不公平投保现象。

企业与员工对于税优健康险和企业补充医疗保险选择的利益冲突，造成企业补充医疗保险税优不济。个人税优健康险产品获取流程复杂，企业为员工申报的成本较高，这削弱了企业为员工购买该产品的积极性，而其他企业补充医疗保险相比税优险，对员工而言是不能获得税收优惠的，因此在对企业补充医疗保险和个人税优健康险的选择上，一定程度上存在员工与企业之间的利益关系冲突（刘伟等，2014）。

（三）企业补充医疗保险可持续发展的动力机制优化与对策思路

1. 推动补充医疗保险发展路径由政府主导向企业自主建立转变

在我国现行的政府主导的企业补充医疗保险发展模式下，各企业之间在人力资本的竞争上同质化严重。从经济学角度看，企业在人力资本投入和产出上，这种同质性，带来的边际效应也相同。在人口红利消失时，这种模式的企业补充医疗保险低效的激励效应难以实现对企业长期发展的推动作用。正如达尔文进化论所言，竞争带来进步，因此给予企业自主权，允许其建立差异化的企业补充医疗保险将是推动整个系统向前发展的机遇（段迎君和任晓春，2019）。所以，政府需要转变现行的企业补充医疗保险发展模式，逐步向以市场为主导的模式转变，可以在基本医疗保障已经比较完善的区域试点推行补充医疗保险的市场化，在各方协同上具体有以下两点需要注意。

一是各地要调整基本医疗保险结构，政府管好基本，释放补充市场空间。在这种创新性发展中，由于各方的非理性，政府责任与市场提供补充保障的边界需要明确。办好基本医疗保险是政府首要的任务。各级政府只有切实做好基本医保工作，切实改变各自为政、无序发展的格局，严格按照中央政府的基本保障额度要求、保障范围要求，保证基本层面的稳定和可持续发展，实现基本医疗保险以公平性为主的目标，保障大多数参保人群发生的普通疾病治疗的经济需要。而在补充层面，则放开市场，给予其他主体发挥补充保障作用的空间，才能真正实现各层次的功能互补、协同发展。

二是多措并举鼓励商业保险公司积极介入，在产品开发、风控管理等方面全方位提升补充保险的运营能力。在新经济背景下，资管能力也需加强。从数据分析中可简单测算出，如果政府放手，企业补充医疗保险按照当前基本医疗保险缴纳率为8%、2018年职工基本医保基金收入为12278.3亿元的标准来计算，若补充医疗保险按企业工资总额的1%缴纳保险费，将释放1534亿元的医疗保险市场容量，将为整个商业健康保险市场注入大约为现在1/3的资金容量。新经济背景下，这笔巨额资金的注入对保险公司资管能力、健康管理等也提出了新的要求。保险公司需要提升专业化管理能力，提升人员素质等全方位布局。

2. 实现补充医疗保险保障方式由经济补偿向兼顾健康管理转变

现代医学已从"疾病医学"转向"健康医学"，从重治疗转向重保健，坚持"预防为主"的健康管理，非常符合当下国民对健康的消费需求，健康管理受到高度重视（唐金成和张杰，2017）。其意义在于通过改变或改善健康服务的手段，提高公民的健康的有效组织行为，且用最小的投入获取最大的健康改善效果。国内健康管理与保险的联系源于其在基本医疗保险领域的运用，如家庭医生、"基层首诊"等模式的运用。近年来，健康管理在我国商业健康保险领域相关企业也开始探索运用。从实际效果来看，我国的企业补充医疗保险并未对企业的长期绩效起到应有的作用。这一方面是吸引和留住人才的激励效应不足，另一方面是该种由政府主导的经济补偿的模式限制了企业补充医疗保险员工的健康管理功能的实现，未能实现人力资本质量的提升，未能带来如美国那样 1 美元健康投入获得 6 美元的企业绩效。

我国应当在企业补充医疗保险领域鼓励企业按"补充医疗保险 + 健康管理"的模式发展，通过补充医疗保险的健康管理功能，一方面可为企业绩效增添积极效应，另一方面，疾病风险管控也是健康保险经营的核心内容和关键环节。健康管理则是控制疾病风险的重要工具，通过发生疾病前的健康教育、病中就医服务、病后康复指导和护理等全程健康管理服务，改善用户健康状况，减少疾病发生率，也能有效降低企业补充医疗保险支付方的保险赔款支出。保险企业可以通过服务完全外包模式、自行提供服务模式、与医院协同合作三种方式介入企业员工的健康管理。保险企业通过对承保企业的员工进行健康咨询、健康评估、健康体检、专家健康讲座、生活方式指导、预约挂号等服务，实现职工的健康危险因素识别和疾病预测、行为纠正、疾病管理，既可促进员工健康素质的有效提升，又可降低保险企业的承保风险，减少赔付支出。同时，在这几种模式下，保险公司与医院之间也打破了传统的第三方支付模式，结成了利益相关者关系，可实现多方共赢，同时也为内化交易费用提供了可能性。

3. 优化调整我国企业补充医疗保险的扶持政策体系

（1）构建针对性扶持鼓励政策，促进不同类型企业职工群体的积极参与

考虑到在现行的新经济背景下，部分中小企业负担重、赢利难的现状，政府可出台一些针对性的鼓励发展策略，通过税基、税额、税率等的优化调整，鼓励人力资源密集型行业补充医疗保险发展。对有需要但保障不足的企业，比如收入水平较高的一些高新技术企业，通过提高税优额度的方式鼓励他们建立差异化的高额补充保险。同时，针对保险市场上中小企业的弱势地位，政府可以采取类似于美国的做法，搭建网络平台，鼓励各家保险公司产品入驻该平台，中小企业可以联合以较低费率在该平台采购所需的企业补充医疗保险产品，政府对企业的采购直接予以相关税费减免等优惠扶持（江才和叶小兰，2008）。

（2）优化企业员工福利政策，降低无效福利

很多企业在经济下行态势中缺乏参保积极性，毕竟企业是以营利为目标的。但是，调整员工福利投入结构，也不失为促进企业补充医疗保险发展的重要途径。在我国员工福利的管理方面，并没有对各种福利项目的规范限定，因此许多企业虽然会有投入，但是很多都是企业内部决定，并且具有一定的行业扩散效应。这也说明，如果有某些激励措施能够让企业在员工福利策略上进行改进，或许会通过行业扩散、地区扩散效应实现企业补充医疗保险的大发展。建议国家层面通过制定统一政策来指导和规范员工福利策略，降低企业的无效福利，鼓励企业增加健康保障类福利项目。

三 适应新环境的补充性商业健康保险创新发展路径[①]

随着中国生育政策的放开和人口结构的变化，与之紧密相关的商业健康保险也应当积极调整，以适应其变化。中国的商业健康保险自1982年恢复

---

① 该部分内容由丁少群、陈文宏合作完成。

业务以来，经历了近四十年的发展历程，与国外发达经济体的健康保险相比，起步较晚，发展时间尚短。近年来，中国的商业健康保险一方面在快速发展，另一方面又存在诸多问题，特别是在一些方面还远远不能适应生育政策的变化，无法抵抗生育政策放开后选择生育二孩、三孩的家庭新增风险。

（一）面对新的人口环境和多层次保障需要商业健康保险发展的不足

1. 专业化经营不足，垄断现象严重

从商业健康保险的供给主体来看，中国的专业商业健康保险公司较少，大部分是和寿险、财险混合经营，而国外发达经济体的健康保险一般是专业化经营。商业健康保险专业化经营，是由专业的健康保险公司或在保险公司内设健康保险部，利用专业的人才、技术、信息管理系统等经营健康保险并对其进行单独核算，包括专业化的经营主体、专业化的经营范围、专业化的经营理念、专业化的管理制度、专业化的健康管理等。中国的商业健康保险经营门槛相对较低，所以寿险、财险、专业健康险公司都可以经营商业健康险（顾昕，2009；卓志和孙志成，2015）。截至2020年3月，中国共有100多家保险公司经营健康保险，在售健康险产品共有4352款。[①] 其中自2005年以来，中国专业健康保险公司仅有7家，分别为中国人民健康保险、平安健康保险、和谐健康保险、昆仑健康保险、太保安联健康保险、复星联合健康保险和瑞华健康保险，其中瑞华健康保险公司于2018年5月4日成立。中国的专业健康保险公司起步较晚，专业优势还不明显。从公开数据来看，中国的健康保险市场格局呈现"倒三角"形态，例如2019年前9个月除和谐健康保险外（2018年中国银保监会对安邦保险集团实施接管，并将接管期限延至2020年2月22日），第一梯队的中国平安寿险和中国人寿，单家保费收入超过600亿元，占健康保险市场份额的34%左右；第二梯队的共9家保险公司，单家企业健康险保费收入超过100亿元，占健康险市场份额的

[①] 中国保险行业协会，http://www.iachina.cn/。

45%左右[1];第三梯队的公司单家健康险保费收入大都不到50亿元,占整个健康保险市场份额的21%左右。由此可见,中国的商业健康保险专业化经营能力不足,且市场垄断现象较为严重。

2.保费增长速度快,但整体保障功能不足,缺口大

从商业健康保险保费收入情况来看,保费增长速度较快,但市场规模仍然较小。人身险分为商业健康险、寿险和意外险,从各险种保费收入来看,商业健康险保费增速高于寿险和意外险。2011~2019年寿险保费收入增长了1.6倍,意外险保费收入增长了2.5倍,商业健康险保费收入增长了9.2倍。健康险保费收入占原保费收入的比重从4.82%增长到16.57%。从体现商业健康险保障功能的赔付支出角度看,商业健康险的赔付支出占我国卫生总费用的比重从2011年的1.48%上升到2018年的2.95%,增幅较小,占卫生总费用的比重较低。由此可见,商业健康险的总体规模仍旧不足,对中国家庭的整体保障功能还有待提升。

从商业健康险的发展程度来看,其密度和深度增长较快。公开数据显示,2019年商业健康险保费收入为7066亿元,健康险深度由2010年的0.17%增长至2019年的0.71%,健康险密度由2010年的50.5元/人增长至2019年的504.7元/人。[2] 与海外发达经济体对标,2015年德国、美国、法国、英国的健康险保费密度分别达3472美元/人、3131美元/人、1588美元/人、1007美元/人,中国健康险与之相比仍存在较大的差距。根据中国保险行业协会发布的《2018中国(大中城市)商业健康保险发展指数报告》,2018年中国商业健康保险发展指数为63.0,较2017年的60.6有所提升,但整体发展处于基础水平,仍有很大提升空间。[3]

3.产品结构比例失衡,差异化严重不足

从提供的健康保险产品来看,中国的健康险产品同质化严重,产品结构比例失衡。从健康保险产品结构来看,中国保险行业协会人身险产品信息库

---

[1] 银行保险监督管理委员会,http://www.cbirc.gov.cn/cn/view/pages/index/index.html。
[2] 国家统计局,http://www.stats.gov.cn/。
[3] 中国保险行业协会,http://www.iachina.cn/。

的数据显示，当前的健康保险产品主要以医疗保险和疾病保险为主，护理保险和失能收入损失保险则较少（齐子鹏等，2018）。截至2020年3月，在售健康保险产品共计4352款，其中，个人税收优惠型健康保险产品34款，占比仅为1%，非个人税收优惠型健康保险产品4318款；在非个人税收优惠型健康保险产品中，医疗保险2308款，占比为53.45%，疾病保险1890款，占比为43.77%，失能收入损失保险28款，占比为0.64%，护理保险92款，占比为2.13%。失能收入损失保险和护理保险合计占比竟不足3%，由此可见失能收入损失保险和护理保险产品严重不足，健康保险产品的供给严重失衡。

从健康保险产品内容来看，失能收入损失保险产品数量最少，截至2020年3月，在售失能收入损失保险产品28款，其中主险17款，附加险11款。并且现有在售的失能收入损失保险中很大一部分是针对职业运动员、飞行员等特定职业或是团体保险，根本不能有效满足中国家庭的失能收入损失需求。护理保险的供给也严重不足，截至2020年3月，在售护理保险产品92款，其中主险61款，附加险31款；传统型产品75款，新型产品17款。并且护理保险的给付方式也较为单一，主要是按照保险合同定额给付，而没有对实际发生的护理费用进行补偿，也没有可供选择的服务型给付方式。如此一来，被保险人在获得保险补偿后，还需要耗费成本去寻找相应的护理服务，削弱了护理保险的保障效果，和其他健康保险相比并无实质区别，无法有效满足中国家庭的护理需求。再从医疗保险和重大疾病保险的角度来看，其主要是针对成人设计，其中少儿专属类医疗保险产品37款，少儿专属类疾病保险产品133款；老年专属类医疗保险产品10款，老年专属类疾病保险产品27款；女性专属类医疗保险产品34款，女性专属类疾病保险产品58款。[①]由此可见，目前市场上的健康保险产品差异化不足，主要还是针对成年人群体，无法有效满足少儿群体、老年群体和女性群体的特定需求。

4. 赢利难问题突出，专业健康险公司长期亏损

从专业健康险公司的赢利状况来看，大部分专业健康险公司依旧是赢利

---

① 中国保险行业协会，http://www.iachina.cn/。

难。由于普遍看好健康险市场，中国专业健康险公司近年来不断扩容，但由于健康险的高赔付、高费用，专业健康险公司基本处于微利或亏损状态。再看其他兼业经营健康险的保险公司，由于他们知名度较高，销售渠道更有优势，并且常将健康保险产品同其他产品捆绑销售降低产品价格取得竞争优势。因此，这样的价格竞争给专业健康保险公司带来很大的经营压力，让其专业优势无从体现。

从各公司年报来看，先成立的7家专业健康险公司2005～2016年基本都处于亏损状态。2018年除和谐健康保险外，中国人民健康、平安健康、太保安联健康、昆仑健康、复星联合健康、瑞华健康保险业务收入分别为147.98亿元、43.63亿元、27.17亿元、19亿元、5.2亿元、0.007亿元，分别实现净利润0.2亿元、1.44亿元、-1.37亿元、-7.7亿元、-0.87亿元、-1.24亿元。[①] 由于购买健康险的人群规模小，其赔付风险不能较好地通过大数法则进行分摊，再加上信息不对称造成的逆选择风险，使得高风险人群占比较多，赔付支出高（艾瑞咨询，2017）。其中和谐健康保险的净利润在2013年以后较为异常，这主要是因为其保险产品脱离主业而扭亏为盈。

总体而言，中国的商业健康保险近些年来虽然有较大改善，但真正的保障性健康保险需求和交易其实一直比较疲弱。第一，其总体保障规模和渗透率仍旧不足，无法为家庭提供充足的健康保障；第二，健康保险产品结构比例严重失衡，疾病保险和医疗保险的占比过大，失能收入保险和护理保险发展严重不足，无法满足人们的失能收入损失需求和老年护理需求；第三，健康保险产品多样化不足，主要针对成年人而设计，很少专门为儿童、孕产妇、老年人群等特定人群设计，无法满足扩张性生育政策下的儿童和孕产妇等特定群体的健康需求，从而无法有效解决家庭生育二孩的后顾之忧；第四，以营利为目标的商业保险公司健康险业务赢利较难，会严重影响其开发与推广健康保险业务的积极性；第五，专业化经营的不足可能会使得保险公

---

① 数据来源：各公司的公开年报。

司在健康保险的专业人才、专业管理制度、专业健康管理、专业产品设计等方面发展不足，从而无法适应人口环境的变化，不能满足人们的健康保险需求。因此，由于各种现实因素的限制，现有健康险产品无法较好地满足人们的市场需求，不能很好地适应生育政策和人口环境的调整变化。

（二）发挥商业健康险重要补充作用的政策建议

1. 适应人口环境变化带来的需求变化，创新商业健康保险设计

（1）创新孕产妇特种疾病保险

在中国现阶段二孩政策全面放开和未来生育政策可能全面放开的背景下，孕产妇数量将会增加。除妊娠疾病之外，孕产妇死亡也是威胁孕产妇身体健康和生命安全的重大因素（李娟等，2018）。目前在保险市场市面上提供的女性特定疾病保险一般不含女性孕产身故保险。因孕产死亡的女性每年仍高达0.183‰左右，中国女性孕产期间的死亡风险不可忽视，所以女性重大疾病保险也不可缺少对这一风险的保障。

因此，保险公司在设计女性重大疾病保险产品时必须格外关注孕产妇这个特殊群体的健康和死亡状况。基于孕产妇的妊娠疾病和孕产妇死亡风险，创新设计孕产妇特殊疾病保险，将妊娠期妊娠糖尿病、子宫破裂、羊水栓塞、妊娠期急性脂肪肝等常见的妊娠疾病纳入保险责任之中，同时还需要加入孕产身故保障责任。这样的健康保险产品设计就可以在妊娠期和分娩期为孕产妇提供必要的保险保障。

当然，在保险市场中由于单一的保险责任对投保人的吸引力并没有那么强，因此孕产妇特种疾病保险除了针对孕产过程中的特殊风险外，保险公司还可以考虑将一般的重大疾病也包含在保单之中，争取为收入水平较高的中高端客户提供更为全面的健康保障。例如，应当包含《重大疾病保险的疾病定义使用规范》（2020年修订版）中指定的6种疾病，即恶性肿瘤、急性心肌梗死（重度、较重）、冠状动脉搭桥术、重大器官移植术或造血干细胞移植术、脑中风后遗症、终末期肾病。这6种重大疾病的发病率，在全部25种重大疾病中居高不下，因此，孕产妇疾病保险产品保障的疾病范围除了孕

产期的特殊风险外，还可以将以上6种高发重大疾病包含在内。除此之外，对于收入水平更高的中高端客户，保险公司还可以将子宫原位癌、乳腺原位癌、子宫颈原位癌、卵巢原位癌、输卵管原位癌、阴道原位癌等女性高发的原位癌疾病也列入女性特定疾病保障之中。当然，针对某些病情轻、治疗简单、费用较低的轻症疾病，全面的健康保障也可以把它们包含在内，只需将此类疾病保障的保险金设定低一些即可。这样可为孕产妇提供更便捷、更全面的健康保障（金维刚，2013；何文炯，2014）。

（2）完善儿童综合健康保障

少儿群体无疑是受扩张性生育政策影响最大的群体之一。根据前文的分析，儿童的健康风险有别于成人，且不同年龄阶段的儿童群体面临的主要风险不同，他们对商业健康保险的需求结构也有别于成人群体。因此，可以根据三个阶段的少年儿童的投保人较为关注的风险内容，作为儿童健康保险产品的开发依据。同时，考虑到少儿主要面临医疗、意外事故和儿童教育这三类风险，因此，保险公司在开发设计保险产品时，为了达到抢占市场的目的，可以结合市场上消费者的保险需求，把儿童健康保险和儿童教育险或其他类型的儿童保险进行合并营销，为儿童提供全面、便捷的保险保障（张丽萍和王广州，2018）。

首先，针对0~3岁的孩子，由于其体质较弱，保险公司应当提供住院医疗险的保障，同时考虑到孩子未来的教育成本，可以在保险产品中融入教育基金元素。此外，该年龄阶段的少儿发生意外的可能性较小，设计保险产品时为了降低保费和简化保单条款，保单可以暂不考虑意外风险。

其次，针对4~12岁的孩子，除了疾病风险外，由于该年龄阶段的孩子活泼好动，意外风险最高，所以保险公司应将意外风险的承保提升到首位，产品设计应当更加偏重对意外风险的保障，最好是对意外事故的具体类型、不同类型意外的占比情况等信息进行深入收集和细化，以便进一步改进意外医疗保险产品。同时，此年龄段儿童保障疾病的需求仍然强烈，所以疾病保险也可考虑。

最后，针对13岁及以上的孩子，因其各项身体机能都快发育成熟，身体素质、对一般疾病的免疫能力、对外界危险的认知等都大大改善,保单设计时主要专注于重疾和住院医疗费用的保障。

除此之外,设计儿童健康保险产品时还可以对保障内容进行细化,在保险责任中将儿童常见大病与其他病种区别开来,开发专门保障此类产品的疾病,增加儿童健康保险产品的可选择性。

(3) 扩展长期护理保险和失能收入损失保险

生育政策的放开尽管能够在一定程度上优化人口结构,但是仍旧不能扭转老龄化趋势,同时还会在一定时期内加大中年劳动人群的社会扶养压力。在此背景下,老年人群的护理需求和中年劳动人群的失能收入保障需求也很庞大。但是目前市场上销售的健康保险产品主要集中于重大疾病保险、住院医疗费用保险和住院津贴保险等,它们多数是以提供短期保障为主,并且各家保险公司设计的保险费率和保险条款大同小异。长期护理保险、失能收入损失保险等长期保障性的健康保险产品则非常少,供给端的不足抑制了人们对该类健康保险产品的有效需求,因此该类健康保险产品的市场供需缺口较大。

商业保险公司要提高对长期护理保险的重视程度,制定适应中国巨大的老年保险市场的长期发展战略,通过加强顶层设计,针对不同收入层次和健康层次的老年人群体设计不同种类的护理保险产品,降低老龄化对商业健康保险的抑制作用。

第一,保险公司要放开长期护理保险被保险人年龄的限制,长期护理保险产品既要定位于中高收入水平的老年群体,也要向低收入水平的老年群体适当倾斜。保险公司可以根据老年人群的不同健康状况、失能程度,分别制定不同的费率。同时,还需要考虑年龄因素,使长期护理保险产品的费率与被保险人年龄成正比,以此鼓励更多的中年人购买长期护理保险,运用"均衡保费法"将保费合理分摊到被保险人的各个生命周期当中,这样还能增加长期护理保险的保费收入。

第二,保险公司在设计长期护理保险产品时应当考虑增加新型产品。目前在保险市场上新型的护理保险产品还较少,因此可以考虑设计新型的理财类长期护理保险,以到期分红的方式激发消费者的购买积极性。

第三，长期护理保险的重点在于护理服务，因此商业保险公司要与医疗护理机构之间建立长期合作机制，保证医疗护理机构为被保险人提供高质量的护理服务，节省被保险人自己寻找护理服务的成本，同时还能在一定程度上控制医疗护理费用。

第四，对其进行再保险，分散老年风险和责任。考虑到经营长期护理保险和失能收入损失保险的风险较高，保险公司可以与再保险公司进行合作，让再保险公司分保以降低自身风险和运行成本。

除此之外，针对中年劳动人群，特别是家庭中的主要劳动力、经济支柱，在生育政策放开后，其家庭负担会不断加重，因此保险公司还应该加大对失能收入损失保险产品的设计完善。营销失能收入损失保险产品时主要还是针对高风险职业的人群和家庭中只有一个主要经济来源的人群，或是家庭中选择生育二孩或多孩的人群，这样的人群更能体会失能的严重性，也更容易接受失能收入损失保险。同时还必须扩大失能收入损失保险的覆盖范围。目前的失能收入损失保险仅局限于职业运动员、飞行员等极小范围的人群，因此可以考虑将失能收入损失保险的覆盖范围扩大，为更多职业的人群提高失能收入损失保障，并且将责任范围从"疾病"和"意外伤害"扩展到"生育"和"工伤"引致的失能，为中年群体提供更为全面的健康保障并提高人们的生育意愿。

2. 利用大数据和人工智能，提升健康保险服务能力

（1）利用大数据提高产品定价能力

健康险实现盈利有三个途径：一是定价能力比别人高，风险选择更精准；二是控费能力比别人强，成本控制得更好；三是通过医疗险交叉销售的其他险种来赚钱。未来保险公司要针对不同群体提供多样化、多层次、可赢利的差异化健康险产品，必须提高对健康保险的定价能力。商业健康保险如果采用统一费率厘定方式，对被保险人来说有失公平，而且对保险公司也会产生极大的风险。目前中国商业健康保险的费率制定主要根据行业出台的疾病发病率，而该发病率维度较为粗糙，为精算师制定健康保险费率提供的依据十分有限。同时，和医疗机构之间的医疗数据壁垒也抑制了健康保险产品

的设计。因此,精算师在研发健康保险产品时大多只能控制在医保范围内,以减少赔付风险。

鉴于中国的医疗数据壁垒暂时无法打破,所以在大数据时代背景下,保险公司应当参考多维度的数据来进行更加精准的风险评估,运用多维度的定价方式以减轻定价风险。保险公司可以利用大数据技术对被保险人的日常行为数据,如被保险人的身体情况、职业、生活地区、运动习惯、饮食习惯等多维度数据进行收集和分析,以此评估保险金赔付的概率,进而对不同风险水平的被保险人制定和其风险相匹配的费率,以实现保险费率精准化。这样不仅可以实现健康保险费率因人制宜,凸显其公平性,还能使保险公司在产品定价上真正实现以客户为导向的战略理念,促进商业健康保险市场的发展。

(2) 开展科技化健康管理服务

除了保险金的给付责任之外,保险公司还可以为被保险人提供健康管理等服务,例如专家预约、医院陪诊、出险后的协助理赔服务等。在生育政策放开和老龄化程度不断加重的背景下,尤其对于作为弱势群体的老年群体和孕产妇被保险人而言,这些健康服务更是特别需要重视的。对保险公司而言,健康服务是提高消费者满意度、提升客户黏性、展现健康保险产品特色、改善公司形象的关键因素,能够有效降低客户的二次开发成本和提高产品的继续率。同时,当代的年轻群体更加看重方便快捷、省时省力的保险购买和理赔方式,因此在"互联网+"的时代背景下,保险公司要积极向"保险+科技"的模式转变,融入现代科技的高效、便捷的健康服务才能更好地吸引和留住客户。

第一,利用科技手段,提高健康保险服务效率。保险公司应当加大资金投入,引进现代科技人才,积极提升自身科技水平和信息化水平,向科技型保险公司的方向进军。结合人工智能、大数据、云计算、物联网等最新科学技术,提高健康险投保、核保、理赔等一系列服务效率和服务质量。同时积极利用现代科技,通过互联网、手机 App 等网上手段进行理赔服务,简化实务单证的提取要求,做到一站式直赔,从而解决理赔流程烦琐、处理时间较长的问题,为投保人提供便捷的服务。

第二，利用科技手段，搭建医疗"O2O"健康服务平台。保险公司可以学习平安保险的管理式医疗服务模式，整合医、药资源，利用互联网，开发手机端、电脑端App，搭建连接客户和医疗服务提供方的健康服务平台。在医疗方面，客户登录App即可向健康服务平台的自建医生团队、加盟医疗机构进行免费的在线问诊、线下预约；在医药方面，用户登录App即可在线上健康商城购买药品，享受送药上门服务；在医保方面，客户登录App即可实现医保实时移动支付；在健康教育方面，客户登录App即可查阅相关健康生活知识。同时，对平台的所有服务项目进行投保，以便在发生医患纠纷时补偿用户的损失。

3. 完善并用好用足商业健康保险税收优惠政策

（1）根据生育孩次制定累进税收优惠制度

对于二孩的生育，家庭主要考虑两个问题：一是生育风险；二是养育成本。为了激发家庭的二孩生育意愿，提升家庭的商业健康保险参与度，应当对生育二孩甚至多孩的家庭给予更大的商业健康保险税收优惠政策。在未来生育政策可能全面放开的趋势下，国家可以借鉴中国个人所得税的税率政策原理，采取累进税率的方法，即家庭在购买税优健康保险时，随着生育孩子数量的增加而加大其边际税收优惠力度，这样才能增加税收优惠政策的吸引力。并且还要注意该类保险的保险期限，虽然生育期限较短，但是孩子的养育却是长期的事，因此税收优惠保险的保险期限应该保证其长期性，这样才能真正对育龄父母产生激励作用。当然，考虑到部分低收入群体或者农村家庭每年根本不缴纳个人所得税，健康保险的税收优惠政策对他们而言自然也无从谈起，对于这部分人群可以考虑将税收优惠替换为直接的商业健康保险购买补贴。

（2）根据收入水平制定累退税收优惠政策

从宏观层面来看，中国个人贫富差距较大，城乡收入差距较大，为了缩小贫富差距、城乡差距，国家对个人所得税一般采用累进税率，即高收入群体的边际收入税率更高。结合商业健康保险的税收优惠政策来看，可以采用累退的税收优惠政策，即对低收入者制定较高的健康险税收优惠比例，而对高收入群体制定较低的健康险税收优惠比例；对农村地区及低收入群体制定较高的健康险税收优惠比例，而对城市地区制定较低的健康险税收优惠比例，从而更好地满足不同收入水平消费者的健康保险现实需求，更好地开辟农村地区健康保险"蓝海"市场，同时也能促进社会公平。

（3）借助税收优惠政策优化健康保险市场结构

在未来老龄化不断加重、家庭子女数增加、中年人群生活压力增大的背景下，健康险产品将向长期护理保险、失能收入损失保险、健康管理服务等新领域扩展。健康险公司不能只局限于传统健康保险产品的销售，而应向新产品、新服务扩展。因此，国家税收优惠政策应当向新产品和新领域倾斜，才能激励和引导保险公司从传统的健康保险产品向新的健康保险产品、新的健康服务扩展。借助税收优惠政策来调整健康保险产品，最终使得健康保险产品结构更加优化。

（4）扩大税优健康保险覆盖范围

健康保险的税收优惠对团体或个人、雇员或雇主、个人或保险公司等不同主体会产生不同的效率和效果（朱铭来和王美娇，2016）。但是目前中国只有针对个人的税收优惠型健康保险，覆盖面较为狭窄。因此，国家应当扩大税优健康保险覆盖面。例如，企业在为雇员补充商业健康保险时，可以在成本中列支工资总额并可提高比例；保险公司经营健康保险业务的营业税和所得税可以免征或者减征；推行团体税优健康保险等措施，有效提高商业健康保险的覆盖面。同时，还需要完善已有的个人税优健康保险，针对已有的个税优惠商业健康保险产品，加大税收优惠力度和扩大覆盖范围，充分发挥其实际作用。

四 网络医疗互助平台运行机制的风险隐患及创新发展路径

网络医疗互助平台作为一种新兴的补充医疗保障模式，近年来得到飞速发展。但研究发现，医疗互助平台存在分摊金确定较为随意、会员增长难以为继、逆选择严重、会员权益缺乏监管保障等问题，互助平台的风险正不断积聚。因此，互助平台只有通过改革转型，才能在借助现代科技手段的同时，让更多的普通百姓都得到更为可靠和规范的保障，成为我国多层次医疗保障体系的重要构成部分（聂鑫森和丁少群，2020）。

（一）网络医疗互助平台运行方式的主要特征分析

随着"互联网+"时代的来临，网络互助平台作为一种以网络为运营基础的小额健康保障的互保平台得到了飞速发展。网络互助平台主要提供疾病互助计划、意外互助计划和家财互助计划三种互助项目，并逐渐成为大众喜爱的普惠性健康保障方式，其影响力在近两年得到很大提高，受到广泛关注。

与正式的股份制保险公司相比，网络互助平台具有投保门槛低、性价比高、信息公开透明等优势特征。网络互助平台宣称并不以营利为目的，其互助金也是在成员之间进行分摊。通过网络互助平台展业，成本大大降低，因此它成为不能负担商业保险较高保费的广大低收入群体转移风险的一种手段。在网络互助平台，会员每期只需分摊数元，便可获得几十万元的保障，在一定程度上弥补了我国社会保险在大病医疗等方面的缺位并解决了商业保险价格较高的问题，有利于社会的稳定和健康发展。

以国内首家全公开全透明的预防未来风险的网络互助E平台（以下简称E平台）为例，其参保规模发展迅速，截至2019年7月，E平台已有3385697名会员加入，累计帮助了2601个因癌症和意外而身故者的家庭，累计提供的资助金额已达449993045元，成为国内颇具影响力的癌症、意外保障网络互助平台。

对于单一类型的风险互助，E平台产品需分摊的金额较少。以其抗癌互助计划为例，自会员加入的次日起，满180天后首次诊断罹患癌症，每月仅需要分摊数元，通过审核后便可获得互助保障金。

E平台还以公众号等网络社交平台为媒介，公布每期受助会员、运营报告和会员监督委员会会议纪要等信息，以保证信息披露的公开、透明。同时，E平台还设有多层次的监督体系，并外聘相关专家对每一互助事件进行审定，力求做到公正、公开、透明，审核结果能被广泛认可。对于平台资金，E平台也委托招商银行进行全程托管，确保资金流向准确透明。

但是，这种新兴的风险分担模式也存在诸多局限，越来越多的人对此表示担忧。他们认为网络互助平台并不属于保险，它处于保险监管的盲区。同时，该平台产品的风险定价和费率厘定也缺乏精算基础，实际赔付具有不确定性，且每期的分摊金波动又较大，这一切都使人们为平台运行的可持续性担忧。

（二）网络医疗互助平台运行机制的内在隐患

E平台自成立至今已有6年，尽管参加互助的人数一直在增长，但深入分析其运营情况可以发现，不仅其参加者存在波动性、风险一致性的问题，而且在分摊金的确定与会员权益保护等方面也存在内在隐患。下面根据E平台2016~2018年运营数据，对网络互助平台的运行方式及其普遍存在的内在隐患问题进行分析。

1. 参加人数增速缺乏可持续性

尽管近年来E平台的参加人数一直在增长，但其近两年的增速却在持续下降，后劲渐显不足。人数增长放缓，会导致平台风险和运营的固定成本难以得到有效的分散。同时，如果长期都只有较少的新成员加入，那么，年龄较大的会员就会越积越多，这不仅会使平台的整体健康风险上升，而且还会因风险分摊金随时间延续持续上涨而增加个人的分摊负担，导致新成员更不愿意加入，形成恶性循环。

E平台抗癌互助计划自2014年7月公开运营以来，截至2016年1月1日，总会员数已达27.62万人。2016年10月~2018年12月，除去个别月份出现人数小幅波动外，总人数虽仍在增长，但自2016年第二季度以来，会员人数增长速度明显放缓。从2016年12月至2017年12月，抗癌互助计划会员人数由64.30万人增长超过一倍达到133.61万人；但2017年12月至2018年12月，会员人数仅增长27.4%。由图8-1可更直观地看出，总人数增长曲线越来越平缓，甚至接近于水平，说明总体增长后劲不足。

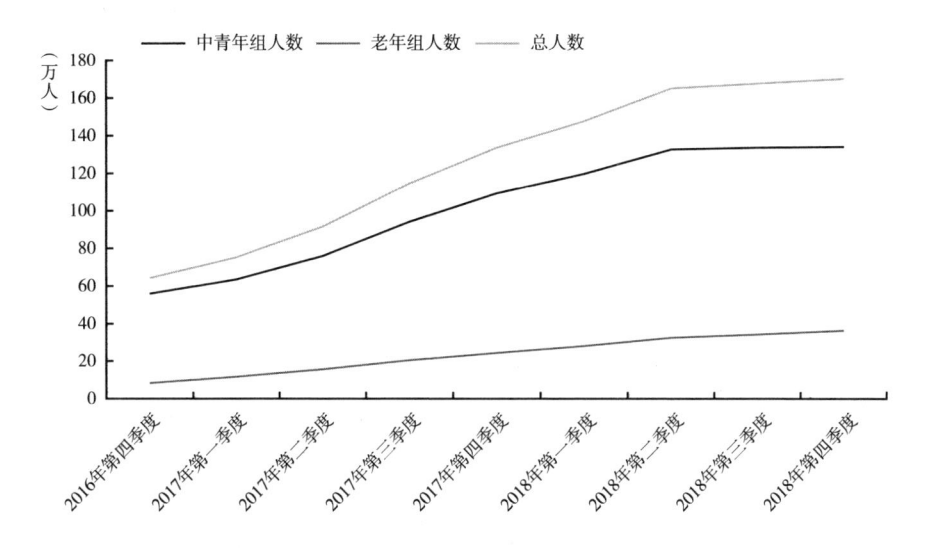

图8-1 2016~2018年E平台的成员人数变化趋势

与此同时，E平台还常通过推出一些促销活动，来刺激会员人数的持续增长，但通过这种方式增加的会员并不一定都是有效、稳定的会员。据了解，E平台为扩大规模，也曾推出过"e礼卡"等多种促销活动来拉动会员人数增长，但这可能只是一种虚假的增长。有些人被免费拉入后，因赠送的礼卡很快用完，又自动退出。由于对实际会员数量无从监督，E平台可能存在篡改、虚报会员数等情况。据了解，其他网络互助平台也同样存在增长后劲不足的情况，一些平台甚至因此而终止运营。

2.核保缺失，逆向选择日趋严重

为维护各被保险个体之间的利益公平，保险公司一般会在承保前对投保标的信息进行全面了解、核实，这样可在一定程度上降低投保人的逆向选择和道德风险。因为网络互助平台的核保过程，是全部借助网络进行的，投保人无须进行相关体检，只需提交一份告知书就可以成为平台会员。这虽在一定程度上降低核保成本和投保门槛，但是核保工作的缺失，也增加了投保人逆向选择的风险。

(1) 老年组人数占比迅速上升

从E平台抗癌计划的年龄结构看，中青年组人数占比逐年下降，老年组占比逐年上升。2016年到2018年底，中青年组占比由87.06%下降到78.57%，而老年组占比则由12.94%上升到21.43%，占比增加了近一倍。较之中青年，老年人是癌症的高发人群，对互助需求较高，更愿意参加网络互助平台，数据的变化反映出平台存在逆向选择风险。同时，随着时间的推移，一部分中青年组的会员因年龄增长也被平台自动划入老年组。这导致老年组人数越来越多，增加了平台的整体风险。

(2) 平台的实际癌症发病率居高，给付率上升过快

根据大数法则，在较大的人群中，因风险能够有效分散，群体的癌症患病比例会相对稳定，但E平台的发病率因参加人数增长缓慢及逆选择问题严重而在不断上升，这对平台的发展极为不利。这里假设将E平台每季度得到互助金人数占当期期末会员总人数的比重，作为季度的癌症发病率（也是给付频率），计算发现：E平台总体癌症患病比重呈逐季上升趋势。其中，老年组的上升速度最为明显，说明逆向选择的风险较为严重。

3. 分摊金计算缺乏精算基础，资金来源的可持续性令人担忧

(1) 风险定价和费率厘定没有遵循保险精算原则，缺乏科学基础

E互助平台对风险的差异化处理方法是仅按年龄进行简单划分，并对互助金额进行组内等额分摊。单从性别这一影响其风险程度的关键因素看，性别不同，癌症发病率的差异也会较大。25~50岁，女性的发病率要显著高于男性，却只得到与男性相等的分摊金。可见，这种风险定价和费率厘定的方法不甚合理。

(2) 每期实际分摊金额波动大，整体呈上涨趋势

网络互助平台以其高性价比为优势，但由于其保费（E平台称为分摊金）是事后分摊，缺乏刚性和精算定价的基础，且每期分摊金额均不固定，存在较大波动。从2016年10月到2018年8月，老年组和中青年组每期分摊金额均增长明显，波动较大。我们统计中青年组2016~2018年的每期

（基本为一个月）分摊金，并考虑最高互助金额调整的影响（2017年调整一次），对其进行平滑修匀，得到分摊金变动趋势图（见图8-2），可以明显看出每期分摊金额呈现上升趋势，使参保人面临较大的支出不确定风险。

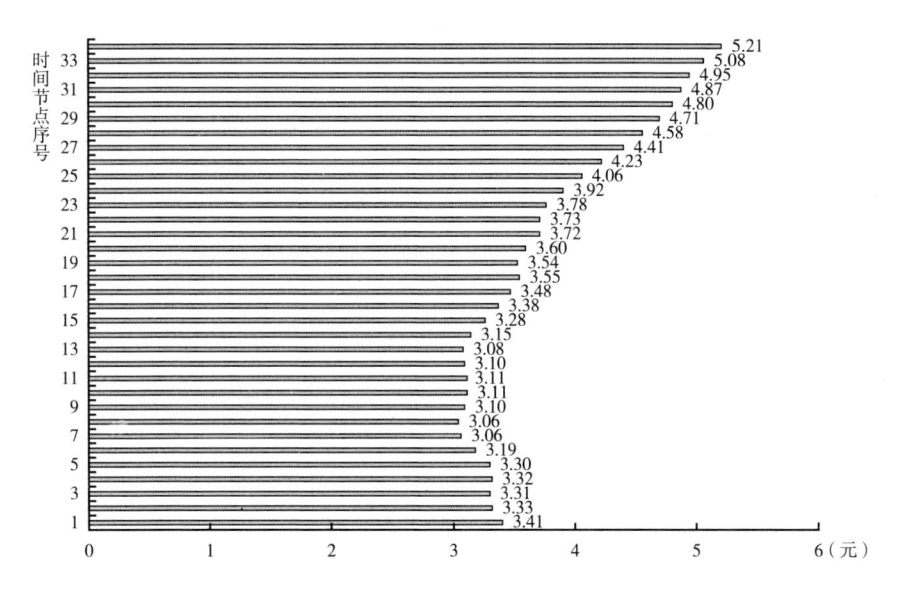

图8-2　2016~2018年中青年组修匀后的每期分摊金

（3）在年轻群体中价格优势不明显

网络互助平台对于年轻群体来说，并没有很明显的价格优势。某商业保险公司根据保险参保者年龄以年为梯度细化参保额，对于18周岁的参保者，每年仅需交付保费140元就可以获得高达200万元的保障。而E平台抗癌互助计划（中青年组），2018年须分摊总额114.07元才能获得最高50万元的保障。其他网络互助平台，在年轻群体价格分摊上的优势也并不明显。

4. 运营资质不足、缺少官方有效监督，参保人权利得不到保障

对于E平台的运营，主要靠其自律，官方监管完全缺失。《中华人民共和国保险法》明确规定，设立保险公司应当经国务院保险监督管理机构批准，并根据保险公司的业务范围、经营规模，调整其注册资本的限额。由于E平台在工商局是以科技型企业的名义注册的，并没有获得依法经营金融业务的牌照，不符合保险的本质要求，因此，其持续发展和参保人的权利也无法得到保障。《E 互助平台会员公约》规定："因客观或政策原因无法继续运作该平台，或会员数量低于一定数量时，有权关闭该平台。"其还规定："如有一次因为任何原因未能履行互助义务或余额低于 0 元，视为自动退出互助计划。"据了解，其他平台也有类似的条款规定。一旦余额不足，即视为丧失会员资格，其也就失去了相应的保障。监管的缺位使得互助规则完全由网络互助平台制定，导致参保人的权利得不到有效保障。

（三）网络医疗互助平台的未来改革创新发展方向

尽管网络互助平台具有上述内在隐患，但因其具有费用低、普惠性强和便捷性高的优势特征，又使其成为社会医疗保险、商业健康险等正式制度的重要补充。针对上述网络互助平台的种种隐患，要促进其可持续发展，作者以为，以下三种途径是可供其选择的转型发展方向。

1. 保留现有平台，但要健全运行机制，明确监管主体

（1）加强核保，减少逆向选择

现有网络互助平台准入门槛宽松，缺乏严格的核保程序，这在客观上就增加了逆向选择的风险。因此，在核保方面，网络互助平台应对申请者的健康状况进行严格核实，并适当增加体检等环节，以减少申请者的逆向选择现象。

（2）提高风险定价、费率厘定的科学性和审核管理的效率

传统的寿险基于保险精算的相关原则，进行差别化定价，使个体都能支付和自己所承担风险相一致的对价，而网络互助平台对互助金的分摊采取事后分摊的方式，不是提前按个体精算平衡，使得会员分摊的费用与自身风险不一致，增加了逆向选择和道德风险的发生。

对于互助金的申请，网络互助平台的审核通过率也较低。尽管 E 平台在同行业内已保持最高的审核通过率，但也还不到 70%。罹患癌症的会员因种种原因不能通过审核，势必也会影响其他会员对网络互助平台的信任程度，进而使网络互助平台名誉受损，最终导致会员流失。因此，网络互助平台相关规则亟待完善，审核通过率亟待提高。

(3) 明确监管主体，划分监管界限

根据《最高人民法院关于审理非法集资刑事案件具体应用法律若干问题的解释》中有关非法集资特征的规定，目前的网络互助平台除未承诺还本付息外，其他行为特征与非法集资高度相似，尤其是平台资金运营的金融特征明显，具有很高的金融风险。所以，加强对网络互助平台的监管非常必要，网络互助平台既然注册为科技型企业，就应该由工业与信息化部门监管；同时，对于其涉及的较大的资金往来问题，应该由金融部门负责监管；另外，如果它是与保险公司合作经营的，银保监会也应该主动作为。为保障社会大众的利益，网络互助平台的监管主体应明确，监管界限应划分清楚。

2. 创造条件向相互保险转型，接受保险监管和实施规范经营

网络互助平台的发起者通常以高科技公司居多，对于人工智能、区块链等技术的运用，高科技公司比一般保险公司要强，但它在风险和风险管控相关信息的积累方面不够充分，风险定价和费率厘定的技术手段也不够成熟。因此，其向相互保险组织转型，也不失为一条比较好的途径，这样做，可使会员分摊金的收取更加科学，提高平台对风险的控制能力，并可在接受银保监会监管的同时，逐渐走上规范经营的道路，同时还可充分发挥互联网保险费用低、普惠性强和便捷性高的优势。

网络互助平台可根据《相互保险组织监管试行办法》中对于设立相互保险组织的相关规定，积极为向相互保险转型创造条件。网络互助平台可通过建立会员大会机制来决定平台的重大事项；通过调整相关条款，使相关保险条款和保险费率适用银保监会的有关保险条款、保险费率的规定；并按照企业会计准则和银保监会有关规定评估保险责任准备金，使之符合银保监会对相互保险组织的规定，从而接受官方监管。

在向相互保险组织转型的过程中，网络互助平台应充分发挥其在高科技运用方面的优势，在现有保险公司不易涉足的领域，为现有保障体系提供补充，并向有关部门提出申请，争取在监管部门的支持下获得相互组织的相关牌照，并获得运营资质。

网络互助平台转型为相互保险组织，接受银保监会监管，既能使会员的

权利得到保障,平台走上规范化运营的道路,又能推动网络互助平台建设,充分发挥互联网保险门槛低、性价比高等的优势,让更多老百姓都能从中获得切切实实的保障。

3. 向慈善组织转型,纳入国家民间救助监管体系

网络互助平台运作本质上就是一种民间互助共济的行为,会员加入平台,对于癌症风险共同分担。在民间,互助行为一直存在,慈善组织自发筹集物资,救助社会困难群体的活动实际与网络互助的内容非常相似。向慈善组织转型,也不失为一种网络互助平台转型的方向。

《中华人民共和国慈善法》规定,慈善捐赠是一种"基于慈善目的,自愿、无偿赠予财产的活动",这说明慈善行为没有针对特定的对象,也没有相关的契约约束,而现有网络互助平台互助行为的受益者只局限于加入平台的会员,这与慈善捐赠的定义不符。向慈善组织转型,就要使救助行为不再针对特定的对象,会员分摊金转变为捐赠的慈善金,也就不必强调权利与义务的统一。

在转型之后,网络互助平台可以向民政部门申请登记,按照相关法律规定进行运营管理,并接受民政部门的管理,同时公开相关救助信息,自觉接受社会大众的监督;在内部设立监事会,对慈善组织资金的募集、投资活动及资金的用途等进行专门监督。目前网络互助的部分平台如夸克联盟等,已宣布获得公益牌照,纳入国家民间救助监管体系。向慈善组织转型,并纳入国家民间监管体系会使网络互助平台运营渐趋规范化,增加网络互助平台发展的可持续性。

第九章 多层次养老服务体系建设的路径优化研究

一 养老服务的发展现状及面临的挑战

(一)我国养老服务的发展现状

1.支持政策的密集出台促进养老服务的快速发展

党的十九大报告制定了积极应对人口老龄化的方针路线,努力构建养老、孝老、敬老政策体系和社会环境,推进医养结合,加快老龄事业和产业发展。近年来,养老服务发展迎来了政策蜜月期,体系建设的制度基础和框架结构逐步搭建并完善起来,各项政策细则也伴随改革试点的推进而逐渐定型。

2013年《国务院关于加快发展养老服务业的若干意见》和2019年《国务院办公厅关于推进养老服务发展的意见》可以看作养老服务政策领域两项重要的总体规划。《国务院关于加快发展养老服务业的若干意见》提出了通过完善投融资政策、土地供应政策、税费优惠政策、补贴支持政策、人才培养和就业政策以及鼓励公益慈善组织支持养老服务等途径,完成统筹规划发展城市养老服务设施、发展居家养老服务网络、加强养老机构建设、加强农村养老服务、繁荣养老服务消费市场、推进医疗卫生与养老服务相结合六项任务。《国务院办公厅关于推进养老服务发展的意见》则从深化放管服改革、拓宽养老服务投融资渠道、扩大养老服务就业创业和消费、促进养老服务高质量发展和基础设施建设等方面进一步完善养老服务体制，实现2022年满足老年群体多样化、多层次养老服务需求的发展目标。针对养老服务发展路径和具体任务，各项分类细化政策也纷纷出台。国家先后分五批开展中央财政支持居家和社区养老服务改革的试点工作，突出社区居家养老服务的基础地位；《关于加快推进健康与养老服务工程建设的通知》《关于深入推进医养结合发展的若干意见》等突出了在健康老龄化的理念下医养结合在养老服务发展中的重要作用，也提出了具体的建设思路和要求；《关于做好政府购买养老服务工作的通知》《关于运用政府和社会资本合作模式支持养老服务业发展的实施意见》等进一步理顺了政府与市场的责任和功能定位，鼓励和引导社会资本共同促进养老服务业的发展；《智慧健康养老产业发展行动计划（2017~2020年）》《关于促进"互联网+医疗健康"发展的意见》等为新一代信息技术、"互联网+"理念与养老服务及相关产业的发展提供了政策指导和制度基础；《国务院办公厅关于全面放开养老服务市场提升养老服务质量的若干意见》《民政部关于进一步扩大养老服务供给促进养老服务消费的实施意见》等在全面放开养老服务市场、推进服务有效供给和高质量发展、促进养老服务新业态与消费能力的同步提升、优化养老服务消费环境等方面提供了充分的政策支持；《关于金融支持养老服务业加快发展的指导意见》《关于养老、托育、家政等社区家庭服务业税费优惠政策的公告》《自然资源部关于加强规划和用地保障支持养老服务发展的指导意见》《养老服务体系建设中央补助激励支持实施办法》（2020年修订版）等也从金融、税收、土地等方面将支持养老服务发展的规划纲要、指导意见更加细化和落地（见表9-1）。

表9-1 2013~2020年有关养老服务的相关政策

序号	政策名称	时间
1	《国务院关于加快发展养老服务业的若干意见》	2013
2	《国务院关于促进健康服务业发展的若干意见》	2013
3	《关于做好政府购买养老服务工作的通知》	2014
4	《关于加快推进健康与养老服务工程建设的通知》	2014

续表

序号	政策名称	时间
5	《关于鼓励民间资本参与养老服务业发展的实施意见》	2015
6	《关于推进医疗卫生与养老服务相结合的指导意见》	2015
7	《关于金融支持养老服务业加快发展的指导意见》	2016
8	《中华人民共和国国民经济和社会发展第十三个五年规划纲要》	2016
9	《民政事业发展第十三个五年规划》	2016
10	《"健康中国2030"规划纲要》	2016
11	《关于确定2016年中央财政支持开展居家和社区养老服务改革试点地区的通知》	2016
12	《关于支持整合改造闲置社会资源发展养老服务的通知》	2017
13	《国务院办公厅关于全面放开养老服务市场提升养老服务质量的若干意见》	2017
14	《"十三五"国家老龄事业发展和养老体系建设规划》	2017
15	《智慧健康养老产业发展行动计划(2017~2020年)》	2017
16	《服务业创新发展大纲(2017~2025年)》	2017
17	《关于制定和实施老年人照顾服务项目的意见》	2017
18	《关于运用政府和社会资本合作模式支持养老服务业发展的实施意见》	2017
19	《关于确定第二批中央财政支持开展居家和社区养老服务改革试点地区的通知》	2017
20	《关于促进"互联网+医疗健康"发展的意见》	2018
21	《关于确定第三批中央财政支持开展居家和社区养老服务改革试点地区的通知》	2018
22	《关于促进护理服务业改革与发展的指导意见》	2018
23	《关于推进养老服务发展的意见》	2019
24	《关于进一步扩大养老服务供给促进养老服务消费的实施意见》	2019
25	《关于养老、托育、家政等社区家庭服务业税费优惠政策的公告》	2019
26	《自然资源部关于加强规划和用地保障支持养老服务发展的指导意见》	2019
27	《关于深入推进医养结合发展的若干意见》	2019
28	《关于确定第四批中央财政支持开展居家和社区养老服务改革试点地区的通知》	2019
29	《养老服务体系建设中央补助激励支持实施办法》(2020年修订版)	2020
30	《关于确定第五批中央财政支持开展居家和社区养老服务改革试点地区的通知》	2020

资料来源：作者整理。

2. 养老服务供给的质量和水平显著提升

经过多年的发展，我国养老服务从供给的数量和质量方面都有了显著的提升，养老服务的水平逐年提高。2019年末，全国共有各类养老机构3.4万个，养老服务床位761.4万张。从图9-1、图9-2和图9-3来看，尽管在个别年份有关养老服务的数据略有波动，但是从总体趋势来看，养老床位

图 9-1 2013~2018 年养老床位数和千人床位数

数据来源：根据民政部统计公报整理。

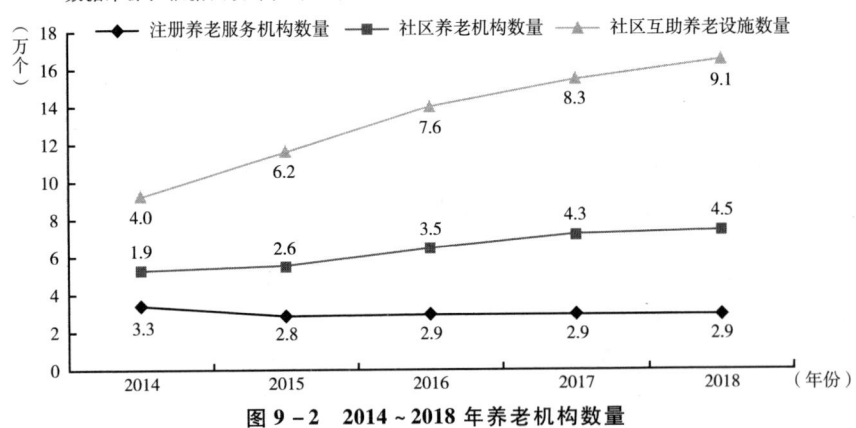

图 9-2 2014~2018 年养老机构数量

数据来源：根据民政部统计公报整理。

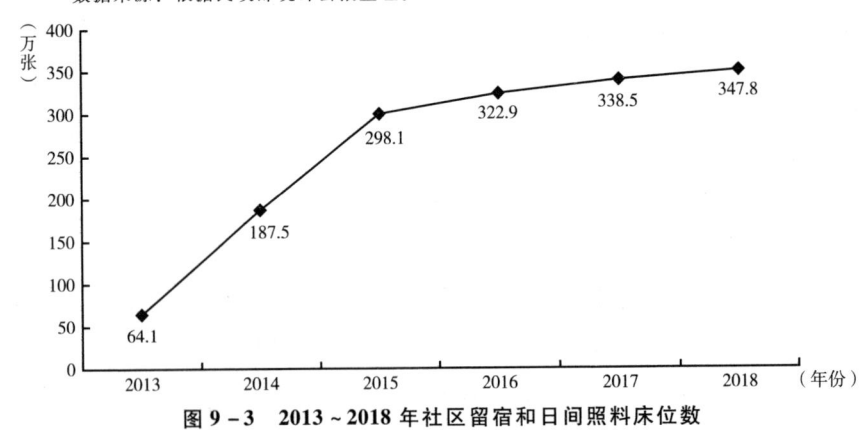

图 9-3 2013~2018 年社区留宿和日间照料床位数

数据来源：根据民政部统计公报整理。

数、千人床位数、养老机构数量、社区留宿和日间照料床位数等养老服务建设核心指标都呈上升趋势。这表明，国家和社会对养老服务支持和投入力度的叠加效应已经开始显现。

除了努力增加养老服务供给数量之外，养老服务质量也是衡量服务是否满足老年群体需求的核心指标。在养老服务政策法规体系优化完善的基础上，养老服务行业质量标准体系也逐步建立起来。2019年，在前期多项制度实施和政策效应显现的基础上，《养老服务标准体系建设指南》为全国养老服务标准化工作提供了统一和权威的统筹与指导。2017年开始，民政部联合住房和城乡建设部、国家卫生健康委、应急管理部、市场监管总局等连续开展养老院服务质量建设专项行动，在《养老机构服务质量基本规范》《养老机构等级划分与评定》《养老机构服务安全基本规范》等国家标准的基础上，推动养老院服务质量的提升。此外，结合"互联网＋"养老服务创新，智慧养老服务新业态发展迅速，借助大数据、人工智能、物联网、云计算、区块链等新一代信息技术所带来的新理念和新模式，智慧养老服务社区和养老服务机构不断涌现，各类养老服务设备和相关软件系统不断推陈出新，养老服务管理水平也伴随跨部门和跨行业的数据共享和大数据分析而开始变得更趋精准、科学和高效。

3.多层次养老服务体系的基本形态逐渐形成

在人口老龄化背景下，传统的家庭养老逐步向更加适应现代经济社会发展的社会化养老模式转变。"十三五"规划明确提出"积极开展应对人口老龄化行动，弘扬敬老、养老、助老社会风尚，建设以居家为基础、社区为依托、机构为补充的多层次养老服务体系"，2017年"十三五"国家老龄事业发展和养老体系建设规划则进一步丰富了多层次养老服务体系的建设内容，医养结合从功能性角度为原有以供给主体划分的体系提供了更加丰富的内容，健全以"居家为基础、社区为依托、机构为补充，医养结合的多层次养老服务体系"成为提升养老服务供给能力、供给质量和供给结构的发展目标。目前多层次养老服务体系在我国已经基本建立起来，居家养老、社区养老和机构养老三种形式都获得了不同程度的发展。居家养老服务是传统家庭养老的延续、补充和发展，根据不同的经济社会发展水平，全国各地都在探索适合本地发展的居家养老服务模式（丁建定，2019）。社区养老服务是家庭养老和机构养老之间的中间形式和载体，通过社区日间照料中心、养老服务驿站等养老服务机构以及养老服务志愿者等组织为老年群体提供服务支持。同时社区也作为基础治理主体，为外部专业化养老服务供给主体提供介入社区和居家养老的契机。2018年末，我国共有社区养老照料机构和设施4.5万个（其中：城镇1.8万个，农村2.6万个），社区互助性养老服务设施9.1万个（其中：城市0.9万个，农村8.2万个）。目前，全国居家养老和社区养老服务改革试点正按批次有序进行，其中涌现出的不少试点经验和典型案例为后续居家和社区养老的有机结合奠定了基础。机构养老服务以集中居住为特点，为老年群体特别是失能和半失能老人提供了包括日常生活照料、康复护理、心理疏导、紧急救助等多方面的服务。为了实现2020年每千名老人拥有养老床位数35~40张的目标，政府与社会力量之间通过购买服务和公私合作等多种形式促进养老服务机构建设和床位数逐年增加。此外，政府和社会也通过多种途径宣传提倡社会化养老的理念，引导有条件有意愿的老年群体逐步尝试机构养老，"康养+文旅+地产+保险"等复合型模式也开始为老年群体所接受。

4. 多方协同的养老服务供给模式实现资源有效配置

随着社会化养老服务体系的建设，我国传统的以政府为主体的供给模式已经逐步转变为政府与市场的有机结合和密切协作。社会资本的引入弥补了原有单一供给模式专业化和有效性不足的缺点，通过整合政府、市场和社会的优势，搭建三者良性互动、优势互补的平台，有效克服市场和政府的双重失灵，改善养老机构的运营效率和服务质量。政府购买服务、公私合作等成为社会养老服务资源优化配置的主要方式。经过多年的实践，上海、北京、南京、成都等地通过招投标、直接资助、定向委托等模式向社会组织购买居家养老服务，已经探索出一条政府购买养老服务的运行路径。公私合作模式的深入推进也有效化解了养老服务供给矛盾。当前我国各地区地方财政债务负担较重，部分地方财政吃紧已是不争的事实，无法完全依靠财政资金提供包括养老服务在内的公共服务。公私合作模式打通了公共部门与社会资本之间的资金渠道，加快了社会资本进入养老服务相关产业的步伐，拓宽了养老服务发展筹资和融资的渠道，形成了多元主体参与的资金投入机制。各类公建民营、民办公助、公私共建等公私合作类型也在养老服务领域不断应用和创新，其中民营养老机构与公立养老机构签订管理合同负责具体经营，以及民营养老机构通过租赁形式经营和管理公立养老机构等成为较为普遍的合作模式。这也进一步促进了公办养老机构改革范围的扩大和民办养老机构参与度的提升。除此之外，养老服务相关互助组织、志愿者组织以及公益团体等也广泛加入养老服务多方协调和共治的体系之中，全社会养老服务资源逐步开始实现整合完善与协调统一（辜胜阻等，2017；丁建定，2019）。

（二）我国养老服务存在的问题及挑战

1. 养老服务体系亟须提高应对人口老龄化的抗压能力

2019年末，我国60岁及以上人口超过2.54亿人，占总人口的18.1%，其中65岁及以上人口1.76亿人，占总人口的12.6%，相较于2018年末，60岁及以上与65岁及以上人口分别增长0.2%和0.7%，人口高龄化趋势明显，2020年以后我国将逐步迈入重度老龄化社会。尽管对我国人口老龄化的发展趋势存在"老龄高峰"和"老龄高原"的争论，但是在21世纪中叶老年人口比重达到峰值已经成为各方认同的基本观点。如果按照"老龄高原"的观点，在2050年65岁及以上老年人占总人口的比重将超过26%，并在相当长的一个时期内保持在30%以上的高位，那么我国对人口老龄化及其相关问题就必须做好打持久战的准备（见图9-4）。对于养老服务体系建设来说，能否承担重度老龄化社会养老服务的需求重压，能否抓住重度老龄化社会养老服务的核心任务是衡量整个体系抗压性和稳健性的关键标准。

在老龄化背景下，人口预期寿命延长并不代表人口健康寿命的延长。随着年龄的增长，老年基础病、慢性病等影响老年健康的疾病发病率呈现上升

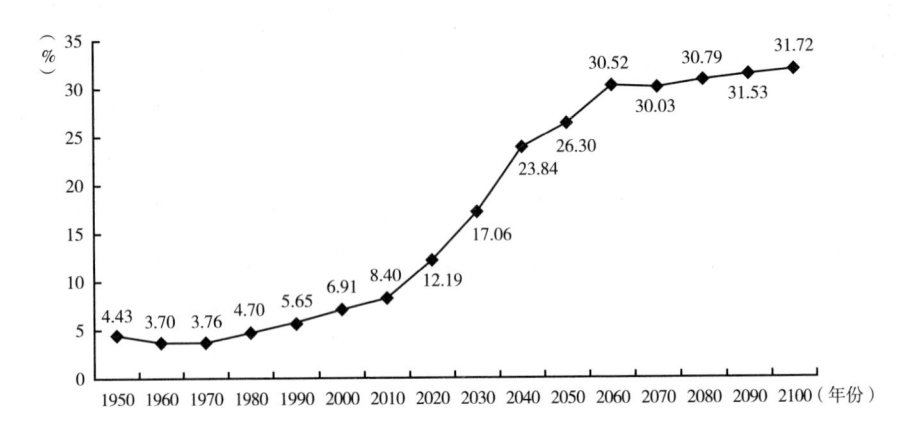

图 9-4 中国 65 岁及以上人口占总人口比重的变化趋势（1950~2100 年）

资料来源：United Nations, Department of Economic and Social Affairs, Population Division, *World Population Prospects：The 2017 Revision*（UN，2017）。

趋势，失能和半失能老人的数量将快速增长（葛延风等，2020）。相关预测表明，如果保持 2015 年年龄的失能水平不变，2030 年我国失能半失能老人将达到 7611 万人，2050 年将增至 1.21 亿多人（见图 9-5）。这将给老年服务照护和医疗保健带来巨大的压力和挑战。

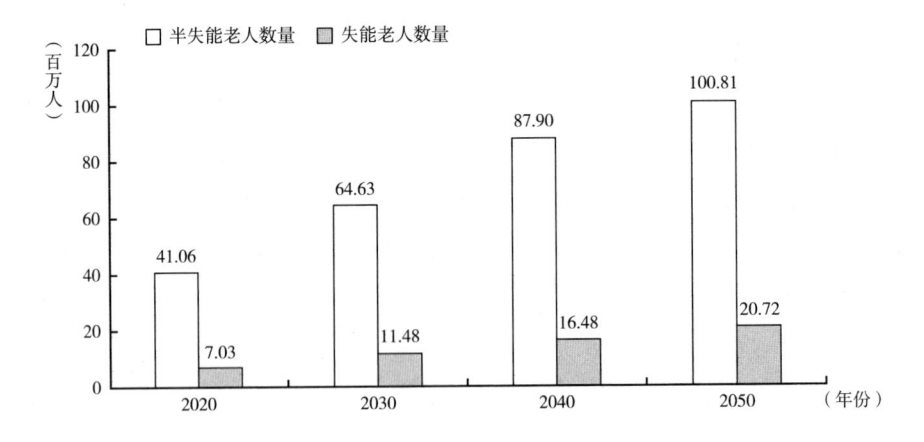

图 9-5 2020~2050 年中国失能和半失能老人规模

资料来源：葛延风等：《我国健康老龄化的挑战与策略选择》，《管理世界》2020 年第 4 期。

除了老年人口、失能和半失能老年人口所占比重和绝对数量的增加，老年群体的健康问题也呈现多样化和复杂性的特征。老年群体疾病主要以慢性病为主，多种慢性病叠加的共病现象普遍，该类老年群体除了日常照料之外，对医疗护理的需求也极为迫切（见图9-6）。阿尔茨海默病、帕金森病等老年疾病逐渐常态化，发病率逐年上升，对于长期照护的需求也会大幅度增加。

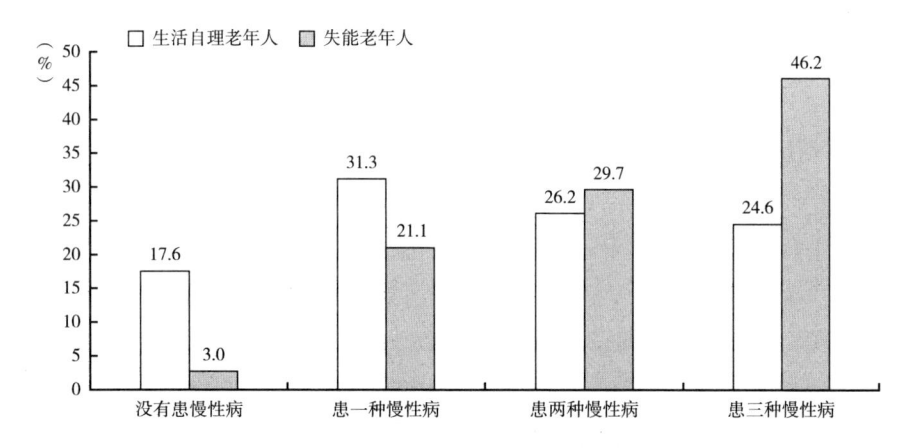

图9-6 不同生活自理能力老年人患慢性病的情况

	没有患慢性病	患一种慢性病	患两种慢性病	患三种慢性病
生活自理老年人	17.6	31.3	26.2	24.6
失能老年人	3.0	21.1	29.7	46.2

资料来源：党俊武主编《中国城乡老年人生活状况调查报告（2018）》，社会科学文献出版社，2018。

此外，老年群体除了生理健康外，心理健康问题也成为不可小觑的新问题。身体健康、生活方式、家庭关系、社交网络等都容易引发老年群体抑郁、焦虑、恐惧、孤独等心理和行为问题，这需要养老服务体系建设也必须注重老年群体心理健康预防和干预的相关内容。目前对老年群体心理健康问题认知度和重视度不够，尤其对特殊家庭和高龄空巢独居老人的日常关怀和心理支持服务还有待进一步提升。

2.社区居家养老服务质量还未真正满足老年群体需求

从我国基本国情和养老服务传统来看，居家养老是最为老年群体所接受的养老服务形式（见图9-7）。随着家庭小型化和功能弱化，仅靠家庭承担养老服务已变得不符合社会发展的基本现实，正处于劳动年龄阶段的家庭成员无法完全承担老年群体所需要的养老服务内容，日常生活照料、医疗护理以及精神慰藉等养老服务内容就必须通过社会化的方式加以解决，这其中社区作为现代社会管理和服务提供的基层主体，在家庭养老服务功能弱化及未能实现养老服务需求的现实条件下，就更应当承担起居家养老服务的补缺和支持性的作用（武汉大学"十四五"时期人口相关政策研究课题组，2020）。

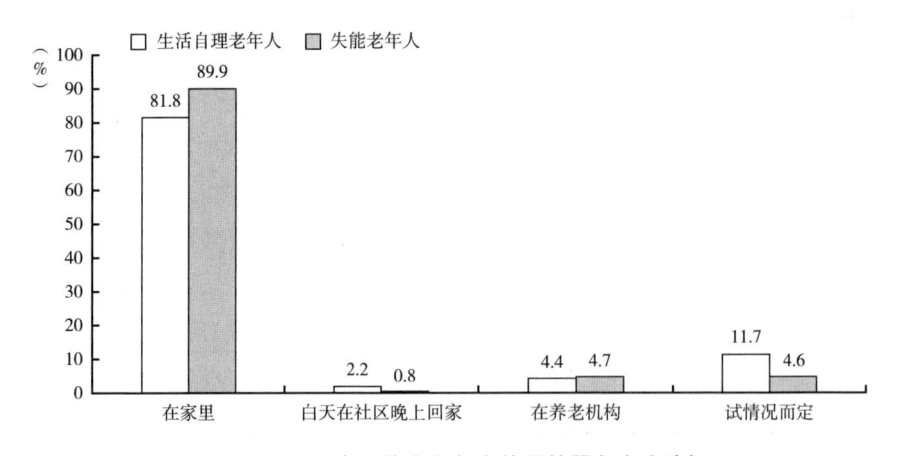

图 9-7 不同自理能力老年人的照护服务方式选择

资料来源：党俊武主编《中国城乡老年人生活状况调查报告（2018）》，社会科学文献出版社，2018。

相对于老年群体旺盛的社区居家养老服务需求，社区养老服务所能够提供的服务相对还比较单一，城乡之间、区域之间社区居家养老服务水平差异较大。社区日间照料中心、养老服务驿站等仅能提供最为基础的生活照料和看护功能，对于高龄和失能老人来说，健康监测、紧急救助、上门诊疗等急切需要的社区居家养老服务类型还未能得到满足。同时，社区养老服务也缺乏专业化人员储备，尤其是医疗救护方面的相关人才。这使得社区居家养老服务依旧停留在"社区有限辅助，责任聚焦家庭"的初级模式，居家养老服务中所需要的日常医疗保健和健康护理等只能依靠家庭个体单位解决，家庭承担的服务成本较高，无法形成规模效应，社区养老服务空心化的现象依旧存在。家庭借助各类通用生活服务平台与养老服务提供者直接对接也进一步表明社区作为居家养老和机构养老的桥梁作用还未能充分发挥（杨翠迎，

2020)。根据2018年中国民生调查,近六成的受访居民认为当前社区设施远远不能满足老年人的需求,98%以上的老年人的生活照料还是由自我照料和家庭照料来完成(见图9-8)。哪些类型的养老服务需要内嵌到社区之中,哪些类型的养老服务要通过外部专业养老机构来支撑等在社区层面还未能有统一的结论和标准。此外,养老服务本身所具有的专业化、复杂化、烦琐化等特征也让社区在养老服务供给中有畏难情绪,养老服务中所蕴含的风险因素也让社区在养老服务供给中避难就易,避重就轻,造成迫切需要的养老服务项目难以满足。

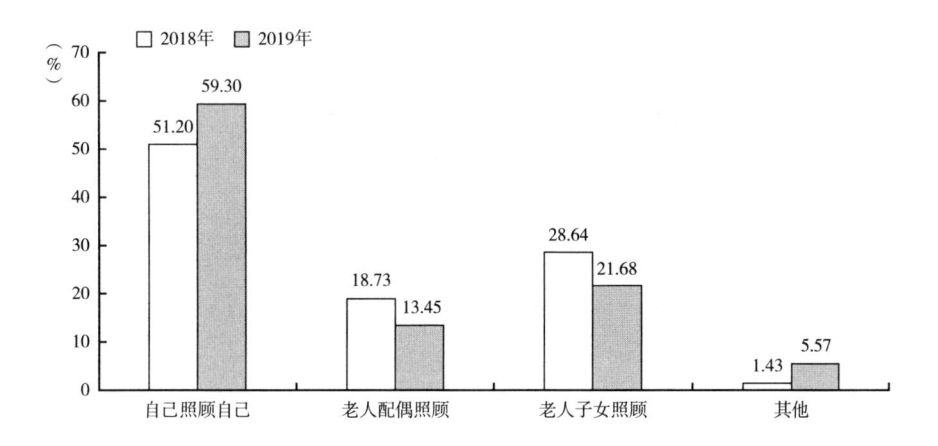

图9-8 2018年和2019年老年人照料方式占比

资料来源:国务院发展研究中心"中国民生调查"课题组:《中国民生调查2018综合研究报告——新时代的民生保障》,《管理世界》2018年第11期;国务院发展研究中心"中国民生调查"课题组:《中国民生满意度继续保持在较高水平——中国民生调查2019综合研究报告》,《管理世界》2019年第10期。

3.机构养老服务有效供给不足和供给结构失衡现象并存

近年来,我国养老服务体系建设和发展速度加快,各项统计指标的变化反映了我国整体养老服务供给数量的快速提升以及政策导向所带来的积极效应,然而评价供给现状不能仅从供给绝对数量增加这一单一指标进行衡量,供给相对数量和供给匹配度更能反映真实现状。

从供给相对数量来看,尽管目前养老服务绝对供给数量逐年增长,但是我国老龄人口增加所带来的养老服务需求同样伴随老龄化进程的加快而提速。按照国际通行的5%的老年人口进入机构养老的标准，我国养老机构床位数量至少应达到880余万张，可见当前养老机构的建设和改造速度仍然无法满足有效供给的要求。

从供给匹配度来看，目前我国养老服务供需之间结构失衡的情况较为突出。公办养老机构床位一床难求，民营养老机构床位空置现象的并存从根本上说是养老服务有效供给不足与供需间结构错配的矛盾。公办养老机构出于政府的信誉保证，口碑较好，能够为老年群体提供较好的服务设施和服务，收费标准往往也较为亲民，因而存在入住率高、排队时间长的情况（青连斌，2016）。一般来说，民营养老机构在养老环境、养老设施和养老服务配置标准方面都高于公办养老机构，然而出于营利等目的，养老服务的价格水平也偏高，有的甚至超过了普通民众的承受能力，入住率偏低，床位空置的情况也就不足为奇，甚至还有一些民营养老机构借养老服务打擦边球，将养老服务业变成了房地产业，完全脱离了供求关系的基本原则。同时，机构养老服务供给内容与服务需求内容之间存在适配问题，养老服务机构中面向低龄、健康老年人的供养型床位多，而对于高龄失能老人的养护和临终关怀型床位较少；保障基本生存需求的养老服务供给相对较多，而老年群体及家人更为关注的长期健康护理、精神慰藉和社会参与等服务内容和形式的供给则相对不足。此外，我国社会经济发展水平城乡差异、区域差异较大，养老观念以及养老信息等存在脱节和不对称情况，导致很大一部分群体的潜在养老服务需求无法被激活，从而进一步导致供需之间的结构性矛盾突出。

4.公办和民营养老服务机构养老服务供给能力和效率有待提升

养老服务供给的数量和质量要满足老龄社会的需求，就必须调动社会各主体的广泛参与。养老服务的供给不仅仅是政府公共部门公共服务的一部分，同样也是社会资本能够广泛参与的社会福利。在当前养老服务服务的供给中，公办养老机构在市场准入、品质监督以及民众认可方面都存在较大优势，能够较为容易地解决其他类型养老服务机构在建设运营中可能存在的困难和壁垒，建立起以医养结合为基础的具有较高服务水平的养老服务供给主体。然而受制于所有权与管理权之间的根源性因素，养老服务资源配置效率较低，管理绩效水平欠佳，社会福利无法在社会群体之间进行公平有效的分配。众所周知，养老服务业所需投资金额大，资金回报周期长，相较于公办养老机构，民营养老机构资金来源渠道相对狭窄，从金融部门获取的融资支持有限，更多的只能依靠自身的"造血"能力。政府鼓励民营养老机构发展的优惠政策主要聚焦于思路、指引和框架方面，政策实施细节和操作性还有进一步完善的空间，民营养老机构仍然面临用地难、融资难，经营的不确定性和较大的生存压力等问题。此外，公办与民营养老机构之间统一整合规划还不充分，两者的资源整合效应还未得到充分发挥，这也成为民营养老机构发展乏力，机构养老服务整体运营效率不佳的重要原因。面临即将到来的重度老龄化，现有公办机构强势、民办机构尴尬的现状需要社会各界充分重视，集合政府和市场多方的力量参与养老服务体系建设是有效供给提升的必由之路。面对老年群体基数大、增速快、寿龄高、空巢多等特点，显然依靠政府单一的力量不但无法实现养老服务供给数量的匹配，而且养老服务质量本身也会大受影响，无法满足老年群体不断提升的多样化需求。为此，包括政府各部门和社会组织在内的养老服务供给主体必须依据当地老年人口特征及服务需求变动趋势，实现养老资源的多维配置和养老服务的有效供给。

5. 养老服务需求和老龄经济保障之间存在矛盾和脱节

随着老龄化进程的不断加快，老年群体对于养老服务的需求呈现多样化和多层次的基本特征。各类养老服务设施的建设、老年用品的开发、居家和社区的适老化改造、智慧养老新业态等一系列扩大养老服务供给的方式和途径为满足养老群体的需求提供了支持（董克用等，2020）。那么对于养老服务的潜在需求来说，它必须依靠一定的经济基础才能实现有效需求的转化。只有这样，以市场为基础的养老服务需求与供给之间才能满足匹配的基本条件。目前，老年群体多样化和多层次的养老服务需求越发旺盛，而与之相对应的经济支付能力则明显不足，以养老金、财产储蓄收入、政府补贴、劳动收入等多渠道构成的老龄经济保障结构还有待进一步完善，养老服务需求和老龄经济保障之间存在矛盾和脱节现象。老年群体经济来源相对单一，保障性收入和家庭转移支付收入相对较高。根据2019年中国民生调查报告，老年受访者中依靠退休金、儿女或其他亲属赡养、承包田地和工作收入作为经济来源的占比分别为39.9%、28.26%、11.01%和7.08%。即使绝大部分老年受访者通过退休金支持老年生活，但其主要来源仍集中于基本养老保险部分，职业年金、企业年金、商业保险等补充和支持力度有限。家庭内部经济调节和互助支持的方式也承受着较大压力，受访者家庭表示在医疗、教育和住房方面的支出偏大，全年收支相抵无法进行有效储蓄的家庭占比达到了53.8%。这直接导致传统家庭内部对老年群体的支持有潜在降低的风险。目前，全国各地都纷纷出台了高龄津贴、养老服务补贴、护理补贴等多种形式的老龄财政支持政策，但由于各地经济发展水平和人口老龄化程度存在差异，补贴和津贴制度总体水平还不高，依据对象制定的不同发放标准也存在差异。以北京市为例，2019年《北京市老年人养老服务补贴津贴管理实施办法》规定困难老年人养老服务补贴最高标准为300元，失能老年人护理补贴最高标准为600元，高龄老年人津贴最高标准为800元，对于北京经济社会发展的总体水平来说，补贴标准还有继续提升的空间。从支出角度来看，老年群体慢性病诊疗康复、高龄失能老人长期生活照料等养老服务成本依旧较高，由此带来的支出压力明显。尽管目前全国已经开始进行长期护理保险试点，但政策的全面铺开和经济保障功能的充分发挥还有待时日。

6. 突发公共卫生事件对养老服务体系提出了新挑战

新冠肺炎疫情的突袭而至让全社会认识到突发公共卫生事件给社会经济生活带来的冲击和影响。整个养老服务体系和行业也不可避免地受到负面影响。老年人是新冠肺炎病毒的易感人群，病毒感染率、危重症率和致死率都明显高于青壮年群体。老年群体的病毒防护工作就显得尤为重要，这也成为常规养老服务之外必须重视的应急性养老服务项目。同时，在新冠肺炎疫情防控中所采取的封闭隔离等一系列措施不仅打破了养老服务的常规节奏，而且也改变了养老服务的重心。在疫情防控中，养老服务人员的出行限制客观上减少了服务的供给,同时出于自身健康安全考虑,养老服务人员也会自主减少养老服务的供给,老年群体服务需求与供给之间矛盾突出。与此同时,老年群体在疫情期间会更多产生焦虑、恐惧等心理问题,心理疏导和心理慰藉等服务需求也会显著增长。对于机构养老来说,老年群体的集中照料客观上增加了病毒传播的风险,养老机构场所和设施的消毒、老年群体特殊时期的管理等都会增加养老机构的运营成本,特别是在各类防护物资短缺的情况下,养老机构的疫情防控与养老服务供给的正常开展之间的平衡难度加大。新冠肺炎疫情的突袭而至让我们清楚地认识到突发性公共卫生事件给未来养老服务体系建设带来的挑战,必须未雨绸缪做好应急响应和常态化防控的准备。

二 多层次养老服务的实践探索与创新经验

(一)嵌入式养老成为多层次养老服务资源整合的新途径

多层次养老服务体系建设初衷期望充分发挥居家、社区、机构三种养老服务的特色优势,实现以居家养老为基础、社区养老为依托、机构养老为补充的发展目标。然而在多层次养老服务体系构建中,多种因素的综合影响使居家、社区、机构养老服务的协同效应还未得到充分展现。作为具有历史传承和最为老年群体所接受的养老服务形式,居家养老受制于家庭结构变化和专业化养老服务的缺失,已经无法满足当代多样化养老服务的需求。机构养老服务也由于服务成本偏高和服务对象观念转变等一系列因素还未达到预期要求。居家养老和机构养老之间脱节现象较为明显,较难实现彼此之间的功能互补和相互支撑。为此,在多层次养老服务体系建设中,需要寻找一条能够实现居家养老和机构养老服务资源整合的新路径,在具体实践中,充分发挥社区的桥梁和载体作用,实现嵌入式养老服务的资源集成和功能整合成为多层次养老服务体系建设的重要举措。

嵌入式养老服务从嵌入的基本理念出发,将养老服务资源和功能内嵌于社区之中，通过市场化运营方式，整合社区周边养老服务资源，打造"15分钟服务圈"，实现老年群体就近养老的基本形式。嵌入式养老服务既能为老年群体提供机构养老服务所具有的专业化和个性化服务，同时也满足了老年群体居家养老所注重的精神慰藉的基本诉求。目前在全国所采取的嵌入式养老服务实践中，各地结合不同的地域特点和条件，形成了多样化的模式探索。例如上海市作为我国深度老龄化的地区，依托经济发展优势，通过政府购买的方式推进嵌入式养老服务模式的发展，充分发挥政府和市场两者的优势，政府主导嵌入式养老服务的招标，具体运营交由企业按照市场化范式运营，社区在养老服务供给中起到协同辅助的所用。北京市在推进嵌入式养老服务中以社区为核心，养老服务的资金主要由政府提供，社区主要负责具体的运营管理，这种实践形式对于社区治理能力和管理团队的专业化提出了较高的要求。重庆市在推进嵌入式养老服务中充分依靠社区整合辖区内养老和医疗资源，盘活和改造老旧场地和房屋，为社区老年群体提供成本可控和便捷的养老服务。南京市在嵌入式养老实践中也注重社区层面基层养老服务设施整合，社区40%以上的用房可以无偿用于开展养老服务，非营利性社会养老机构也能免费使用公建配套的养老服务设施，同时鼓励将各行政事业单位的闲置用房优先用于嵌入式养老建设，实现资源的有效配置和效率的提升。南通市通过在社区引进小型养老机构的方式打造社区长者驿家，按照嵌入式养老服务理念将社区长者驿家与街道日间照料中心、社区居家养老服务站以及社区卫生服务机构等进行整合设置，以就近便捷为特色向老年群体提供日间照料、老年膳食、喘息服务、卫生保健等多种服务。湘潭市和合肥市等则充分利用社区原有公共服务场地、用房和设施，进行小微嵌入式养老服务机构建设的有益尝试，探索传统居家养老与机构养老的多样化融合模式。石家庄市在嵌入式养老服务建设中则参照美国 CCRC（Continuing Care Retirement Community）模式建立由养老机构建设运营的老年社区，为不同年龄和健康条件的老年群体提供家庭式的居住和养老服务配套服务。该模式从社区建设规划初期就充分考虑了社区老年服务供给的核心属性，专业化和精准化的养老服务供给特征突出。

嵌入式养老服务模式鼓励将社区各类限制资源优先用于社区居家养老设施建设，积极推动养老机构向周边社区提供服务，推动居家、社区和机构养老一体化发展。嵌入式养老服务突出了社区载体的核心作用，辖区内服务对象规模可控且共性较强，养老服务供给更具有指向性和针对性。特别是对于高龄失能老年群体来说，传统居家养老提供的有限服务难以满足需求，机构养老除了承担较高的养老成本外也面临老年群体心理和生理的适应性问题，嵌入式养老则通过自身的地缘优势和情感优势，能够为高龄失能老年群体提供日常就近的专业化护理照护，使得老年群体在不离开熟悉的生活环境和人际环境的基础上也实现了专业化和精细化的养老服务（童星，2015）。可见，嵌入式养老服务的创新发展打破了原有居家、社区和机构养老融合发展的困局，实现了政府、市场、社会和家庭在养老服务供给中的有效协同和良性互动，企业和社会组织在政府的指导和支持下与社区共同配套完成养老服务的供给，实现了政府与市场关系在社区层面的新诠释，有利于吸引社会力量和社会资本参与社区居家养老服务建设，同时也为社会资本参与养老服务发展提供了新的发展路径。

（二）医养结合的多样化发展推进多层次养老服务的功能实现

随着年龄的增大，老年人生理机能衰退带来的健康问题和由此引发的养老、医疗、照护需求与日俱增。医养结合的方式正是满足了养老服务实践中的现实需求，它已经作为健康中国建设的重点内容纳入《"健康中国"2030规划纲要》之中。医养结合并非医疗和养老的简单叠加，而是将医疗、康复、保健、养生融为一体，有效实现医疗与养老资源的深入融合和联动发展，进一步促进社会养老服务资源的充分利用。医养结合强调"一体化"的发展目标，实现养老机构、医疗机构、社区、社会组织等密切协作。"以养促医，以医助养"成为医养结合良性发展的经验总结。"以养促医"，适应老龄化社会养老服务的基本需求，优化医疗资源配置，突出养老保健医疗资源的支出，实现医疗资源的下沉式倾斜，应对以社区居家养老为基础的养老服务特征。同时，"以医助养"，夯实养老服务的基础，打通医疗资源支持养老服务的多元化途径，充分发挥社区提供医养结合服务的重要作用，注重在护理和康复方面提供更多服务支撑。

在医养结合的发展过程中诸多典型模式和案例不断涌现，呈现多样化的发展趋势。2019年12月，国家卫生健康委老龄司公布了医养结合的典型案例名单。通过对入围的200项案例进行系统分析，我们发现近年来医养结合在原有模式大类基础上不断衍生出新的变化和发展。养老服务机构和医疗机构之间通过签订医养合作协议的方式开展合作是最为普遍的医养结合模式，双方通过协议确定合作内容、方式、费用及双方责任。对于医疗保健能力建设相对不足的养老机构来说，其通过与专业的医疗机构合作，将有关医疗保健的服务通过外包和委托经营的方式进行供给，无论从规模经营还是专业精细化的角度来说都是资源的合理配置。2019年末，全国共有医养结合机构近4000家，医疗机构与养老机构建立签约合作关系的已突破两万家。目前结合医共体和医联体的发展，医养结合的融合程度更加深入，医共体和医联体中优质的医疗资源下沉到基层医养结合机构，能够为机构入住的老年群体提供健康咨询、专家门诊、优先住院等便捷服务，为护理人员和老人家属提供专业护理培训、居家护理技能培训、急救技能培训等，并对内设医务室、康复中心的养老机构进行专业指导。例如北京市丰台区颐康养老照护中心就有效依托区域医养联合体的发展，创新大健康服务的社区医养模式，让社区的基层医养服务资源得到充分应用，在医养联合体的资源倾斜与专业指导下，社区老年群体能够就近享受到优质的医疗资源，有利于实现社区居家的"老有所养、老有所医"。同样，河南省郏县四知堂中医院在实践中总结出的"医养联合体"三级养护模式、重庆渝西医院的"康复与养老合作联盟" 1 + N 模式等为医疗机构深入参与养老服务提供了具体经验和做法。医养结合的其他模式包括养老机构配套设置门诊部、医务室、卫生室等医疗部门和相应设施，或者更进一步通过专科医院、康复医院、护理院等医疗机构与养老机构的并行发展，实现功能集群化的更高层次的医养结合。当然这种形式需要更多的资金和资源的有效支撑，例如内蒙古自治区鄂尔多斯市中华情医养院所开展的医养康护一体化集团性运行模式。

此外，从医养结合实践的典型模式中能够清晰地发现医养结合在社区居家养老中的作用越发突出，这也从另一方面契合了以社区为依托的居家养老的基础地位，更好实现了医疗资源向社区基层倾斜。河北省张家口市桥东区红旗楼阳光家园爱心托养服务中心建立社区嵌入型医养结合模式，寻求精准多元化照护服务体系的探索；吉林省长春市朝阳区红旗第一社区卫生服务中心开展的社区卫生服务中心与养老机构融合发展模式；湖北省襄阳市谷城县推动医疗资源下沉，促进社区农村医养深度融合的实践等反映了医养结合在社区居家养老中已经以多种形态展开，不断满足老年群体的健康养老服务需求。

（三）长期护理保险的试点推广促进多层次养老服务筹资体系的完善

解决人口老龄化与家庭结构的变化带来的养老服务需求的激增问题，除了要建立多层次养老服务体系，还需要相应的经济保障。无论选择居家、社区还是机构养老都不可避免地涉及养老服务成本支出问题。养老服务支出来源主要包括养老金、家庭储蓄以及各类资产。在人口预期寿命延长和各类老年疾病发病率增加的基础上，养老服务相关费用也快速增加，养老服务筹资支持体系仅靠个人和家庭的力量显然过于单薄，借鉴社会化风险管理的思想，引入国外较为成熟的长期护理保险成为支持多层次养老服务体系发展的重要筹资手段。2016年，人社部出台了《关于开展长期护理保险制度试点的指导意见》，首批选择15个城市进行制度试点，期望通过长期护理保险有效解决重度失能人员基本生活照料和医疗护理所需的费用问题。2020年长期护理保险试点扩围，又有14个城市加入试点范围（见表9－2）。长期护理保险将原有失能家庭长期护理事务和财务负担通过互助和保险的机制进行社会化分摊，有效缓解了家庭支付压力，为促进多层次养老服务筹资体系的完善提供了重要支撑。

表 9-2　2016 年和 2020 年两批长期护理保险试点城市名单

试点批次	试点城市
第一批	承德市、长春市、齐齐哈尔市、上海市、南通市、苏州市、宁波市、安庆市、上饶市、青岛市、荆门市、广州市、重庆市、成都市、石河子市、吉林和山东两个重点联系省份已开展试点的城市
第二批	北京市(石景山区)、天津市、晋城市、呼和浩特市、盘锦市、福州市、开封市、湘潭市、南宁市、黔西南布依族苗族自治州、昆明市、汉中市、甘南藏族自治州、乌鲁木齐市

从长期护理保险首批试点实践来看，险种设计与基本医疗保险的关系密切，参保人群较为一致，城镇职工基本医疗保险和城乡居民基本医疗保险参保人员都被纳入长期护理保险的参保范围。试点中大部分城市都选择了"单位缴费＋个人缴费＋财政补贴＋社会捐赠"的多元化筹资渠道，通过优化基本养老保险统账结构、划转基本医疗保险统筹基金结余、调整医保缴费比例等多种方式筹集资金。尽管上海市在长期护理保险方式中更多强调参保缴费和医保统筹基金调剂，财政补贴并未明确列出，但实际上财政资金也作为隐性方式形成后备支持。在资金筹资标准和待遇给付方面，各试点地区依据实际情况制定的类型标准和比例标准也呈现明显差异。成都市在城镇职工基本医疗保险参保人员缴纳长期护理保险费时不仅按单位和个人进行缴费分类，而且也以参保人员年龄和退休与否确定缴费比例；上海市在待遇给付方面除了进行长期护理费用按比例报销，同时也注重护理服务的供给。可见，长期护理保险试点的多样性为后续制度的统一和定型提供了重要参考。尽管试点时间不长，长期护理保险的政策效应已经逐步显现出来。以成都市为例，城镇职工基本医疗保险参保人员无须额外缴费就能够享受长期护理保制度福利，当满足重度失能条件之后，依据失能评级参保者就能够获得月均千余元的失能照护保险待遇支付。截至 2019 年 6 月，成都市累计 2.4 万人享受到长期护理保险待遇。

（四）社会力量助力多层次养老服务供给主体的多元化

从养老服务准公共产品的基本属性出发，政府不是供给的唯一主体，应

第九章 多层次养老服务体系建设的路径优化研究

当调动社会各方力量,积极鼓励社会资本参与养老服务业的建设和发展。养老服务业关乎亿万人民群众的福祉,能够为老年群体提供满足其特殊需要的服务设施、生活照料和健康护理服务以及老龄专属用品等,几乎贯穿老年群体日常生活的方方面面。政府财政,特别是地方财政的现有约束条件决定了光靠政府提供养老服务显然无法实现既定的目标绩效,为此"社会化"成为养老服务发展的必然趋势,遵循政府引导和社会参与相结合的原则积极引导和鼓励社会力量参与养老服务体系的建设成为当前政策发展的主要思路。

早在《社会养老服务体系建设规划(2011~2015年)》中,政府就提出了积极探索社会养老服务业市场化融资,政府和社会力量都是养老服务体系建设的融资主体。养老服务及相关产业作为经济社会发展的重要环节,其自身朝阳行业的前景以及长期稳定的现金流回报对社会资本有着极大的吸引力。社会力量可以通过多种途径参与养老服务多元供给。例如河南省郑州市在社区居家养老服务试点中按照自建和改建的不同标准对社会力量建设的综合性养老服务中心给予补贴,对日间照料中心、居家养老服务站等社区养老服务场所和设施根据建设规模和面积给予建设补贴,支持社会资本运营养老服务设施;辽宁省辽阳市采取政府整合社区资源,无偿提供场所,社会力量低偿运营的模式,扶持社会力量开办养老服务发展中心,建立养老服务驿站,实施连锁经营;天津市河东区依托龙头企业和各类社会组织打造品牌化的养老服务供给主体,通过服务能力整合实现运营的规模化和连锁化等,这些都是目前养老服务引入社会力量的典型案例。

在机构养老领域,社会力量参与养老服务发展迅速,公私合作模式成为将政府、市场和社会三者有机结合的重要方式。2015年2月3日民政部、国家发改委、财政部等10部门联合发布《关于鼓励民间资本参与养老服务业发展的实施意见》,提出鼓励民间资本可通过公私合作等模式,参与居家和社区养老服务、机构养老服务、养老产业发展的具体举措及配套政策。2015年5月国务院再一次明确提出在养老领域通过公私合作模式择优选择社会资本,扩大养老服务产品和服务的供给。在国家有关养老服务采用公私合作模式的正式文件出台之前,2014年湖南、湖北、江西等省份就已经开始开展相应的试点工作。通过公私合作模式创新促进养老服务体系发展完善已经在全国铺开，这成为养老服务供给侧改革的重要举措（见表9-3）。2017年，北京市朝阳区恭和老年公寓通过PPP模式提升养老服务质量；天津市南开区养老中心实践PPP模式打造民心工程；长春市启动实施养老综合PPP建设项目；无锡市扬子颐养中心运用BOT模式优化养老服务供给；赣州市章贡区运用PPP模式破解居家养老难题；济南市运用"委托运营+PPP"双模式打造养老示范服务平台等多个模式或项目。入选民政部养老服务业发展典型案例。

表9-3 养老服务公私合作的主要表现形式

序号	类型	具体内容
1	移交-运营-移交（TOT）	政府通过土地划拨建设养老机构，交给社会资本经营管理，政府主要承担价格和服务等方面的监督工作，运营期满后再移交给政府。这种形式能够充分降低社会资本进入养老服务领域的成本投入，对于社会资本来说具有较强的吸引力
2	租赁-建设-经营（LBO）	政府保留了养老机构的所有权和适度的控制权，在获得稳定租金收入的基础上，将运营风险和扩建的融资风险转移给社会资本
3	改建-运营-移交（ROT）	政府具有对养老机构的所有权，社会资本负责养老机构的实际运营和日后的改扩建工作，并承担相应的融资风险和经营风险。政府与社会资本能够就后期改建更新等进行再次协商
4	购买-建设-经营（BBO）	社会资本可以购买养老机构的所有权并承担与该项目有关的所有风险。政府通过出售养老机构获得相关收入，社会资本则能够按照市场运营规律和专业化服务获得合理回报
5	建设-移交-经营（BTO）	社会资本负责养老机构建设，项目完工后养老机构所有权移交给政府，政府通过特许经营权授予社会资本养老机构的实际运营，从而获得相应回报
6	建设-经营-移交（BOT）	社会资本按照特许经营权建设经营养老机构，政府通过相关补贴为社会资本提供资金支持，并在特许经营期结束后获得养老机构的所有权
7	建设-拥有-经营（BOO）	社会资本负责养老机构的建设，同时拥有养老机构的所有权，政府按照约定行使监督管理职责，并不直接参与项目的建设或者经营

（五）智慧养老服务成为多层次养老服务体系建设的新趋势

随着物联网、云计算、人工智能、大数据等新一代信息技术的发展，以

"互联网+"理念为核心打造智慧养老服务体系成为养老服务领域发展的新趋势,成为养老服务供给高质量发展的具体表征。智慧养老与居家养老、社区养老以及机构养老不是并列的概念,它以供需匹配和资源配置为核心,深深嵌入三种养老服务模式之中。智慧养老的特点在于能够精准识别养老服务需求,快速实现养老供需匹配和服务响应,优化养老服务资源配置。随着各种老龄健康穿戴设备的开发,各类功能传感器能够使我们实时感知到老年群体的健康状况,能够应对家庭小型化带来的独居老人的关怀问题,实现对高龄失能老人的健康实时监控,大大降低老年群体意外风险。智能终端设备采集的海量数据能够借助大数据分析技术挖掘潜在的养老服务需求,提高养老服务的精准化和服务获得感。依托智慧养老服务平台和终端应用软件的开发,居家养老、社区养老和机构养老的界限在虚拟空间变得更加模糊。社区居家养老同样也能享受到机构养老所具备的专业化养老服务,包括日常照料、远程诊疗、群体社交等,机构养老中最为欠缺的家庭关怀和精神慰藉在虚拟空间也变得越发容易。线上线下智慧养老服务的紧密结合,推动了养老服务有效供给的提升,大大提高了养老服务的质量。随着智慧城市和智慧社区的建设,智慧养老服务的应用范围更为广泛,智能支持体系的完善能够有效实现多层次养老服务体系各层次间的融合互动,进一步突出社区在养老服务供给中的重要纽带作用。社区管辖范围的家庭都能依托智慧社区服务平台享受高质量的社区居家养老服务,同时社区也能够通过服务平台实现社会养老服务资源的优化配置,为社区老年群体提供精准化和专业化养老服务。例如河南省计划从2020年开始用3年时间分批支持试点地区探索多种形式的"互联网+"养老服务模式和智能养老技术应用,精准对接居家和社会养老服务需求与供给,建立居家和社区养老服务信息平台,为老年群体提供菜单式的就近便捷养老服务;探索建设"智慧养老院",推广物联网和远程智能安防监控技术,实现24小时安全自动值守;建设统一规范、互联互通的养老服务平台和共享系统,开展养老大数据的深度挖掘与应用。

三 多层次养老服务体系的路径优化及政策建议

（一）优化多层次养老服务体系结构，实现养老服务有效供给

政府各相关部门要从我国基本国情出发，进一步健全以居家为基础，以社区为依托，以机构为补充，医养结合的多层次养老服务体系，理顺各层次养老服务的关系，实现居家养老、社区养老和机构养老的协调发展，形成相互支持的均衡体系。为此，首先需要继续强化以社区居家养老服务为主体的养老服务模式，遵循老年群体期望在就近和熟悉的环境中安享晚年生活的基本意愿和养老规律。尽管家庭小型化带来了家庭养老功能的弱化，但是居家养老的功能责任是不可替代的，需要进一步完善家庭能力建设与可持续发展的支持政策，重视孝道文化的传承，努力夯实居家养老的基础作用。其次，以社区治理和公共服务能力提升为契机，增强社区作为居家养老和机构养老媒介和载体的重要作用，完善社区养老服务设施和组织的建设，探索养老服务综合体建设，提升社区养老对居家养老服务的支持作用，尤其关注空巢、独居、困难老年群体的居家养老服务；充分结合社区嵌入式养老的试点经验，整合社区养老服务资源，明确社区养老服务中的责任和功能定位，将专业化养老服务具体实施工作交由专业组织和机构进行管理，提升社区养老服务能力。再次，引导和改变目前机构养老单一化的发展现状，从养老服务多样化和精细化的角度出发，充分发挥机构养老的补充作用，不但为居家养老和社区养老提供外部的专业支撑，而且能够实现自身养老服务模式的创新。最后，继续夯实和拓展农村养老服务供给体系建设，针对留守、困难等老年群体增加日托、上门服务等功能，大力发展农村互助式养老服务，通过社会捐赠、老人自筹、村民互助等方式举办农村幸福院和养老大院，实现可持续发展。

（二）深化多维度养老服务功能集成，满足多元化养老服务需求

老年群体基于生理和心理的基本特征所形成的养老服务需求多样。随着养老服务潜在需求的转化，老年群体在医疗保健、健康护理、心理慰藉、社会参与等维度的养老服务诉求将更为细致。深化多维度养老服务功能集成将成为妥善应对老年群体养老服务需求新变化的重要途径。遵循老年群体养老和医疗保健关系密切的一般规律，养老服务功能集成最基本的任务在于夯实医养结合的基础，在居家、社区和机构养老的不同层次之中都体现出医养结合的功能实现。家庭、社区、养老机构、医疗机构和康复机构之间应当建立多样化的合作模式，继续探索医联体、医共体促进医养结合的新途径，深化医疗机构、康复机构与养老机构之间的协议合作，突出社区卫生服务机构在保健预防方面的基础作用，努力实现不同功能主体之间的优势互补，形成"医养护"一体化的发展格局。以积极老龄化理念为指导，注重老年群体精神慰藉和社会参与的需求满足，积极组织老年群体开展有益身心健康的各类活动，鼓励其在自愿和量力的情况下，参与知识文化传播、科技应用开发、公益事业兴办等社会活动，防止老年固化的发生。政府各相关部门通过发展社区老年实体教育和建立虚拟老年教育服务平台，鼓励各类教育机构参与老年教育事业，为老年群体提供精神家园和社交平台。此外，加快老龄产业和用品市场发展，充分利用新材料、人工智能、虚拟现实等新技术研发各类智能化的穿戴监测设备和高质量的老年康复辅助产品，帮助老年群体弥补生理退化引起的功能缺失，实现动态的健康监测和长期的康复辅助，不断提高老年群体的生活质量和水平。

（三）鼓励社会力量参与养老服务，实现社会养老资源优化配置

公共部门与社会资本在养老服务领域形成伙伴关系，目的是实现养老服务的有效供给和社会养老资源的优化配置。公共部门和社会资本应当在此共同目标的指引下，充分发挥各自的职能，公共部门实现公共福利和利益的追求，而社会资本则借此进入养老这一新兴产业，获得长期

平稳的投资回报增长点，促进自身品牌和形象的提升。对于目前广泛开展的养老服务公私合作模式，首先，公私合作利益共享和风险分担的基础理念需要强化。国家发改委和财政厅等主管部门应当将市场定价与公共产品供给的特性结合起来，在保证合理投资回报和养老服务公共目标实现的基础上，确立恰当的定价区间，实现服务价格的动态调整机制，同时有效建立项目的防火墙制度，对于项目担保所产生的或者负债需要进行有效管理，防范公私部门之间风险的渗透和转移。其次，政府部门在养老服务公私合作模式实践中应当进一步结合地方实际出台和细化相应的扶持政策和措施，从财政、税收、金融、土地等多方面调动社会资本参与养老服务供给的积极性。在财政预算方面，政府相关部门可以预留部分资金建立专项基金，为养老服务机构的融资提供贷款担保和利息补贴；在税收优惠方面，适当放宽应税项目的税优范围，对满足公益性条件的公私合作养老服务机构实行税收减征或免征；在土地政策方面进行，合理的用地规划，尽量通过行政划拨和低价出售来降低私营部门参与成本，同时注重防范"土地套利"；在金融支持方面，基于多元化融资理念制定各项融资优惠政策，鼓励社会资本通过建立产业引导基金、发行企业债券等融资方式，以资本金投入、项目补贴、贷款贴息、融资担保等方式进入养老服务业，鼓励银行、证券等金融机构创新适合公私合作项目的融资机制，满足养老服务机构多样化融资需求，积极引导保险公司、养老金公司和基金公司等参与公私合作项目，在提供资金之余也发挥养老咨询服务的专业特长。最后，基于养老服务全民福祉的特征，政府部门应当加大对公私合作参与养老服务的事前、事中和事后监督。在项目报批时严格审核，遵循公私合作模式的核心理念，避免借公私合作和养老服务的幌子，进行变相融资，套取财政金融补贴现象的出现；在项目建设和实施过程中，密切关注项目进展和资金运用情况，保障项目按照规划逐步推进；在项目完成和运营中，则更多体现在政策引导和规范完善方面，保证养老服务这一公共福利的有效供给。

（四）强化多支柱养老服务支持体系，营造养老服务发展氛围

多层次养老服务体系建设离不开配套支持体系的优化完善，应当从"人""财""地"三方面进一步巩固养老服务支持体系的基础，促进养老服务高质量发展。

首先，"人"的方面主要强调专业化养老服务人才队伍建设。养老服务行业"井喷式"发展需要一大批掌握专业医护技能和综合化老龄服务的专门人才，应当鼓励高等院校和职业学校等开设与养老服务相关的专业，突出养老服务专业性与实践性高度统一的特点，支持社会培训机构在主管部门的指导下开展养老服务从业人员的等级培训和继续教育，不断培养适合养老服务业的专业化和综合性人才；加大养老服务工作的宣传力度，积极营造良好的养老服务从业环境，提高公众对养老服务人才的社会评价和劳动付出的尊重，强化从业人员的行业归属感；建立健全行业合理的薪酬体系和动态调整机制，促进专业技术和技能与岗位任务、业绩定酬的合理匹配，提高养老服务业对各类专业人才的吸引力；建立完善养老服务从业人员从业资格和职业技能认证制度，为养老服务标准化和规范化提供客观的评价指标。

其次，"财"的方面主要强调与养老服务发展相关的各类资金支持。国家应当继续完善各类养老服务扶持政策，有序合理安排财政性资金支持养老服务体系建设，对城乡高龄、失能和困难群体的养老服务设施建设进行资金倾斜，对机构养老床位建设更多以支持补贴护理型床位为重点任务；按照市场经济规律，积极鼓励金融机构通过金融产品和服务创新支持养老服务的融资需求，其中商业保险公司应当继续深入开发设计与养老服务密切相关的保险产品，在实现养老服务融资的同时也确定了未来的养老服务需求；全国各地区要继续完善对困难高龄失能老年群体的老年补贴制度，针对解决长期护理支出起到重要作用的长期护理保险制度建设，要深入总结试点经验，险种的独立设置和独立运行需要周全考虑并注重与基本医疗保险改革联动，险种的全面推广也必须做好谨慎评估和科学测算，充分考虑老龄化对基金平衡所

带来的影响，除此之外，长期护理保险保障范围、筹资模式和待遇支付等制度设计仍需结合客观实际和制度目标继续优化完善；针对老龄用品的推广和消费，有条件的地区可以将符合条件的基本治疗性康复辅具按规定逐步纳入基本医疗保险支付范围，对城乡高龄、失能和困难群体配置基本康复辅具给予补贴，引导和鼓励商业保险公司创新险种设计，将老年群体急需的康复辅具配置纳入保险支付范围。

最后，"地"的方面主要强调养老服务供给的空间建设。政府应当继续增加养老服务设施建设用地供应和相关支持政策，原有限制的公益性用地可以有条件地调整为养老服务用地，并同时纳入城镇土地利用总体规划和年度用地计划。针对社区居家养老服务场地限制，可以充分结合嵌入式养老服务模式的试点和推广，政府应当鼓励和支持社区通过改造、置换、合并等方式盘活社区存量场地和设施，针对不同类型社区的特点确定可操作的改造目标和方式，建立包括政府投入、集体投入、居民分担、捐资捐赠在内的多元化筹资机制。

（五）建立科学的养老服务标准和评价体系，促进养老服务高质量发展

养老服务高质量发展需要标准、统一、科学的服务标准作为评判依据。政府各相关部门要以《养老服务标准体系建设指南》为基础，继续优化包括通用基础、服务提供、支撑保障为组成部分的国家养老服务标准体系，并以此为指导，鼓励各地区按照养老服务发展的实际需求制定地方养老服务质量标准和评价标准；尽快研究出台有关医养结合服务和养老服务设施设备配置标准，注重加强"互联网+"背景下养老服务复合领域与新兴业态中所涉及的技术标准、管理标准以及服务标准的制定和修订工作，实现标准制定与养老服务发展的协调和同步；结合2020年发布的《养老机构服务安全基本规范》强制性国家标准，督促养老机构符合消防、卫生与健康、环境保护、食品药品、建筑、设施设备标准中的强制性规定及要求，对公共突发卫生事件等情境做好紧急预案、评价与改进、安全教育等工作，不断提高服务

安全管理的规范化水平。

优化完善养老服务水平的评价体系,结合养老服务受众的信息反馈和传导机制,多视角、多维度地考虑绩效指标的设置,充分体现养老服务的人性化特色,准确反映养老服务供给的真实水平。政府各相关部门要通过大数据分析技术,对各类养老机构的现有绩效进行客观评价,对可能出现的经营问题提出风险预警,并提出相应的改进建议和改进措施。政府各相关部门还应当实施动态监管机制,及时发现养老项目建设运营中可能存在的违规行为,确保项目按照合同约定的标准和目标平稳运行,确保养老服务的供给品质;对那些建设和运营存在严重风险,已经不适宜于在养老服务领域继续生存的养老机构,应当建立妥善的退出机制,实现行业主体的有序进退,保证养老服务的水平和养老产业的持续健康发展。养老机构也需要建立行业监督和自律机制,并且通过第三方专业机构对养老服务绩效进行评估。养老服务行业协会主要负责行业标准的制定、服务质量评估、服务行为监督、从业资质认定等事务,充分发挥行业自律、监督评估、沟通协调和风险分担等方面的作用,加强对养老服务供给内容和服务质量的规范化管理。

(六)推进"互联网+"养老服务创新,实现养老服务品质升级

从"互联网+"养老服务的新思维出发,推动移动互联网、云计算、物联网等新兴技术与养老服务业相结合,以技术为纽带,促进居家、社区、机构养老之间的互动协同与功能集成。结合嵌入式养老服务发展,打造多元化智慧养老模块,形成整合社会医养护资源的养老服务新模式;以大数据分析为基础,深入挖掘老年群体潜在的养老习惯和服务需求,推进智慧养老服务新业态的发展,实现老年群体日间照料、医疗康复、紧急救援、文体服务以及精神慰藉等综合化和集成化的服务;以社区综合信息化平台建设为基础,实现养老服务与民政、医疗、社保等公共服务平台的信息共享,推进老年服务的便捷化,让老年群体足不出社区就能够进行政策咨询、信息查询以及网上办理基本老龄业务等,同时针对新冠肺炎疫情的

突袭而至给养老服务发展所带来的启示,大力发展线上咨询、线上诊断、线上教育等多元化虚拟新场景,推动线上线下养老服务集成,提升老年群体养老服务获得感;以智慧城市和智慧社区发展为契机,夯实智慧养老适老设施和软件平台建设,营造"互联网+"时代智慧养老服务氛围,全面推进养老服务品质升级。

第十章 抗疫背景下发挥社会救助制度的兜底功能

2020年春节，新冠肺炎疫情突袭而至并迅速在全国蔓延，为避免人口大规模流动和聚集造成的进一步传染，举国上下采取了居家隔离、延长春节假期等防控措施。目前，国内疫情防控已取得举世关注的阶段性成果。从全球经济来看，JP摩根经济数据预测，2020年全球GDP负增长，为-2.6%，美国为-5.3%，欧元区为-3.4%，日本为-3.1%，中国为1.1%，印度为2.1%，除亚洲为低单位数据增长外，其他地区均为负增长。

新冠肺炎疫情袭来初期，国内外对其影响的研究重点主要集中在供给侧，对需求侧的研究还相对较少，即研究其对经济增长、复工复产、中小企业等方面的影响较多，研究其对处于社会边缘或者弱势的低收入家庭和个人的影响较少，而事实上，新冠肺炎疫情对城市和农村低保对象，或者其他虽不在低保或其他社会救助范围内但面临致贫风险的较低收入群体的影响更为显著。完善社会救助制度在新的发展背景下具有特别重要的意义。

一 新时代社会救助制度改革面临的新挑战

回顾过去20多年，我国社会救助制度发挥了巨大的基础性、托底性制度保障作用，社会救助制度在中国社会经济转型中发挥了极为重要的托底性制度保障作用。我国转型时期社会救助制度发展的经验表明，较之于其他社会保障制度，以城乡低保为载体的社会救助制度，应该是我国社会保障体系中最为成功的制度安排。现行社会救助制度，以最低生活保障为基础，以专项救助、临时救助为重要补充，既有深厚的历史制度基础，又发挥着不可或缺的兜底保障作用。我国正面临大变局中的"十四五"发展时期，既需要关注传统社会救助对低收入群众的经济保障问题，又必须高度重视社会救助制度面临的新挑战，即经济新常态出现的新变化、经济发展速度放缓、失业风险不容低估、低收入困难群体面临的生活压力等。我国的改革进入攻坚克难阶段，深层次的社会风险逐步积累，社会稳定压力增大。在此过程中社会救助制度的托底保障任务尤为重要。所以，社会救助制度兜底保障的任务依旧繁重。国际环境巨变对社会救助制度的新挑战还包括：低收入困难群体的人数在今后一段时期可能会增多，各种因素所致的临时救助需求可能快速上升；分散供养特困人员照料服务有待加强；单一救助事件网络扩散效应的连带社会冲击波巨大，社会风险防控难度增大；网络社会基本民生诉求的凸显，加大了社会救助制度的工作范围和工作难度；农村救助实施效果应进一步提升等。

需要关注制度化完善、制度化运行和制度化规范的发展，以及基层社会救助工作压力增加、能力不足可能引致的潜在社会风险。从各方面切实关心民政一线工作人员在工作中存在的压力和风险。同时，还需要关注若干长远的、趋势性的问题。从长远来讲，老龄化加速发展，老年贫困风险和心理救助需求将成为我国未来20年社会救助的重点领域，社会救助制度仍将承担兜底保障的重要作用。我们更需未雨绸缪，积极探索和拓展研究领域，尽力提供有效制度储备和政策储备。如拓展和适度调整传统社会救助制度内涵、制度能力及其服务方式；绝对贫困救助向相对贫困救助目标拓展；传统现金救助、生活救助向困难家庭的服务提供拓展；单一救助向综合救助拓展以及保障基本生计向综合生计能力提升拓展。在未来发展中我们还需关注经济救助、服务救助与心理救助的协同发展，生活帮扶、服务帮扶和心理援助协同发展等问题。

总之，新时代社会保障改革发展面临新问题。其核心是如何更好发挥救助制度的社会政策托底功能。如何发挥临时救助在脱贫攻坚中的兜底性的保障作用？如何重新界定新时代救助对象和动态调整以及基本生活救助与贫困者可持续生计能力提升的协同？如何实现社会救助的精准识别和精准救助？如何有效治理社会救助领域的欺诈风险？如何构建更有效的社会救助基层管理服务平台、技术平台以及数据平台？这些都是我们正在解决并在未来需要着力完善的。

为进一步分析新冠肺炎疫情对我国低收入群体影响范围、程度并提出政策建议，本章结合历年公开数据，借鉴国际通用的贫困标准测量方法，采用计量回归工具，重新测算了当前我国的贫困线，并由此推算低收入群体规模；同时参考总量奥肯定律（就业与经济增长之间的关系），对失业人数进行了测算，得出了受此次疫情影响的低收入群体人数和结构性摩擦失业人数；最后，参考OECD贫困线标准，给予相关政策建议及一次性补助的财政资金的总额和人均标准测算。

二 疫情对低收入困难群众的影响程度不容低估

我国社会救助制度作为社会保障体系的兜底性制度安排，对低收入困难群体的基本生活保障发挥了非常制度保障作用。社会救助制度对全面决胜小康社会建设和脱贫攻坚战役中的兜底脱贫也发挥了积极作用。但新冠肺炎疫情的复杂性，影响范围的广泛性，影响程度的不确定性，对现有低收入群体有较大影响。受疫情防控、经济发展速度放缓、国际环境复杂多变等多种因素制约，潜在需要救助的低收入群体数量可能会出现较大幅度增加，社会救助的资金支出也可能会较大幅度增加。因此，需要充分估计、测算和分析判断，未雨绸缪，做好制度储备、资金准备和政策储备，积极应对。

（一）受新冠肺炎疫情冲击的较低收入群体预估

1. 测算方法选择

对贫困线的测定存在多种方法。例如，拓展线性支出系统模型ELES

法、恩格尔系数法、比例法、基本需求法、马丁法、调整基期贫困线法等，上述方法各有优点，但也各自存在一定的局限性。其中，恩格尔系数法相对稳定，但在我国采用时由于受地域、价格和广大农村地区整体市场化程度不高等因素的限制，该方法只能参考使用。比例法，操作简单，即直接按比例测算，但若单独采用该方法，容易导致结果失真或产生系统性偏差。基本需求法在连续计算贫困线时主要依靠经验判断，缺乏制定生活必需品项目和数量的严格标准且各时期之间的标准难以统一。马丁法基于住户调查数据，对现实判断相对客观准确，但计算复杂且数据搜集难度较大。调整基期贫困线法，在一个测算周期内全国采用同一个贫困线，测算结果可比性强，但调整基期贫困线法对各地区差异考虑较少，贫困线与现实基本生活需求及消费构成在长周期内会发生偏差（池振合和杨宜勇，2012）。

根据现有条件和数据情况，本章以拓展线性支出系统模型 ELES 为基础，同时适当采用比例法，比较客观地对贫困线和贫困人口进行了测算。一是 ELES 模型把人类需求分为基本消费需求和超额需求，用基本消费需求替代贫困线，比较符合经济学基本假设和实际情况。二是 ELES 模型可以结合每年的统计年鉴工作获取样本数据，数据可获得性较强。三是由于中国基尼系数较大，ELES 模型比较符合实际，实用性强。

2. 拓展线性支出系统模型 ELES 简介

扩展线性支出系统（ELES）模型是经济学家 Liuch 于 1973 年提出的一种需求函数系统，该模型的基础模型为美国经济学家 Stone 提出的线性支出系统。该模型将一定时期内居民的消费需求拆分为基本型需求和享受型需求，并且假定居民对各种商品或服务的需求量是其可支配收入和各种商品及服务的价格的函数，当然，基本需求与收入水平无关，是居民维持生存所必需的基本支出。该模型假定，居民只有在基本需求得到满足的基础上才会按照各自的边际消费倾向，将剩余收入用于享受型消费支出（刘斌，2013）。

扩展线性支出系统（ELES）模型可表示为：

$$p_i q_i = r_i p_i + b_i (I - \sum_{j=1}^{n} p_j r_j) \tag{1}$$

在式（1）中，p 表示商品、服务的价格，q 表示商品、服务的需求量，很显然，该需求量既包括基本需求量，也包括享受型需求量，i 表示第 i 种商品和服务，j 表示第 j 种商品和服务，r 表示对商品或者服务的基础需求量，b 表示居民对某种商品或者服务的边际消费倾向，很显然：$0 \leqslant b_i \leqslant 1$ 且从 $i=1$ 到 $i=n$ 求和，依然满足 $0 \leqslant \sum_{i=1}^{n} b_i \leqslant 1$，$I$ 表示居民的可支配收入。

本章用 PL 表示货币形式的贫困线，给出

$$PL = \sum_{j=1}^{n} p_j r_j, \text{令} \ a_i = r_i p_i - b_i \sum_{j=1}^{n} p_j r_j \tag{2}$$

同时，令 $y_i = p_i q_i$，可得到：

$$y_i = a_i + b_i I \tag{3}$$

可以明显得出 y_i 实质上是消费额，式（3）反映了消费和可支配收入的线性关系，利用最小二乘法（OLS）易得出 a_i 和 b_i 的估计值。

随后，再对式（2）两边分别求和，得到：

$$\sum_{i=1}^{n} a_i = \sum_{i=1}^{n} r_i p_i - \sum_{i=1}^{n} b_i \sum_{j=1}^{n} p_j r_j = \sum_{j=1}^{n} r_j p_j (1 - \sum_{i=1}^{n} b_i) \tag{4}$$

所以，可得：

$$PL = \sum_{j=1}^{n} r_j p_j = \frac{\sum_{i=1}^{n} a_i}{1 - \sum_{i=1}^{n} b_i} \tag{5}$$

3. 低收入人群相关测算及结果

（1）主要测算假设条件及数据来源

考虑到 ELES 模型只能用来预测贫困线，无法预测低收入群体人数，为了有效将贫困线与低收入群体人数相对应，结合我国实际情况，本章假设我国居民收入总体呈正态分布，五等分分组组内我国居民收入总体呈平均分布，这和实际情况也趋于一致。

(2) 基于 ELES 模型的贫困线测算

由于 2013 年以后,国家统计局不再采用按收入等级分类的方式来统计城镇和农村居民家庭平均每人全年现金消费支出,故 2013 年后,ELES 模型不再适用。因此,基于 ELES 模型的贫困线测算主要分为三个步骤:一是利用 ELES 模型,测算全球金融危机后,2008~2012 年贫困线;二是以 2008~2012 年贫困线为依据,考虑到本章测算的贫困线基本与人均可支配收入呈严格正相关关系且占比浮动不大,故以该占比推算 2013~2019 年贫困线;三是以推算出的贫困线为依据,参照《中国统计年鉴》分组可支配收入数据,按照平均分布的假设,按比重推算低收入群体人数(具体见表 10-1 至表 10-4)。

从表 10-4 可以看出,易受新冠肺炎疫情影响的低收入或较低收入群体规模巨大,其中,城镇地区受影响人数为 0.92 亿人,农村地区受影响人数为 1.47 亿人,全国共计受影响人数为 2.39 亿人。

(二)受新冠肺炎疫情冲击的失业群体预估

1. 测算方法选择

关于就业与经济增长的关系,理论界进行了大量的研究和探讨。从西方经济学主流观点的演进历程来看,基于凯恩斯主义的需求管理和国家干预思想在相当长的时间内都是治理失业的良方,但 20 世纪中后期在主要发达国家出现的"滞胀"现象却使得凯恩斯主义束手无策,以弗里德曼为代表的货币主义反对凯恩斯的非充分就业理论,基于现实提出了"自然失业率"和"适应性预期"的概念;以拉弗为代表的供给学派否定了凯恩斯"有效需求不足"的基本观点,进而转向从供给侧寻求实现充分就业的方式;以卢卡斯、穆斯等为代表的理性预期学派将理性预期和自然失业率概念引入经济变量并进行考察,得出劳动力的供给依赖人们对工资水平理性预期的基本结论。此外,还有著名的菲利普斯曲线,表示失业与通货膨胀之间存在一种交替负向关系,通货膨胀率高时,失业率往往较低,通货膨胀率低时,失业率往往较高。

第十章 抗疫背景下发挥社会救助制度的兜底功能

表10-1 2008~2012年贫困线测算

单位：元

			食品	衣着	居住	家用	医疗	交通	教育	杂项	过渡系数	PL 贫困线
2008年	城镇	ai	1768.351	203.032	282.180	-16.592	133.587	-376.814	-45.331	-60.035	1888.378	3516.533
		bi	0.138	0.054	0.051	0.042	0.031	0.109	0.083	0.029	0.537	
	农村	ai	789.657	72.967	79.177	47.304	44.584	37.390	53.821	18.780	1143.680	2334.041
		bi	0.147	0.029	0.124	0.026	0.031	0.067	0.054	0.012	0.490	
2009年	城镇	ai	1871.657	263.715	286.067	-2.354	251.819	-491.515	-27.108	-45.416	2106.865	3595.333
		bi	0.144	0.057	0.055	0.046	0.034	0.131	0.088	0.031	0.586	
	农村	ai	908.072	83.244	155.02	116.071	71.16	41.244	59.365	16.207	1450.383	2401.296
		bi	0.139	0.029	0.124	0.033	0.026	0.069	0.054	0.13	0.604	
2010年	城镇	ai	2057.32	276.513	333.919	15.005	235.153	-578.94	-51.573	-79.841	2207.550	3767.150
		bi	0.137	0.059	0.052	0.047	0.033	0.138	0.089	0.031	0.586	
	农村	ai	1015.01	91.409	150.167	81.001	128.037	23.359	57.719	19.331	1566.036	3339.096
		bi	0.131	0.029	0.114	0.026	0.033	0.073	0.051	0.012	0.469	
2011年	城镇	ai	2416.01	308.854	355.636	35.939	316.801	-480.91	-0.158	-141.31	2810.859	4983.793
		bi	0.135	0.061	0.049	0.045	0.03	0.124	0.086	0.034	0.564	
	农村	ai	1249.51	140.477	26.564	21.88	179.012	126.459	96.589	38.458	1878.944	4673.990
		bi	0.122	0.028	0.09	0.027	0.022	0.059	0.042	0.012	0.402	
2012年	城镇	ai	2649.13	341.015	461.213	44.569	383.371	-667.86	-28.688	-175.77	3006.979	5417.980
		bi	0.132	0.059	0.042	0.044	0.027	0.131	0.085	0.035	0.555	
	农村	ai	1352.84	162.9	136.952	37.091	39.031	123.757	105.789	45.134	2003.491	5008.728
		bi	0.121	0.029	0.081	0.026	0.022	0.066	0.042	0.013	0.400	

资料来源：表中数据为作者使用计量软件STATA14.0测算的结果。

255

表10-2 2008~2012年贫困线占人均可支配收入的比重

单位：元，%

测算指标	2008年	2009年	2010年	2011年	2012年	5年平均
贫困线（城镇）年人均	3516	3595	3767	4984	5418	——
贫困线（农村）年人均	2334	2401	3339	4673	5009	——
城镇人均可支配收入	15781	17175	19109	21810	24565	——
贫困线占人均可支配收入的比重（城镇）	22.28	20.93	19.71	22.85	22.06	21.57
农村人均可支配纯收入	4999	5435	6272	7394	8389	——
贫困线占人均纯收入的比重（农村）	46.69	44.18	53.23	63.20	59.71	53.40

资料来源：作者测算所得。

表10-3 2013~2019年贫困线测算

单位：元

测算指标	2013年	2014年	2015年	2016年	2017年	2018年	2019年
贫困线（城镇）年人均	5814	6222	6729	7251	7851	8466	9137
贫困线（农村）年人均	5035	5601	6099	6602	7173	7805	8555
城镇人均可支配收入	26955	28844	31195	33616	36396	39251	42359
农村人均可支配收入	9430	10489	11422	12363	13432	14617	16021

资料来源：作者测算所得。

表10-4 2013~2019年低收入群体人数测算

单位：元，%，万人

	2013年	2014年	2015年	2016年	2017年	2018年	2019年
城镇居民人均可支配收入（20%低收入户）	9896	11219	12231	13004	13723	14387	16944
农村居民人均可支配收入（20%低收入户）	2878	2768	3086	3006	3302	3666	6408
农村居民人均可支配收入（20%中间偏下收入户）	5966	6604	7221	7828	8349	8508	12817
城镇贫困线占20%低收入户的比重	58.75	55.45	55.01	55.76	57.21	58.85	53.92

续表

	2013 年	2014 年	2015 年	2016 年	2017 年	2018 年	2019 年
农村贫困线占 20% 中间偏下收入户的比重	84.41	84.81	84.47	84.34	85.92	91.74	66.75
城镇人口数	73111	74916	77116	79298	81347	83137	84843
农村人口数	62961	61866	60346	58973	57661	56401	55162
城镇低收入人口（预估数）	8591	8309	8485	8843	9307	9785	9150
农村低收入人口（预估数）	21258	20987	20389	19896	19816	20696	14728
受影响的低收入人口总计（预估数）	29849	29296	28874	28739	29123	30481	23878

注：2019 年城镇居民人均可支配收入（20% 低收入户）、农村居民人均可支配收入（20% 低收入户）、农村居民人均可支配收入（20% 中间偏下收入户）三个指标系根据国家统计局《中华人民共和国 2019 年国民经济和社会发展统计公报》平均数推算得出。

本章认为，当前研究失业率与经济增长最直接的理论依然为奥肯定律。不过需要注意特别注意的是，奥肯定律所揭示的失业率与经济增长的数量关系只是针对美国这个特定国家特定时期的数量关系，不仅与其他国家不完全相同，而且今日之美国也未必沿着原有的轨迹运行，1997 年以后，中国经济高速增长，出现了就业压力不减、物价走低的宏观经济增长悖论，奥肯定律失效，但奥肯定律依然揭示了经济增长与就业率之间的关系，因此本章将在借鉴奥肯定律分析框架的基础上重新建立计量分析模型。

2. 奥肯定律及可能优化

美国著名的经济学家阿瑟·奥肯发现了周期波动中经济增长率和失业率之间的经验关系，即当实际 GDP 增长相对于潜在 GDP 增长（美国一般将之定义为3%）下降2%时，失业率上升大约1%；当实际 GDP 增长相对于潜在 GDP 增长上升2%时，失业率下降大约1%，这条经验法则以其发现者为名，称为奥肯定律（汪祥春，2002）。潜在 GDP 这个概念是奥肯首先提出的，它是指在保持价格相对稳定的情况下，一国经济所生产的最大产值。潜在 GDP 也称充分就业 GDP。

一般而言，可以用以下公式描述奥肯定律：失业率变动百分比 = -1/2×（GDP 变动百分比 -3%）。根据该公式，当实际 GDP 的平均增长率为 3% 时，失业率保持不变；当经济扩张快于 3% 时，失业率下降的幅度等于经济增长率的一半，即为了防止失业率上升，实际 GDP 增长必须与潜在 GDP 增长同样快，换言之，如果想要使失业率下降，实际 GDP 增长必须快于潜在 GDP 增长。

本章借鉴奥肯定律分析框架，同时考虑到第一产业农业对 GDP 贡献小且受疫情直接影响不大，故分别建立我国第二、第三产业就业人数和第二、第三产业 GDP 的对数回归方程：

$$\ln JOB2 = \alpha \ln GDP2 + \varepsilon \qquad (6)$$

$$\ln JOB3 = \beta \ln GDP3 + \mu \qquad (7)$$

其中，在式（6）中，$JOB2$ 表示第二产业就业人数，$GDP2$ 表示第二产业 GDP（现价），α 表示第二产业就业与 GDP 增长弹性系数；在式（7）中，$JOB3$ 表示第三产业就业人数，$GDP3$ 表示第三产业 GDP（现价），β 表示第三产业就业与 GDP 增长弹性系数。

3. 新冠肺炎疫情加剧失业人数的初步测算

本章搜集了我国从 1952~2019 年三大产业就业人数和 GDP 的时间序列数据，采用对数 OLS 回归的方法，测算了第二、第三产业就业与 GDP 的弹性系数，并以此为依据，测算受疫情冲击的新增失业人数（具体见表 10-5 和表 10-6）。其中，数据来源于历年《中国统计年鉴》和《中华人民共和国 2019 年国民经济和社会发展统计公报》。

表 10-5 就业与 GDP 增长弹性模型回归显著性分析

	弹性系数	显著性水平	T 值	模型 R^2
模型 1：第二产业	0.3362	0.000	22.51	0.8863
模型 2：第三产业	0.3734	0.000	37.02	0.9547

注：表中数据为作者使用计量软件 STATA14.0 测算的结果。

表 10-6 受疫情冲击的新增失业人数预估

单位：万人；%

就业与经济增长弹性系数（第二产业）	0.3362
就业与经济增长弹性系数（第三产业）	0.3734
2018 年第二产业就业人数	21390.5
2018 年第三产业就业人数	35937.8
2020 年 1~2 月下行比例（第二产业）	13.5
2020 年 1~2 月下行比例（第三产业）	13.0
第二产业新增失业人数预估	970.85
第三产业新增失业人数预估	1744.49
新增失业人数总计预估	2715.343311

注：(1) 根据《中华人民共和国 2019 年国民经济和社会发展统计公报》，2019 年末全国就业人员为 77471 万人，2018 年为 77586 万人，由于目前国家统计局尚未公布 2019 年分产业就业人数，因此我们以 2018 年数据代替。(2) 根据国家统计局公布的数据，2020 年 1~2 月，规模以上工业增加值同比下降 13.5%（实际上全口径工业下行幅度大于 13.5%）；2020 年 1~2 月，全国服务业生产指数同比下降 13.0%。

从表 10-6 可以看出，受新冠肺炎疫情影响，我国第二产业（工业领域）预计新增失业人员超 970 万人，第三产业（服务业领域）预计新增失业人员约 1745 万人，全国新增失业人员超 2715 万人。

（三）受新冠肺炎疫情冲击的低收入群体和失业人群总计

综合以上测算结果，利用简单算数相加，即可得出受新冠肺炎疫情冲击的低收入群体和失业人群总计预估。从表 10-7 可以看出，受新冠肺炎疫情冲击的低收入群体和失业人群总计约为 2.66 亿人。

表 10-7 受新冠肺炎疫情冲击的低收入群体和失业人群总计测算

单位：万人

城镇低收入人口预估数	9150.00
农村低收入人口预估数	14728.00
受影响的失业人群总计	2715.00
总计	26593

（四）一次性财政补助额度的初步预估

目前，我国国内新冠肺炎疫情总体受控，2020年第二季度开始全面复工复产并恢复正常的生产生活，故针对低收入群体和失业群体主要考虑一次性补助，帮助其解决基本生活需求，尽快建立信心。

同时，考虑到疫情影响范围较大且仍然处在全球大流行阶段，对于低收入群体和失业群体的补助标准应选择相对指标且以可动态调整为宜，结合国际主要贫困线标准和我国实际情况，本章采用OECD的平均收入60%（即一次性财政补助系数为0.6）的贫困线标准予以测算（具体见表10-8）。

表 10-8　给予低收入群体和失业群体的一次性财政补助测算

单位：元，万人，亿元

2019年城镇居民平均年可支配收入	42359.00
2019年农村居民平均年可支配收入	16021.00
2019年城镇居民平均月可支配收入	3529.92
2019年农村居民平均月可支配收入	1335.08
城镇低收入人口预估数	9150.00
农村低收入人口预估数	14728.00
受影响的失业人群总计	2715.00
一次性财政补助系数	0.60
一次性财政投入（只补助3月）	3692.73
一次性财政投入（补助2月和3月）	7385.45

注：就业受影响人员按城镇标准补助。

从表10-8可以看出，若只考虑为期一个月（针对3月）的补助，应给予低收入群体和失业群体总计约3693亿元的财政资金补助；若考虑为期两个月（针对2月和3月）的补助，应给予低收入群体和失业群体总计约7385亿元的财政资金补助。

由于本章设定的财政补助系数为0.6，故城镇居民的发放标准可定为每人每月2000元（2019年城镇居民平均月可支配收入乘以60%后取整），农村居民的发放标准可定为每人每月800元（2019年农村居民平均月可支配收入乘以60%后取整）。

国内相关机构和学者，如西南财经大学经济与管理研究院院长甘犁教授根据西南财经大学中国家庭金融调查与研究中心（CHFS）数据测算，认为：2018年提高个税起征点之后，年综合所得在6万元以下的人群面临较重的教育、医疗、支出、赡养老人等支出负担，其中，有58.8%（约1.76亿人）的纳税人，至少有一项教育、医疗、住房、大病、赡养老人等方面的支出，此外，年综合所得在6万元以上的边缘人群中也有8300万人未能完全享受到税改红利。当中、高收入群体在享受税改红利时，低收入群体却无法在专项税收扣除中受益。实际上，甘犁教授测算的未能享受税改红利的低收入群体与本章研究的低收入群体和失业人员在理论上是高度重合的，总计为1.76+0.83=2.59亿人（本报告作者的测算结果约为2.66亿人）。

三 完善疫情防控时期多层次社会救助的政策思路

（一）进一步强化疫情防控时期社会救助的顶层设计

疫情的全球大流行导致我国经济社会发展面临的内外部环境将更加复杂多变和难以预测，具有兜底功能的社会救助在当前和今后只能加强，不能削弱，应进一步强化社会救助的顶层设计。

一是参考国务院应对新冠肺炎疫情联防联控机制有关做法，建立民政部牵头，财政部、国家发改委、中国人民银行、应急管理部、人力资源和社会保障部等部委参与，成立更高级别的国家社会救助领导机构或议事机构，承担特殊时期社会救助的兜底保障使命，防范重大社会风险，确保社会秩序的稳定，最大限度地维护社会稳定。

二是在国家层面的救助政策设计时应处理好稳定性与灵活性的关系，整体的社会救助制度设计需要突出系统性、稳定性、公平性和可持续发展，同时注重社会救助制度与失业保险制度的衔接，社会救助制度各项救助措施的衔接，一般性救助与临时救助的衔接，生活救助与心理援助的结合等。在相关政策的制定中，注意考虑应急救助与制度长期稳定发展的衔接。在能解决最突出矛盾的前提下，应尽可能遵循社会救助的基本原则，也需要考虑避免由于过度突破现有政策而留下后遗症。

三是在防控新冠肺炎疫情的同时，需将强化社会救助制度能力建设纳入国家治理体系和治理现代化的整体制度框架，切实发挥我国制度体系优势，着力构建适应社会发展的新型社会救助制度能力建设框架。而在疫情防控期间，应协同推进社会救助的应急处置与长期制度建设，与其他社会保障项目建设协同推进，综合考量。

四是突出社会救助制度新理念的引领作用和制度创新的带动作用，突出新冠肺炎疫情防控特殊时期社会救助应急需要的积极响应，重视以家庭为中心、以社区为中心的救助理念和救助文化。切实发挥在新冠肺炎疫情冲击下的社会救助在医疗、生活、心理等救助方面的兜底保障作用。加强学术界和政府职能部门的常态化交流合作，深度挖掘中国传统制度中的积极因素，努力构建以提升长期可持续生存能力、社会融入能力为主要内容的社会救助制度体系，积极探索疫情防控和大规模复工复产过程中以工代赈的重要作用及实施路径。

五是创新机制，积极发挥社会组织参与社会救助的重要作用，助力疫情防控期间社会救助制度的有效实施。需要充分发挥大数据云计算的技术，实现基于抗击新冠肺炎疫情和恢复重建期间社会救助对象的精准识别、精准救助、动态调整的科学机制，努力提升全方位的社会救助保障能力和保障功能，尤其是需要深层次运用大数据等新技术方法，在提升社会救助制度的政策效果上，更加关注技术革命对社会救助制度创新和变革的重要作用，系统研究在技术革命倒逼或推动下的社会救助制度创新的现实路径。

（二）进一步强化对低收入群体帮扶的动态调整机制

一是针对低收入群体的长期跟踪研究机制。新冠肺炎疫情不仅是对我国社会救助体系的考验，而且是对我国整体治理能力的考验，社会救助作为民生保障的关键环节，若出现纰漏可能引发社会稳定等系统性问题。同时，此类问题往往极度复杂且传导环节众多，需要考虑经济、社会、政治、制度等多种因素，短时间内的数据测算有一定的参考价值，但任何计量、数值模拟的方法都存在局限性，有可能发生测算误差。因此，长期来看，建议民政部委托专业研究机构，建立起针对全国低收入群体的年度调查跟踪研究机制，为相关部门决策提供参考。

二是将此次应对疫情中积累的社会救助应急临时措施和动态调整加以总结和升华，将其转化为制度化、规范化的应急机制，更好地保障低收入群体的基本生活和切实维护特殊群体的正当权益，发挥与物价变化关联的动态调整机制的作用，切实保障低收入家庭和群体的基本生活。更高效地利用慈善资源并激励社会各界参与慈善的积极性，更好地发挥社会救助促进经济社会正常发展的积极功能。

（三）进一步强化社会救助政策与其他经济社会政策协同

一是民政部协同其他部委，尽快组织相关机构对疫情发展态势及今后2~3年的社会经济形势进行整体综合研判，定性和定量结合，准确分析社会稳定预警和社会风险预警的几个关键时间点以及社会风险和社会救助的应急响应举措的出台时机，提出以保障和改善民生为最终目的，以社会救助为主要内容的一揽子经济、社会政策组合并对政策实施情况及时评估反馈、调整优化。

二是发挥地方政府的积极性，在中央层面制定相关激励政策和引导措施，有效引导地方政府及时启动疫情期间针对下岗失业人员临时生活补助发放工作，针对低保和低保边缘家庭人员以及持有《中华人民共和国残疾人证》人员等特殊群体的临时救助，同时扩大相关补助资金的列支范围。

（四）进一步强化大数据等新一代信息技术在社会救助领域的应用

民政部加强对大数据、5G、区块链等新一代信息技术在疫情防控、民生领域中的应用研究，加快提升民政信息化整体水平，可考虑应用大数据的知识图谱，赋能政府救助管理，助力疫情防控和社会救助的精准识别和精准救助。

一是构建全国疫情监测服务平台、疫情态势感知与辅助研判系统、密切接触者挖掘系统、贫困人口排查及救助系统、最低生活保障应急调度平台等一批知识图谱相关软件、平台、系统和解决方案，紧急上线支援"前线"。

二是以应对此次新冠肺炎疫情为契机，在全国层面建立信息化、智慧化的低收入群体（第一步可以从低保家庭全覆盖开始）跟踪分析系统或"大数据+社会保障知识图谱"，确保大数据全面介入家计调查、资格审核、待遇发放等环节，确保掌握低收入群体的基本人口特征、收入支出特征、行为特征等关键信息，做到关键时刻心中有数。

（五）进一步强化临时性救助措施并适当扩大社会救助范围

一是根据民政部已掌握的一般救助数据，以我们测算的受影响人群为对象，采取自主申报、线上审查的方式（对不具备线上申报条件的低收入对象可由当地街道、乡镇或县级民政部门予以协助），为受疫情影响的失业人员、误工人员、生病人员和其他生活困难人员发放临时救助券，建议城镇的发放标准可定为每人每月2000元，农村的发放标准可定为每人每月800元，第一期疫情临时特别救助发放期限为1~3个月，后期视国内外情形再进行救助政策的跟进与完善。

二是将受疫情影响的参保失业人员、短期误工人员及农民工等困难群众纳入临时救助范围，对低收入困难家庭可适度提升现行救助标准。同时，考虑到疫情对经济活动影响的深度和广度，建议在发放临时求助券的基础上，针对餐饮、通信、体育、图书、旅游等产业方向，探索发放针对低收入人群的消费券，甚至可考虑向全民发放带有一定条件或一定比例的消费券，促进居民消费和增加就业。

三是密切跟踪评估已出台的社会救助政策的实施效果，借鉴国际经验，树立全球思维，探索以工代赈和直接救助政策相结合的社会救助新模式。

（六）进一步强化社会救助制度能力建设

社会救助制度能力建设一般包括经办能力提升。从长远来讲，社会救助制度能力内涵和外延至少还应包括以下几个重要方面。首先是社会救助制度供给能力，包括单一救助、综合救助的供给能力，救助津贴与救助服务提供能力以及短期内的制度供给能力和中长期的制度供给能力。正式救助制度和非正式救助制度的融合与协调能力，家庭成员及社区人员的自助、互助与社会救助的协同尤其重要。强调政府积极作为的同时，传统社会救助文化的创造性转化也要融入社会救助制度能力建设中。其次是社会救助制度运行能力，它包括制度构架及组织能力，制度执行能力，资金供给和财政保障能力以及行政能力。最后是社会救助制度的执行能力，包括发现机制、瞄准机制的有效性，精准救助能力，经办机构组织实施救助的具体能力。其进一步还应包括社会救助制度托底能力、协调能力、动态调整能力、社会救助制度预警信号监测及预警能力、制度实施效果评估能力、社会救助与其他社会保障制度的协同能力、社会救助制度整合能力以及制度的技术创新能力。

我国社会救助制度能力不足主要表现为：法治建设明显滞后、社会救助依法治理能力不足，社会救助基层平台和基层能力不足。我国缺乏对社会救助制度长期战略性、前瞻性问题的系统规划研究。社会救助的精准发现、精准识别机制有待加强。社会救助文化建设有待加强。社会救助经办机构的长期超负荷运行，基层人员的能力拓展缺少机会，这些都需要特别加以关注。社会救助与扶贫的协同能力还有待提升，社会救助与其他保障制度的协同能力、话语能力有待提升。最低生活保障的动态调整机制需要进一步完善。同时，社会救助基层管理服务能力、反欺诈的制度能力、制度创新能力以及社会救助文化建设都需要进一步提升与关注。

我国完善社会救助制度能力建设，第一，需适应新环境，应对新挑战，加强理论研究和理论创新，突出战略研究。在"十四五"期间我国的社会救助工作需要关注的重大理论问题包括：对中长期的重大社会救助需求的趋势分析、社会救助制度能力提升战略研究、新时代社会救助的承载力研究、新技术革命时代社会救助制度能力建设的跨学科领域相关问题研究。第二，需将社会救助制度能力建设纳入国家治理现代化的框架中，发挥整体优势，构建新型社会救助制度能力建设框架。第三，突出社会救助制度新观念的引领作用和制度创新的重要作用，突出社会救助文化建设，增强社会救助制度创新能力，救助理念。第四，实施社会救助系统人员的能力提升计划，这将对社会救助能力提升具有关键作用。第五，需系统总结各地政府购买服务的实践创新经验及可行途径，积极发挥社会组织参与社会救助的重要作用，助力社会救助制度能力建设。第六，充分发挥大数据、云计算技术对实现社会救助能力提升的关键推动作用。

第十一章 国外多层次社会保障制度发展及经验借鉴

一 引言

近年来，面对人口老龄化的加速发展和低利率金融市场环境的复杂多变，在多层次社会保障体系下，不论是第一支柱，抑或第二三支柱，均面临严峻的挑战，社会保障制度的充足性和可持续性面临前所未有的考验，整体改革空间有限。

总体来看，在参数式改革中，实行弹性的退休年龄是各国改革的主要措施。

从对特殊群体的关注和专项改革来看，在人口老龄化和非正规经济发展的趋势下，发达国家更加关注多层次社会保障体系下的老年贫困问题、非正规就业者的多层次保障问题以及公共就业部门和私人就业部门的制度公平性问题。

从区域改革动向来看，欧洲国家更关注补充养老保险的扩面，以提高养老金总体替代率，近年来在补充养老保险参保激励机制上，进行了有益的探索，如自动准入机制的推广、税优政策的优化以及NDC模式的扩面。美洲地区更加关注制度水平的充足性和稳定性，尤其在拉美国家，前期制度转轨的影响和强制性的基金积累的个人账户养老金计划的建立，使其后期不得不在替代率水平和制度保障的充足性上多做考虑，越来越多的拉美国家将最低收入保障计划或均一收入计划引入基金积累的体系中，以丰富保障体系的层次性。亚太地区多数国家，既需要考虑多层次社会保障制度的充足性，又不得不面对其可持续性难题，近年来的改革也多是参数式改革与结构式改革并重。由于非洲国家多层次社会保障制度的项目类别不完备，制度水平相对较低，改革举措有限，一些国家在收入关联型养老金计划基础上，对部分最低保障计划进行了调整。

二　国外多层次社会保障制度的内涵与参数设计

近年来，随着人口老龄化趋势的加速发展和全球经济增速的不断放缓，各国对社会保障制度的可持续性、充足性和广覆盖性给予了更多的关注。在此背景下，各国历经多次改革后形成的多层次社会保障制度也呈现新的制度内涵和政策特征。

（一）各国保障项目日趋完备

从保障的项目内容和完备程度看，历经多次改革，各国的社会保障项目日趋完备。分区域看，欧洲优于美洲和亚太地区，非洲其次。

1. 欧洲地区项目覆盖全面

欧洲各国在第一层次社会保障制度内均建立了全面的保障计划，其内容涵盖养老、遗嘱、残障保险、疾病和生育保险、工伤保险、失业保险以及家庭津贴制度，制度内容基本统一。

2. 美洲地区存在区域差异

不同于欧洲保障完备的福利国家模式，美洲地区第一层次社会保障制度项目类别存在一定的差异，大致可分为典型的美国模式、加拿大模式和拉美模式（SSA & ISSA，2020）。三大模式所涉及的第一层次的社会保障计划基本涵盖养老、遗嘱、残障保险和工伤保险，失业保险、家庭津贴、疾病和生育保险对于部分国家和地区而言仍未作为必备项目被提供，如表11-1所示。

表 11-1 美洲地区社会保障制度情况

序号	地区	国家和地区	养老、遗嘱、残障保险	疾病津贴	生育津贴	医疗保险	工伤保险	失业保险	家庭津贴
1	美加地区	美国	√			√	√ᵃ	√	√
2		加拿大	√	√	√	√	√	√	√
1	拉美地区	巴巴多斯	√	√	√	√	√	√	√
2		巴西	√	√	√	√	√		√
3		智利	√	√	√	√	√	√	
4		哥伦比亚	√	√	√	√	√	√	
5		厄瓜多尔	√	√	√	√	√	√	
6		委内瑞拉	√	√	√	√	√	√	√ᵃ
7		秘鲁	√	√	√	√	√		√ᵃ
8		洪都拉斯	√	√	√	√	√ᵃ		
9		哥斯达黎加	√	√	√	√	√ᵃ		
10		巴拿马	√	√	√	√	√ᵃ		
11		乌拉圭	√	√	√	√	√ᵃ		√
12		阿根廷	√	√ᵃ	√	√	√ᵃ		√
13		阿鲁巴岛	√ᵇ	√	√	√	√	√ᵃ	√
1	拉美地区	玻利维亚	√	√	√	√	√		√
2		多米尼加	√	√	√	√	√		
3		萨尔瓦多	√	√	√	√	√		
4		圭亚那	√	√	√	√	√		
5		墨西哥	√	√	√	√	√		
6		尼加拉瓜	√	√	√	√	√		
7		特立尼达和多巴哥	√	√	√	√	√		
8		巴拉圭	√	√	√	√	√		√ᵃ
9		牙买加	√	√ᵃ					
10		百慕大群岛	√	√ᵃ	√ᵃ	√	√ᵃ		√
11		巴哈马	√	√	√	√	√		

续表

序号	地区	国家和地区	养老、遗嘱、残障保险	疾病和生育保险			工伤保险	失业保险	家庭津贴
				疾病津贴	生育津贴	医疗保险			
1	拉美地区	英属维尔京群岛	√	√	√	√	√		
2		格林纳达	√	√	√	√	√		
3		危地马拉	√	√	√	√	√		
4		古巴	√	√	√	√	√		
5		圣卢西亚岛	√	√	√	√	√		
6		圣文森特和格林纳丁斯	√	√	√	√	√		
7		安提瓜岛和巴布达	√	√	√	√	√[a]		
1	拉美地区	圣基茨和尼维斯	√	√	√		√		√
2		多米尼加岛	√	√	√		√		
3		海地	√	√	√		√		
4		伯利兹	√	√	√		√		
5		苏里南	√	√[a]		√	√[a]		√

注：表中上标 a 指该计划在"雇主责任险"（Employer-liability System）体系下；上标 b 指该计划仅给付"养老、遗嘱"两项待遇，不包括伤残。

资料来源：SSA & ISSA, *Social Security Programs Throughout the World：The Americas 2019*（SSA Publication No. 13－11804，2020）.

加拿大与拉美部分国家和地区的社会保障制度完备程度优于美国。美国多层次保障制度的私有化色彩浓厚，政府在有限的保障项目中除提供基本保障外，更多的保障来源于私人保险市场，由表 11－1 可知，疾病津贴和生育津贴在美国未作为必要项目被提供。相比私人市场更发达的美国，加拿大基本保障项目更加完备；拉美地区的 36 个国家和地区，近 1/3 的国家和地区在历次改革后建立起了完备的基本保障制度。普遍而言，在第一层次社会保障制度中，养老、遗嘱、残障保险和工伤保险是美洲各国和地区均建立的计划，疾病和生育保险为大多数国家和地区所建立。部分国家和地区提供的疾病津贴、生育津贴、家庭津贴、工伤保险和失业保险从属于雇主责任险的范畴。

具体到不同模式下的典型国家,其制度设计和内容呈现以下特征。

(1)美国:美国第一层次的社会保障计划除疾病津贴和生育津贴外,其余涵盖类别完备。基本养老保险(简称OASDI)制度是全国性的,基本实现了对就业人员的全覆盖。其主要由养老及遗嘱保险(OASI)和残障保险(DI)两部分组成,适用于在美国工作的雇员以及年净收入为400美元以上的自雇人士;宗教团体成员、非居民雇员和临时工,以及在外国政府或组织注册教育机构工作的学生不被该制度覆盖。其采取了专项税收保障模式,资金来源于雇主和雇员共同缴纳的工薪税(Payroll Tax),由OASDI信托基金统一管理。

美国医疗保险只覆盖了州和地方政府特殊体系的部分雇员。国内没有针对疾病津贴和生育津贴的法定计划,但在一些州内的工商业和农业工人可获得疾病津贴的福利;在其他一些铁路和公共部门的特殊制度内也有对雇员疾病和生育方面的补贴。工伤保险实行雇主责任制,由用人单位全部供款。该计划在大多数公共和私营部门均有建立,但不适用于自雇人士、农业雇员及一些小企业、临时工和家庭工人。失业保险由用人单位为雇员供款,军事人员、大多数农业雇员和家庭工人都包括在该计划内。家庭津贴是由联邦、州及地方政府管理和资助的约80种基于经济情况调查的一揽子计划,包括现金支付、社会服务、教育援助、住房援助、职业培训、医疗援助、能源和公用事业援助、儿童保育和儿童发展计划,其金额取决于家庭收入情况和子女数量。

(2)加拿大:加拿大第一层次的社会保障计划涵盖了基本保障的所有类别,项目体系完备。基本养老保障计划主要包括三类。一是全国统一的联邦退休金计划(Canada Pension Plan, CPP)。二是具有区域特征的退休金计划,典型的如魁北克退休金计划(适用于魁北克地区)(Quebec Pension Plan, QPP)或与其相似的区域性计划。前者适用于18~69岁在加拿大工作的雇员及自雇者;临时工及年收入低于3500加元的雇员未被包括在联邦退休金计划内。不论是全国统一的联邦退休金计划还是区域性退休金计划,均由雇主和雇员共同供款。如果加拿大全境某地区建立了与 QPP 相当的计划，雇员可以选择退出 CPP，退休金可以在两个计划之间转移。三是由政府供款、仅适用于加拿大合法居民的老年保障计划（Old-Age Security，OAS）。该计划包括普惠型的老年津贴和老年救助计划。

除养老保障外，疾病和生育保险为包括联邦雇员在内的受雇者和自雇渔民提供保障，其他自雇人士则可选择自愿参与。工伤保险由用人单位提供，雇员无须缴费，不适用于自雇人士，其供款水平根据不同地区、行业及其评估的风险程度实行差别供款。失业保险为在加拿大的从业人员和个体经营的渔民提供保障，普通渔民和自雇者未包含在制度内。家庭津贴是为居住在加拿大的子女不满 18 岁的家庭提供的社会福利，由政府供款，这是一项通过税收系统管理的福利，监护人需提供年度所得税申报表，家庭年净收入不超过 31120 加元[①]的可以获得全额福利，高于此收入的，福利会随之减少。

（3）拉美地区：拉美 36 个国家和地区中，巴巴多斯、巴西、智利等 13 个国家和地区建立了完备的基本社会保障制度，涵盖了基本社会保障的所有类别。玻利维亚、多米尼加等 11 个国家和地区建立了除失业保险外的其他基本保障类别。其余国家和地区的第一层次基本保障项目的完备程度相对较弱。英属维尔京群岛、格林纳达等 7 个国家和地区未涵盖失业保险和家庭津贴；圣基茨和尼维斯未涵盖医疗保险和失业保险；多米尼加岛、海地、伯利兹未涵盖医疗保险、失业保险和家庭津贴；苏里南未涵盖生育津贴和失业保险。

拉美地区部分国家和地区的基本保障计划从属于雇主责任险。如：阿根廷、牙买加、百慕大群岛和苏里南 4 个国家和地区的疾病津贴；百慕大群岛的生育津贴；洪都拉斯、哥斯达黎加、巴拿马、乌拉圭、阿根廷、百慕大群岛、安提瓜岛和巴布达、苏里南 8 个国家和地区的工伤保险；阿鲁巴岛的失业保险；委内瑞拉、秘鲁、巴拉圭 3 个国家的家庭津贴。以上从属雇主责任险的项目由用人单位全部供款，为雇员直接提供保障。值得注意的是，不同于其他国家的覆盖了老年人、遗嘱和残障人士的基本养老保障项目计划，阿

[①] 参照 2019 年加拿大规定的享有家庭津贴资格的家庭中家庭年净收入的标准认定。

鲁巴岛只为其居民提供法定的养老金和遗嘱抚恤金，对于伤残救助则不提供法定福利。

3.亚太地区制度完备程度呈现梯度特征

从项目内容看，亚太地区48个国家（中国除外）项目完备程度呈现梯度特征。一是类别完备组，超过1/3（17个）的国家在经历了长期的社会发展和改革后建立了完备的基本保障制度，涵盖了所有类别的保障项目；二是基本完备组，约1/3（15个）的国家基本涵盖了第一层次社会保障项目；三是不完备组，这些国家涵盖的第一层次社会保障项目类别弱于前两个组别。普遍而言，在第一层次，养老、遗嘱、残障保险、生育津贴、医疗保险、工伤保险几乎在各国都有建立，大多数国家建立了疾病津贴项目，部分国家建立了失业保险和家庭津贴项目。还有部分国家建立的疾病津贴、生育津贴、工伤保险从属于雇主责任险（SSA & ISSA，2019），如表11-2所示。

表11-2 亚太地区社会保障制度情况

序号	国家和地区	养老、遗嘱、残障保险	疾病和生育保险			工伤保险	失业保险	家庭津贴
			疾病津贴	生育津贴	医疗保险			
1	伊朗	√	√	√	√	√	√	√
2	以色列	√	√	√	√	√	√	√
3	日本	√	√	√	√	√	√	√
4	乌兹别克斯坦	√	√	√	√	√	√	√
5	越南	√	√	√	√	√	√	√
6	吉尔吉斯斯坦	√	√	√	√	√	√	√
7	老挝	√	√	√	√	√	√	√
8	泰国	√	√	√	√	√[a]	√	√
9	澳大利亚	√	√	√	√	√[a]	√	√
10	阿塞拜疆	√	√	√	√	√[a]	√	√
11	哈萨克斯坦	√	√[a]	√	√	√	√	√
12	巴林	√	√[a]	√[a]	√	√	√	√
13	沙特阿拉伯	√	√[a]	√[a]	√	√	√	√
14	阿曼	√	√[a]	√	√	√	√	√
15	缅甸	√[b]	√	√	√	√	√[b]	√
16	塔吉克斯坦	√	√	√	√	√[c]	√	√
17	土库曼斯坦	√	√	√	√	√	√	√[c]

续表

序号	国家和地区	养老、遗嘱、残障保险	疾病和生育保险			工伤保险	失业保险	家庭津贴
			疾病津贴	生育津贴	医疗保险			
1	新西兰	√	√	√	√	√		√
2	巴基斯坦	√	√	√	√	√		
3	菲律宾	√	√	√	√	√		
4	亚美尼亚	√	√	√	√	√		√
5	新加坡	√	√ a	√	√	√ a		
6	格鲁吉亚	√	√ a	√	√	√		
7	马来西亚	√	√ a	√ a	√	√		
8	斐济	√	√ a	√ a	√	√		
9	卡塔尔	√	√ a	√ a	√	√		
10	斯里兰卡	√	√ a	√	√	√		
11	韩国	√		√	√	√	√	
12	基里巴斯	√		√	√	√	√	√
13	约旦	√	√ a	√	√	√	√	
14	印度	√	√	√	√	√		
15	黎巴嫩	√	√ b	√ b	√	√		
1	孟加拉国	√	√ a	√ a	√ a	√		
2	尼泊尔	√	√ a	√ a	√	√		
3	所罗门群岛	√	√ a	√ a	√	√		
4	不丹	√	√ a	√ a	√	√		
5	印度尼西亚	√	√ a	√	√	√		
6	也门	√	√ a	√ a	√	√		
7	叙利亚	√	√ a	√ a	√	√		
8	萨摩亚	√	√ a	√ a	√	√		
9	文莱	√	√ a	√	√	√ a		
10	科威特	√	√ a	√	√	√ c		
1	柬埔寨		√	√	√	√		
2	帕劳	√			√			
3	密克罗尼西亚	√						
4	瓦努阿图	√	√ a	√	√ a			
5	巴布亚新几内亚	√	√ b			√ a		
6	马绍尔群岛	√			√		√ d	

注：表中 a 指该计划在"雇主责任险"（Employer-liability system）体系下；b 指该项计划尚未实施；c 指该计划被涵盖在其他项目下；d 指该计划是新项目。

资料来源：SSA & ISSA, *Social Security Programs Throughout the World：Asia and the Pacific 2018*（SSA Publication No. 13-11802, 2019）。

具体到各组别的典型国家，其制度设计和内容呈现以下特征。

（1）类别完备组：伊朗、以色列、日本、越南等项目类别完备的17个国家，建立了全面的基本保障制度。部分国家一些项目从属于雇主责任险，如泰国、澳大利亚、阿塞拜疆的工伤保险；哈萨克斯坦的疾病津贴；巴林、沙特阿拉伯、阿曼的疾病津贴和生育津贴。缅甸于2012年实施社会保障法，其养老、遗嘱、残障保险和失业保险虽有法律规定，要求雇主雇员分别供款，但这项福利迟迟未实施。塔吉克斯坦没有针对工伤和职业病的具体计划，但在疾病和生育保险计划下对部分工伤或职业病给付一定的疾病津贴；土库曼斯坦没有针对未成年儿童的家庭津贴，但在疾病和生育保险计划下给拥有16岁以下儿童的家庭、18岁以下的残疾孩子或21岁以下的孤儿提供现金津贴补助。

日本作为超级老龄化国家，养老保障体系相对完善。现行的基本养老保障计划包括均一给付的国民养老金计划（NP）和与收入关联的雇主养老金计划（EPI）。国民养老金计划覆盖所有年龄为20~59岁的日本居民，60~64岁的居民可以选择自愿参与；参与国民养老金计划的居民每月需向账户内固定缴纳一定数额的供款，政府需缴纳福利成本和管理总成本的50%。雇主养老金计划适用于70岁以下的受雇者，超过70岁可自愿参与该计划，但兼职人员未被包含在内；该项计划的缴费按31个工资等级计算，由雇主和雇员各自缴纳月工资等级收入的9.15%，政府支付总的管理费用。

日本的疾病和生育保险包括国民健康险、员工健康险和老年保健医疗险三类。国民健康保险适用于年龄不超过75岁的日本居民，超过64岁的居民更适用于老年人保健医疗险；员工健康保险适用于海员、协会雇员、私立学校雇员以及地方和国家政府雇员这类特殊群体。政府需为三类保障计划分别供款，为参与国民健康险的雇员提供医疗费用的50%（国家41%，县9%）的缴费；为参与员工健康险的雇员支付福利费用的16.4%和老年人医疗费用的16.4%；为参加老年保障医疗险的居民提供49%的医疗保健费用（33%来自中央，8%来自县政府，8%来自市政府）。日本工伤保险由用人单位按员工工资总额的0.25%~8.8%缴费，具体比例取决于业务类型；政府会根据需要提供相应补贴。失业保险由用人单位和雇主共同供款,其他自雇人士、周工作时间少于 20 小时的工人以及一些政府雇员未被包括在内。家庭津贴是为抚养一个或多个初中毕业年龄以下孩子的家庭提供的福利。

(2) 基本完备组:在 15 个国家中,新西兰、巴基斯坦、菲律宾、新加坡等 10 个国家的第一层次社会保障计划类别相同,除失业保险外,其他类别均建立了法定计划。其中,新加坡和格鲁吉亚两个国家的疾病津贴与工伤保险,马来西亚的疾病津贴和生育津贴,斐济、卡塔尔、斯里兰卡的疾病津贴、生育津贴、工伤保险,均属于雇主责任险范畴。韩国和基里巴斯保障计划类别相同,针对疾病津贴没有法定计划,但基里巴斯的生育津贴和工伤保险与韩国不同,采取了雇主责任制。约旦对医疗保险没有法定计划,雇主会提供现金疾病津贴这项福利。印度、黎巴嫩两个国家没有法定家庭津贴,但在工伤保险方面,与印度的雇主雇员共同承担相比,黎巴嫩是完全雇主责任制,其疾病津贴和生育津贴虽有法定计划,但尚未实施。

(3) 不完备组:在 16 个国家中,孟加拉国、尼泊尔等 10 个国家未建立失业保险和家庭津贴法定计划。除养老、遗嘱、残障保险和部分国家的医疗保险、工伤保险外,其他项目在以上国家多属于雇主责任险范畴。柬埔寨仅涵盖了疾病津贴、生育津贴、医疗保险和工伤保险;帕劳仅涵盖了养老、遗嘱、残障保险和医疗保险;密克罗尼西亚仅建立了养老、遗嘱、残障保险计划,其余项目均未建立;瓦努阿图除建立养老、遗嘱、残障保险计划外,疾病津贴、生育津贴和医疗保险被包括在雇主责任制度内;巴布亚新几内亚建立了养老、遗嘱、残障保险、医疗保险计划,工伤保险项目计划被包括在雇主责任制度内,另外,其疾病津贴虽建立了法定计划,但尚未实施;马绍尔群岛建立了养老、遗嘱、残障保险和医疗保险,近期还将失业保险项目纳入了基本保障范围内。

4. 非洲地区多通过雇主责任险为部分就业者提供保障

非洲地区经济发展落后,社会保障制度不完备,以社会救助为主。目前,仅阿尔及利亚、佛得角、埃及、毛里求斯、摩洛哥、莫桑比克、塞舌尔、南非和突尼斯建立了完备的社会保障项目(其中埃及的家庭津贴项目处于起步状态）。总体来看，非洲地区的养老、遗嘱、残障保险和生育津贴基本实现全覆盖，疾病津贴和医疗保险部分国家尚未建立，多数国家疾病津贴、生育津贴以及工伤保险建立在雇主责任险体系下。失业保险和家庭津贴在非洲尚未普及（SSA & ISSA，2019）。

表 11-3 非洲地区社会保障制度情况

| 序号 | 地区 | 国家和地区 | 养老、遗嘱、残障保险 | 疾病和生育保险 ||| 工伤保险 | 失业保险 | 家庭津贴 |
				疾病津贴	生育津贴	医疗保险			
1	北非	阿尔及利亚	√	√	√	√	√	√	√
2		埃及	√	√	√	√	√	√	√d
3		利比亚	√	√	√	√	√		
4		摩洛哥	√	√	√	√	√b		√
5		苏丹	√	√b	√b		√		
6		突尼斯	√	√	√	√	√		
1	东非	布隆迪	√	√b	√b		√		√b
2		吉布提	√a	√b	√	√	√		
3		埃塞俄比亚	√	√b	√b		√		
4		肯尼亚	√	√b	√b		√b		
5		马达加斯加	√	√b	√		√		√
6		马拉维	√d	√b	√b		√b		
7		毛里求斯	√	√b	√b	√	√	√	√
8		莫桑比克	√	√	√		√b		
9		卢旺达	√	√	√		√		
10		塞舌尔	√	√	√		√	√e	√
11		坦桑尼亚	√	√b	√		√	√d	
12		乌干达	√	√	√b	√b	√		
13		赞比亚	√	√b	√		√		
14		津巴布韦	√	√b	√		√		
1	南非	博茨瓦纳	√	√b	√b		√		
2		埃斯瓦蒂尼	√	√b	√b		√		
3		莱索托	√a	√b	√b		√b		
4		纳米比亚	√	√	√		√		√
5		南非	√	√	√	√	√b	√	√

277

续表

序号	地区	国家和地区	养老、遗嘱、残障保险	疾病和生育保险 疾病津贴	疾病和生育保险 生育津贴	疾病和生育保险 医疗保险	工伤保险	失业保险	家庭津贴
1	西非	贝宁	√	√ᵇ	√ᵇ	√ᵇ	√		√
2		布基纳法索	√		√	√ᶜ	√		√
3		佛得角	√	√	√	√	√	√	√
4		科特迪瓦	√	√ᵇ	√	√	√		√
5		冈比亚	√	√ᵇ	√ᵇ		√ᵇ		
6		加纳	√		√ᵇ	√	√		
7		几内亚	√	√	√	√	√		√
8		几内亚比绍	√	√	√ᵇ	√	√		
9		利比里亚	√	√ᵇ	√ᵇ		√		
10		马里	√	√ᵇ	√	√	√		√
11		毛里塔尼亚	√	√ᵇ	√	√	√		√
12		尼日尔	√	√ᵇ	√	√	√		√
13		尼日利亚	√	√ᵇ	√ᵇ	√	√		√
14		塞内加尔	√		√	√	√		√
15		塞拉利昂	√				√ᵇ		
16		多哥	√	√ᵇ	√	√	√		√
1	中非	安哥拉	√ᵃ	√ᵇ	√	√	√ᵇ		√
2		喀麦隆	√	√ᵇ	√	√	√		√
3		中非	√	√ᵇ	√	√	√		√
4		乍得	√	√ᵇ	√	√ᵇ	√		√
5		刚果（金）	√	√ᵇ	√	√ᵇ	√		√
6		刚果(布)	√	√ᵇ	√	√	√		√
7		赤道几内亚	√	√	√	√	√		√
8		加蓬	√	√ᵇ	√	√	√		√
9		圣多美和普林西比	√	√	√	√	√		√

注：a 表示只提供老年和遗嘱待遇；b 表示该计划从属于雇主责任险；c 表示相关法定方案尚未实施；d 表示新实施项目；e 表示该项目在其他计划中实施。

资料来源：SSA & ISSA, *Social Security Programs Throughout the World: The Africa 2019* (SSA Publication No. 13 – 11803, 2019)。

（二）各国强制性养老保障计划仍以收入关联型和家计调查型为主

1. 欧洲地区基本保障全面

在欧洲，除了北欧五国实行的非缴费的普惠式国民年金外，其余国家和地区大多以缴费的收入关联型养老金计划和非缴费的家计调查型养老金计划为主，部分国家为参保者在缴费计划框架内提供了均一制养老金，以保障其基本收入。如表11-4所示，冰岛、挪威、法国、瑞士、列支敦士登5国建立了强制性的职业年金计划；瑞典、克罗地亚、爱沙尼亚、拉脱维亚、罗马尼亚、俄罗斯、保加利亚、圣马力诺、波兰和斯洛伐克10国建立了强制性的个人账户养老金计划（SSA & ISSA，2018）。

表11-4 欧洲地区强制性养老保障制度建立情况

序号	地区	国家和地区	缴费型计划 基础养老金	缴费型计划 收入关联型养老金	非缴费型计划 家计调查型养老金	非缴费型计划 国民年金/普惠型养老金	强积金[a]	职业/企业年金	个人账户养老金计划
1	北欧	丹麦		√		√[c]			
2		芬兰		√	√	√[c]			
3		冰岛			√	√[c]		√	
4		挪威		√		√[c]		√	
5		瑞典		√		√[c]			√
1	东欧	阿尔巴尼亚		√	√				
2		白俄罗斯	√[b]	√[b]					
3		克罗地亚		√					√
4		爱沙尼亚	√[b]	√[b]					√
5		拉脱维亚		√					√
6		立陶宛	√[b]	√[b]					
7		摩尔多瓦		√	√				
8		罗马尼亚		√					√
9		俄罗斯	√[b]	√[b]	√				√
10		塞尔维亚		√					
11		斯洛文尼亚		√					
12		土耳其		√					
13		乌克兰		√					

续表

序号	地区	国家和地区	缴费型计划 基础养老金	缴费型计划 收入关联型养老金	非缴费型计划 家计调查型养老金	非缴费型计划 国民年金/普惠型养老金	强积金[a]	职业/企业年金	个人账户养老金计划
1	南欧	保加利亚		√	√				√
2		塞浦路斯		√	√				
3		希腊		√	√	√			
4		意大利		√[d]	√				
5		马耳他	√	√	√	√			
6		葡萄牙		√					
7		圣马力诺	√[b]	√[b]					√
8		西班牙		√	√				
1	西欧	安道尔		√					
2		比利时		√	√				
3		法国		√	√			√	
4		爱尔兰	√		√				
5		卢森堡	√[b],√[d]	√[b],√[d]					
6		摩纳哥		√	√				
7		荷兰	√						
8		英国	√	√					
9		格恩西岛	√						
10		马恩岛	√	√					
11		泽西岛	√						
1	中欧	奥地利		√	√				
2		捷克	√[b]	√[b]					
3		德国		√	√				
4		匈牙利		√					
5		列支敦士登		√				√	
6		波兰	√[b]	√[b],√[d]					√[c]
7		斯洛伐克		√[d]				√	
8		瑞士	√[b]	√[b]				√	

注：a 代表欧洲没有一个国家有强积金计划；b 代表养老金公式包含一个统一费率部分和一个与收入相关的因素；c 指国民年金/普惠型养老金的支付和收入与缴款无关，但数额可能有所不同；d 指政府提供有保障的最低养老金。

资料来源：SSA & ISSA, *Social Security Programs Throughout the World：The Europe 2018*（SSA Publication No. 13-11801, 2018）。

2.美洲地区制度转轨和创新探索明显

如表 11-5 所示，与北欧福利国家模式不同，美洲地区私有化特征明显，仅加拿大、圭亚那、苏里南、墨西哥、玻利维亚建立了有条件限制的普惠型养老金；均一制基础养老金提供较少；智利、秘鲁、墨西哥等 11 个拉美国家均建立了强制性的个人账户养老金计划，且有些国家正逐渐向新人关闭收入关联型公共养老金计划。

（1）美加地区：美国在养老保障方面，建立了缴费型的收入关联计划和非缴费型的家计调查型计划。其他类型计划则是通过私人市场来解决，如：要求用人单位为雇员选择的私人职业年金计划匹配供款。20 世纪 70 年代以前，美国的职业年金计划多为 DB 模式的待遇确定型；20 世纪 80 年代以来，以个人账户为基础的 DC 模式的缴费确定型计划得以迅速发展，政府主要通过税收优惠支持 DC 型养老金计划，递延纳税。[①] 通常，个人在职时工资多高于养老金水平，实行递延纳税能够降低职工税负，有助于私人养老金计划发展。相比美国，加拿大增加了普惠型养老金计划。

（2）拉美地区：拉美国家和地区建立缴费型养老保障计划的有 34 个，其中阿根廷和牙买加两个国家同时建立了均一给付的基础养老金和收入关联型养老金计划；委内瑞拉、百慕大群岛和阿鲁巴岛只建立了均一给付的基础养老金计划。百慕大群岛和阿鲁巴岛将职业年金确定为强制性的养老保障计划，要求雇主为雇员匹配供款。在全球私有化浪潮和自由主义的影响下，1981 年，智利进行了养老金私有化改革，引入并建立了个人账户制度，积累制的个人账户制度对发挥市场作用、激发劳动市场活力有一定促进作用，部分拉美国家和地区在后期开始效仿智利模式。目前，巴拿马、乌拉圭、哥斯达黎加、智利等 11 个国家强制性建立了个人账户制度。

---

① 即雇主和雇员向个人账户注入的资金免征个人所得税，待领取养老金时再与其他收入合并征收。

表 11-5 美洲地区强制性养老保障制度建立情况

序号	所属地区	国家和地区	缴费型计划 基础养老金	缴费型计划 收入关联型养老金	非缴费型计划 家计调查型养老金	非缴费型计划 国民年金/普惠型养老金	强积金	职业/企业年金	个人账户养老计划
1	美加地区	美国		√	√				
2	美加地区	加拿大		√	√	√d			
1	拉美地区	阿根廷	√b	√b	√				
2	拉美地区	牙买加	√b	√b					
3	拉美地区	安提瓜岛和巴布达		√	√				
4	拉美地区	巴哈马		√	√				
5	拉美地区	巴巴多斯		√	√				
6	拉美地区	伯利兹		√	√				
7	拉美地区	古巴		√	√				
8	拉美地区	巴西		√	√				
9	拉美地区	厄瓜多尔		√	√				
10	拉美地区	危地马拉		√	√				
11	拉美地区	海地		√	√				
12	拉美地区	巴拉圭		√	√				
13	拉美地区	圣基茨和尼维斯		√	√				
14	拉美地区	圣文森特和格林纳丁斯		√	√				
15	拉美地区	特立尼达和多巴哥		√	√				
16	拉美地区	圭亚那		√		√			
17	拉美地区	苏里南		√		√			
18	拉美地区	圣卢西亚岛		√					
19	拉美地区	格林纳达		√					
20	拉美地区	多米尼加岛		√					
21	拉美地区	尼加拉瓜		√					
22	拉美地区	英属维尔京群岛		√					
23	拉美地区	委内瑞拉	√		√				
24	拉美地区	百慕大群岛	√		√			√	
25	拉美地区	阿鲁巴岛	√					√	

续表

序号	所属地区	国家和地区	缴费型计划 - 基础养老金	缴费型计划 - 收入关联型养老金	非缴费型计划 - 家计调查型养老金	非缴费型计划 - 国民年金/普惠型养老金	强积金	职业/企业年金	个人账户养老计划
26	拉美地区	巴拿马		√	√				√
27		乌拉圭		√	√				√
28		哥斯达黎加		√	√				√
29		智利		√e	√				√c
30		萨尔瓦多		√e	√				√c
31		哥伦比亚		√	√				√c
32		秘鲁		√					√c
33		墨西哥		√e		√			√c
34		洪都拉斯		√					
35		玻利维亚				√			√c
36		多米尼加							√c

注：b指该项福利包括一个统一费率组成部分和一个基于收入或保险年限的组成部分；c指政府提供有保障的最低养老金；d指普惠型养老金通过收入测试予以补充；e指与收入相关的社会保险制度对新加入者关闭，并正在逐步取消。

资料来源：SSA & ISSA, *Social Security Programs Throughout the World: The Americas 2019*（SSA Publication No. 13-11804，2020）。

3. 亚太地区制度模式区域差异大

如表11-6所示，与欧洲和美洲不同，亚太地区各国、各区域制度差异较大。强积金计划本质上是一个由雇员缴费、雇主匹配缴费的强制储蓄计划，大多数存在于发展中国家。该计划累积基金通常由公共部门或政府统一管理；其待遇在满足一定条件后可一次性支取，有的也可转化为年金产品或养老金。目前，亚太地区约13个国家建立了强积金计划，包括新加坡、马来西亚、印度尼西亚等。同时，在欧洲和美洲地区广泛存在的收入关联型计划和家计调查型计划，在亚洲许多国家并未建立；相反，亚美尼亚、吉尔吉斯斯坦等7个国家建立了强制性的个人账户养老金储蓄计划。对于第二层次的强制性职业年金计划，亚太地区仅两个国家建立，其他国家和地区则根据国内情况建立法定外或自愿性的第二层次养老保障计划。值得注意的是，在现有框架内，柬埔寨未建立任何强制性的养老保障计划。

表 11-6 亚太地区强制性养老保障制度建立情况

序号	国家和地区	缴费型计划 基础养老金	缴费型计划 收入关联型养老金	非缴费型计划 家计调查型养老金	非缴费型计划 国民年金/普惠型养老金	强积金	职业/企业年金	个人账户养老计划
1	亚美尼亚	√[a]	√[a]	√				√
2	吉尔吉斯斯坦	√[a]	√[a]	√				√
3	哈萨克斯坦		√	√	√			√
4	塔吉克斯坦		√	√				√
5	乌兹别克斯坦		√	√				
6	格鲁吉亚				√			√
7	文莱				√	√		√
8	印度		√	√		√		
9	印度尼西亚		√			√		
10	萨摩亚				√			
11	基里巴斯				√			
12	新加坡			√		√		
13	尼泊尔			√		√		
14	斐济			√		√		
15	马来西亚			√		√		
16	不丹					√		
17	所罗门群岛					√		
18	斯里兰卡					√		
19	瓦努阿图					√		
20	澳大利亚			√	√		√	
21	巴布亚新几内亚						√	
22	阿塞拜疆	√	√	√				
23	菲律宾	√[a]	√[a]	√				
24	新西兰			√	√			
25	以色列	√		√				
26	日本	√	√					
27	巴林		√	√				
28	约旦		√	√				
29	科威特		√	√				
30	阿曼		√	√				
31	卡塔尔		√	√				
32	沙特阿拉伯		√	√				

284

续表

序号	国家和地区	缴费型计划 基础养老金	缴费型计划 收入关联型养老金	非缴费型计划 家计调查型养老金	非缴费型计划 国民年金/普惠型养老金	强积金	职业/企业年金	个人账户养老计划
33	韩国		√	√				
34	泰国		√	√				
35	土库曼斯坦		√	√				
36	越南		√	√				
37	孟加拉国			√				
38	伊朗		√					
39	巴基斯坦		√					
40	老挝		√					
41	黎巴嫩		√					
42	马绍尔群岛		√					
43	密克罗尼西亚		√					
44	帕劳		√					
45	叙利亚		√					
46	也门		√					
47	缅甸		√[b]					
48	柬埔寨							

注：a 指该项计划包括一个统一费率组成部分和一个基于收入或保险年限的组成部分；b 指该项计划尚未实施。

资料来源：SSA & ISSA, *Social Security Programs Throughout the World：Asia and the Pacific 2018*（SSA Publication No. 13-11802, 2019）。

4.非洲地区制度模式相对单一

非洲国家的养老金制度主要是以收入关联的缴费型计划为主，覆盖少数正规就业者。缴费型计划内的均一制基础养老金计划极少，仅马达加斯加有建立；非缴费型计划偏少，仅埃及、莫桑比克、纳米比亚、南非、佛得角5国建立了家计调查型养老金计划；肯尼亚、毛里求斯、塞舌尔、博茨瓦纳、埃斯瓦蒂尼、莱索托、纳米比亚7国建立了有条件限制的普惠型养老金计划；肯尼亚、马拉维、尼日利亚建立了强制性的个人账户养老金计划。比较来看，肯尼亚的强制性养老保障制度相对完备（见表11-7）。

表 11-7 非洲地区强制性养老保障制度建立情况

序号	地区	国家和地区	缴费型计划 基础养老金	缴费型计划 收入关联型养老金	非缴费型计划 家计调查型养老金	非缴费型计划 国民年金/普惠型养老金	强积金	职业/企业年金	个人账户养老计划
1	北非	阿尔及利亚		√					
2		埃及		√	√				
3		利比亚		√					
4		摩洛哥		√					
5		苏丹		√					
6		突尼斯		√					
1	东非	布隆迪		√					
2		吉布提		√					
3		埃塞俄比亚		√					
4		肯尼亚				√		√	√
5		马达加斯加	√[a]	√[a]					
6		马拉维							√
7		毛里求斯		√		√			
8		莫桑比克		√	√				
9		卢旺达		√					
10		塞舌尔		√		√			
11		坦桑尼亚		√					
12		乌干达					√		
13		赞比亚		√					
14		津巴布韦		√					
1	南非	博茨瓦纳				√			
2		埃斯瓦蒂尼		√		√	√		
3		莱索托				√			
4		纳米比亚	√		√	√			
5		南非			√				

续表

序号	地区	国家和地区	缴费型计划 基础养老金	缴费型计划 收入关联型养老金	非缴费型计划 家计调查型养老金	非缴费型计划 国民年金/普惠型养老金	强积金	职业/企业年金	个人账户养老计划
1	西非	贝宁		√					
2		布基纳法索		√					
3		佛得角		√	√				
4		科特迪瓦		√					
5		冈比亚		√			√		
6		加纳		√				√	
7		几内亚		√					
8		几内亚比绍		√					
9		利比里亚		√					
10		马里		√					
11		毛里塔尼亚		√					
12		尼日尔		√					
13		尼日利亚							√
14		塞内加尔		√					
15		塞拉利昂		√					
16		多哥		√					
1	中非	安哥拉		√					
2		喀麦隆		√					
3		中非		√					
4		乍得		√					
5		刚果(金)		√					
6		刚果(布)		√					
7		赤道几内亚		√					
8		加蓬		√					
9		圣多美和普林西比		√					

注：a 指该项计划包括一个统一费率组成部分和一个基于收入或保险年限的组成部分。

资料来源：SSA & ISSA，*Social Security Programs Throughout the World：The Africa 2019*（SSA Publication No. 13-11803，2019）。

（三）各国社会保障项目总体费率偏高

1. 欧洲地区多级分化明显

如表11-8所示，北欧五国的法定退休年龄偏高，除瑞典设置的是完全弹性的退休年龄外，其余国家均超过65周岁。从费率来看，雇主承担的缴费远多于个人。

西欧国家的费率情况呈现以下两种趋势。一是爱尔兰、卢森堡和安道尔等保持相对较低的费率。这类国家和地区中，卢森堡是个人费率承担最高的国家，为8.25%，安道尔是雇主费率承受最高的国家，为16.5%；二是英国、荷兰等，其总费率处在极高的水平，其中法国的总费率达到47.4%，雇主承担费率为36.05%；荷兰的个人费率承担最高，为27.65%。在法定退休年龄上，除法国的退休年龄为62岁外，其他国家均为65~66岁（英国女性法定退休年龄为63岁）。

中欧国家中，除瑞士费率偏低外，其他国家均为29%~42%，其中总费率相对较低的为斯洛伐克，仍达到29.6%，奥地利的41.65%的总费率为该区域最高。在个人费率中，德国最高，达19.37%。中欧国家法定退休年龄多为62~65岁。

南欧除塞浦路斯、马耳他等总费率相对偏低外，西班牙、葡萄牙、意大利等均设置了30%以上的高费率，个人所承担的缴费责任也相对其他欧洲国家和地区略高，大致在7%~11%，雇主承担的缴费多在30%左右。除少数几个国家，南欧法定退休年龄均为65岁以上。

东欧国家总费率水平大致为25%：乌克兰的费率最低，为22%，俄罗斯和乌克兰个人无须缴费；雇主费率最低的是土耳其，为15%；总费率最高的为斯洛文尼亚，达38.2%，个人费率最高的是罗马尼亚，达25%，雇主费率最高的为白俄罗斯，达34.3%。东欧国家法定退休年龄比欧洲其他地区略低，其男性法定退休年龄为60~65岁，女性为57.5~65岁。

第十一章 国外多层次社会保障制度发展及经验借鉴

表11-8 欧洲地区社会保障制度项目参数情况

地区	国家和地区	总费率（雇员/雇主）	养老、遗嘱、残障保险（雇员/雇主）	疾病和生育保险（雇员/雇主）	工伤保险（雇员/雇主）	失业保险（雇员/雇主）	家庭津贴（雇员/雇主）
北欧	丹麦	8[b,c](8[b]/0[b,c])	0[b]	0[c]	0[a,c]	8[b](8[b]/0[b])	0
	芬兰	27.24[b](7.88[b]/19.36)	24.1(6.35/17.75)	2.39(1.53/0.86)	0.1	0.65[b](b/0.65)	0
	冰岛	19.35(4/15.35)	19.35(4/15.35)	0[a]	a	0[c]	0
	挪威	24.3[c](8.2/16.1[c])	24.3(8.2/16.1)	0[a]	0[a,c]	a	0
	瑞典	27.97(7/20.97)	17.91[a](7/10.91[a])	6.95	0.2	2.91	0
东欧	阿尔巴尼亚	24.5(9.49/15.01)	21.6(8.8/12.8)	1.7(0.69/1.01)	0.3	0.9	0
	白俄罗斯	35.3(1/34.3)	29(1/28)	6.3	0[a]	0[a]	0
	克罗地亚	37.2(20/17.2)	20(20/0)	15	0.5[a]	1.7	0
	爱沙尼亚	37.4(3.6/33.8)	22(2/20)	13	0[a]	0[a]	0[a]
	拉脱维亚	35.09(11/24.09)	35.09(11/24.09)	a	0[a]	a	0
	立陶宛	30.48(8.18/22.3)	25.3(3/22.3)	3.6	0.18	1.4	0[a]
	摩尔多瓦	29(6/23)	29(6/23)	a	0[a]	0[a]	0
	罗马尼亚	27.25(25/2.25)	25(25/0)	2.25	0[a]	0[a]	0[a]
	俄罗斯	25.1	22	2.9	0.2	0	0
	塞尔维亚	37.8(19.9/17.9)	26(14/12)	10.3(5.15/5.15)	a	1.5(0.75/0.75)	0
	斯洛文尼亚	38.2(22.1/16.1)	24.35(15.5/8.85)	13.65(6.46/7.19)	0[a]	0.2(0.14/0.06)	0
	土耳其	25(10/15)	20(9/11)	2	0[a]	3(1/2)	0
	乌克兰	22	22	0[a]	0[a]	0[a]	0
南欧	保加利亚	24.7(10.58/14.12)	19.8(8.78/11.02)	3.5(1.4/2.1)	0.4	1(0.4/0.6)	0
	塞浦路斯	15.6(7.8/7.8)	15.6(7.8/7.8)	a	a	a	0
	希腊	28.12[b](7.07/21.05[b])	20(6.67/13.33)	4.95(0.4/4.55)	a,b(a/a,b)	3.17	0
	意大利	38.66[b](9.19[b]/29.47)	33(9.19/23.81)	2.68[b](0[b]/2.68)	0.04	2.26	0.68
	马耳他	20(10/10)	20(10/10)	a	0[a,c]	a	a
	葡萄牙	34.75[c](11/23.75[c])	34.75(11/23.75)	a	a	a	0
	圣马力诺	42.7(7.9/34.8)	25.5(7.4/18.1)	5	a	9.4(0.5/8.9)	2.8
	西班牙	37.33(6.25/31.08)	28.3(4.7/23.6)	a	1.98	7.05(1.55/5.5)	0

续表

地区	国家和地区	总费率(雇员/雇主)	养老、遗嘱、残障保险(雇员/雇主)	疾病和生育保险(雇员/雇主)	工伤保险(雇员/雇主)	失业保险(雇员/雇主)	家庭津贴(雇员/雇主)
	安道尔	23(6.5/16.5)	23(6.5/16.5)	a	a	0	0
	比利时	23.52(9.52/14)	16.36ª(7.5/8.86ª)	3.5(1.15/2.35)	1.33	2.33(0.87/1.46)	0
	法国	47.4ᶜ(11.35/36.05ᶜ)	25.5(10.4/15.1)	13.3	0ᶜ	5.15(0.95/4.2)	3.45
	爱尔兰	12.6(4/8.6)	12.6(4/8.6)	a	a	a	0
西欧	卢森堡	17.4ᵇ(8.25ᵇ/9.15)	16(8/8)	0.5(0.25/0.25)	0.9	0ᵇ	0ª
	摩纳哥	29.72ᶜ(6.55/23.17ª)	14.62ª(6.55ª/8.07ª)	15.1	0ᶜ	a	0
	荷兰	38.14(27.65/10.49)	24.27(18/6.27)	9.65ª(9.65ª/a)	a	4.22	0
	英国	29.75ᵇ(14.05/15.7ᵇ)	25.8(12/13.8)	a,b(0ª/b)	a	a	0
	格恩西岛	13.2(6.6/6.6)	13.2(6.6/6.6)	a	a	a	0
	马恩岛	23.8(11/12.8)	23.8(11/12.8)	a	a	a	0
	泽西岛	12.5(6/6.5)	12.5(6/6.5)	a	a	0	0
	奥地利	41.65(17.03/24.62)	22.8(10.25/12.55)	7.65(3.78/3.87)	1.3	6(3/3)	3.9
	捷克共和国	31.78(6.5/25.28)	28(6.5/21.5)	2.3	0.28ª	1.2	0
	德国	39.92(19.37/20.55)	18.6(9.3/9.3)	17.14(8.57/8.57)	1.18	3(1.5/1.5)	0
	匈牙利	34(14.5/19.5)	29.5(10/19.5)	3ª(3/a)	a	1.5ª(1.5/a)	0
中欧	列支敦士登	30ᵇ,ᶜ(14.7/15.3ᵇ,ᶜ)	25.6(12.7/12.9)	1.5ᵇ(1.5/b)	0ᶜ	1(0.5/0.5)	1.9
	波兰	32.82(13.71/19.11)	27.52(11.26/16.26)	2.45(2.45/0)	0.4	2.45	0
	斯洛伐克	29.6(9.4/20.2)	24(7/17)	2.8(1.4/1.4)	0.8	2(1/1)	0
	瑞士	19.54ᵇ,ᶜ(9.72ᵇ,ᶜ/9.82ᵇ,ᶜ)	16.8(8.4/8.4)	0.45ᶜ(0.225ᵇ/0.225ᵇ)	0ᶜ	2.2(1.1/1.1)	0.1

注:(1) a代表该项目在其他项目中;b代表非标准融资,缴费标准较多;c代表雇主直接向被保险人支付全部费用或提供福利;d代表该国无提前领取退休金的年龄;g代表退休年龄是完全灵活的。(2) 费率单位:%。

资料来源:SSA & ISSA, *Social Security Programs Throughout the World: The Europe 2018* (SSA Publication No.13-11801, 2018)。

2.美洲地区基本费率在各洲居中

如表11-9所示,从总缴费率来看,美国和加拿大处于中等偏下水平,拉美地区的缴费水平跨度较大,从5.5%到39.92%不等。哥斯达黎加总缴费率高达34.42%,而巴拿马为14%,相差两倍有余,其中秘鲁、乌拉圭、智利、巴拿马4个国家的雇员缴费率都高于用人单位缴费率,智利差距尤为明显。

第一层次基本保障项目基本完善的11个国家和地区中,所有项目的总缴费水平差异非常明显,其中总缴费率为10%及以下的有3个,10%~20%的有3个,20%~30%的有4个,30%以上的有1个;玻利维亚在这些国家中总缴费率最高,为39.92%,而牙买加最低,仅为5.5%,相差近8倍。基本保障项目完备程度较弱的11个国家和地区里(此组内本应是12个国家和地区,但伯利兹国内没有统一标准的缴费规定,则不用于比较),总缴费率最低为8.5%(英属维尔京群岛),最高为20%(海地)。其中,在10%及以下的有5个,10%~20%的有6个,分布相对均匀。

普遍而言,大部分国家雇主缴费高于或等于雇员缴费,个别国家基本社会保障制度的雇员缴费率高于雇主,这类国家往往效仿智利养老金私有化改革,强制建立个人账户制度,实施低缴费、完全积累的基本养老保险制度。单项的社会保障项目中,除伯利兹外,有37个美洲国家和地区的养老、遗嘱、残障保险都是由雇主和雇员共同缴纳。

3.亚太地区费率区域化差异较大

如表11-10所示,亚太地区国家的总缴费为0%~39%,大部分国家雇主缴费高于或等于雇员缴费。项目类别完备的17个国家内,总费率差异较大,乌兹别克斯坦高达35%,而以色列仅为3.82%,相差近10倍。项目类别基本完备的15个国家中,总缴费率为10%及以下的有4个,10%~20%的国家有6个,20%~30%的有3个,30%以上的有2个。新加坡总缴费率最高,达37%。

表 11-9　美洲地区社会保障制度项目参数情况

地区	序号	国家和地区	总费率（雇主/雇员）	养老、遗嘱、残障保险（雇主/雇员）	疾病和生育保险（雇主/雇员）	工伤保险（雇主/雇员）	失业保险（雇主/雇员）	家庭津贴（雇主/雇员）
美加地区	1	美国	14.3[b](8.1[b]/6.2)	12.4(6.2/6.2)	…(…/…)	1.3[b](1.3[b]/0)	0.6(0.6/0)	0(0/0)
	2	加拿大	14.088[c](7.368[c]/6.72)	10.2(5.1/5.1)	a(a/a)	c(c/0)	3.88(2.26/1.62)	0(0/0)
拉美地区	1	哥斯达黎加	34.42(24.08[a]/10.34)	13.17[a](8.33/4.84[a])	14.75[b](9.25[b]/5.5)	0[b](b/0)	1.5(1.5/0)	5(5/0)
	2	哥伦比亚	32.848[c](24.848[c]/8)	16(12/4)	12.5(8.5/4)	0.348(0.348/0)	a,c(a,c/0)	4(4/0)
	3	巴西	29(21/8)	28(20/8)	a(a/a)	1(1/0)	0(0/0)	a(a/a)
	4	阿根廷	27.23[b](16.23[b]/11)	21.74(10.74/11)	0[a,b](a,b/7)	0[b](b/0)	0.92(0.92/0)	4.57(4.57/0)
	5	阿鲁巴岛	25.45[b](16.95[b]/8.5)	22.5(14/8.5)	2.7(2.7/0)	0.25(0.25/0)	b,c(b,c/0)	0(0/0)
	6	秘鲁	22.63[b,c](9.63[b,c]/13)	13(0/13)	9(9/0)	0.63(0.63/0)	b,c(b,c/0)	0[b](b/0)
	7	乌拉圭	22.5(7.5/15)	22.5(7.5/15)	0[a,b](a,b/0[a])	0[b](b/0)	a(a/a)	a(a/a)
	8	智利	22.46(4.86[b]/17.6)	11.53(1.53/10)	7[a,b](a,b/7)	0.93(0.93/0)	3(2.4/0.6)	0(0/0)
	9	巴巴多斯	21.85(11.75/10.1)	17.6(8.75/8.85)	a(a/a)	0.75(0.75/0)	3.5(2.25/1.25)	0(0/0)
	10	厄瓜多尔	21.16[b](12.42[b]/8.74)	8.96(2.22/6.74)	9[b](9[b]/0)	0.2(0.2/0)	3(1.0/2.0)	0(0/0)
	11	委内瑞拉	16.25[b](11.75[b]/4.5)	13(9/4)	a(a/a)	0.75(0.75/0)	2.5(2.0/0.5)	0[b](b/0)
	12	洪都拉斯	15.48[b](10.48[b]/5)	6(3.5/2.5)	7.5[b](5[b]/2.5)	0[b](b/0)	1.98[b](1.98[b]/0)	0(0/0)
	13	巴拿马	14[b,c](4.25[b,c]/9.75)	13.5(4.25/9.25)	1(0.5/0.5)	0[b](b/0)	c(c/0)	0(0/0)
拉美地区	1	玻利维亚	39.92[b](27.71[b]/12.21)	15.21(3/12.21)	10[b](10[b]/0)	1.71[b](1.71/0[a])	…(…/…)	13(13/0)
	2	尼加拉瓜	28.5(21.5/7)	17.25(12.5/4.75)	8.25(6/2.25)	3(3/0)	…(…/…)	0(0/0)
	3	萨尔瓦多	25.5(15.25/10.25)	15(7.75/7.25)	10.5(7.5/3)	a(a/a)	…(…/…)	0[b](b/0)
	4	巴拉圭	25.5[b](16.5[b]/9)	23(14/9)	2.5[a](2.5[a]/a)	a(a/a)	…(…/…)	0(0/0)
	5	多米尼加	21.3(15.39/5.91)	9.97(7.1/2.87)	10.13(7.09/3.04)	1.2(1.2/0)	…(…/…)	0(0/0)
	6	圭亚那	14(8.4/5.6)	14(8.4/5.6)	a(a/a)	a(a/a)	…(…/…)	0[b](b/0)
	7	特立尼达和多巴哥	13.2[b](8.8[b]/4.4)	13.2(8.8/4.4)	0[a,b](a,b/0[a])	0[a,b](a,b/0[a])	…(…/…)	0(0/0)

第十一章 国外多层次社会保障制度发展及经验借鉴

续表

序号	地区	国家和地区	总费率(雇主/雇员)	养老、遗嘱、残障保险(雇主/雇员)	疾病和生育保险(雇主/雇员)	工伤保险(雇主/雇员)	失业保险(雇主/雇员)	家庭津贴(雇主/雇员)
8		墨西哥	11.1(9.1/2)	8.65(6.9/1.75)	0.95(0.7/0.25)	0.5(0.5/0)	…(…/…)	1ª(1ª/0ª)
9		巴哈马大群岛	10^{b,c}(5^{b,c}/5^c)	10^c(5^c/5^c)	0^b(b/0)	0^b(b/0)	…(…/…)	0(0/0)
10		巴哈马	9.8(5.9/3.9)	9.8(5.9/3.9)	a(a/a)	a(a/a)	a(a/…)	…(…/…)
11		牙买加	5.5^b(2.75^b/2.75)	5.5(2.75/2.75)	0^{a,b}(a,b/0^a)	0^a(a/0)	…(…/…)	0(0/0)
1		古巴	17(14.5/2.5)	17(14.5/2.5)	a(a/a)	a(a/a)	…(…/…)	…(…/…)
2		危地马拉	15.5(10.67/4.83)	5.5(3.67/1.83)	6(4/2)	4(3/1)	…(…/…)	…(…/…)
3		安提瓜岛和巴布达	13^b(7.5^b/5.5)	13(7.5/5.5)	a(a/a)	0^b(b/0)	…(…/…)	…(…/…)
4	拉美地区	圣卢西亚岛	10(5/5)	10(5/5)	a(a/a)	a(a/a)	…(…/…)	…(…/…)
5		圣文森特和格林纳丁斯	10(5.5/4.5)	10(5.5/4.5)	a(a/a)	0^a(a/0)	…(…/…)	…(…/…)
6		格林纳达	9^b(5^b/4)	8(4/4)	0^{a,b}(a,b/0^a)	1(1/0)	…(…/…)	…(…/…)
7		英属维尔京群岛	8.5(4.5/4)	8.5(4.5/4)	a(a/a)	0^a(a/0)	…(…/…)	…(…/…)
1		海地	20(11/9)	12(6/6)	6(3/3)	2(2/0)	…(…/…)	…(…/…)
2		多米尼加岛	12.75(6.75/6)	12.75(6.75/6)	a(a/a)	0^a(a/0)	…(…/…)	…(…/…)
3	拉美地区	圣基茨和尼维斯	11(6/5)	10(5/5)	0^b(b/0)	1(1/0)	…(…/…)	0(0/0)
4		苏里南	9^b(6.5^b/2.5)	9(6.5/2.5)	a(a/a)	0^b(b/0)	…(…/…)	0(0/0)
5		伯利兹	c(c/c)	c(c/c)	a(a/a)	a(a/a)	…(…/…)	…(…/…)

注：(1) 表中以受雇者群体（如工薪族）为代表，不体现自雇人士和政府资助项目的缴款率；表中 "…" 指未建立该项法定计划；a 指部分或所有福利由其他项目提供资金；b 指雇主直接向被保险人支付全部费用或提供福利；c 指没有统一标准的缴费信息。(2) 费率单位：%。

资料来源：SSA & ISSA, *Social Security Programs Throughout the World：The Americas 2019* (SSA Publication No. 13 – 11804, 2020)。

293

表 11-10 亚太地区社会保障制度项目参数情况

序号	国家和地区	总费率(雇主/雇员)	养老、遗嘱、残障保险(雇主/雇员)	疾病和生育保险(雇主/雇员)	工伤保险(雇主/雇员)	失业保险(雇主/雇员)	家庭津贴(雇主/雇员)
1	乌兹别克斯坦	35(25/10)	35(25/10)	0^b(b/0)	0^b(b/0)	0^b(b/0)	0^b(b/0)
2	日本	29.74(15.29/14.45)	18.3(9.15/9.15)	10(5/5)	0.25(0.25/0)	0.9(0.6/0.3)	0.29(0.29/0)
3	越南	27.5(18.5/9)	22(14/8)	3(3/0)	0.5(0.5/0)	2(1/1)	0(0/0)
4	塔吉克斯坦	26(25/1)	26(25/1)	0^b(b/0)	…(…/…)	0^b(b/0)	0^b(b/0)
5	阿塞拜疆	26^c(22.5^c/3.5)	25(22/3)	b(b/b)	0^c(c/0)	1(0.5/0.5)	b(b/b)
6	吉尔吉斯斯坦	25.25(15.25/10)	25.25(15.25/10)	b(b/b)	b(b/b)	0^b(b/0)	b(b/b)
7	土库曼斯坦	22(22/0)	20(20/0)	0^b(b/0)	0^b(b/0)	2(2/0)	0(0/0)
8	伊朗	22^c(17^c/5)	19(14/5)	0^c(c/0)	b(b/b)	3(3/0)	0^c(c/0)
9	沙特阿拉伯	22^c(12^c/10)	18(9/9)	0^c(c/0)	2(2/0)	2(1/1)	0(0/0)
10	巴林	20^c(13^c/7)	15(9/6)	0^c(c/0)	3(3/0)	2(1/1)	0(0/0)
11	阿曼	18.5^c(11.5^c/7)	17.5(10.5/7)	0^{b,c}(b,c/0)	1(1/0)	…(…/…)	0(0/0)
12	哈萨克斯坦	13.5^c(3.5^c/10)	13.5(3.5/10)	0^c(c/0)	0^c(c/0)	0^b(b/0)	0(0/0)
13	泰国	10.2(5.2/5)	6^b(3^b/3^b)	3(1.5/1.5)	0.2(0.2/0)	1(0.5/0.5)	b(b/b)
14	老挝	10(5.25/4.75)	5(2.5/2.5)	2.5(1.25/1.25)	0.5(0.5/0)	2(1/1)	…/…/…
15	澳大利亚	9.5^c(9.5^c/0)	9.5(9.5/0)	0(0/0)	1(1/0)	0(0/0)	0^c(c/0)
16	缅甸	5^d(3^d/2^d)	d(d/d)	4(2/2)	0.5(0.5/0)	0(0/0)	d(d/d)
17	以色列	3.82(3.43/0.39)	1.9(1.6/0.3)	0.15(0.11/0.04)	0.37(0.37/0)	0.04(0.03/0.01)	1.32(1.32/0)
1	新加坡	37^{a,c}(17^c/20^a)	37^a(17^a/20^a)	0^c(c/0)	0^c(c/0)	…(…/…)	0(0/0)
2	印度	34.5(20.75/13.75)	28(16/12)	6.5(4.75/1.75)	b(b/b)	b(b/b)	…/…/…
3	马来西亚	26.25^c(14.95^c/11.3)	25(13.5/11.5)	0^c(c/0)	1.25(1.25/0)	0.4(0.2/0.2)	a(0/a)
4	斯里兰卡	23^{a,c}(15^c/8^a)	23(15/8)	0^c(c/0)	0^c(c/0)	…(…/…)	0(0/0)
5	约旦	21.75^c(14.25^c/7.5)	17.5(11/6.5)	0.75^c(0.75^c/0)	2(2/0)	1.5(0.5/1)	0(0/0)
6	斐济	18^c(10^c/8)	18(10/8)	0^c(c/0)	0^c(c/0)	0(0/0)	0(0/0)
7	卡塔尔	15^c(10^c/5)	15(10/5)	0^c(c/0)	0^c(c/0)	0(0/0)	0(0/0)
8	基里巴斯	15(7.5/7.5)	15(7.5/7.5)	0^c(c/0)	0^c(c/0)	…(…/…)	0(0/0)

第十一章 国外多层次社会保障制度发展及经验借鉴

续表

序号	国家和地区	总费率(雇主/雇员)	养老、遗嘱、残障保险(雇主/雇员)	疾病和生育保险(雇主/雇员)	工伤保险(雇主/雇员)	失业保险(雇主/雇员)	家庭津贴(雇主/雇员)
9	黎巴嫩	14.5^c(14.5^c/0)	8.5(8.5/0)	…(…/…)	0^c(c/0)	…(…/…)	6(6/0)
10	巴基斯坦	12^a(11/1^a)	6(5/1)	6^a(6/a)	b(b/b)	…(…/…)	0(0/0)
11	韩国	11.25(6/5.25)	9(4.5/4.5)	b(b/b)	0.7(0.7/0)	1.6(0.9/0.7)	…(…/…)
12	格鲁吉亚	4^c(2^c/2)	4(2/2)	0^c(0^c/0)	0^c(c/0)	…(…/…)	0(0/0)
13	亚美尼亚	2.5^a(0/2.5^a)	2.5^a(0/2.5^a)	0^b(0/b)	0^b(b/0)	0(0/0)	0(0/0)
14	新西兰	0^c(0^c/0)	0(0/0)	0(0/0)	0^c(c/0)	0(0/0)	0(0/0)
15	菲律宾	0^a(0^a/0^a)	a(a/a)	b(b/b)	a(a/0)	…(…/…)	…(…/…)
1	叙利亚	24.1^c(17.1^c/7)	21.1(14.1/7)	0^c(c/0)	3(3/0)	…(…/…)	…(…/…)
2	尼泊尔	20^c(10^c/10)	20(10/10)	0^{b,c}(b,c/0^b)	0^c(c/0)	…(…/…)	0(0/0)
3	科威特	18.5^c(10.5^c/8)	17.5(10/7.5)	0^c(c/0)	0^c(c/0)	1(0.5/0.5)	0(0/0)
4	文莱	17^c(8.5^c/8.5)	17(8.5/8.5)	0^c(c/0)	0^c(c/0)	…(…/…)	…(…/…)
5	也门	16^c(10^c/6)	15(9/6)	0^c(c/0)	1(1/0)	…(…/…)	…(…/…)
6	萨摩亚	14^c(7^c/7)	14(7/7)	0^c(c/0)	0(0/0)	…(…/…)	…(…/…)
7	所罗门群岛	12.5^{a,c}(7.5^c/5^a)	12.5^a(7.5/5^a)	0^c(c/0)	0^c(c/0)	…(…/…)	…(…/…)
8	不丹	10^c(5^c/5)	10(5/5)	0^c(c/0)	0^c(c/0)	…(…/…)	…(…/…)
9	印度尼西亚	9.24^c(6.24^c/3)	9(6/3)	0^c(c/0)	0.24(0.24/0)	…(…/…)	…(…/…)
10	孟加拉国	0^c(0^c/0)	0(0/0)	…(…/…)	0.8(0.8/0)	…(…/…)	…(…/…)
1	马绍尔群岛	16(8/8)	16(8/8)	…(…/…)	0^c(c/0)	…(…/…)	…(…/…)
2	密克罗尼西亚	15(7.5/7.5)	15(7.5/7.5)	0^c(c/0)	0^c(c/0)	…(…/…)	…(…/…)
3	巴布亚新几内亚	14.4^c(8.4^c/6)	14.4(8.4/6)	0^c(c/0)	0^c(c/0)	…(…/…)	…(…/…)
4	帕劳	14(7/7)	14(7/7)	…(…/…)	0^c(c/0)	…(…/…)	…(…/…)
5	瓦努阿图	8^c(4^c/4)	8(4/4)	0^c(c/0)	0^c(c/0)	…(…/…)	…(…/…)
6	柬埔寨	3.4^c(3.4^c/0)	…(…/…)	2.6^c(2.6^c/0)	0.8(0.8/0)	…(…/…)	…(…/…)

注：(1) 表中以受雇者群体（如工薪族）为代表，不体现自雇人士和政府资助项目的缴率；表中"…"指未建立该项法定计划；a 指没有统一标准的缴费信息；b 指部分或所有福利由其他项目提供资金；c 指雇主直接向被保险人支付全部费用或提供福利；d 指该项计划还未正式实施。(2) 费率单位：%。

资料来源：SSA & ISSA, *Social Security Programs Throughout the World: Asia and the Pacific 2018* (SSA Publication No. 13-11802, 2019)。

项目类别不全面的15个国家里（此组内本应是16个国家，但孟加拉国没有明确的缴费规定，则不用于比较），所有项目的总费率同样差异较大，总费率最低的为3.4%（柬埔寨），最高的为24.1%（叙利亚）。其中，总费率为10%及以下的有4个，10%~20%的有9个，20%及以上的有两个。具体项目中，除柬埔寨未设立养老、遗嘱、残障保险外，其他国家该项目供款由用人单位和雇员共同承担，总缴费率为8%~21.1%；雇主缴费率为4%（瓦努阿图）~14.1%（叙利亚）；雇员缴费率为3%（印度尼西亚）~10%（尼泊尔）。疾病和生育保险仅柬埔寨有具体的供款规定，由雇主缴纳2.6%。这些设置了工伤保险项目的国家都是由用人单位供款，缴费率在0%~3%，雇员无须缴纳。此组内仅科威特建立了失业保险项目，由雇主和雇员各自缴纳0.5%。仅尼泊尔和科威特两个国家建立了家庭津贴项目，且都是由政府支付相关福利费用，用人单位和雇员均不用缴纳。

4. 非洲地区总体费率在各洲偏低

非洲国家总费率在0%~40%，其中大部分国家总费率为10%~20%，埃及的总费率高达40%，为所有非洲国家中费率最高的国家。在非洲国家中，除低费率国家外，其他国家一般雇主费率为个人费率的2倍左右。由于非洲老龄化水平相对较低，其退休年龄普遍为50~65岁（其中莱索托的法定退休年龄为70岁），大部分国家没有提前退休规定。具体项目中，养老、遗嘱、残障保险项目费率占较高比重，其中，埃及雇主承担了30%的费率，为非洲国家最高，大部分国家费率偏低，雇主承担份额比个人高。在疾病和生育保险、工伤保险、失业保险和家庭津贴这四类社会保障项目中，大多数非洲国家雇主全部承担或承担部分费率；部分国家未设立失业保险和工伤保险项目。

三 国外多层次社会保障制度改革的新发展及经验借鉴

为应对人口老龄化带来的挑战和就业市场出现的新情况，提高社会保障体系的可持续性,近年来,各国一直通过各类制度设计的创新和参数设计的调整,积极致力于扩大养老金计划覆盖面、鼓励私人储蓄和提高养老金水平。改革举措和有益的经验借鉴如下。

(一)优化制度模式,提高制度激励性和可持续性

1. DB 型计划与 DC 型计划之间的优化

一是 DB 型计划向 DC 型计划的转变。在现收现付的 DB 型计划主导的时代,养老金待遇主要与缴费年限、自然收益率、个人工资收入等因素密切相关。尤其是在 20 世纪下半叶,OECD 国家纷纷建立或扩展了现收现付的 DB 型计划。这一时期,人口的迅速增长和经济的迅猛发展,使现收现付计划的内部报酬率也迅速增长。人口红利和经济发展红利使这一制度在当时具有不可比拟的优越性。然而,随着人口老龄化的加剧和经济增速的不断放缓,现收现付的 DB 型计划的天然的优越性日渐消失,包括加拿大、丹麦、荷兰、瑞士、英国、美国在内的一些国家,均在现收现付计划以外建立了基金积累的职业年金计划。

同时,为解决人口老龄化加剧趋势下现收现付制养老金计划引发的制度可持续性争议,一些国家纷纷将原有的现收现付的 DB 型计划转向基金积累的 DC 型计划。如智利和墨西哥,先后于 1981 年和 1997 年进行了结构性改革,建立起新的积累制的强制性私人养老金计划,以完全替代原现收现付的公共养老金计划。其后,爱沙尼亚、阿根廷、波兰、斯洛伐克、瑞典也通过引入强制性基金积累的 DC 型私人养老金计划或提升积累制计划缴费率来作为公共养老金计划的有力补充。近年来,一些国家如波兰、匈牙利,又完全摒弃了转型后的强制性基金积累的 DC 型养老金计划;斯洛伐克的改革则停留在自动准入的、强制性基金积累的 DC 型计划与自愿型养老金计划之间,改革规定,35 岁及以下的参保者,可以决定 1/3 的强制性缴费是进入积分制计划还是 DC 型基金积累计划中。

二是 NCD 计划的改革尝试。由于现收现付的 DB 型计划向基金积累的 DC 型计划转变,其转制成本异常高昂,尤其在公共财政压力增大和长期社

会经济产出降低的背景下。为此，国际社会也在权衡不同类型制度的优劣。近似于向基金积累的 DC 型计划的转变，20 世纪 90 年代，意大利、拉脱维亚、波兰、瑞典彻底将其现收现付的 DB 型公共养老金计划转变为非基金积累的 DC 型计划，即 NDC（Nonfinancial cial Defined Contribution）。2011 年，挪威也实施了向 NDC 计划的转型。NDC 模式能够为制度参与者提供更有弹性、更加个性化的养老金待遇。其制度设计的核心是依托个人跨生命周期的缴费和养老金待遇之间紧密的关联，模仿基金积累的 DC 型制度确定缴费的待遇计发标准。这一制度既兼容了现收现付计划代际赡养的优势，又能够激励人们在预期寿命延长的背景下延长工作年限，激励人们多缴费。

2. 从 DB 型计划到积分制的优化

为提升制度的激励性，一些国家在现收现付的 DB 型计划内强化缴费收入和养老金待遇之间的关联。爱沙尼亚、立陶宛、斯洛伐克将传统的 DB 型计划转为积分制。积分制的优势是，能够充分体现制度参与者的养老金待遇与终身缴费相匹配。鉴于以上特征，法国计划引入一个普适的积分制体系，而比利时政府则正在论证就私人部门就业人员、公共部门就业人员和自雇者分别建立积分计划。

此外，对缴费工资收入的测度，也是影响缴费收入和养老金待遇关联的重要因素。因此，各国的激励性改革也包括对计发指标口径的反思。一般性的 DB 型计划通常会采用个人终身的平均收入，以适应平均工资的增长；有些国家则采用离退休时最近的工资水平或最好年份的最高工资；奥地利、法国、芬兰、匈牙利、葡萄牙、西班牙延长了待遇计发可参照工资的年限范围；目前，除奥地利、法国、斯洛文尼亚、西班牙、美国和葡萄牙在全职业生涯的因素考虑上略有差异外，OECD 大多数国家均采用终身收入来计算养老金。

（二）优化费率设计，拓展参保群体的制度选择

为保证制度可持续，部分国家略微提升了费率水平，如：冰岛将强制性职业年金计划中雇主缴费水平由 8% 提升至 11.5%；瑞士将公共养老金计划

的费率提升了 0.3 个百分点，与此对应，政府的补贴水平也由占税收收入的 19.6% 提升至 20.2%。

然而，更多的国家近年来致力于控制费率水平的上升。如，匈牙利将雇主对公共养老金计划的缴费水平由 2018 年的 15.75% 降至 2019 年的 12.29%。立陶宛将社会保障计划的缴费责任由雇主转移至雇员，一方面，将雇主缴费由占工资总额的 31% 降至 1.5%；另一方面，将雇员费率由 9% 提升至 19.5%。由费率变化引起的养老金差额，由税收收入补足。与此同时，社会保障计划缴费的收入上限也在逐年降低，由 2019 年平均工资的 10 倍降至 2020 年的 7 倍、2021 年的 5 倍。德国设置了新的养老金最低费率和最高费率，其总费率不能提升至 20%，也不能降至 18.6%，直至 2030 年，其最高费率可由 2020 年的 20% 提升到 22%。对于自愿型的养老金计划，新西兰扩展了自愿型养老金计划 KiwiSaver 的费率选项，自 2019 年 4 月起，参保者在原 3%、4% 和 8% 的费率水平基础上，可增选 6% 或 10% 两档费率。同样，挪威也采取了力度更大的税收减免计划，鼓励人们多缴费以自愿进行养老储蓄。

（三）建立待遇自动调整机制，保证制度充足性和适应性

为优化财税结构、保证制度的充足性和对宏微观环境变化的适应性，近年来，各国纷纷探索建立社会保障制度的待遇自动调整机制。就养老保障制度而言，待遇自动调整机制的建立，能够使养老金制度参数随着预期寿命、人口比率、基金平衡性等不同指标的变化而自动调整，是养老金政策标准化改革的重要组成部分。目前，已近一半的 OECD 国家建立了养老金待遇自动调整机制，如表 11-11 所示。

在公共养老金体系中，建立有 NDC 计划且设计有待遇自动调整机制的国家包括波兰、拉脱维亚、挪威、意大利、瑞典 5 国；澳大利亚、智利、以色列、墨西哥、丹麦等 9 国在 FDC 计划中设立的待遇自动调整机制，能够避免人们因对养老金充足性的错误判断而提前退休；德国、荷兰、日本、西班

表 11-11　OECD 国家强制性计划中待遇自动调整机制的建立情况

序号	国家和地区	FDC计划	NDC计划	DB计划/积分制计划中待遇关联预期寿命	待遇关联基金平衡、人口比率和工资调整	退休年龄关联预期寿命	受待遇自动调整机制影响的替代率份额[1]
1	澳大利亚	√					99.8%
2	智利	√					100%
3	以色列	√					71.4%
4	墨西哥	√					100%
5	德国				√		100%
6	立陶宛				√		100%
7	卢森堡				√		83.3%
8	波兰		√				100%
1	丹麦	√				√	100%
2	芬兰			√		√	100%
3	日本			√	√		100%
4	荷兰				√	√	100%
5	拉脱维亚	√	√				100%
6	挪威	√	√				100%
7	意大利		√			√[2]	100%
8	西班牙			√[5]	√		100%
9	葡萄牙			3		√	100%
10	爱沙尼亚	√			√	√	100%
11	瑞典	√	√		√		100%
1	奥地利						
2	比利时						
3	加拿大						
4	捷克						
5	法国						
6	希腊						
7	匈牙利						
8	冰岛						
9	爱尔兰						
10	韩国						
11	新西兰						
12	斯洛文尼亚						

续表

序号	国家和地区	FDC计划	NDC计划	DB计划/积分制计划中待遇关联预期寿命	待遇关联基金平衡、人口比率和工资调整	退休年龄关联预期寿命	受待遇自动调整机制影响的替代率份额[1]
13	瑞士						
14	土耳其						
15	英国						
16	美国						
17	斯洛伐克	4					

注：上标 1 指该情况仅针对理想状态下的平均工资收入者；上标 2 指这一措施针对部分职业仅执行至 2026 年；3 指葡萄牙已针对提前退休引入"可持续因子"；4 指斯洛伐克允许 35 岁以下人员将 1/3 的强制缴费存入积分制或 FDC 计划中；5 指该措施仅执行到 2023 年。

资料来源：OECD, *Pensions at a Glance 2019*: *OECD and G20 Indicators*（Paris: OECD Publishing, 2020）。

牙等 8 国也强化了养老金待遇与基金运营、人口比率及工资水平的关系。从已建立待遇自动调整机制的国家来看，自动调整机制对养老金替代率份额的影响基本能达到 100%，关联度大。2019 年 8 月，爱沙尼亚拟启动自动准入机制，以替代原有的强制性私人养老金计划。一旦参与者选择退出私人养老金计划，则雇主缴费将自动转移至现收现付的积分制计划中，产生更高的积分价值，而雇员也将继续增加缴费。雇员也可要求留在私人养老金计划中，一次性领取私人养老金。

部分国家也会通过人为调整措施来弥补待遇自动调整机制存在的缺陷，如西班牙，其收入关联型养老金计划待遇调整的相关改革早在 2013 年就开始启动，养老金指数化的自动调整机制也得以建立。然而，在指数化的自动调整机制下，其养老金增长率仅为 0.25%，2018~2019 年，政府人为调整了待遇水平，以使其与 1.6% 的 CPI 增速一致。2019 年 1 月，西班牙新的改革基于人口预期寿命的变化，正式引入"可持续因子"，此项改革将持续至 2023 年。

（四）提高养老金替代率，强化制度公平性和保障性

尽管各国都在通过扩大补充养老金计划覆盖面、完善多层次养老金体系以提高整体替代率，但与前人相比，未来总的养老金替代率仍将呈下降趋势。具体表现为两方面。一是未来新退休人员和已退休人员之间的养老金差距将不断被拉大。根据 OECD 模型测算，2018 年的退休人员，与 15 年前的退休人员相比，其养老金替代率相差 6 个百分点；60% 的 OECD 国家未来的养老金替代率将呈下降趋势；仅 30% 的 OECD 国家呈上升趋势；10% 的国家可能基本保持稳定。二是老年保障水平的性别差异日趋严重。由于女性的职业生涯较男性短，其薪酬普遍较男性低，其养老金水平普遍低于男性。在 OECD 国家中，女性平均养老金水平比男性低 25 个百分点。

为此，近年来一些国家的主要改革，也围绕扩大补充养老保险覆盖面，提升养老金总体替代率，缩小不同人群之间的养老金差距展开，如表 11-12 所示。

一是提高低收入人群的养老金收入。二是提升正常收入人群和高收入人群在养老金计划和社会保障制度中的体验度。目前，捷克、丹麦、以色列、韩国、立陶宛、新西兰、瑞士等低收入人群的养老金替代率远高于正常收入和高收入人群；而奥地利、芬兰、德国、匈牙利、意大利、葡萄牙等不同收入人群的养老金，不论是在公共养老金计划还是在私人养老金计划中，其再分配效应不明显。为此，提高低收入人群养老金水平，同时兼顾正常收入人群和高收入人群在强制性计划中的体验度，有效平衡不同群体之间的分配效应，也成为近年改革的重要内容。三是强化税收优惠政策在不同群体中的调节效应。四是激励人们参与自愿性补充养老金计划。由表 11-12 可知，多数国家的强制性计划总体替代率与净总替代率之间的差距要大于自愿性计划中总替代率与净总替代率间的差距，因此，合理利用税收效应激励人们对不同制度及缴款水平做出理性选择，成为各国改革的重点。

第十一章　国外多层次社会保障制度发展及经验借鉴

表 11-12　OECD 国家强制性计划中养老金理论替代率

国家和地区	强制性公共计划 0.5	1	1.5	强制性私人计划 (DB & DC) 0.5	1	1.5	强制性计划 总替代率 0.5	1	1.5	强制性计划 净总替代率 0.5	1	1.5	自愿性计划 (DB & DC) 0.5	1	1.5	总替代率 0.5	1	1.5	净总替代率 0.5	1	1.5
澳大利亚	34	0	0	30.9	30.9	30.9	64.9	30.9	30.9	75.5	41	43.8									
奥地利	76.5	76.5	76.5				76.5	76.5	76.5	89.7	89.9	89.6				71.6	61	44.1	87.9	72.4	57.8
比利时	57.3	46.8	33.7				57.3	46.8	33.7	70.7	66.2	48.3	14.2	14.2	10.4	71.9	64.1	54.9	82.4	83.3	73.4
加拿大	50.9	39	29.8				50.9	39	29.8	58.3	50.7	39.7	25.1	25.1	25.1						
智利	5.1	0	0	31.1	31.2	31.2	36.2	31.2	31.2	44.6	37.3	37.9									
捷克	75	45.9	36.2				75	45.9	36.2	91.6	60.3	47.9									
丹麦	63.1	23.7	13.3	50.7	50.7	50.7	113.8	74.4	64	104.5	70.9	63.3									
爱沙尼亚	33.8	19.4	14.6	27.6	27.6	27.6	61.4	47.1	42.3	65.6	53.1	49									
芬兰	56.5	56.5	56.5				56.5	56.5	56.5	65.1	64.2	64.9				52.2	52.2	52.2	68.6	68	67.5
法国	60.2	60.1	54				60.2	60.1	54	71.4	73.6	69									
德国	38.7	38.7	38.7				38.7	38.7	38.7	56.1	51.9	51.4	13.5	13.5	13.5	52.2	52.2	52.2			
希腊	63.1	49.9	45.5				63.1	49.9	45.5	57.6	51.1	50.3									
匈牙利	56.1	56.1	56.1				56.1	56.1	56.1	84.3	84.3	84.3									
冰岛	12.3	3.1	2.1	63	63	63	75.3	66.1	65.1	80.5	69.8	69.8									
爱尔兰	54.1	27	18				54.1	27	18	60.5	35.9	26.7	35.8	35.8	35.8	89.9	62.9	53.8	105.6	81.1	75.5
以色列	36.1	18	12	41.3	32.1	21.4	77.4	50.1	33.4	81.1	57.8	42.4	19.8	15.4	10.3	97.2	65.5	43.7	98.9	73.2	53.7
意大利	79.5	79.5	79.5				79.5	79.5	79.5	92	91.8	94.4									
日本	42.5	32	28.5				42.5	32	28.5	45.9	36.8	33.3	23.8	23.8	23.8	66.2	55.8	52.3	74	61.5	59.5
韩国	55.6	37.3	27				55.6	37.3	27	60.8	43.4	32.6									
拉脱维亚	44.6	44.6	44.6				44.6	44.6	44.6	55.2	54.3	52.2									
立陶宛	36.8	23.6	19.2				36.8	23.6	19.2	48.4	31	25.3									
卢森堡	91.5	78.8	74.5				91.5	78.8	74.5	99	90.1	85.9									
墨西哥	12.6	3.2	2	22.5	22.5	22.5	35.1	25.7	24.6	35.6	28.6	28.6	17.3	17.3	17.3	48.2	43	41.9	48.8	48.9	49.4
荷兰	57.9	29	19.3	15.6	42	50.8	73.5	70.9	70.1	78	80.2	78.5									

303

续表

国家和地区	强制性公共计划			强制性私人计划(DB & DC)			强制性计划 总替代率			强制性计划 净总替代率			自愿性计划(DB & DC)			总替代率			净总替代率		
	0.5	1	1.5	0.5	1	1.5	0.5	1	1.5	0.5	1	1.5	0.5	1	1.5	0.5	1	1.5	0.5	1	1.5
新西兰	79.3	39.7	26.4				79.3	39.7	26.4	79.8	42.8	30.3	17.8	17.8	17.8	97.1	57.4	44.2	98.8	62.2	50.4
挪威	45.7	39.6	30.1	4.7	5.9	6.2	50.4	45.4	36.3	57	51.6	43									
波兰	29.4	29.4	29.4				29.4	29.4	29.4	35.9	35.1	34.7									
葡萄牙	75.8	74.4	73.1				75.8	74.4	73.1	88	89.6	89									
斯洛伐克	59.5	49.6	47				59.5	49.6	47	71.7	65.1	63.3									
斯洛文尼亚	47.8	38.8	36				47.8	38.8	36	62.8	57.5	53.7									
西班牙	72.3	72.3	72.3				72.3	72.3	72.3	78.6	83.4	82.8									
瑞典	41.6	41.6	30.8	12.5	12.5	34.4	54.1	54.1	65.3	60.7	53.4	68.9	29.1	29.1	22.9	72.6	50.9	37.4	82.3	61	47.4
瑞士	32.4	21.4	15.2	20.6	21	14	53	42.4	29.2	54.3	44.3	31.7	30.9	30.9	30.9	81	70.3	64	94.1	83.7	79
土耳其	67.4	67.4	67.4				67.4	67.4	67.4	86.2	93.8	98.7									
英国	43.5	21.7	14.5				43.5	21.7	14.5	51	28.4	20.2	29.1	29.1	22.9	66.1	55.2	50.5	75	65.4	61.6
美国	50.1	39.4	33.1				50.1	39.4	33.1	61.2	49.4	42.7	30.9	30.9	30.9						
OECD	51.1	39.6	34.9				60	49	44.7	68.3	58.6	54.7									
阿根廷	83.7	71.2	67.1				83.7	71.2	67.1	102.8	92.8	88.8									
巴西	92.1	58.9	58.9				92.1	58.9	58.9	100.1	64.8	64.8									
中国	90.6	71.6	65.2				90.6	71.6	65.3	98.5	79.4	73.6									
印度	83.4	83.4	83.4				83.4	83.4	83.4	94.8	94.8	94.8									
印度尼西亚	33.1	33.1	33.1	22.2	22.2	22.2	55.3	55.3	55.3	58.2	59	58.6									
俄罗斯	62.3	49.6	44.9	20.4	20.4	20.4	82.7	70	65.3	71.7	57	51.6									
阿拉伯	59.6	59.6	59.6				59.6	59.6	59.6	65.4	65.4	65.4									
南非	34.5	17.2	11.5				34.5	17.2	11.5	34.5	18.5	12.9	49.1	49.1	49.1	49.1	49.1	49.1	54.6	59.2	61.9
EU28	54.7	45.5	41.2				60.3	52	48.8	69.8	63.5	60.4				63.6	55.4	51.8	73.6	67	64

注：（1）表头中0.5、1、1.5分别表示低收入群体（平均工资的0.5倍）、正常收入群体（平均工资的1倍）、高收入群体（平均工资的1.5倍）所对应的替代率。（2）净替代率即排除养老金计划和社会保障制度中税收和缴费因素。（3）替代率即占平均工资收入的%。

资料来源：OECD，*Pensions at a Glance 2019：OECD and G20 Indicators*（Paris：OECD Publishing，2020）。

第十一章 国外多层次社会保障制度发展及经验借鉴

（五）关注老年贫困，建立老年普惠保障和老年救济制度

如图 11-1 所示，目前在 OECD 国家中，65 岁及以上老年人口的相对贫困发生率为 13.5%，比全体国民相对贫困发生率高 1.7 个百分点。相比全体国民，在近一半的 OECD 国家中，65 岁及以上的老年人相对贫困发生率远高于国民相对贫困发生率，澳大利亚、爱沙尼亚、韩国、拉脱维亚、立陶宛、墨西哥和美国的老年人贫困发生率要高出国民贫困发生率 20 个百分点。

同时，平均来看，整个 OECD 国家 65 岁及以上老年人的可支配收入替代率为 87%。在 65 岁及以上的老年人中，不同年龄段人群的可支配收入存在差距。大多数 OECD 国家，75 岁及以上的高龄老年人可支配收入水平远低于 65~75 岁的老年人，如图 11-2 所示，这也说明随着预期寿命的不断延长，人们的退休养老储蓄消耗越多。

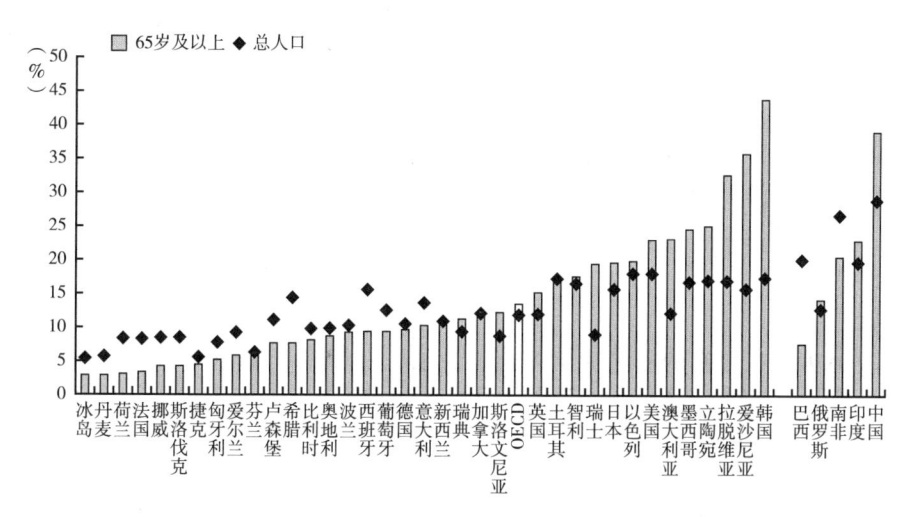

图 11-1 近年来 OECD 国家和非 OECD 的 G20 国家老年人相对贫困发生率

注：纵坐标为"相对贫困发生率"，即收入在国民家庭收入中位数一半以下的比率。
资料来源：OECD, *Pensions at a Glance 2019：OECD and G20 Indicators*（Paris：OECD Publishing, 2020）。

为此，各国多层次社会保障制度改革更多地转向对老年贫困和老年收入保障的关注。墨西哥为 68 岁及以上年龄的老年人引入一个新的普惠型养老金

计划，以替代原有的养老救助计划。原计划主要针对65岁及以上老年人或参加了缴费型计划但养老金水平低于1092墨西哥比索的人群。新的普惠型养老金计划实施后，原接受救助的人员将自动转入新的普惠型养老金计划中，同时，其待遇水平将增长120%，且不再需要家计调查。新计划的实施，将原养老救助的覆盖面由2018年的550万人扩大至2019年的850万人。

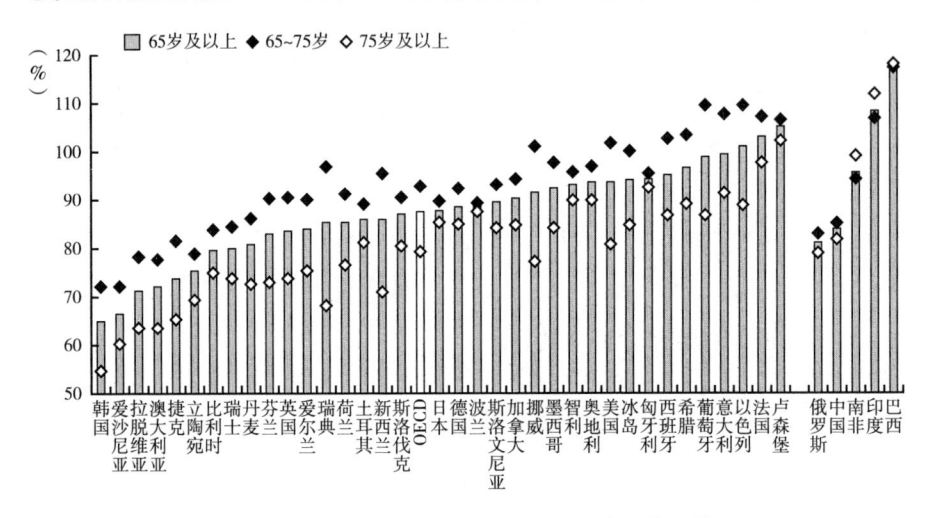

图11-2　近年来OECD国家老年人可支配收入情况

注：（1）纵坐标为老年人收入对总人口收入的替代水平；（2）"收入"涵盖基于雇佣关系、自雇关系、资本收入所得、公共财政转移支付等所有收入。

资料来源：OECD, *Pensions at a Glance 2019*: *OECD and G20 Indicators*（Paris：OECD Publishing, 2020）。

意大利在原有的养老保险基础上，引入了"居民养老金"计划，以提高已退休人员的养老金水平。新计划的实施使单个退休人员的养老金水平平均提升630欧元，约占平均工资的24.2%，与改革前相比，提升约5.4个百分点。法国在2018年4月到2020年1月实施的"老年安全网"（ASPA）计划，将名义养老金水平提升了12.5个百分点。

奥地利针对较长的养老保险缴费周期，引入了基于家计调查的最低收入保障计划，缴费时长达到30年或40年的单个被保险人，将分别至少获得1080欧元或1315欧元的养老金。两项不同缴费年限对应的最低收入保障养老金，其保障水平分别为平均工资的29%和36%。如果夫妻双方满足此项条件，则可获得的最低养老收入保障将更高。

斯洛文尼亚引入的新的最低养老金计划，主要针对全职业生涯满40年的就业人员。2018年，这一最低养老金水平为每月516欧元，约为平均工资的31.5%，与仅有15年工作年限、月均养老金为216欧元的就业者相比，保障水平有了较大提升。

（六）扩大非正规就业人员的保障范围，提升制度兼容性

随着非正规经济的兴起和非正规就业规模的扩大，各国在多层次社会保障制度框架下对非正规就业群体也给予了更多关注。如表11-13所示，目前，加拿大、捷克、韩国、美国等少部分国家在强制性收入关联型计划中，对自雇人员实施的参保政策基本比照雇员执行；而其他大多数国家，针对自雇人员的保障，在单独的养老金计划或社会保障计划框架内，不论是缴费水平抑或待遇，均低于正规就业人员。澳大利亚、丹麦、德国和墨西哥针对自雇人员，未建立强制的缴费计划。

表11-13 自雇人员在强制或半强制计划中的缴费政策情况

实行强制或半强制的收入关联型缴费计划的国家				有仅针对基本养老金缴费的强制性计划的国家	无强制的养老金缴费计划的国家
实行类似雇员的政策的国家	实行控制费率的国家	实行基本均一费率缴费的国家	达到一定收入限额才能规律缴费的国家		
加拿大 捷克 爱沙尼亚 希腊 匈牙利 韩国 立陶宛 卢森堡 斯洛文尼亚 美国	奥地利 比利时 法国 智利 冰岛 以色列 意大利 拉脱维亚 挪威 葡萄牙 瑞典 瑞士	波兰 西班牙 土耳其	奥地利 智利 芬兰 拉脱维亚 斯洛伐克 土耳其	爱尔兰 日本 荷兰 英国	澳大利亚 丹麦 德国 墨西哥

资料来源：OECD（2020）。

为此，针对非正规就业人员的制度扩面也成为近年来多层次社会保障体系改革关注的重点。近年来，超过一半的OECD国家就非正规就业人员养老金制度进行了改革，旨在扩大自雇人员和非全职人员的覆盖面。

以色列近期已将收入关联型公共养老金计划作为自雇人员强制参加的保障计划。自2012年起，智利就通过自动准入机制将自雇人员纳入强制性[①]基金积累计划的范畴，然而，至2017年，高达80%的自雇人员选择退出了该计划；自2019年起，除了年纪略大的人员或低收入者，针对自雇人员的基金积累的养老金计划已改革为强制性缴费。在德国，目前的"联合协议计划"将转向针对所有自雇人员的强制性养老保险计划。

一些国家也在通过重新修订养老金规则扩大兼职人员的覆盖面。法国、德国、日本、韩国、瑞士均通过降低最低工时或收入标准使更多兼职人员达到养老金计划的参保要求。2014年，法国降低了参保的收入下限，按每季度最低工资和工时计，将时长由200小时降至150小时。2013年，德国通过自动准入机制，将低收入兼职人员纳入了养老金计划的覆盖范围。在日本，自2016年开始，政府要求，凡是雇员超过500人的雇主，也需要为其雇佣的兼职人员（周工作时长在20小时以上或月收入超过88000日元）缴纳养老金。同样，在韩国，政府也要求一旦雇员超过10人，且个人工作时长长于3个月，雇主均需为其在国民养老金计划中缴费。瑞士降低了职业年金的准入门槛，将低收入工作者，尤其是兼职人员纳入了保障体系中。

---

① 仅针对正规就业者的强制性计划。

第十二章　多层次养老保障制度改革发展案例研究

——基于四川的实践探索

多层次养老保障体系是社会保障体系的重要组成部分，建立完善的多层次养老保障体系是贯彻落实党的十九大精神的一项重要任务。加强多层次养老保障体系建设，不仅是应对人口老龄化、适应多元化养老保险发展的迫切需要，而且是分担基本养老保险压力，降低基金支付风险，提高待遇水平，增强人民群众获得感、安全感、幸福感，实现养老保险可持续发展的现实需求。本书课题组在广泛查阅研究资料的基础上，赴上海、浙江、深圳进行了专题交流座谈，到有关企业和保险行业了解情况，赴成都、乐山、宜宾、泸州等地深入企业和街道社区、服务对象进行调研，并召开专家和保险行业人员研讨会，对建立多层次养老保障体系的宏观背景进行梳理，全面分析四川多层次养老保障体系建设面临的形势和问题，提出加强多层次养老保障体系建设的思路和建议。

一　四川建设多层次养老保障体系的宏观背景

（一）发展多支柱养老保障是国际社会共识

从世界近百年养老保险发展历史看，政府主导的单一现收现付制度，向包括企业和个人基金积累制的多元化制度转变，已成为发达国家应对老龄化挑战的普遍做法。第一支柱是强制性的公共养老金计划，注重再分配功能，旨在减少收入贫困；第二支柱是与职业相关的年金计划，旨在保障职员退休后待遇与在职时降低得不明显；第三支柱是个人储蓄计划，旨在满足个体多元化养老保险需求。多层次养老保障框架在实际运作中远比理论设计复杂，各层次之间的边界难以严格划分。

国外关于多层次养老保障体系的提法最早出现在20世纪90年代。1994年，世界银行考察发现：世界各国正在积极建设正式的养老保障制度来应对老龄危机，但老年经济保障制度的再分配与促进经济增长功能在统一制度下难以两全。由此，世界银行提出三层次养老保险的框架，2005年世界银行又提出五层次架构，即在三层次基础上增加了"零层次"和"第四层次"，"零层次"指消除贫困的非缴费型计划，"第四层次"指包括家庭保障在内的各种非正规保障形式。

经合组织认为：世界银行三层次架构中第一层次的公共养老金计划包含了收入关联计划，不符合第一层次的最初理念；而五层次体系中的零层次旨在缓解老年贫困，实际上更靠近第一层次的含义。由此，经合组织根据养老金制度功能将其分为三层次：第一层次确保退休人员达到最低生活标准，强调再分配；第二层次旨在确保退休人员退休收入有足够的替代率而不仅仅是达到最低生活标准，并主张对第一层次和第二层次采取强制性方式；第三层次为个人或者雇主自愿参加年金计划（Holzmann et al.，2005）。

国际劳工组织则提出了四层次养老保险体系：第一层次旨在为最低收入的老年人群提供保障，使其达到最低生活标准，资金来源于政府；第二层次遵循强制性原则，采用现收现付制，旨在进行收入再分配；第三层次是强制性的基金制计划；第四层次则是个人自愿参加的储蓄型养老保险计划（吉列恩等，2002）。

无论是经合组织的三层次体系或五层次体系，还是国际劳工组织的四层次体系，皆基于责任分担的原则，将缴费责任分配于政府、企业和个人，都强调基本层次的强制性和补充层次的自愿性，以及不同层次在保障目标上的差异。由于四层次体系和五层次体系皆是从三层次体系演化而来的,因此世界银行提出的三层次体系被国际社会保障界认可和接受。

(二)建成多层次养老保障体系是养老保险改革的基本方向

从国内养老保险改革发展历程看,多层次养老保障体系是制度建设的方向。《国务院关于企业职工养老保险制度改革的决定》(国发〔1991〕33号)首次明确提出,"要在我国逐步建立基本养老保险、企业补充养老保险和职工个人储蓄性养老保险相结合的养老保险制度"。2000年,国务院将企业补充养老保险更名为企业年金,2004年,《企业年金试行办法》(中华人民共和国劳动和社会保障部令第20号)和《企业年金基金管理试行办法》(中华人民共和国劳动和社会保障部令第23号)公布,为企业年金发展奠定了制度基础。作为机关事业单位养老保险制度改革的配套政策,2014年职业年金制度也随之建立起来。2018年,财政部等五部门联合下发《关于开展个人税收递延型商业养老保险试点的通知》(财税〔2018〕22号),在国务院部委文件中首次正式提出"养老保险第三支柱"的概念。2019年中共中央办公厅印发的《改革和完善基本养老保险制度总体方案》提出,努力构建以基本养老保险为基础、以企业(职业)年金为补充、与个人储蓄性养老保险和商业养老保险相衔接的"三支柱"养老保险体系。

目前,我国已初步建立由政府、企业和个人共同参与的多层次养老保障体系的基本框架。第一支柱是基本养老保险,包括城乡居民基本养老保险和城镇职工基本养老保险。第二支柱是包括企业年金[①]和职业年金在内的补充养老保险。第三支柱是个人储蓄性养老保险和商业养老保险。个人储蓄性养老保险主要指个人税收递延型养老保险。商业养老保险是以人的生命或身体为保险标的,在被保险人年老退休或保险期满时,由保险公司按合同规定支付养老金,主要包括年金保险、两全保险、定期保险、终身保险。

---

① 企业年金是用人单位在参加基本养老保险的基础上自主建立的补充养老保险,由单位和个人共同缴费,基金实行市场化运营。

(三）党的十九大报告对多层次社会保障体系建设提出了具体要求

党的十九大报告提出，"按照兜底线、织密网、建机制的要求，全面建成覆盖全民、城乡统筹、权责清晰、保障适度、可持续的多层次社会保障体系"，这既是加强多层次养老保障体系建设的总遵循，也为这一体系建设带来重大机遇。结合四川省实际，当前应着重做好五个方面的工作。一是基本实现养老保险法定人员全覆盖。二是抓紧完善城乡居民养老保险制度，让城乡居民在统一的制度安排下获得更加公平的养老保障权益。三是进一步明确政府、用人单位和个人的责任，加强政府兜底责任，根据财力状况建立逐步加大财政支持的长效机制，加大对城乡居民养老保险补助支持力度；指导用人单位切实履行社会责任，为全体职工足额缴纳养老保险费，有条件的企业积极参加企业年金；引导个人要强化养老保险意识，积极参加储蓄性养老保险。四是抓紧建立完善基本养老保险待遇确定机制，"量力而行、尽力而为"，不断提高养老保障待遇水平，确保老年生活质量。五是建立基本养老保险基金长期平衡机制，加快发展企业年金、职业年金和个人储蓄性养老保险，扩大基金规模，做好基金投资运营工作，确保基金保值增值，实现制度可持续和基金可持续。

二 四川建设多层次养老保障体系的形势分析

（一）多层次养老保障体系现状

1. 覆盖城乡的基本养老保险制度基本建立，参保范围不断扩大

四川基本养老保险制度包括城乡居民基本养老保险和城镇职工基本养老保险，在制度层面已经实现了人群的全覆盖。从实际覆盖人数看，基本养老保险制度参保人数不断增加。从2011年至2019年，四川基本养老保险制度参保总人数由3054.9万人增加到6069.0万人，占全省20岁以上常住人口的90%以上。其中，执行企业养老保险制度的有2397.5万人，执行机关事业单位养老保险制度的有302.8万人，参加城乡居民基本养老保险的人数达到3368.7万人（见图12-1）。

第十二章 多层次养老保障制度改革发展案例研究

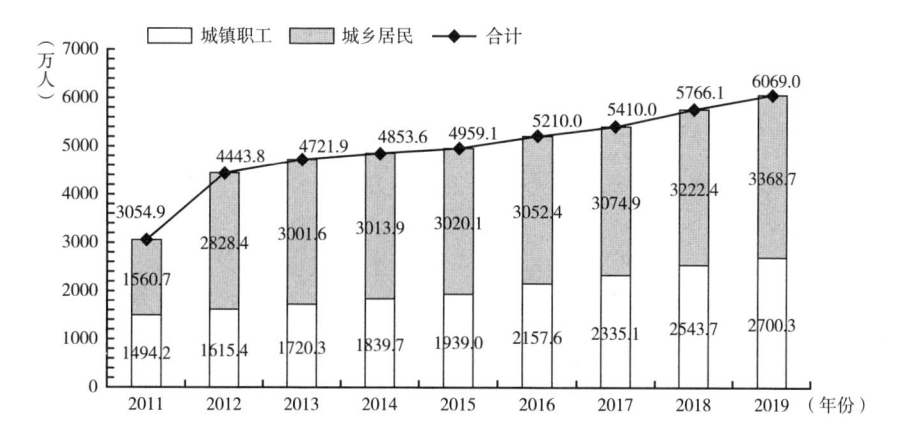

图 12-1 2011~2019 年四川省基本养老保险参保人数

资料来源：根据历年《四川省人力资源和社会保障事业发展统计公报》数据整理。

基本养老保险基金收支状况总体平稳。从 2010 年至 2018 年，城镇职工基本养老保险基金总收入都高于基金总支出。尽管在 2016 年，收支差额缩小幅度较大；但之后，收支差额又有所扩大。截至 2018 年末，城镇职工基本养老保险基金总收入达 3071.7 亿元，基金总支出为 2630.7 亿元，当期结余 441 亿元。累计结余不断增加，从 2010 年的 928.4 亿元增加至 2018 年的 3686.8 亿元（见图 12-2）。

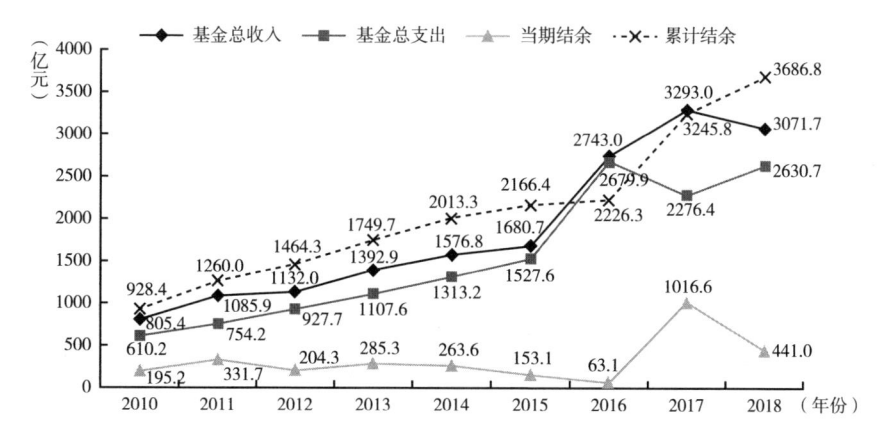

图 12-2 2010~2018 年城镇职工养老保险基金收支情况

资料来源：根据历年《四川省人力资源和社会保障事业发展统计公报》数据整理。

313

与此同时，四川离退休人员养老金待遇水平不断提高。以企业离退休人员为例，2005~2019年，四川连续15年调整企业退休人员基本养老金，月人均待遇水平由553元提高到2154元，增长了2.9倍。[①]

2. 企业年金缓慢发展，职业年金平稳建立

四川自2006年启动企业年金计划以来，截至2019年，全省参保企业数达到642个，企业年金账户个数达到1562个，职工账户数为448160个，积累企业年金资产285.2亿元。[②] 自2013年至2017年，企业账户数维持在1000个左右，2018年和2019年有所增长，分别达到1224个和1562个；然而从个人账户数来看，2013~2019年仅仅增长了101549个，年均增长率只有3.7%。从参保企业看，2013~2019年增长了363个，年均增长率达到12.6%（见图12-3）。

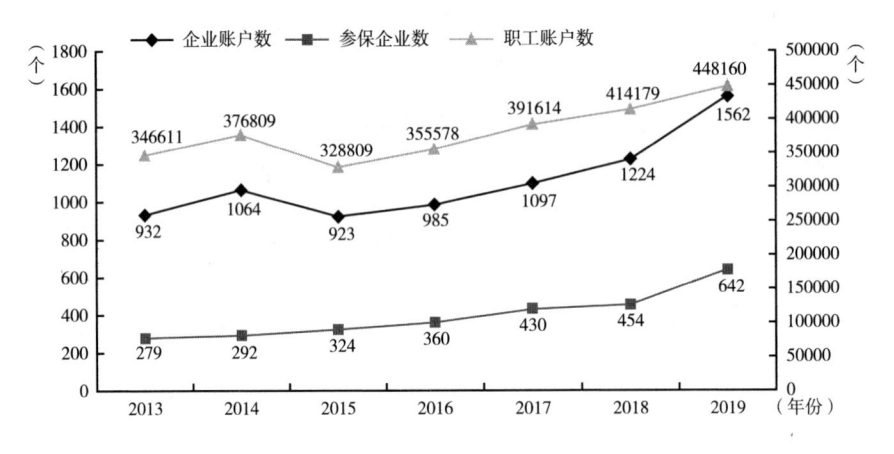

图12-3 2013~2019年四川省年金参保情况

资料来源：根据历年《全国企业年金基金业务数据摘要》整理。

642个参保企业中，参加年金基金投资运营集合计划的企业为599家（参加集合计划41个），参保人数为120730人，当期领取待遇人数为2111人，当

[①] 《四川70年发展民生答卷：社会保险从无到有 基本实现全民参保》，百家号，2019年9月5日。

[②] 《2019年度全国企业年金基金业务数据摘要》。

期领取待遇7400.3万元，人均领取年金待遇3.5万元。参加企业年金投资运营单一计划的企业为39家，参保人数为228462人，当期领取待遇人数为7191人，当期领取待遇47911.2万元，人均领取年金待遇6.7万元。由企业社保理事会受托运营的企业为4家，参保职工数为77636人，当期领取待遇1745人，当期领取待遇17518.2万元，人均领取年金待遇10万元。根据长江养老管理的企业年金统计数据，管理年金企业为6840家，约93万个个人账户，2018年缴费约53亿元，个人每年平均缴纳1.2万元，平均领取金额约为5万~8万元，参保企业主要集中在卫生和社会工作、金融、制造等领域（见图12-4）。年金待遇领取方式有两种：一是一次性领取；二是分期领取。其中，一次性领取金额平均值为8.8万元，分期领取金额为5.2万元，长江养老管理的企业年金以分期领取方式为主，分期领取人数占比为88.5%。

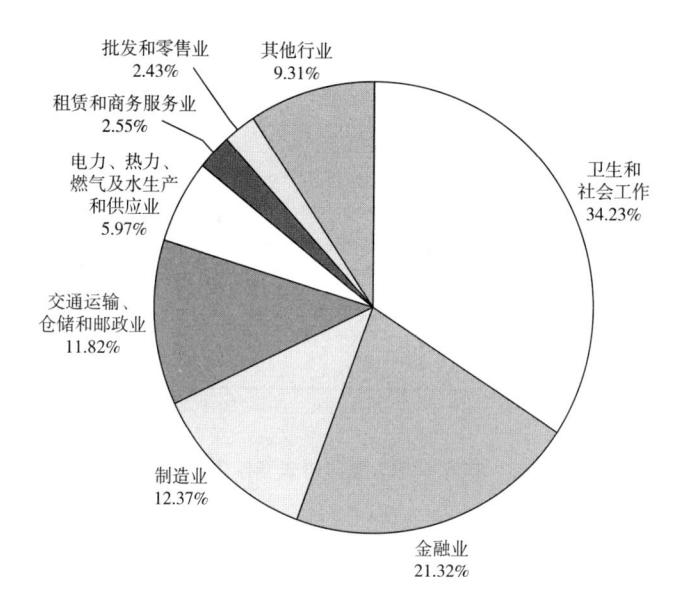

图12-4 2019年长江养老管理的个人账户行业分布

资料来源：长江养老提供的数据。

职业年金发展较快，2015年，《国务院关于机关事业单位工作人员养老保险制度改革的决定》提出用人单位应当为职工建立职业年金。截至2019

年，职业年金参保人数到达229万人，机关事业单位在编职工基本上参加了职业年金。

3. 寿险规模不断扩大，但增速波动幅度较大

2019年，四川寿险保费收入达1231.00亿元。2006~2019年，四川寿险保费收入绝对数额整体呈现上升趋势。寿险保费收入由2006年的150.14亿元增至2019年的1231.00亿元，增幅达1080.86亿元，增长了7.2倍。其中，2008年增幅达到最大，增长率为62.79%。随后至2012年，除2010年外，增幅整体呈下滑趋势。2011~2012年，寿险保费收入出现负增长，增长率分别为-4.52%和-3.20%。随后，增幅逐渐回升，并于2016年达至43.49%的高点。2017年后，寿险保费收入增幅再次下滑，至2018年，寿险保费收入再次出现负增长，2019年略有回升（见图12-5）。

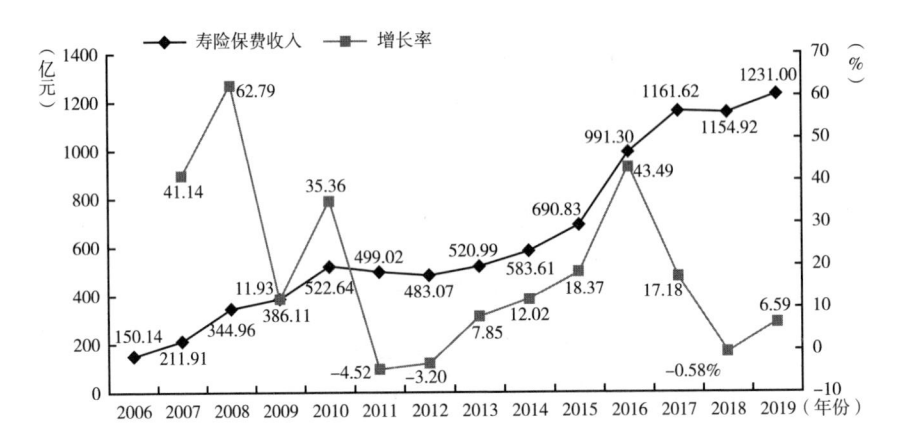

图12-5 2006~2019年四川省寿险保费收入情况

资料来源：根据原保监会官方网站和银保监会官方网站数据整理，http://bxjg.circ.gov.cn/web/site0/；http://www.cbirc.gov.cn/cn/view/pages/index/index.html。

分项目看，普通寿险和分红寿险保费收入占比较高，投资连结保险和万能保险保费收入占比较低（见表12-1）。2008~2013年，普通寿险保费收入逐年有微小增加，绝对金额皆在65亿元以下，占整个寿险保费收入的比重为10%左右。2013年普通寿险保费收入比2008年提高了49.8%。2014年后，普通寿险保费收入大幅提升，由2013年的62.31亿元增至2014年的

240.58亿元，增加了2.9倍。至2017年，普通寿险保费收入高达757.51亿元。2014~2017年，普通寿险保费收入占比大幅提高，所占比重分别增至40.8%、51.8%、63.4%、65.1%。2018年普通寿险保费收入有所回落，保费收入为525.37亿元，占比为45.4%

2008~2013年，分红寿险保费收入较高，2013年达455.92亿元；所占比重较大，2008~2013年皆在60%以上，2011年和2012年更是超过90%。2014年分红寿险保费收入下滑至340.71亿元，比2013年减少115.21亿元；2015~2017年，其保费收入分别为327.32亿元、336.20亿元、400.81亿元；所占比重逐年下滑，2015年所占比重首次低于普通寿险，2017年下滑至34.5%。2018年分红寿险保费收入大幅增加，增至626.14亿元，相较2017年提高了56.21%，占比也大幅回升，达54.2%。

表12-1 2008~2018年四川省各类人身保险保费收入

单位：百万元、%

年份	普通寿险 金额	普通寿险 占比	分红寿险 金额	分红寿险 占比	投资连结保险 金额	投资连结保险 占比	万能保险 金额	万能保险 占比
2008	4159	12.1	21347	61.9	1256	3.6	7747	22.5
2009	4294	11.1	29502	76.4	270	0.7	4547	11.8
2010	4337	9.6	39369	87.3	29	0.1	1357	3.0
2011	4376	8.8	45293	90.5	8	0.0	352	0.7
2012	4494	9.3	43617	90.1	7	0.0	310	0.6
2013	6231	11.9	45592	87.0	31	0.1	561	1.1
2014	24058	40.8	34071	57.8	7	0.0	821	1.4
2015	35600	51.8	32732	47.6	6	0.0	400	0.6
2016	59673	63.4	33620	35.7	6	0.0	898	1.0
2017	75751	65.1	40082	34.5	5	0.0	451	0.4
2018	52537	45.4	62614	54.2	5	0.0	454	0.4

注：根据历年《中国保险年鉴》数据整理。

相较于普通寿险和分红寿险，投资连结保险和万能保险保费收入较少。除2008年和2009年外，投资连结保险保费收入皆未超过亿元，多数年份仅有数百万元。其所占比重除2008年外均不超过1%。万能保险保费收入高于投资连结保险收入，但从2008年至2011年，其保费收入呈断崖式下降：2008年保费收入为77.47亿元，2009年便减少至45.47亿元，2010年继续下降至13.57亿元，2011年则仅有3.52亿元；所占比重也由2008年的22.5%降至2011年的0.6%。2013~2018年万能保险保费收入皆不超过10亿元。

横向看，四川省寿险发展情况较好。寿险收入为1231亿元，在31个省（市、自治区）中排名第6。

（二）多层次养老保障体系面临的主要矛盾和问题

1. 基本养老保险基金支付风险不断增大，替代率水平有下降的趋势

城镇职工基本养老保险由于个人账户的空账运行，从保险模式看实际是现收现付制，现收现付制最重要的约束条件是人口结构。人口老龄化进程将改变基本养老保险制度长期财务平衡的精算基础，进而危害到现行基本养老保险制度的可持续性，迫切需要加快建立健全多层次养老保障体系。2018年，四川60岁及以上人口1762万人，占21.13%；65岁及以上人口1182万人，占14.17%，已经超过深度老龄化社会的标准，老年抚养比为20%左右，比全国平均水平高出3个百分点。随着老龄化程度不断加深，四川省老年人口规模将继续增加，老年抚养比将继续提高。如图12-6所示，据预测，2020年以后，四川总人口逐步减少，由2020年的8152万人减少至2030年的7986万人，合计减少166万人。16~59岁的劳动年龄人口将在2021年达到峰值，为5162万人，随后逐渐降至2030年的4534万人。60岁及以上人口持续增加，在2030年将达到2336万人，劳动年龄人口的老年抚养比将达到51.52%。

人口老龄化对多层次养老保障体系产生深远影响。首先，人口老龄化加剧了城镇职工基本养老保险的财务压力。人口老龄化会导致制度抚养比提高，即缴费人口比例减少，领取待遇人口的比例增加，这意味着在其他情况不变的条件下，缴费收入将会减少，待遇支付将增加；养老基金收支平衡压力加剧，制度的财务可持续性将降低。其次，人口老龄化为第二、第三层次

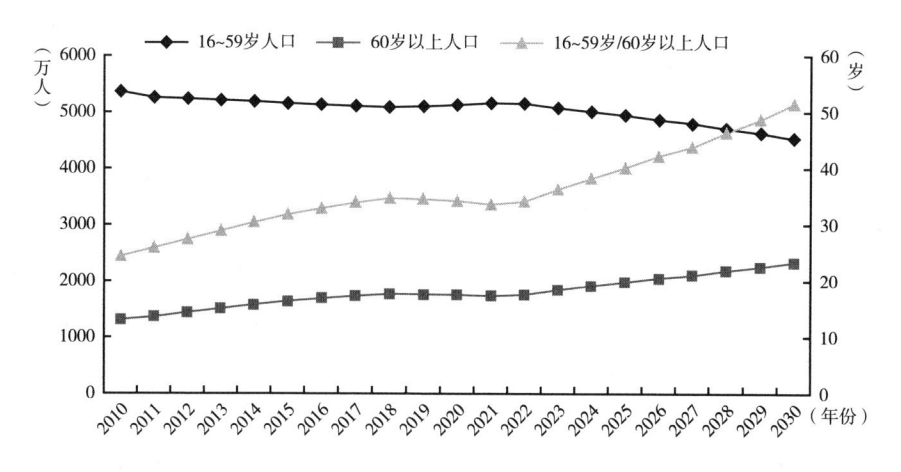

图 12-6　2010~2030 年四川省人口老龄化发展趋势

数据来源：本课题组预测数据。

养老保险制度发展提供机遇。在人口老龄化程度不断加深的背景下，职工基本养老保险面临巨大的财务压力。这促使制度变革，回归其"保基本"属性。这就为第二、第三层次制度提供了发展空间：要在"保基本"的基础上继续提升保障水平，满足多样化养老保障需求，则需通过基于市场机制运行的企业年金计划和商业性养老保险来实现。并且，从个人层面看，以基金制运行的企业年金计划和商业性养老保险是收入在个人生命周期内的平滑行为。基金收入主要来源于个人缴费及其投资收益，基金支出则取决于个人缴费收入和投资收益，不会与人口结构挂钩，因此不会受制于人口结构变化的影响，反而更能应对人口结构变化带来的冲击，减小人口老龄化的负面影响。这种制度模式天然的优势在应对人口老龄化压力时更具吸引力。因此，推动基金制养老保险的发展便成为各国养老保险制度改革的重要内容。在人口老龄化程度不断加深的情况下，发展第二、第三层次养老保险制度不仅能够有效分担第一层次养老保险制度的压力，还会产生通过多个制度分散养老风险的功能，使养老保险体系更具可靠性。人口老龄化给基本养老基金支付带来巨大压力，迫切需要加快建立健全多层次养老保障体系。

2. 企业年金制度激励机制不足，参保覆盖率

基本层次养老保险"一枝独大"，第二支柱的补充养老保险发展不充分，发展水平严重滞后，致使多层次养老保障体系名实难副，无法满足人民日益增长的退休生活需要。四川建立企业年金计划的单位主要分布在成都等经济发达地区，而且主要集中在金融、电力、烟草、酒类等垄断行业，以国有企业为主，民营和外资企业很少参加。尽管近年来全省企业年金参保企业和参保人数都在不断增长，但是与全省57万个企业法人单位相比，642户企业建立了企业年金显得微不足道。与基本养老保险的迅速发展比起来，第二支柱企业年金发展严重滞后，从参保人数占企业基本养老保险参保人数比重来看，2013年覆盖率为6.34%，2019年下降为4.98%，也就是说在企业职工基本养老保险的参保群体中，只有不到5%的人员有补充养老保险（见图12-7）。

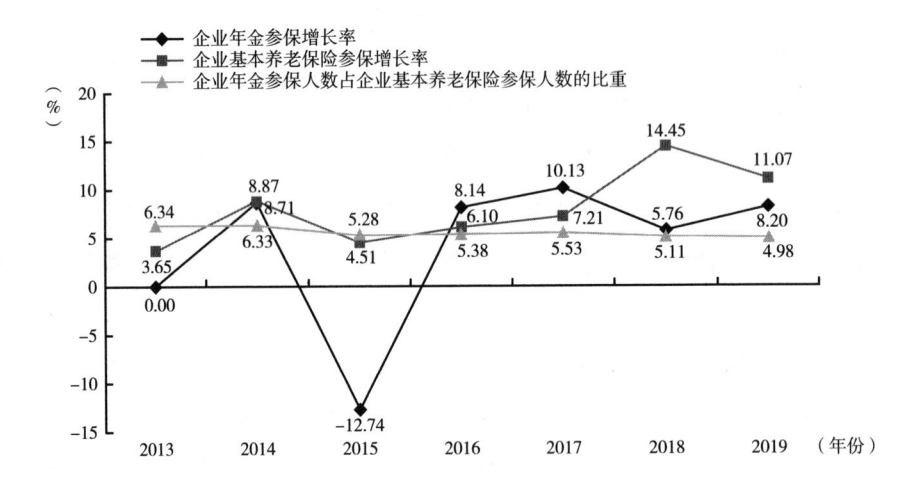

图12-7　2013~2019年四川省年基本养老保险和企业年金参保情况

资料来源：根据历年《四川省人力资源和社会保障统计公报》和历年全省社会保险基金决算数据整理，企业基本养老保险只包含单位参保情况。

企业年金与发达地区相比发展水平严重滞后，四川企业年金作用发挥有限。四川企业年金计划账户数目在全国处于中游水平。其中，企业账户数在31个省（市、自治区）里排第13位。与排名第一的福建差距较大，仅为其

第十二章 多层次养老保障制度改革发展案例研究

9.1%。在西部12个省（市、自治区）内排名第三，低于广西和云南，仅为广西的42.4%（见图12-8）。四川个人账户数目排在全国的第12位，仅为排在第一的上海的30.1%，排在西部地区的第二位，略低于陕西（见图12-9）。个人账户平均资产金额水平较低。2018年，四川个人账户平均资产金额为4.65万元，排在全国的第25位，为排名第一的北京的61.2%（见图12-10）。

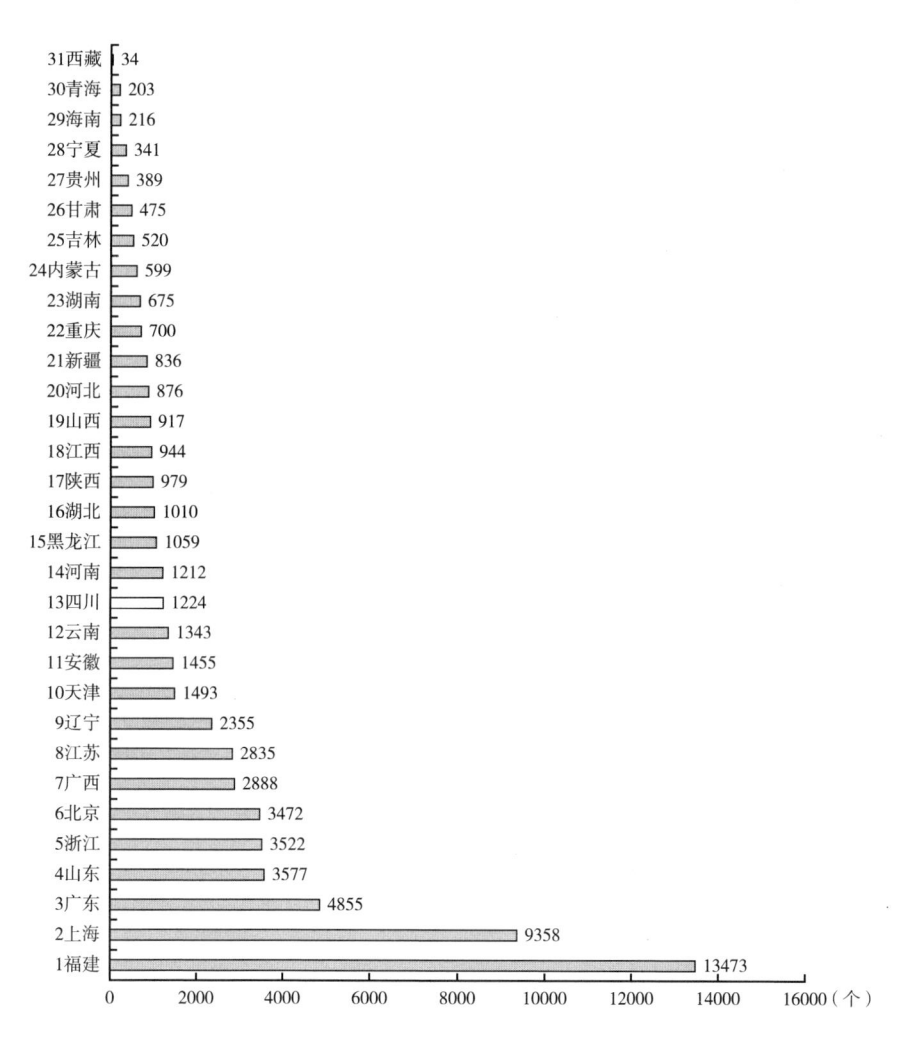

排名	省份	账户数（个）
31	西藏	34
30	青海	203
29	海南	216
28	宁夏	341
27	贵州	389
26	甘肃	475
25	吉林	520
24	内蒙古	599
23	湖南	675
22	重庆	700
21	新疆	836
20	河北	876
19	山西	917
18	江西	944
17	陕西	979
16	湖北	1010
15	黑龙江	1059
14	河南	1212
13	四川	1224
12	云南	1343
11	安徽	1455
10	天津	1493
9	辽宁	2355
8	江苏	2835
7	广西	2888
6	北京	3472
5	浙江	3522
4	山东	3577
3	广东	4855
2	上海	9358
1	福建	13473

图12-8 2018年各省份企业年金计划企业账户数目情况

注：数据来源于《2018年度全国企业年金基金业务数据摘要》，计划单列市的数据加总至所属省份，在人社部备案的中央企业未计算在内。

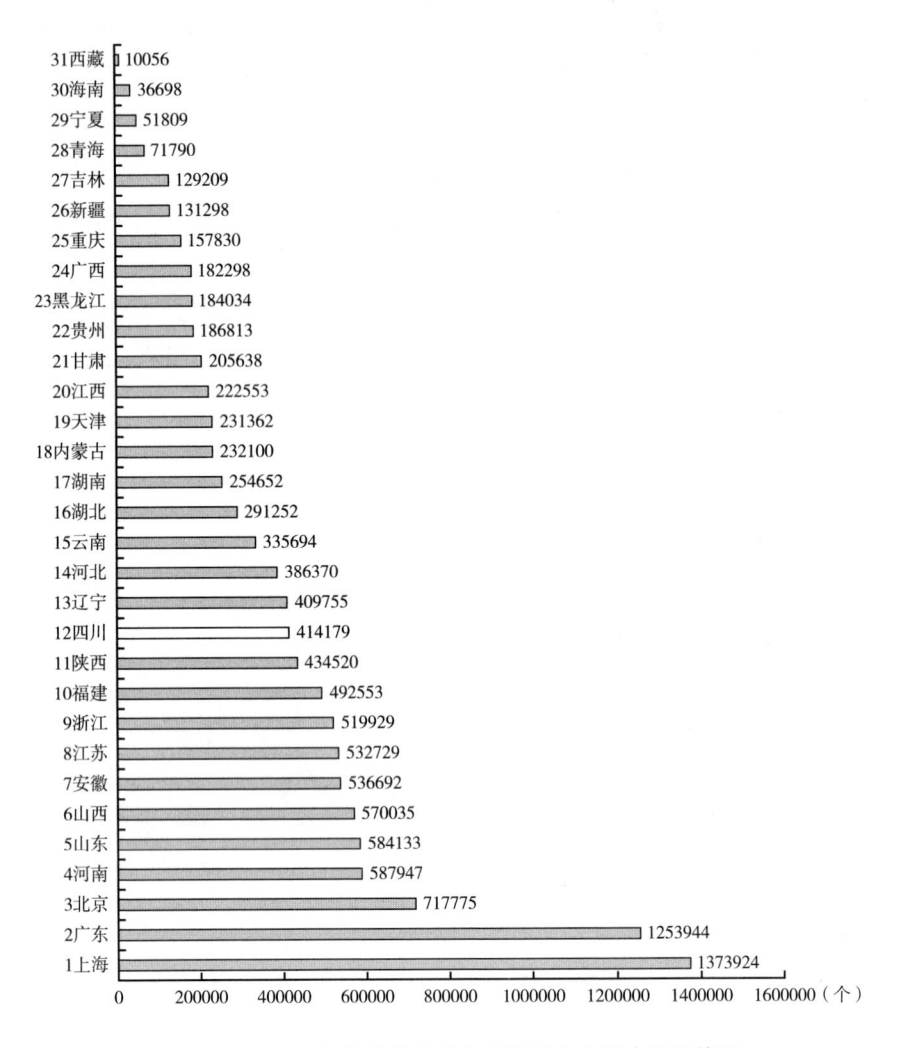

```
31西藏    10056
30海南    36698
29宁夏    51809
28青海    71790
27吉林    129209
26新疆    131298
25重庆    157830
24广西    182298
23黑龙江  184034
22贵州    186813
21甘肃    205638
20江西    222553
19天津    231362
18内蒙古  232100
17湖南    254652
16湖北    291252
15云南    335694
14河北    386370
13辽宁    409755
12四川    414179
11陕西    434520
10福建    492553
 9浙江    519929
 8江苏    532729
 7安徽    536692
 6山西    570035
 5山东    584133
 4河南    587947
 3北京    717775
 2广东    1253944
 1上海    1373924
```

图12-9　2018年各省份企业年金计划个人账户数目情况

注：数据来源于《2018年度全国企业年金基金业务数据摘要》，计划单列市的数据加总至所属省份，在人社部备案的中央企业未计算在内。

多层次养老保障体系的构建思路不清晰，主要表现在三个层次的养老保险的比例和结构缺乏顶层设计，各个层次之间的结构和比例关系以及功能定位仍不明确。目前，我国企业年金的参与率仅有5%，而理想的三个层次养老保险结构与功能定位应是：第一层次即基本养老保险应当覆盖所有人；第二层次企

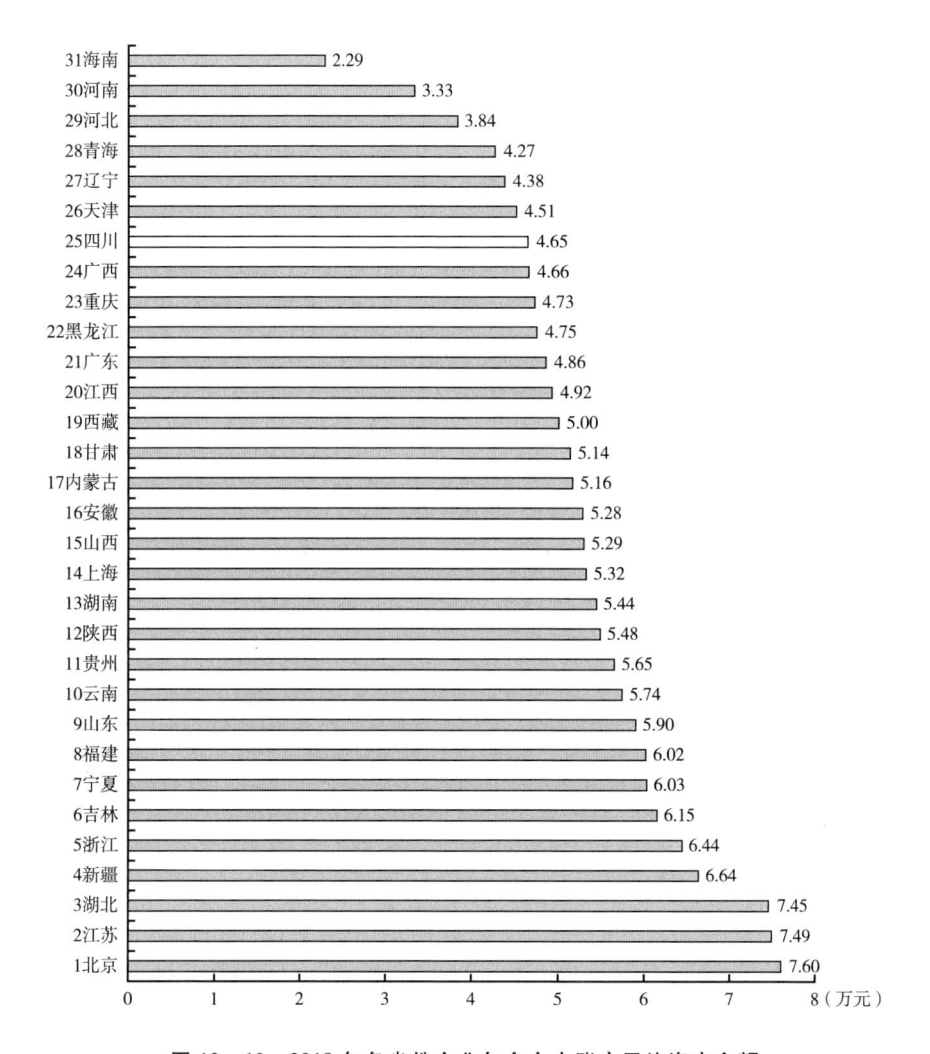

排名 省份	金额(万元)
31 海南	2.29
30 河南	3.33
29 河北	3.84
28 青海	4.27
27 辽宁	4.38
26 天津	4.51
25 四川	4.65
24 广西	4.66
23 重庆	4.73
22 黑龙江	4.75
21 广东	4.86
20 江西	4.92
19 西藏	5.00
18 甘肃	5.14
17 内蒙古	5.16
16 安徽	5.28
15 山西	5.29
14 上海	5.32
13 湖南	5.44
12 陕西	5.48
11 贵州	5.65
10 云南	5.74
9 山东	5.90
8 福建	6.02
7 宁夏	6.03
6 吉林	6.15
5 浙江	6.44
4 新疆	6.64
3 湖北	7.45
2 江苏	7.49
1 北京	7.60

图 12-10 2018 年各省份企业年金个人账户平均资产金额

资料来源：《2018 年度全国企业年金基金业务数据摘要》，其中计划单列市的数据加总至所属省份，在人社部备案的中央企业数据未计算在内。个人账户平均资产金额＝总资产金额/个人账户数目。

业年金能够覆盖大多数劳动者；第三层次商业养老保险只是个人的自由选择，并通过市场交易行为来实现，它主要适合高收入人群（郑功成，2019a）。

企业年金制度设计比较烦琐，为了防范风险，采取多个主体的信托模式，实际运行中受托人往往都被虚化，反而导致沟通不畅。与基本养老保险相比，企业年金的保障水平整体很低，在行业和地区之间分布严重不均，而且基本将中小企业排除在外。自2000年起，原来的企业补充养老保险正式更名为企业年金计划以来，历经20年其发展状况远低于预期，甚至被称为"富人俱乐部"。究其原因有以下几点。其一，企业自身动力不足。经济效益良好、规模庞大的国有大中型企业既有实力也有意愿建立企业年金计划，为职工提供更好的待遇。但是广大中小民营企业没有能力和动力建立企业年金计划。一方面，中小型民营企业处于发展初期，在激烈的市场竞争中还未立住脚跟，赢利能力有限，没有足够的资金建立年金计划。另一方面，无论是企业家还是企业员工，对企业年金计划认识不足或存在偏差，缺乏建立计划的相关意识。其二，国家对企业年金计划的税优政策并未产生积极的激励效应。依据相关政策，"企业年金缴费每年不得超过本企业职工工资总额的8%，企业和个人缴费合计不超过本企业职工工资总额的12%"[①]。由于这部分缴费可税前列支，因此也就隐含着工资高的职工将享受更多的税收优惠。就企业而言，对部分高收入员工或核心员工，企业愿意为其缴费；而对于低收入员工，由于其替代性较强，企业没有较强的动机为其缴费，并且低收入员工本身又是低税收群体，递延税制对他们的收益影响不大，因此这些员工更愿意获得当期收入来提高当期生活水平。其三，信托模式限制了企业年金计划适应能力。依据规定，信托模式是企业年金计划运行的唯一模式。该模式严格规定了企业年金计划受托人、基金托管人、账户管理人和投资管理人角色，并设置非全牌照的管理运营资格限制。这些角色之间以多层的委托合同形式相关联，以签订合同的方式确定各自在企业年金投资运营过程中的职责以及相互关系。这种多层嵌套的信托关系使得受托人在实际运行中往往被虚化，并增加了该模式的复杂性和被理解的难度。加之我国本身就缺乏信托文化，由此造成了企业年金计划在我国的适应性困难的问题。

3. 商业养老保险制度政策缺位，对个人储蓄性养老保险优惠政策力度小

尽管在1991年，个人储蓄性养老保险便作为第三层次养老保险被纳入

---

① 参照《企业年金办法》。

多层次养老保障体系中，但其制度设计一直未被建立。截至2018年4月，财政部、税务总局、人力资源社会保障部、中国银行保险监督管理委员会和证监会五部门联合下发了《关于开展个人税收递延型商业养老保险试点的通知》，决定实施个人税收递延型商业养老保险试点，这才开启了对第三层次养老保险制度的设计工作，然而个人税收递延型商业养老保险的三地试点也暴露出一些问题，需跨部门的协同作战，亟待出台相应的配套政策，并需将银行业理财产品也适时纳入进来。政策的缺位使居民购买商业养老保险难以享受税惠政策。这是商业养老保险发展滞后的重要原因之一。

公众的商业养老保险意识缺乏是第三层次养老保险制度发展缓慢的另一重要原因。虽然我国人均GDP达到了8000美元，但是低收入人口还占据很大比例，购买商业养老保险的能力还不够强。长期以来，公众有一种认识偏差，认为"养老靠国家，养老靠社保"。这种认识的形成与我国历史进程以及错位的政策宣传有一定关联。在计划经济时期，国有企业通过发放退休金使国家承担了养老责任，形成了事实上国家承担养老责任，并形成和深化了公众"国家养老"的认识。改革开放后，尽管责任向企业和个人转移，但由于个人缴费直接在个人未接触到工资之前扣除，具有一定的隐藏性质，因此公众对这种转变的认识并不深刻。加之计划生育时期，诸如"国家来养老"的政策标语层出不穷，"国家养老"的认识偏差并未被纠正过来，从而使得公众这种固有认识延续至今。在这种认识偏差下，基本养老保险基金的充足性及其个人养老金待遇的多少成为公众关注的焦点，公众认为基本养老金应该保证其退休后足够的生活水平。

另外，我国保险市场发育时间较短，从保险产品的开发、销售、到赔付环节均存在较大缺陷，这影响到商业养老保险的发展。在保险产品的开发环节，各保险公司的产品设计未能经过充分论证，多是借鉴国外保险产品，消费者难以理解保险产品的说明与运作方式；各公司的保险产品相互模仿，产品缺乏多样性，难以满足本土人民需求。重销售一直是中国各保险公司的重要特征。在极度注重短期保费收入的情况下，各保险公司盲目扩大保险销售人群，使得该群体素质参差不齐；在保费收入导向下，保险销售人员甚至误导和欺骗消费者，消费者本欲购买的商业养老保险变成了其他风险较大的投资理财产品。由于前期销售的隐瞒、欺骗，保险在赔付环节引发更多纠纷。消费者发现自己购买的商业养老保险与当初保险销售所告知的有所差别，对某些条款的解读与当初所理解的存在巨大差异。这使得消费者的受骗感进一步增强，消费者与保险公司甚至站在极度对立的立场。这种从保险产品的销售到赔付的不规范一度使"卖保险"成为一个带有欺骗含义的贬义词，对市场造成严重损害。这也是商业养老保险难以发展的重要原因。

4. 养老保险制度改革往往取决于中央顶层设计，地方推动多层次养老保险体系建设的积极性不高

地方对多层次养老保险体系建设还没有引起足够重视。从1995年至2005年，我国经济体制改革处于攻坚克难阶段，其时，社会保障改革的核心任务是两个"确保"，在企业改制背景下，企业难以兼顾补充养老保险的发展（林义，2017）。随后，城乡差异不断扩大，在保障和改善民生思想指引下，构建覆盖农村居民和城镇居民的基本养老保险制度成为重中之重，针对第二、第三层次养老保险发展的政策措施自然放缓。于是多层次养老保障体系的建设便主要体现在对第一层次的改革发展方面：从确立统账结合模式，到做实个人账户，再到建立新农保、城居保，都是在持续不断深化基本养老保险制度改革。而在这一过程中，对第二、第三层次养老保险制度体系建设的关注自然较少，特别是对第三层次养老保险制度的构建，长期缺乏政策指引。长此以往，造成了基本养老保险"一枝独大"的现象，企业年金和商业养老保险的发展严重不足（高书生，2006）。

5. 灵活性的就业方式给当前多层次养老保险制度带来挑战

在多层次养老保险体系中，基本养老保险和企业年金计划都是基于传统就业形态下的保险模式。在传统就业模式下，雇员与雇主签订正式的劳动合同，以此形成劳动关系，并领取相关报酬。这种传统就业模式是社会保险方案以及诸如最低工资限制或者离职金等监管体系所提供的社会保障的基础。在中国企业职工多层次养老保险制度体系中，基本养老保险和企业年金计划都是基于传统就业形态下的保险模式。基于平台模式下的独立工作群体更多

是自由职业者、个体经营者或临时工。他们与平台之间更多的是一种商务合作关系，不存在雇佣与被雇佣的关系，没有工资薪酬的说法。因此这也就不符合基本养老保险与企业年金计划中企业与职工分担养老保险缴费的机制，难以将其纳入职工基本养老保险制度和企业年金计划中。不仅如此，由于就业形态的转变，伴随独立工作群体庞大的同时，传统工薪就业合同的用工方式将有可能日趋缩减，这会对当前职工基本养老保险和企业年金计划的覆盖人群形成侵蚀，进而会减少制度覆盖面，导致制度的自我弱化。

三 四川加强多层次养老保障体系建设的思路和对策

（一）基本思路

1. 总体要求

加快达成多层次养老保险决策共识，构建动力机制、激励机制和保护机制，加快培育多元化市场主体，促进养老保险制度与养老服务的协同推进。多层次养老保险的基本框架是"强制参加的基本养老保险＋半强制的用人单位补充养老保险＋个人自愿参加的商业养老保险"。政府锁定基本责任，防止发生老年贫困。针对第二、第三支柱发展滞后的问题，要高度重视多层次养老保障体系的建设，至少要进行系统的调查研究，加快形成决策共识和综合推进方案，构建第二、第三层次保障的动力机制、激励机制、监管机制和保护机制，并将加快个人储蓄性养老保险发展、构建比例合理的多层次养老保障体系作为当务之急。针对多层次发展不均的问题，要协同推进多层次养老保险制度完善与多层次养老服务体系完善。针对基本养老保险存在的问题，要继续完善基本养老保险，尤其要从养老保险体系发展的整体性上注意给第二、第三层次留下发展空间。针对企业年金扩面难、企业参与积极性不高等问题，要研究怎样才能更好地促进企业年金发展。针对商业养老保险所具有的巨大发展空间，要优化商业养老保险税收优惠政策，加大税收优惠政策的激励力度，符合规定的基金、商业养老保险和银行理财等金融产品都可作为第三支柱的重要内容,通过市场长期投资运营,实现养老基金的保值增值。

2. 重要原则

简化制度运行、明确政府与市场的责任边界、正式制度与非正式制度相结合、重视传统家庭养老责任。

3. 主要目标

在中短期目标上,基本建成和完善与四川经济发展水平相适应的多层次养老保障体系。完善多层次养老保险制度,促进基本养老保险、企业(职业)年金和商业养老保险三层次的协调发展,基本养老保险制度保基本、全覆盖、可持续、更公平;企业年金、职业年金制度加快发展、扩大规模,逐步提高替代率;商业养老保险制度作为补充,满足更高层次养老需求。在长期目标上,应全面建成与四川经济发展水平相适应的、高水平、多元化、整体协调、服务高效、稳定可靠的多层次养老保障体系,即基本养老保险制度更加完善成熟,企业年金制度覆盖各类企业,其他商业养老保险充分发展,以满足人民群众全方位、个性化和不同层次的养老保障需求。

(二)主要对策建议

1. 政府应加强多层次养老保障体系建设

基本养老保险制度业已定型,而后的改革多是对其配套制度的健全和相关参数的调整。企业年金和个人储蓄性养老保险是多层次养老保障体系的组成部分,政府应当转变以往对待第二、第三层次养老保险的消极态度,从促进多层次养老保障体系建设的战略高度出发,将推进企业年金和个人税收递延型商业养老保险发展作为重点,由人社部门牵头并会同财政、税务以及金融部门制定多层次养老保险制度建设的总体方案和相关政策,加强政策引导和扶持。

2. 继续完善基本养老保险

完善城镇职工基本养老保险和城乡居民基本养老保险制度。以个人账户改革为重点,完善统账结合的城镇职工基本养老保险制度,个人账户只作为激励缴费以及计发养老金的依据，不再要求继续做实个人账户，重新确定个人账户的私有属性，并将个人账户养老金替代率与基金运营情况和个体退休余命挂钩。以城镇职工基础养老金全国统筹为契机，规范基本养老保险缴费政策，完善社会平均工资统计办法，健全多缴多得的激励机制。全面推进机关事业单位养老保险制度改革。完善基本养老金待遇调整机制，统筹考虑城乡老年居民、企业退休人员和机关事业单位的基本养老金调整。适当控制城镇职工基本养老保险替代率水平，尤其在老龄化趋势下，缩减基本养老保险水平，加强企业年金、个人储蓄性养老保险的作用；降低基本养老保险替代率水平，为第二、第三支柱发展预留空间，鼓励人们通过多元化养老保障来提高养老金替代率。

全面实施全民参保计划。强化全民参保登记成果运用，查找养老保险覆盖弱点和盲区，制定有针对性的扩面措施，健全全民参保登记数据动态管理机制，在城镇继续扩大以灵活就业人员和中小微企业为重点的参保覆盖面，在农村鼓励城乡之间流动就业和居住的农民持续参保。在实现户籍人口全民参保后，激励和引导参保人员加入更高水平的保障制度中，特别是积极引导在城镇稳定就业的农民工参加职工社会保险，推动参保质量不断提高。强化政策宣传，提升公众保险意识，促进和引导各类单位与符合条件的人员长期持续参保。

完善基金投资和补偿机制。加强社会保险基金预算管理工作，推动实现财政对社会保险投入的规范化、制度化。发挥社会保险费税务征收的优势，做实缴费基数，严格规范参保缴费行为，加强社会保险诚信等级评定及结果运用，强化税费合一稽核，加大企业和相关人员少报、漏报、瞒报缴费人数和缴费基数等违法行为的成本，切实促进用人单位单位和参保个人如实申报养老保险缴费基数并按时足额缴纳基本养老保险费。加强社保基金精算分析和运行管理，持续增强社保基金可持续保障能力。

建立健全信息共享机制，夯实养老保险管理的数据基础。加强社会保障信息化建设的宏观管理，自上而下统一规划设计，统一技术标准，统一集中建设，逐步形成国家、省、市、县、乡五级网络，继续推进社会保障卡发行,大力推进"一卡通"发行应用,实现"记录一生、保障一生、服务一生"的目标。深入实施"互联网+人社"2020行动计划,推动"一卡、一网、一库"建设。按照省政府一体化政务服务平台建设要求,积极对接使用全省一体化政务服务平台。按照"业务由流程驱动,任务由信息系统自动分配"的要求,加快推进社保经办服务"综合柜员制"。优化拓展网上经办系统、自助服务一体机界面及功能,配合建立自助服务一体机运行维护管理制度。建立社会保险费征收机构与税务、工商、银行、企业等之间互联的网络,整合就业和社会保险之间的信息资源,将各项保险的登记、申报、缴纳等进行统一管理,实现社会保障业务数据的共享,从而为征缴、稽核、退休审批等业务提供可靠的信息支持。

3. 加快发展企业年金

加大落实企业年金政策力度,提高税收优惠和投资优惠力度。大力推行企业年金集合计划,引导更多中小企业参加。加强对企业年金政策宣传引导,增强企业社会责任和个人参与意识,重视企业年金的作用。

制定更加灵活的企业年金政策,加大对企业年金业务的支持力度,优化发展企业年金集合计划,推出更多适合中小企业的企业年金集合计划,调动单位和个人积极性,促进更多的企业和社会组织建立企业年金,扩大企业年金覆盖范围。在职业年金制度建立之后,应统筹协调职业年金与企业年金相关政策,促进两者协调发展。一是完善对企业年金的扶持政策。在税收优惠和投资方面应当同等对待职业年金与企业年金。对于经营养老基金业务的中外金融机构,在税收上要一视同仁。在举办资格上实行分类管理的方式:参加基本养老保险的企业可自行决定是否建立企业年金;不参加的企业,由企业及其雇员自由决定。在举办主体上应确定企业的主体地位。二是提高风险防范意识和防范能力。储蓄性养老基金具有更高的投资收益。高收益即高风险。基金管理者和监管机构必须提高风险防范意识和防范能力。三是加快企业年金管理体制改革,建立符合市场化投资要求的监管体制。建立符合市场化投资要求的监管体制,要从建立到投资方向、风险控制、收益分配等各个环节进行有效的监督管理。

4. 积极探索建立个人税收递延型养老保险制度

积极争取国家在成都、德阳开展个人税收递延型养老保险试点,明确其在功能和定位、覆盖人群、筹资方式、账户管理、待遇领取、基金监管等方面的规定。引导保险、银行、基金公司、信托公司、证券公司等各类相关金融机构创新养老保险型理财产品,提供符合养老需求、丰富多样、不同风险收益的投资产品,包括权益类产品和固定收益类产品,供参保人根据自身风险偏好度、年龄以及生命周期预期等因素做出投资选择。

主要参考文献

［1］［美］W. 理查德·斯科特、杰拉尔德·F. 戴维斯：《组织理论——理性、自然与开放系统的视角》，高俊山译，中国人民大学出版社，2011。

［2］［印］阿比吉特·班纳吉、［法］埃斯特·迪弗洛：《贫穷的本质：我们为什么摆脱不了贫穷》，景芳译，中信出版社，2013。

［3］［美］埃莉诺·奥斯特罗姆：《公共事物的治理之道：集体行动制度的演进》，余逊达等译，上海译文出版社，2012。

［4］艾瑞咨询：《中国商业健康险行业研究报告》，《艾瑞咨询系列研究报告》2017年第4期。

［5］［加］安集思：《养老金管理的未来：综合设计、治理与投资》，养老金管理翻译小组译，中国发展出版社，2017。

［6］［美］奥利弗 E. 威廉姆森：《治理机制》，石烁译，机械工业出版社，2016。

［7］白晨、顾昕：《中国城镇医疗救助的目标定位与覆盖水平》，《学习与实践》2015年第11期。

［8］《保险史话》编委会编著《保险史话》，社会科学文献出版社，2015。

［9］蔡昉：《新中国70年经济发展成就、经验与展望》，《中国党政干部论坛》2019年第8期。

［10］蔡昉、都阳：《"文化大革命"对物质资本和人力资本的破坏》，《经

济学》(季刊)2003年第3期。

[11] 陈东升:《长寿时代的理论与对策》,《管理世界》2020年第4期。

[12] 陈江生、李良艳、胡健闽:《中国人口发展的政策与实施》,经济科学出版社,2017。

[13] 陈杰:《人口老龄化、产业结构调整与经济增长——基于江苏的实证分析》,《华东经济管理》2020年第2期。

[14] 陈卫、杨胜慧:《中国2010年总和生育率的再估计》,《人口研究》2014年第6期。

[15] 陈友华、庞飞:《福利多元主义的主体构成及其职能关系研究》,《江海学刊》2020年第1期。

[16] 成欢、林义:《多层次养老保险协同发展的联动机制及配套政策研究》,《经济理论与经济管理》2019年第9期。

[17] 成思危:《中国社会保障体系的改革与完善》,民主与建设出版社,2000。

[18] 池振合、杨宜勇:《贫困线研究综述》,《经济理论与经济管理》2012年第7期。

[19] 仇雨临:《医保与"三医"联动:纽带、杠杆和调控阀》,《探索》2017年第5期。

[20] 褚福灵编著《中国社会保障发展指数报告2010》,经济科学出版社,2011。

[21] 崔红艳、徐岚、李睿:《对2010年人口普查数据准确性的估计》,《人口研究》2013年第1期。

[22] 党俊武:《老龄社会的革命》,人民出版社,2015。

[23] [美]德隆·阿西莫格鲁、詹姆斯·A.罗宾逊:《国家为什么会失败》,李增刚译,湖南科学技术出版社,2015。

[24] 邓大松、刘昌平:《中国企业年金制度若干问题研究》,《经济评论》2003年第6期。

[25] 邓微:《整合各种力量构建多层次医疗保障体系》,《湖南师范大学社

会科学学报》2014年第5期。

[26] 丁建定：《中国社会保障制度整合与体系完善纵论》，《学习与实践》2012年第8期。

[27] 丁建定主编《中国养老服务发展研究报告（2018）》，华中科技大学出版社，2019。

[28] 丁少群、苏瑞珍：《我国农村医疗保险体系减贫效应的实现路径及政策效果研究——基于收入再分配实现机制视角》，《保险研究》2019年第10期。

[29] 丁少群、许志涛、薄览：《社会医疗保险与商业保险合作的模式选择与机制设计》，《保险研究》2013年第12期。

[30] 董克用、孙博：《从多层次到多支柱：养老保障体系改革再思考》，《公共管理学报》2011年第1期。

[31] 董克用、王振振、张栋：《中国人口老龄化与养老体系建设》，《经济社会体制比较》2020年第1期。

[32] 段迎君、李林：《我国多层次医疗保障体系及其衔接——基于5个典型城市的分析》，《中国卫生事业管理》2013年第1期。

[33] 段迎君、任晓春：《医患矛盾：基于制度规范的体系化解释》，《医学与哲学》2019年第7期。

[34] 封进：《中国城镇职工社会保险制度的参与激励》，《经济研究》2013年第7期。

[35] 封进：《中国养老保险体系改革的福利经济学分析》，《经济研究》2004年第2期。

[36] 冯慧娟：《我国退休职工队伍的变化和退休制度的沿革》，《中国劳动科学》1986年第9期。

[37] ［美］弗兰克·奈特：《风险、不确定性与利润》，郭武军、刘亮译，华夏出版社，2013。

[38] 高书生：《社会保障改革何去何从》，中国人民大学出版社，2006。

[39] 葛延风、王列军、冯文猛、张冰子、刘胜兰、柯洋华：《我国健康老

龄化的挑战与策略选择》,《管理世界》2020 年第 4 期。

[40] 辜胜阻、吴华君、曹冬梅:《构建科学合理养老服务体系的战略思考与建议》,《人口研究》2017 年第 1 期。

[41] 顾海、孙军:《统筹城乡医保制度绩效研究》,《东岳论丛》2016 年第 10 期。

[42] 顾昕:《中国商业健康保险的现状与发展战略》,《保险研究》2009 年第 11 期。

[43] 郭瑜、张寅凯:《严征缴能否降低城镇职工养老保险费率》,《保险研究》2019 年第 2 期。

[44] 郭左践、罗艳华、胡彧:《天津滨海新区试点个人税延型补充养老保险业务可行性研究》,《华北金融》2011 年第 5 期。

[45] 国家体改委国外经济体制司:《弗里德曼教授等外国专家对我国社会保险制度改革的几点意见》,《中国劳动科学》1989 年第 7 期。

[46] 何大勇、张越、陈本强、刘月:《银行转型 2025》,中信出版社,2017。

[47] 何文炯:《大病保险辨析》,《中国医疗保险》2014 年第 7 期。

[48] 侯文若:《多层次养老退休金制度国际比较》,《经济研究参考》1992 年第 Z2 期。

[49] 胡继晔:《金融服务养老的理论、实践和创新》,《西南交通大学学报》(社会科学版)2020 年第 4 期。

[50] 胡秋明:《可持续养老金制度改革的理论与政策研究》,中国劳动社会保障出版社,2011。

[51] 胡秋明:《中国社会养老保险制度改革的路径选择分析》,《天府新论》2004 年第 2 期。

[52] 华文:《关于我国职工社会保险制度改革问题——美国社会保险制度考察后的思考》,《中国劳动科学》1987 年第 12 期。

[53] 黄甫喆、陈孝伟:《人口老龄化对中国宏观经济增长路径的影响——基于 TVP-VAR 模型的实证研究》,《上海金融》2020 年第 1 期。

[54] 贾洪波、阳义南:《中国补充医疗保险发展:成效、问题与出路》,

《中国软科学》2013年第1期。

[55] 贾玉娇：《习近平民生系列重要论述的主要来源与形成逻辑》，《社会保障评论》2019年第1期。

[56] 贾玉娇：《走向治理的中心：现代社会保障制度与西方国家治理——兼论对中国完善现代国家治理体系的启示》，《江海学刊》2015年第5期。

[57] 简新华：《中国经济发展的回顾和展望——纪念新中国建国60周年》，《经济与管理研究》2009年第8期。

[58] 江才、叶小兰：《税收优惠制度对商业健康保险需求的影响》，《金融与经济》2008年第11期。

[59] 金刚、沈坤荣：《新中国70年经济发展：政府行为演变与增长动力转换》，《宏观质量研究》2019年第3期。

[60] 金维刚：《重特大疾病保障与大病保险的关系解析》，《中国医疗保险》2013年第8期。

[61] 景鹏、胡秋明：《企业职工基本养老保险统筹账户缴费率潜在下调空间研究》，《中国人口科学》2017年第1期。

[62] [丹麦] 考斯塔·艾斯平-安德森：《福利资本主义的三个世界》，郑秉文译，法律出版社，2003。

[63] 科林·吉列恩、约翰·特纳、克利夫·贝雷、丹尼斯·拉图利普编《全球养老保障——改革与发展》，杨燕绥等译，中国劳动社会保障出版社，2002。

[64] 雷晓康、马子博等：《中国社会治理十讲》，中国社会科学出版社，2019。

[65] 李娟、武萌、曹睿昕：《"全面二孩"政策下高龄母亲的风险与机遇》，《首都师范大学学报》（社会科学版）2018年第2期。

[66] 李梦娜：《社会资本视角下城市农民工反贫困治理研究》，《农村经济》2019年第5期。

[67] 李培林等主编《2019年中国社会形势分析与预测》，社会科学文献出

版社，2019。

[68] 李新春：《转型时期的混合式契约制度与多重交易成本》，《学术研究》2000年第4期。

[69] 梁建章：《人工智能无法代替创新型工作》，《支点》2017年第10期。

[70] ［美］林南：《社会资本——关于社会结构与行动的理论》，张磊译，上海人民出版社，2005。

[71] 林熙：《退休制度的结构要素和实践形态研究——基于退休渠道的视角》，西南财经大学出版社，2016。

[72] 林熙、林义：《生命历程制度化引导下的退休认知与社会共识》，《探索》2017年第4期。

[73] 林义：《论多层次社会保障模式》，《中国保险管理干部学院学报》1994年第1期。

[74] 林义：《社会保险制度分析引论》，西南财经大学出版社，1997。

[75] 林义：《文化与社会保障改革发展漫谈》，《中国社会保障》2012年第3期。

[76] 林义：《养老保险改革的理论与政策》，西南财经大学出版社，1995。

[77] 林义：《中国多层次养老保险的制度创新与路径优化》，《社会保障评论》2017年第3期。

[78] 林义、刘斌、刘耘礽：《社会治理现代化视角下的多层次社会保障体系构建》，《西北大学学报》（哲学社会科学版）2020年第5期。

[79] 林义等：《统筹城乡社会保障制度建设研究》，社会科学文献出版社，2013。

[80] 林治芬：《中国养老社会保险最终目标与现实路径选择》，《当代财经》2003年第12期。

[81] 刘斌：《上海市城镇低保家庭分类救助的目标定位研究》，上海交通大学硕士学位论文，2013。

[82] 刘斌、林义：《国家安全视角下构建多层次养老保险体系的制度创新——基于城镇职工养老保险缴费比例下调后基金缺口的测算》，《财

经科学》2020年第8期。

[83] 刘衡:《我国个人商业养老保险产品创新困境及对策研究》,华东师范大学硕士学位论文,2019。

[84] 刘军强:《资源、激励与部门利益:中国社会保险征缴体制的纵贯研究(1999~2008)》,《中国社会科学》2011年第3期。

[85] 刘胜湘等:《国家安全:理论、体制与战略》,中国社会科学出版社,2015。

[86] 刘伟、张鹏飞、郭锐欣:《人力资本跨部门流动对经济增长和社会福利的影响》,《经济学》(季刊)2014年第2期。

[87] 刘学良:《中国养老保险的收支缺口和可持续性研究》,《中国工业经济》2014年第9期。

[88] 刘中起、风笑天:《社会资本视阈下的现代女性创业研究:一个嵌入性视角》,《山西师大学报》(社会科学版)2010年第1期。

[89] 娄飞鹏:《大类资产配置:理论、现状与趋势——基于人口老龄化的视角》,《金融理论与实践》2017年第6期。

[90] 娄飞鹏:《金融机构发展养老金融的创新实践与建议》,《北京金融评论》2019年第2期。

[91] 娄飞鹏:《养老金融发展的理论与实践问题》,《西南金融》2019年第7期。

[92] 鲁全:《中国共产党对社会保障认识的变迁与发展(1997~2017)》,《国家行政学院学报》2017年第6期。

[93] 〔奥〕罗伯特·霍尔茨曼、理查德·欣茨:《21世纪的老年收入保障:养老金制度改革国际比较》,郑秉文等译,中国劳动社会保障出版社,2006。

[94] 〔美〕罗伯特·西斯:《危机管理》,王成等译,中信出版社,2001。

[95] 罗家德:《自组织——市场与层级之外的第三种治理模式》,《比较管理》2010年第2期。

[96] 〔瑞典〕马茨·阿尔维森、〔英〕休·维尔莫特:《理解管理:一种批

判性的导论》，戴黍译，中央编译出版社，2012。

[97] 孟令国、沈振辉：《我国养老金融发展及创新研究》，《时代金融》2020年第16期。

[98] 穆怀中、陈洋、陈曦：《灵活就业人员参保缴费激励机制研究——以家庭预期收益效用为视角》，《中国人口科学》2016年第6期。

[99] 尼古拉斯·巴尔、彼得·戴蒙得：《养老金改革：理论精要》，郑秉文等译，中国劳动保障社会出版社，2013。

[100] 聂高辉、黄明清：《人口老龄化对产业结构升级的动态效应与区域差异——基于省际动态面板数据模型的实证分析》，《科学决策》2015年第11期。

[101] 聂鑫淼、丁少群：《网络互助平台运行机制的内在隐患及转型方向探讨》，《上海保险》2020年第2期。

[102] 彭华民、黄叶青：《福利多元主义：福利提供从国家到多元部门的转型》，《南开学报》（哲学社会科学版）2006年第6期。

[103] 蒲晓红：《我国企业年金发展缓慢的原因及对策分析》，《安徽大学学报》2005年第1期。

[104] 齐子鹏、许艺凡、胡洁冰：《基于人口结构角度的商业健康保险需求分析》，《保险研究》2018年第5期。

[105] 青连斌：《我国养老服务业发展的现状与展望》，《中共福建省委党校学报》2016年第3期。

[106] 邱晓东：《养老基金参与公司治理现状、难点及国际经验借鉴》，《金融纵横》2021年第2期。

[107] 全国干部培训教材编审指导委员会组织编写《全面践行总体国家安全观》，人民出版社、党建读物出版社，2019。

[108] 任苒、宋喜善、周令：《全民医疗保障制度的研究——中国多层次医疗保障体系发展阶段与目标》，《中国农村卫生事业管理》2009年第9期。

[109] 桑玉成：《培育人民群众的国家治理主体意识》，《人民日报》2018

年1月15日。

[110] 申曙光：《论社会医疗保险的主体作用与商业健康险的补充作用》，《中国医疗保险》2013年第3期。

[111] 施明才：《我国职工退休制度改革回顾和进一步改革的思路》，《中国劳动科学》1988年第12期。

[112] 施戍杰、侯永志：《深入认识以人民为中心的发展思想》，《人民日报》2017年6月22日。

[113] 四川省总工会劳动工资社会保障部：《关于改革全民所有制企业职工退休社会制度的设想》，《中国劳动科学》1988年第11期。

[114] 宋晓梧主笔《中国社会保障体制改革与发展报告》，中国人民大学出版社，2001。

[115] 孙祁祥、朱俊生、郑伟、李明强：《中国医疗保障制度改革：全民医保的三支柱框架》，《经济科学》2007年第5期。

[116] 孙永勇、李娓涵：《从费率看城镇职工基本养老保险制度改革》，《中国人口科学》2014年第5期。

[117] ［美］汤姆·戈·帕尔默：《福利国家之后》，熊越等译，海南出版社，2017。

[118] 唐金成、张杰：《商业健康保险需求研究分析与对策建议》，《西南金融》2017年第4期。

[119] 田国强、陈旭东：《制度的本质、变迁与选择——赫维茨制度经济思想诠释及其现实意义》，《学术月刊》2018年第1期。

[120] 田雪原：《我国人口老龄化对经济发展的影响》，《中国社会科学院院报》2006年第6期。

[121] 童星：《发展社区居家养老服务以应对老龄化》，《探索与争鸣》2015年第8期。

[122] 汪伟、艾春荣：《人口老龄化与中国储蓄率的动态演化》，《管理世界》2015年第6期。

[123] 汪祥春：《解读奥肯定律——论失业率与GDP增长的数量关系》，

《宏观经济研究》2002年第1期。

[124] 王刚：《人口老龄化对居民储蓄的影响分析——以北京市为例》，《经济问题探索》2016年第9期。

[125] 王仁祥、喻平：《金融创新理论研究综述》，《经济学动态》2004年第5期。

[126] 王晓军、米海杰：《养老金支付缺口：口径、方法与测算分析》，《数量经济技术经济研究》2013年第10期。

[127] 王信、雷欢、丁少群：《企业补充医疗保险可持续发展障碍及创新路径》，《集美大学学报》（哲学社会科学版）2020年第2期。

[128] 王延中、宁亚芳：《我国社会保险征费模式的效果评价与改革趋势》，《辽宁大学学报》（哲学社会科学版）2018年第3期。

[129] 王延中主编《中国社会保障发展报告（2018）No.9》，社会科学文献出版社，2018。

[130] 王增文：《基于生命周期投资绩效的企业年金账户模式研究》，《南京农业大学学报》（社会科学版）2012年第2期。

[131] 王振基：《发达资本主义国家年金制度比较》，《中国劳动科学》1987年第2期。

[132] ［德］乌尔里希·贝克：《风险社会》，张文杰、何博闻译，译林出版社，2004。

[133] ［德］乌尔里希·贝克、约翰内斯·威尔姆斯：《自由与资本主义——与著名社会学家乌尔里希·贝克对话》，路国林译，浙江人民出版社，2001。

[134] 吴国卿、冯骅章、倪乃澄、尤增馨、范冠星、王珏：《关于改革现行养老保险制度的一些设想》，《中国劳动科学》1988年第3期。

[135] 吴鸣：《劳动风险和劳动风险的承担——兼论我国劳动保险制度改革问题》，《中国劳动科学》1987年第10期。

[136] 伍芷蕾：《政策网络视角下养老服务在社会治理中的发展——以广州为例》，《陕西行政学院学报》2018年第2期。

[137] 武汉大学"十四五"时期人口相关政策研究课题组:《"十四五"时期人口相关经济社会政策的思考与建议》,《中国人口·资源与环境》2020年第6期。

[138] 武晓蒙、岳跃、吴雨俭:《艰难的第三支柱》,《财新周刊》2020年第10期。

[139] 肖安宝:《中国社会主义市场经济体制演进的动力机制研究》,人民出版社,2016。

[140] 谢斯馥:《全新维度下的福利资本主义——评〈福利资本主义的三个世界〉》,《中国社会保障》2011年第7期。

[141] 徐鹤龙:《养老金融的新形势及商业银行的布局》,《银行家》2020年第4期。

[142] 许飞琼:《商业保险与社会保障关系的演进与重构》,《中国人民大学学报》2010年第2期。

[143] 许叶萍、石秀印:《市场化进程中的社会结构:横向化、层级化与失衡》,《江苏社会科学》2007年第2期。

[144] 宣华:《养老保障管理产品市场十年回顾及展望》,《上海保险》2020年第1期。

[145] [英]亚当·斯密:《国富论》(英文版),世界图书出版公司,2010。

[146] 燕继荣:《投资社会资本——政治发展的一种新维度》,北京大学出版社,2006。

[147] 杨翠迎:《我国社会养老服务发展转变与质量提升——基于新中国成立70年的回顾》,《社会科学辑刊》2020年第3期。

[148] 杨俊:《"统账结合"养老保险制度最优缴费率研究》,《社会保障评论》2017年第3期。

[149] 杨题敏:《关于劳动保险基金问题的探讨》,《中国劳动科学》1986年第4期。

[150] 姚庆海、李钢、冯占军、李连芬:《中国保险养老社区发展研究报告》,《保险理论与实践》2017年第10期。

[151] 姚廷纲：《美国社会福利制度剖析》，《世界经济》1980 年第 5 期。

[152] 于新亮、朱铭来、邢钰丹：《企业补充医疗保险需求影响因素研究——基于我国上市公司数据的实证分析》，《保险研究》2016 年第 12 期。

[153] 俞可平：《推进国家治理体系和治理能力现代化》，《前线》2014 年第 1 期。

[154] [美] 约翰·B. 威廉姆森、孙策：《中国养老保险制度改革：从 FDC 层次向 NDC 层次转换》，张松、林义译，《经济社会体制比较》2004 年第 3 期。

[155] 悦光昭：《赴美考察社会保障札记》，《中国劳动科学》1987 年第 5 期。

[156] 曾益、李殊琦、李晓琳：《税务部门全责征收社保费对养老保险缴费率下调空间的影响研究》，《财政研究》2020 年第 2 期。

[157] 曾益、刘凌晨、高健：《我国城镇职工基本养老保险缴费率的下调空间及其财政效应研究》，《财经研究》2018 年第 12 期。

[158] 张康之：《走向合作制组织：组织模式的重构》，《中国社会科学》2020 年第 1 期。

[159] 张丽萍、王广州：《全面二孩政策下的中国人口年龄结构问题——基于稳定人口理论的思考》，《华中科技大学学报》（社会科学版）2018 年第 3 期。

[160] 张舒英：《日本的年金制度与经济发展》，《日本问题》1986 年第 5 期。

[161] 张盈华：《我国主权养老基金的发展、问题与建议——基于对资产配置的分析》，《社会保障研究》2019 年第 2 期。

[162] 赵耀辉、徐建国：《我国城镇养老保险体制改革中的激励机制问题》，《经济学》（季刊）2001 年第 1 期。

[163] 郑秉文：《改革开放 40 年：商业保险对我国多层次养老保障体系的贡献与展望》，《保险研究》2018 年第 12 期。

[164] 郑秉文：《社会保险基金投资体制"2011 改革"无果而终的经验教训与前景分析》，《辽宁大学学报》（哲学社会科学版）2014 年第 9 期。

[165] 郑秉文：《社会保险基金中央集中投资为上策》，《中国证券报》2015 年 4 月 15 日。

[166] 郑秉文、张峰主编《中国基本养老保险个人账户基金研究报告》，中国劳动社会保障出版社，2012。

[167] 郑秉文主编《中国养老金精算报告（2019～2050）》，中国劳动社会保障出版社，2019。

[168] 郑功成：《从地区分割到全国统筹——中国职工基本养老保险制度深化改革的必由之路》，《中国人民大学学报》2015 年第 3 期。

[169] 郑功成：《多层次社会保障体系建设：现状评估与政策思路》，《社会保障评论》2019a 年第 1 期。

[170] 郑功成：《基本养老保险是构建多层次养老保障体系的基石》，《金融时报》2019b 年 3 月 12 日。

[171] 郑功成：《社会保障与国家治理的历史逻辑及未来选择》，《社会保障评论》2017 年第 1 期。

[172] 郑功成：《中国养老金：制度变革、问题清单与高质量发展》，《社会保障评论》2020 年第 1 期。

[173] 郑功成、桂琰：《中国特色医疗保障制度改革与高质量发展》，《学术研究》2020 年第 4 期。

[174] 郑功成、郭林：《中国社会保障推进国家治理现代化的基本思路与主要方向》，《社会保障评论》2017 年第 3 期。

[175] 郑功成编《中国社会保障改革与发展战略》（总论卷），人民出版社，2011。

[176] 郑功成等：《中国社会保障制度变迁与评估》，中国人民大学出版社，2002。

[177] 郑杭生、洪大用：《当代中国社会结构转型的主要内涵》，《社会学研

究》1996 年第 1 期。

[178] 郑培明：《从日本的年金保险看我国的年老保险制度》，《金融研究》1985 年第 7 期。

[179] 郑荣鸣、华俊：《我国商业医疗保险与社会医疗保险发展协调度研究》，《保险研究》2013 年第 4 期。

[180] 郑伟、孙祁祥：《中国养老保险制度变迁的经济效应》，《经济研究》2003 年第 10 期。

[181] 智信资产管理研究院编著《中国资产管理行业发展报告（2018）》，社会科学文献出版社，2018。

[182] 中共中央编译局编译《列宁全集》（第二版增订版），人民出版社，2017。

[183] 《中国保险史》编审委员会编《中国保险史》，中国金融出版社，1998。

[184] 中国金融四十人论坛课题组：《城镇化转型：融资创新与改革》，中信出版社，2015。

[185] 中国证券投资基金业协会编著《个人养老金：理论基础国际经验与中国探索》，中国金融出版社，2018。

[186] 周广帅、唐在富：《改革开放四十年我国财政体制改革回顾与展望》，《财政科学》2018 年第 8 期。

[187] 周弘、张浚：《走向人人享有保障的社会——当代中国社会保障的制度变迁》，中国社会科学出版社，2015。

[188] 周小川：《养老金改革考验我们经济学的功底和智慧》，《金融研究》2020 年第 1 期。

[189] 周修杰：《养老保险改革的创新先锋——纪念南充市改革集体企业养老保险制度三十周年》，《四川劳动保障》2012 年第 9 期。

[190] 朱铭来、王美娇：《税收优惠政策对商业健康险激励效应研究》，《保险研究》2016 年第 2 期。

[191] 卓志、孙正成：《健康险业务能否提升保险公司经营绩效——兼论我

国商业健康保险经营动力》,《财经科学》2015 年第 11 期。

[192] Asher, M. G., "Pension Reform in an Affluent and Rapidly Aging Society: The Singapore Case", *Hitotsubashi Journal of Economics* 43 (2), 2002.

[193] Billig, A., Ménard, J. C., "Actuarial Balance Sheets as a Tool to Assess the Sustainability of Social Security Pension Systems", *International Social Security Review* 66 (2), 2013.

[194] Blake, D., Mayhew, L., "On the Sustainability of the UK State Pension System in the Light of Population Ageing and Declining Fertility", *Economic Journal* 116 (1), 2006.

[195] Buchanan, J. M., "An Economic Theory of Clubs", *Economica* 32 (125), 1965.

[196] Börsch-Supan, A., Coppola, M., Reil-Held, A., "Riester Pensions in Germany: Design, Dynamics, Targetting Success and Crowding-in", *NBER Working Paper*, 2012.

[197] Claude, M., "Research Frontiers of New Institutional Economics", *RAUSP Management Journal* 53 (1), 2018.

[198] Corneo, G., Keese, M., Schröder, C., "The Riester Scheme and Private Savings: An Empirical Analysis Based on the German SOEP", *Schmollers Jahrbuch* 129 (2), 2009.

[199] Davis, S., Lukomnik, J., Pitt-watson D., *The New Capitalists: How Citizen Investors Are Reshaping the Corporate Agenda* (Cambridge, MA, US: Harvard University Press, 2006).

[200] Enoff, L. D., Mckinnon, R., "Social Security Contribution Collection and Compliance: Improving Governance to Extend Social Protection", *International Social Security Review* 64 (4), 2011.

[201] Gilbert, N., "Welfare Pluralism and Social Policy", *Handbook of Social Policy*, ed. Midgley, J., Tracy, M. B., Livermore, M., Thousand

Oaks（CA：Sage. Publications，2000）.

［202］ Gillion, C., *Social Security Pensions：Development and Reforms* （Geneva：International Labor Organization, 2000）.

［203］ Grandovetter, M. S., "Economic Action and Social Structure：The Problem of Embeddedness", *American Journal of Sociology* (91), 1985.

［204］ Hemmert, M., "Intermediate Organization Revisited：A Framework for the Vertical Division of Labor in Manufacturing and the Case of the Japanese Assembly Industries", *Industrial and Corporate Change* 8, 1999.

［205］ Holzmann, R, Hinz, R., *Old-Age Income Support in the 21st Century：An International Perspective on Pension Systems and Reform* （Washington, DC, US：The World Bank, 2005）.

［206］ Holzmann, R, Stiglitz, J. E. Y., *New Ideas about Old Age Security：Toward Sustainable Pension in the 21st Century* （The World Bank, 2001）.

［207］ Holzmann, R., Packard, T., Cuesta, J., "Extending Coverage in Multi-Pillar Pension Systems：Constraints and Hypotheses, Preliminary Evidence and Future Research Agenda", *World Bank Working Paper* No. 21303, 2000.

［208］ Holzmann, R., Robalino, D. A., Takayama, N. *Closing the Coverage Gap—The Role of Social Pensions and Other Retirement Income Transfers* （Washington, DC：World Bank, 2009）.

［209］ Imai, K., Itami, H., "Interpenetration of Organization and Market：Japan's Firm and Market in Comparison with the US", *International Journal of Industrial Organization*, 1984.

［210］ James, E., "Coverage under Old-Age Security Programs and Protection for the Uninsured—What Are the Issues", *World Bank Policy Research Working Paper* 2163, 1999.

［211］ Johnson, N., *The Welfare State in Transition：The Theory and Practice of*

Welfare Pluralism（Amherst：The University of Massachusetts Press, 1987）.

［212］ Madrian, B. , Shea, D. ,"The Power of Suggestion：Inertia in 401（k） Participation and Savings Behavior", *Quarterly Journal of Economics* 116（4）, 2001.

［213］ Nash, J. , "Non-Cooperative Games", *Annals of Mathematics* 54（2）, 1951.

［214］ OECD, *Pension Markets in Focus 2019*（Paris：OECD Publishing, 2020）.

［215］ OECD, *Pensions at a Glance 2019：OECD and G20 Indicators*（Paris：OECD Publishing, 2020）.

［216］ Poterba, J. M. , Venti, S. F. , Wise, D. A. , "Do 401（k）Contributions Crowd Out Other Personal Saving", *Journal of Public Economics* 58（1）, 1995.

［217］ Powell, W. , "Neither Market nor Hierarchy：Net Forms of Organization", *Research in Organization Behavior*（12）, 1990.

［218］ Queisser, M. , Vittas, D. , "The Swiss Multi-Pillar Pension System：Triumph of Common Sense?", *World Bank Policy Research Working Paper* 2416, 2000.

［219］ Reynaud, E. , *The Extension of Social Security Coverage：The Approach of Extension of Social Security*（Geneva：International Labour Office, 2002）.

［220］ Robert, H. , Edward, P. , *Pension Reform：Issues and Prospects for Non-Financial Defined Contribution（NDC）Schemes*（The International Bank for Reconstruction and Development, The World Bank, 2006）.

［221］ Robert, H. , Richard, H. , *Old-Age Income Support in the 21st Century—An International Perspective on Pension Systems and Reform*（World Bank, 2005）.

［222］ Sin, Y. , "China Pension Liabilities and Reform Options for Old Age Insurance", *World Bank Working Paper* 1（1）, 2005.

［223］ SSA & ISSA, *Social Security Programs Throughout the World：Asia and the Pacific 2018*（SSA Publication No. 13-11802, 2019）.

［224］ SSA & ISSA, *Social Security Programs Throughout the World：The Africa 2019*（SSA Publication No. 13-11803, 2019）.

[225] SSA & ISSA, *Social Security Programs Throughout the World: The Americas 2019* (SSA Publication No. 13-11804, 2020).

[226] SSA & ISSA, *Social Security Programs Throughout the World: The Europe 2018* (SSA Publication No. 13-11801, 2018).

[227] Sørensen, O. B. et al., "The Interaction of Pillars in Multi-pillar Pension Systems: A Comparison of Canada, Denmark, Netherlands and Sweden", *International Social Security Review* 69 (2), 2016.

[228] Takayama, N., "The Funded Pensions: The Japanese Experience and Its Lesson", *Compare* 88 (1), 2017.

[229] Willmore, L., "Three Pillars of Pensions? A Proposal to End Mandatory Contributions", *United Nations DESA Discussion Paper* 13, 2000.

[230] Willmore, L., "Universal Pension in Low Income Countries", *Initiative for Policy Dialogue Discussion Paper*, 2001.

[231] World, B., *Averting the Old Age Crisis: Policies to Protect the Old and Promote Growth* (New York: Oxford University Press, 1994).

[232] Wouter, V. G., "Extending Social Security Coverage: Concepts, Approaches and Knowledge Gaps", *Working Paper* (Geneva: International Social Security Association, 2009).

[233] Wouter, V. G., "Social Security for the Informal Sector: A New Challenge for the Developing Countries", *International Social Security Review* 52 (01), 1999.

后 记

党的十九大以来，全面建成多层次社会保障体系的制度建设更加受到重视，无论是制度创新层面还是政策完善层面，都有较大的推进。我国多层次社会保障制度改革经过多年的理论探索和实践创新活动，也取得了积极的成效，积累了宝贵的探索经验。

本书是在"研究阐释党的十九大精神"国家社科基金重大专项"全面建成多层次社会保障体系的实施难点及路径优化"（项目批准号18VSJ095）的研究报告基础上修改而成的。课题组经过共同努力，通过系统的文献梳理、实地调研、数据处理及建模分析，多次参与国内学术交流与观点分享，完成书稿撰写工作。研究成果力求从历史与现实的结合上、理论与实践的结合上、国际经验与国内实践创新的结合上、跨学科系统集成的结合上，系统梳理多层次社会保障制度演化规律及制度特征，探索多层次社会保障体系优化的理论创新、实施难点和路径选择。

在项目研究过程中，课题组共发表论文50余篇，有多篇在《经济研究》《世界经济》《中国软科学》《经济理论与经济管理》《人口研究》《财政研究》《社会保障评论》等刊物上发表。其中发表CSSCI论文30余篇，多篇在人大复印报刊资料和《中国社会科学文摘》上转载。在中国社会保障学会组织召开的"抗击新冠肺炎疫情与社会保障"研讨会上，项目首席专家参与的学会集体成果获国家领导人重要批示。项目首席专家撰写的《社会保险基金的法律规范、实施效果及建议》于2020年3月

后 记

被全国人大社会建设委员会采用。在项目研究期间,林义教授团队承担民政部社会救助司课题,完成的研究报告《强化社会救助制度在全民防控新冠肺炎疫情中的重要作用》、《关于新冠疫情对我国低收入群体影响范围、程度的分析报告和政策建议》及《全球应对新冠疫情的支持性社会政策》相关建议被民政部社会救助司采纳。项目首席专家两次接受《瞭望》新闻周刊采访,就"养老保障全球互鉴""困难群众的基本民生这样保"话题提出学术观点和政策建议。丁少群教授向四川省人民政府提交了调研报告——《四川省城乡居民大病保险的实施效果及政策优化》。课题组提交的十多份政策建议,产生了较好的社会影响。在课题研究期间,课题组举办了有众多国内知名专家出席的多层次社会保障高质量发展、商业养老保险创新发展、多层次社会保障与老龄金融创新发展研讨会,取得了积极的成果和良好的社会影响。课题组先后赴北京、上海、南京、厦门、西安、太仓、成都、达州等地进行调研,总结提炼各地多层次社会保障改革的实践经验。团队重视中青年学者培养,课题成员分别成功申报国家级项目5项,其中国家社科基金项目3项、国家自然科学基金项目2项。

本书是研究团队集体努力的成果。导论由林义撰写;第一章由林义、蹇滨徽、林熙撰写;第二章由林义、刘斌撰写;第三章由王大波撰写;第四章由陈加旭撰写;第五章由胡秋明、景鹏撰写;第六章由成欢、林义撰写;第七章由胡秋明、高凯撰写;第八章由丁少群、王信、陈文宏、聂鑫淼、雷欢撰写;第九章由辜毅撰写;第十章由林义、刘斌、林熙撰写;第十一章由成欢、林熙撰写;第十二章由唐青撰写。研究团队的成欢副教授对课题研究工作及书稿出版付出了大量心血。

感谢国家社科重大专项课题立项专家的修改完善建议,感谢民政部社会救助司、财政部社会保障司、国家发改委社会司及全国老龄办的大力支持。特别感谢全国社会保障及相关领域的专家给予的大力支持。

本书的出版,感谢社科文献出版社编辑高雁女士、贾立平女士和颜林柯女士的大力支持和辛苦付出!

全面建成多层次社会保障体系任务繁重，虽然研究团队已付出了很大的努力，但本书仍存在不足和遗憾，尚乞同道不吝谠正。

西南财经大学老龄化
与社会保障研究中心

林　义

2021 年 12 月 1 日

图书在版编目(CIP)数据

多层次社会保障体系优化研究/林义等著. -- 北京：社会科学文献出版社，2021.12
 ISBN 978 - 7 - 5201 - 9265 - 1

Ⅰ.①多… Ⅱ.①林… Ⅲ.①保障体系 - 研究 - 中国 Ⅳ.①D632.1

中国版本图书馆 CIP 数据核字（2021）第 221143 号

多层次社会保障体系优化研究

著　　者 / 林　义 等
出 版 人 / 王利民
组稿编辑 / 高　雁
责任编辑 / 颜林柯　贾立平
责任印制 / 王京美

出　　版 / 社会科学文献出版社·经济与管理分社（010）59367226
　　　　　　地址：北京市北三环中路甲 29 号院华龙大厦　邮编：100029
　　　　　　网址：www.ssap.com.cn
发　　行 / 市场营销中心（010）59367081　59367083
印　　装 / 三河市尚艺印装有限公司

规　　格 / 开　本：787mm × 1092mm　1/16
　　　　　　印　张：22.5　字　数：344 千字
版　　次 / 2021 年 12 月第 1 版　2021 年 12 月第 1 次印刷
书　　号 / ISBN 978 - 7 - 5201 - 9265 - 1
定　　价 / 148.00 元

本书如有印装质量问题，请与读者服务中心（010 - 59367028）联系

△ 版权所有 翻印必究